D1662988

PwC-Studien zum Unternehmens- und Internationalen Steuerrecht

Herausgegeben von
K-D. Drüen, Düsseldorf
D. Gosch, Hamburg
J. Lüdicke, Hamburg
A. Schnitger, Berlin

Unternehmenssteuerrecht und Internationales Steuerrecht befinden sich in einem steten Wandel. Neue Probleme und Fragestellungen beschäftigen die Praxis, Rechtsfragen erfordern Entscheidungen der Rechtsprechung. Die vorliegende Reihe hat zum Ziel, einen Beitrag zur (rechts-)wissenschaftlichen Diskussion auf diesem Gebiet zu leisten. In ihr werden von den Herausgebern ausgewählte Dissertationen, Habilitationsschriften und sonstige wissenschaftliche Arbeiten zum Unternehmens- und Internationalen Steuerrecht veröffentlicht.

Herausgegeben von

Prof. Dr. Klaus-Dieter Drüen
Heinrich-Heine-Universität
Düsseldorf

Prof. Dr. Dietmar Gosch
Vorsitzender Richter am
Bundesfinanzhof,
Christian-Albrecht-Universität zu Kiel,
Hamburg

Prof. Dr. Jürgen Lüdicke
PricewaterhouseCoopers AG,
Universität Hamburg

Dr. Arne Schnitger
PricewaterhouseCoopers AG,
Berlin

Felix Buchholz

Grenzüberschreitendes Kreditgeschäft durch Bankbetriebsstätten

Risikoorientierte Gewinnabgrenzung nach Art. 7 OECD-MA 2010

Felix Buchholz
Hamburg, Deutschland

Dissertation der Juristischen Fakultät der Heinrich-Heine-Universität Düsseldorf

D 61

Erstgutachter: Prof. Dr. Klaus-Dieter Drüen
Zweitgutachter: Prof. Dr. Ulrich Prinz

Datum der mündlichen Prüfung: 22. August 2013

ISBN 978-3-658-04820-4 ISBN 978-3-658-04821-1 (eBook)
DOI 10.1007/978-3-658-04821-1

Die Deutsche Nationalbibliothek verzeichnet diese Publikation in der Deutschen Nationalbibliografie; detaillierte bibliografische Daten sind im Internet über http://dnb.d-nb.de abrufbar.

Springer Gabler
© Springer Fachmedien Wiesbaden 2014
Das Werk einschließlich aller seiner Teile ist urheberrechtlich geschützt. Jede Verwertung, die nicht ausdrücklich vom Urheberrechtsgesetz zugelassen ist, bedarf der vorherigen Zustimmung des Verlags. Das gilt insbesondere für Vervielfältigungen, Bearbeitungen, Übersetzungen, Mikroverfilmungen und die Einspeicherung und Verarbeitung in elektronischen Systemen.

Die Wiedergabe von Gebrauchsnamen, Handelsnamen, Warenbezeichnungen usw. in diesem Werk berechtigt auch ohne besondere Kennzeichnung nicht zu der Annahme, dass solche Namen im Sinne der Warenzeichen- und Markenschutz-Gesetzgebung als frei zu betrachten wären und daher von jedermann benutzt werden dürften.

Gedruckt auf säurefreiem und chlorfrei gebleichtem Papier

Springer Gabler ist eine Marke von Springer DE. Springer DE ist Teil der Fachverlagsgruppe Springer Science+Business Media.
www.springer-gabler.de

Geleitwort

Die Besteuerung von Unternehmen ist ohne Berücksichtigung der internationalen Bezüge nicht mehr denkbar. Dieser seit einigen Jahren unbestreitbare Befund schlägt sich zunehmend in Verwaltungsanweisungen, Gerichtsurteilen und im steuerlichen Schrifttum nieder. Dennoch erscheinen etliche steuerliche Vorschriften noch immer sehr binnenbezogen und unternehmenssteuerliche Fragestellungen werden im fachlichen Diskurs auch heute noch unter Ausblendung ihrer grenzüberschreitenden Dimensionen erörtert.

Diese Schriftenreihe hat sich zum Ziel gesetzt, die vielfältigen Aspekte der Besteuerung von Unternehmen insbesondere im internationalen Kontext zu beleuchten. Denn die Herausgeber haben die Hoffnung nicht aufgegeben, dass die qualitätsvolle wissenschaftliche Vertiefung steuerlicher Fragen langfristig der Rechtsentwicklung und damit auch der Rechtsstaatlichkeit im Steuerrecht zu Gute kommt. Das Bewusstsein hierfür gerade auch bei der nachwachsenden Generation zu wecken oder zu bestärken, ist angesichts der üblichen Klagen über den (un-)systematischen Zustand des Steuerrechts ein weiteres Anliegen der Schriftenreihe.

In diesem Sinne bietet die Schriftenreihe nicht nur, aber in besonderem Maße jungen Steuerwissenschaftlern die Möglichkeit, ihre wissenschaftlichen Arbeiten einem breiteren Publikum vorzustellen. Sie soll als ein Forum für überdurchschnittliche Dissertationen, Habilitationsschriften und vergleichbare Monografien dienen, welche sich mit dem Unternehmens- und Internationalen Steuerrecht beschäftigen.

PwC fühlt sich als Prüfungs- und Beratungsunternehmen den genannten Zielen ebenso wie der Förderung junger Talente auf ihrem praktischen oder wissenschaftlichen Weg in die steuerlichen Berufe verpflichtet. Daher übernimmt PwC die Kosten der Drucklegung und einer angemessenen Verbreitung der Schriften.

Über die Aufnahme von Arbeiten in die Schriftenreihe entscheiden die Herausgeber. Sie erbitten Bewerbungen jeweils bis Ende Mai und November an STEUERSCHRIFTEN@de.pwc.com oder

PricewaterhouseCoopers AG
Wirtschaftsprüfungsgesellschaft
Herrn Dr. Arne Schnitger
Lise-Meitner-Straße 1
10589 Berlin

Wir hoffen, dass die in der Schriftenreihe erscheinenden Arbeiten Denkanstöße geben und zu einer weiteren Befruchtung der wissenschaftlichen Diskussion im Unternehmens- und Internationalen Steuerrecht beitragen werden.

Berlin, Düsseldorf und Hamburg, 1. Januar 2014 *Die Herausgeber*

Dem Andenken meines Vaters

Vorwort

Multinationale Großbanken betreiben aktives Kreditportfoliomanagement. Zentral angesiedelte Einheiten führen Kreditpositionen zusammen und mobilisieren Risiken über die Kapitalmärkte. Triebfeder sind vielgestaltige Instrumente des Kreditrisikotransfers, die es ermöglichen, das Ausfallrisiko von der zugrunde liegenden Forderung zu separieren. Die Externalisierung von Risiken nimmt Einfluss auf das aufsichtsrechtlich vorzuhaltende Eigenkapital.

Auf Ebene des Steuerrechts stellt sich die Frage, wie bankbetriebliche Strategien aktiver Risikobewältigung im Rahmen der abkommensrechtlichen Gewinnabgrenzung (Art. 7 OECD-MA) abzubilden sind. Der OECD-Steuerausschuss nahm die Entwicklungen im Bankensektor zum Anlass, die Gewinnabgrenzung im internationalen Einheitsunternehmen grundlegend zu überarbeiten. In seinem Betriebsstättenbericht 2010 entwickelt er den „Authorised OECD Approach" und empfiehlt, die Betriebsstätte für Zwecke der Gewinnabgrenzung als völlig selbständiges und unabhängiges Unternehmen zu fingieren. Diesem Ansatz folgend sollen die durch die Betriebsstätte übernommenen Risiken als Abgrenzungsparameter dienen.

Die Untersuchung zeigt, dass der „Authorised OECD Approach" nicht nur in Widerspruch zu den ökonomischen Integrationsbestrebungen multinationaler Kreditinstitute tritt, sondern überdies das abkommensrechtliche Primärziel der Vermeidung der Doppelbesteuerung gefährdet. Deutlich zeigt dies der Ansatz, Bankbetriebsstätten mit einem nach aufsichtsrechtlichen Grundsätzen zu bemessenden Dotationskapital auszustatten.

Die Arbeit wurde im Sommersemester 2013 von der Juristischen Fakultät der Heinrich-Heine-Universität Düsseldorf als Dissertation angenommen. Seit der Einreichung hat der Gesetzgeber mit dem Amtshilferichtlinie-Umsetzungsgesetz vom 26. Juni 2013 im Außensteuergesetz die Rechtsgrundlage zur Umsetzung des „Authorised OECD Approachs" in innerstaatliches Recht geschaffen. Im sogenannten Trennbankengesetz vom 17. Mai 2013 regelt er die aufsichtsrechtliche Abschirmung der Eigenhandelsaktivitäten von Kreditinstituten von deren Kunden- und Einlagengeschäft. Diese jüngsten Entwicklungen berücksichtigt Teil 7 der Arbeit.

Mein besonderer Dank gilt meinem Doktorvater Herrn Professor Dr. Klaus-Dieter Drüen. Er hat nicht nur das Entstehen dieser Arbeit mit seinen Anregungen betreut und gefördert. Auch hat er mir während meiner wissenschaftlichen Tätigkeit am Lehrstuhl für Unternehmenssteuerrecht, Bilanzrecht und Öffentliches Recht vielfältige theoretische wie praktische Einblicke in die Welt des Steuerrechts zu Teil werden lassen. Herrn Professor Dr. Ulrich Prinz danke für die Übernahme des Zweitgutachtens.

Ich danke den Herausgebern der PwC-Studien zum Unternehmens- und Internationalen Steuerrecht Herrn Professor Dr. Klaus-Dieter Drüen, Herrn Professor Dr. Dietmar Gosch, Herrn Professor Dr. Jürgen Lüdicke und Herrn Dr. Arne Schnitger für die Aufnahme meiner Arbeit in ihre Schriftenreihe. Es ist mir eine Ehre, diese eröffnen zu dürfen. Der PricewaterhouseCoopers AG danke ich für die großzügige Übernahme der Druckkosten.

Mein tief empfundener Dank für ihre fortdauernde Unterstützung und anfeuernde Ermunterung gilt Corinna Riedel. Entscheidenden Anteil am Entstehen der Arbeit hat die „unsichtbare Hand" meines früh verstorbenen Vaters. Ihm widme ich diese Arbeit.

Hamburg, im Oktober 2013 Felix Buchholz

Inhaltsverzeichnis

Abkürzungsverzeichnis

a.A.	anderer Auffassung
a.E.	am Ende
ABl.	Amtsblatt
Abs.	Absatz
AEUV	Vertrag über die Arbeitsweise der Europäischen Union
Anm.	Anmerkung
AO	Abgabenordnung
AOA	authorised OECD approach
Art.	Artikel
AStG	Gesetz über die Besteuerung bei Auslandsbeziehungen (Außensteuergesetz)
BaFin	Bundesanstalt für Finanzdienstleistungsaufsicht
BAG	Bundesarbeitsgericht
BAKred	Bundesaufsichtsamt für das Kreditwesen
BAnz	Bundesanzeiger
Basel I	International Convergence of Capital Measurement and Capital Standards (Internationale Konvergenz der Eigenkapitalmessung und Eigenkapitalanforderungen)
Basel II	International Convergence of Capital Measurement and Capital Standards, A Revised Framework (Internationale Konvergenz der Eigenkapitalmessung und Eigenkapitalanforderungen, Überarbeitete Rahmenvereinbarung)
Basel III	Basel III: A global regulatory framework for more resilient banks and banking systems (Basel III: Ein globaler Regulierungsrahmen für widerstandsfähigere Banken und Bankensysteme)
BB	Betriebs-Berater
BBankG	Gesetz über die Deutsche Bundesbank
BCBS	Basel Committee on Banking Supervision

	(Baseler Ausschuss für Bankenaufsicht)
Bd.	Band
BFH	Bundesfinanzhof
BFH/NV	Sammlung amtlich nicht veröffentlichter Entscheidungen des Bundesfinanzhofs
BGBl.	Bundesgesetzblatt
BIFD	Bulletin for International Fiscal Documentation
BIS	Bank for International Settlements
BIT	Bulletin for International Taxation
BIZ	Bank für Internationalen Zahlungsausgleich
BMF	Bundesministerium der Finanzen
BKR	Zeitschrift für Bank- und Kapitalmarktrecht
BsGaV-E	Entwurf einer Verordnung zur Anwendung des Fremdvergleichsgrundsatzes auf Betriebsstätten nach § 1 Absatz 5 des Außensteuergesetzes (Betriebsstättengewinnaufteilungsverordnung)
BStBl. I-III	Bundessteuerblatt, Teil I-III
BS-VwG	Grundsätze der Verwaltung für die Prüfung der Aufteilung der Einkünfte bei Betriebsstätten international tätiger Unternehmen (Betriebsstätten-Verwaltungsgrundsätze)
BT-Drs.	Bundestags-Drucksache
BTR	British Tax Review
BVerfGE	Sammlung der Entscheidungen des Bundesverfassungsgerichts
CDFI	Cahiers de Droit Fiscal International
CDS	credit default swap
CFL	Corporate Finance law
CRD	Capital Requirements Directive
CTJ	Canadian Tax Journal
DB	Der Betrieb
DBA	Doppelbesteuerungsabkommen
DBW	Die Betriebswirtschaft
ders.	derselbe

DFI	Derivatives & Financial Instruments
dies.	dieselben
Diss.	Dissertation
DÖV	Die Öffentliche Verwaltung
DStJG	Deutsche Steuerjuristische Gesellschaft
DStJG 8 (1985)	*Vogel, Klaus* (Hrsg.), Grundfragen des internationalen Steuerrechts, Köln 1985
DStJG 12 (1989)	*Friauf, Karl Heinrich* (Hrsg.), Steuerrecht und Verfassungsrecht, Köln 1989
DStJG 36 (2013)	*Achatz, Markus* (Hrsg.), Internationales Steuerrecht, Köln 2013
DStR	Deutsches Steuerrecht
DStZ/A	Deutsche Steuerzeitung (Ausgabe A)
ECB	European Central Bank
EFG	Entscheidungen der Finanzgerichte
Einl.	Einleitung
Erg.-Lfg.	Ergänzungslieferung
EStG	Einkommensteuergesetz
ET	European Taxation
EU	Europäische Union
EuStZ	Europäische Steuer-Zeitung
EWR	Europäischer Wirtschaftsraum
EZB	Europäische Zentralbank
f. / ff.	folgende
F.	Fach
FB	Finanz Betrieb
FinArch	FinanzArchiv
FinDAG	Gesetz über die Bundesanstalt für Finanzdienstleistungsaufsicht
FG	Finanzgericht
Fn.	Fußnote
FR	Finanz-Rundschau

FVerlV	Verordnung zur Anwendung des Fremdvergleichsgrundsatzes nach § 1 Abs. 1 des Außensteuergesetzes in Fällen grenzüberschreitender Funktionsverlagerungen (Funktionsverlagerungsverordnung)
GewO	Gewerbeordnung
GG	Grundgesetz für die Bundesrepublik Deutschland
Gr.	Gruppe
Habil.	Habilitationsschrift
Hdb	Handbuch
HGB	Handelsgesetzbuch
Hrsg.	Herausgeber
IAS	International Accounting Standards
IASC	International Accounting Standards Committee
i.d.F.	in der Fassung
IDW	Institut der Wirtschaftsprüfer
IFA	International Fiscal Association
IFRS	International Financial Reporting Standards
IFSt	Institut Finanzen und Steuern
IIB	Institute of International Bankers
Intertax	International Tax Review
ISR	Internationale Steuer-Rundschau
IStR	Internationales Steuerrecht
IRBA	Auf internen Ratings basierender Ansatz („internal ratings-based approach")
ISDA	International Swaps and Derivatives Association
ITPJ	International Transfer Pricing Journal
ITR	International Tax Review
i.V.m.	in Verbindung mit
IWB	Internationale Wirtschafts-Briefe
JbFSt	Jahrbuch der Fachanwälte für Steuerrecht
JOIT	Journal of International Taxation
JStG	Jahressteuergesetz
JZ	Juristenzeitung
Kap.	Kapitel

KWG	Gesetz über das Kreditwesen (Kreditwesengesetz)
Lfg.	Lieferung
lit.	littera
MaRisk	Mindestanforderungen an das Risikomanagement
m.w.N.	mit weiteren Nachweisen
Nds.	Niedersachsen / niedersächsisch
Nr.	Nummer
NWB	Neue Wirtschafts-Briefe für Steuer- und Wirtschaftsrecht
NZA	Neue Zeitschrift für Arbeitsrecht
OECD	Organisation for Economic Co-operation and Development (Organisation für wirtschaftliche Zusammenarbeit und Entwicklung)
OECD-MA	OECD-Musterabkommen zur Vermeidung der Doppelbesteuerung auf dem Gebiet der Steuern vom Einkommen und Vermögen
OECD-MC	OECD-Model Tax Convention on Income and on Capital
OECD-MK	OECD-Musterkommentar zu dem OECD-MA
OECD-Guidelines 1995	Transfer Pricing Guidelines for Multinational Enterprises and Tax Administrations, Paris 1995
OECD-Guidelines 2010	Transfer Pricing Guidelines for Multinational Enterprises and Tax Administrations, Paris July 2010
OFD	Oberfinanzdirektion
öEStG	Österreichisches Einkommensteuergesetz
RFH	Reichsfinanzhof
RIW	Recht der Internationalen Wirtschaft
rkr	rechtskräftig
Rl.	Richtlinie
Rn.	Randnummer(n)
Rspr.	Rechtsprechung
RStBl.	Reichssteuerblatt
Rz.	Randziffer(n)
S.	Seite

sog.	sogenannte(r,s)
Sp.	Spalte
StbKongrRep	Steuerberaterkongress-Report
StbJb	Steuerberater-Jahrbuch
StuW	Steuer und Wirtschaft
SWI	Steuer & Wirtschaft International
TMIJ	Tax Management International Journal
TNI	Tax Notes International
Tz.	Textziffer
u.a.	und andere
Ubg	Die Unternehmensbesteuerung
v.	von, vom
vgl.	vergleiche
Vor	Vorbemerkung
VwG-DK	Grundsätze der Verwaltung zur Bestimmung des Dotationskapitals bei Betriebsstätten international tätiger Kreditinstitute (Verwaltungsgrundsätze-Dotationskapital)
WM	Wertpapier-Mitteilungen
WPg.	Die Wirtschaftsprüfung
WTJ	World Tax Journal
ZBB	Zeitschrift für Bankrecht und Bankwirtschaft
zfbf	Schmalenbachs Zeitschrift für betriebswirtschaftliche Forschung
ZfCM	Zeitschrift für Controlling & Management
ZfgK	Zeitschrift für das gesamte Kreditwesen
ZfhF	Zeitschrift für Handelswissenschaftliche Forschung
ZHR	Zeitschrift für das gesamte Handelsrecht und Wirtschaftsrecht
ZIP	Zeitschrift für Wirtschaftsrecht

Einleitung und Gang der Untersuchung

Die Kreditvergabe ist traditionelles Kerngeschäft von Banken. Kreditdienstleistungen sind nur in geringem Maße gegen Imitation geschützt und mangels originärer Qualitätsmerkmale weithin austauschbar[1]. Primäres Unterscheidungskriterium ist der Preis. Besonders im Firmenkundengeschäft kämpfen Banken gegen sinkende Zins- und Gewinnmargen[2]. Das wettbewerbsintensive Geschäftsumfeld wird dadurch verschärft, dass große Kapitalnachfrager mit guter Bonität ihren Kapitalbedarf direkt über die Kapitalmärkte decken[3].

Infolge des steigenden Wettbewerbs- und Preisdrucks gingen vor allem grenzüberschreitend tätige Großbanken seit Mitte der 1990er Jahre dazu über, Kreditpositionen als solche oder das diesen inhärente Ausfallrisiko über die Kapitalmärkte zu externalisieren. Triebfeder der kapitalmarktorientierten Risikosteuerung waren – und sind weiterhin – die aufsichtsrechtlichen Solvenzvorschriften. Das regulatorische Eigenkapital ist wesentlicher Kosten- und Erfolgsfaktor im Zinsmargengeschäft. Die vielfältigen Instrumente der Risikomobilisierung ermöglichen es, regulatorisch gebundenes Eigenkapital für Neugeschäft freizusetzen. In multinationalen Instituten werden die Tätigkeiten der sogenannten Marktfolge bei spezialisierten Zentraleinheiten gebündelt und von dem Unternehmensteil, der den Kredit ausreicht, räumlich getrennt. Grundlage dafür ist die moderne Informations- und Kommunikationstechnologie. Ihr Einsatz löst den örtlichen Bezug der Kreditproduktion und versetzt die Geschäftsleitung in die Lage, die einzelnen Tätigkeiten zu einer transnationalen Wertschöpfungskette zusammenzufügen.

Betreibt ein Kreditinstitut Bankgeschäfte[4] durch eine im Ausland belegene Betriebsstätte, unterliegt das rechtlich einheitliche Unternehmen dem Steuerzugriff im

---

1 Siehe nur *Büschgen*, Bankbetriebslehre, S. 312.

2 Deutlich *Rolfes/Schierenbeck/Schüller*, Das Firmenkundengeschäft – ein Wertvernichter?, Vorwort, S. IX; siehe auch *Hölzer/Schnarr*, Die Bank 8/2010, 55. Die Entwicklung der Zinsspanne der Kreditinstitute seit dem Jahr 1977 illustriert Deutsche Bundesbank, Monatsbericht September 2013, S. 13 (16).

3 *Dombret*, Verbriefung als Finanzierungstechnik, S. 22; *Burghof*, Bankkredit und Kreditrisikotransfer, S. 64; *Rösler/Mackenthun/Pohl*, Hdb Kreditgeschäft, S. 637 f.

4 Siehe § 1 Abs. 1 Satz 2 Nr. 1 bis 12 KWG.

Ansässigkeits- und im Betriebsstättenstaat[5]. Auch nach über einem Jahrhundert abkommensrechtlicher Existenz des Betriebsstättenprinzips fehlt ein zufriedenstellendes Konzept für die Teilhabe der Fiskalhoheiten an dem grenzüberschreitend erzielten Unternehmensgewinn[6]. Sedes materiae der zwischenstaatlichen Zurechnung von Unternehmensgewinnen ist Art. 7 OECD-MA. Der Streit um die inhaltliche Ausgestaltung der (direkten) abkommensrechtlichen Gewinnabgrenzung entzündet sich an der Frage, ob und inwieweit die Betriebsstätte steuerlich als selbständiges Unternehmen zu fingieren ist. Am 22. Juli 2010 veröffentlichte der OECD-Steuerausschuss (Committee on Fiscal Affairs)[7] nach einer nahezu zehnjährigen Konsultationsphase den „Bericht über die Gewinnabgrenzung bei Betriebsstätten"[8]. Dieser beruht auf dem Konzept der uneingeschränkten Steuerselbständigkeit der Betriebsstätte. Der OECD-Steuerausschuss erkennt den Betriebsstättenbericht als offizielle Auslegungshilfe des neugefassten Art. 7 OECD-MA 2010 und bringt dies durch einen Verweis in dem zeitgleich überarbeiteten Musterkommentar 2010 zu Art. 7 OECD-MA zum Ausdruck[9].

Der Strukturwandel im Bankensektor und die Empfehlungen des OECD-Betriebsstättenberichts geben Anlass zu eingehender Betrachtung der steuerlichen Gewinnabgrenzung bei Bankbetriebsstätten. Im deutschsprachigen Schrifttum gewinnt die Besteuerung grenzüberschreitender Kreditinstitute zwar an Aufmerksamkeit[10]. Die bankbetrieblichen Entwicklungen im Bereich der Risikobewältigung durch aktive Risikosteuerung finden allerdings bisher keine hinreichende Beach-

---

5 Die der Gewinnabgrenzung vorgelagerte Frage der Begründung einer Betriebsstätte ist nicht Gegenstand dieser Arbeit.

6 Am 21. Juni 1899 schlossen Preußen und Österreich den ersten völkerrechtlichen Vertrag zur Beseitigung der Doppelbesteuerung (siehe BMF, Monatsbericht Januar 2004, S. 65 [abrufbar unter: http://www.bundesfinanzministerium.de/Content/DE/Monatsberichte/2004/01/22362.html]; *Menck*, DStZ/A 1970, 263 [264]).

7 Mit Fragen der Gewinnabgrenzung bei international tätigen Unternehmen und Betriebsstätten befasst sich die Arbeitsgruppe 6. Zu den weiteren Arbeitsgruppen *Krabbe*, in Debatin/Wassermeyer, Vor Art. 1 MA Rz. 158 (Jan. 2008).

8 „2010 Report on the Attribution of Profits to Permanent Establishments" (abrufbar unter http://www.oecd.org/tax/transfer-pricing/45689524.pdf).

9 OECD-MK 2010, Art. 7 MA Tz. 9. Deutlich *Pijl*, BIT 2011, 294 (296): *„...the Commentary acts as the Report's "lever"."*.

10 Siehe nur *Henkes-Wabro*, Gewinnabgrenzung bei Bankbetriebstätten, Diss. Universität Trier 2009; *Weitbrecht*, IStR 2006, 548.

tung. Diese Aspekte sind Gegenstand der vorliegenden Arbeit. Im Mittelpunkt steht die Gewinnabgrenzung im grenzüberschreitenden Kreditgeschäft. Das in der steuerrechtlichen Literatur als „Global Trading"[11] bezeichnete internationale Handelsgeschäft mit Finanzinstrumenten ist dabei nur insoweit von Bedeutung, als Kreditinstitute die in diesem Bereich gewonnene Expertise und die etablierte Infrastruktur für die kapitalmarktorientierte Steuerung von Kreditrisikopositionen nutzen[12].

Ausgangspunkt der Untersuchung ist eine branchenübergreifende Bestandsaufnahme der Gewinnabgrenzung im internationalen Einheitsunternehmen und der Zielsetzungen des Abkommensrechts (Teil 1). Grundlage der bankspezifischen Analyse ist die Betrachtung des organisatorischen Unternehmensgefüges international tätiger Kreditinstitute sowie der betrieblichen Einbindung der Auslandsfilialen (Teil 2). Darauf aufbauend rückt die Gewinnabgrenzung im Kreditgeschäft durch Bankbetriebsstätten in den Blick (Teil 3). Zentraler Aspekt ist dabei der Einfluss des operativen Risikomanagements durch aktive Risikosteuerung auf die Allokation der Kreditwirtschaftsgüter. Teil 4 der Arbeit beleuchtet die angemessene Ausstattung von Bankbetriebsstätten mit steuerlichem Dotationskapital. Im Mittelpunkt stehen die Vorschriften des quantitativen Bankaufsichtsrechts. Auf Grundlage der erlangten Erkenntnisse schließt sich in Teil 5 eine differenzierte Betrachtung der Gewinnabgrenzung bei Bankbetriebsstätten nach der direkten Methode an. Besonderes Interesse gilt der Empfehlung des OECD-Steuerausschusses, die Gewinnabgrenzung bei Betriebsstätten an die verrechnungspreisbasierte Gewinnkorrektur bei verbundenen Unternehmen heranzuführen. Der abschließende Teil 6 fasst die gewonnenen Ergebnisse zusammen. Teil 7 berücksichtigt jüngste Entwick-

---

11 In der Betriebswirtschaftslehre werden die Begriffe „Cross-Border Trade in Financial Services" oder „24-Stunden Handel" geprägt (vgl. *Stocker*, Global Trading, S. 14 [Note 72]).

12 Die zentralen steuerlichen Probleme des „Global Tradings" skizziert *Häuselmann*, IStR 2003, 139; siehe auch *Selling*, IStR 1998, 417. Eingehend *Stocker*, Internationale Erfolgsabgrenzung beim Global Trading mit Finanzinstrumenten, Diss. Universität St. Gallen 2006; *Reinhardt*, Erfolgsabgrenzung im Global Trading – Ein Beispiel für die Gewinnabgrenzung in unvollkommenen Märkten, Diss. Universität Erlangen-Nürnberg 2002.

lungen durch das Amtshilferichtlinie-Umsetzungsgesetz[13] vom 26. Juni 2013 und das sogenannte Trennbankengesetz[14] vom 17. Mai 2013.

13 BGBl. I 2013, 1809.
14 BGBl. I 2013, 3090.

Teil 1: Gewinnabgrenzung im internationalen Einheitsunternehmen - branchenübergreifende Bestandsaufnahme

Banken sind keine gewöhnlichen Dienstleistungsunternehmen. In ihrer Funktion als Finanzintermediär zwischen Wirtschaftssubjekten kommt ihnen besondere volkswirtschaftliche Bedeutung zu. Darüber hinaus kennzeichnet vor allem multinationale Kreditinstitute eine – im Gegensatz zu Industrie- und Handelsunternehmen – besondere Organisationsstruktur. Das organisatorische Unternehmensgefüge nimmt entscheidenden Einfluss auf die steuerliche Gewinnabgrenzung. Bevor die Spezifika der Gewinnabgrenzung bei Bankbetriebsstätten zu untersuchen sind, richtet sich der Blick auf die branchenübergreifende Konzeption der abkommensrechtlichen Gewinnabgrenzung und auf die grundlegenden Zielsetzungen des Rechts der Doppelbesteuerungsabkommen.

A. Grundlagen der rechtsträgerinternen Gewinnabgrenzung

I. Das Betriebsstättenprinzip

Auslandsbetriebsstätten sind als unselbständige Teile des Gesamtunternehmens an dessen einheitlicher Ergebniserzielung beteiligt. Sie erwirtschaften kein eigenständiges Ergebnis und sind selbst nicht Subjekt der Besteuerung[15]. Für Zwecke der Besteuerung ist es jedoch notwendig, den Ergebnisanteil der einzelnen Betriebsstätte zu erfassen. Dieses Erfordernis folgt aus dem Betriebsstättenprinzip als international anerkannter Verteilungsregel für Unternehmensgewinne[16]. Der Quellenstaat greift bevorrechtigt auf die innerhalb seines Hoheitsgebietes erwirtschafteten

---

[15] *Becker*, DB 1989, 10 (11); *Friese*, Rechtsformneutralität, S. 10; siehe auch *Buciek*, in F/W/K, DBA-CH, Art. 7 Anm. 265 (Juli 2003).

[16] *Schaumburg*, Internationales Steuerrecht[3], Rz. 16.240; *Buciek*, in F/W/K, DBA-CH, Art. 7 Anm. 2 (Juli 2003). Das Betriebsstättenprinzip reicht bis auf das preußisch-österreichische DBA vom 21.6.1899 zurück (dazu *Debatin*, DStZ/A 1966, 209).

Steuergüter zu, sofern ein Unternehmen seine Geschäftstätigkeit dort durch eine Betriebsstätte ausübt (Art. 7 Abs. 1 Satz 1 Halbsatz 2 OECD-MA)[17]. Diese Ausnahme von dem Grundsatz der Besteuerung von Direktinvestitionen im Ansässigkeitsstaat gilt nur, soweit die im Quellenstaat erzielten Gewinne der Betriebsstätte zugerechnet werden können (Art. 7 Abs. 1 Satz 2 OECD-MA). Wird die Zurechnung der Ergebniswirkungen zu der Betriebsstätte nicht positiv festgestellt, erfolgt die Besteuerung durch den Ansässigkeitsstaat[18]. Aus dem Zusammenspiel von Betriebsstätten- und Zurechnungsprinzip resultiert das Erfordernis, die Wertschöpfungsbeiträge, die die einzelne Betriebsstätte im Rahmen des Gesamtunternehmens erwirtschaftet hat, festzustellen und zu separieren[19].

II. Gewinnabgrenzung und Gewinnermittlung

Gedanklicher Ausgangspunkt der Betriebsstättenbesteuerung ist die Unterscheidung zwischen den „Wirkungsebenen"[20] des Abkommensrechts und des innerstaatlichen Rechts. Staaten erheben Steuern auf Grundlage nationaler Steuergesetze. Die Fiskalhoheit ist Ausdruck staatlicher Souveränität im Sinne ausschließlicher räumlicher Zuständigkeit in den Grenzen des Staatsgebietes[21]. In bilateralen Abkommen zur Vermeidung der Doppelbesteuerung (DBA) treffen Staaten wechselseitige Absprachen über die Ausschöpfung ihrer originären Besteuerungskompetenz[22]. Die praktisch bedeutsamste Grundlage für die inhaltliche Ausgestaltung der staatsvertraglichen Verzichtsabsprachen bildet das Abkommensmuster der OECD[23]. Die Verteilungsnorm des Art. 7 OECD-MA regelt die Zurechnung der

---

17 *Hey*, in H/H/R, Einf. KSt Anm. 52 (Sept. 1999). Vgl. auch *Ditz*, Gewinnabgrenzung, S. 40; *Niehaves*, in Haase, AStG/DBA², Art. 7 Rn. 10.

18 Treffend *Ditz*, Gewinnabgrenzung, S. 368.

19 *Schaumburg*, Internationales Steuerrecht³, Rz. 16.230; *Schreiber*, Besteuerung der Unternehmen³, S. 517.

20 So anschaulich *Debatin*, DB 1989, 1692 (1695).

21 *Weber-Fas*, Staatsverträge, S. 33, 35; *Vogel*, in Vogel/Lehner, DBA⁵, Einl. Rn. 43; *Wassermeyer*, in Debatin/Wassermeyer, Art. 1 MA Rz. 9 (Jan. 2008); siehe auch *v. Bar/Mankowski*, IPR, Bd. I², § 4 Rn. 68.

22 Die Besteuerung ist originäre und unveräußerliche Befugnis eines Staates. DBA können „Besteuerungsrechte" weder begründen noch verteilen (grundlegend *Vogel*, Festschrift Klein, S. 361 [361 ff.]; *ders.*, in Vogel/Lehner, DBA⁵, Einl. Rz. 69).

23 Daneben stehen das UNO-Modell 2011 (abrufbar unter: http://www.un.org/esa/ffd/documents/UN_Model_2011_Update.pdf) sowie ein eigenes Modell der Vereinigten

Unternehmensgewinne zu den „steuertechnischen Einheiten“[24] eines grenzüberschreitenden Einheitsunternehmens und damit die Reichweite des nationalen Steuerzugriffs. Davon ist die Ermittlung des Betriebsstättenergebnisses zu unterscheiden. Die Gewinnermittlung betrifft das „Ob“ und „Wie“ der Besteuerung. Sie liegt im „abkommensfreien Raum“[25] und richtet sich nach nationalem Recht[26].

Im Gegensatz zu dem im deutschen innerstaatlichen Recht verankerten Begriff der Gewinnermittlung existiert für die abkommensrechtliche Zuweisung des Besteuerungssubstrats eines grenzüberschreitend tätigen Unternehmens keine einheitliche Terminologie[27]. Einzelne Autoren prägen den Begriff Einkünftezurechnung[28]. Andere Autoren verwenden den wortlautnahen Terminus Gewinnzurechnung zu der Betriebsstätte[29]. Vorliegender Arbeit liegt der Begriff Gewinnabgrenzung zugrunde[30]. Dieser konkretisiert die begrifflich weiter gefasste Einkünfteabgrenzung[31] auf die Zurechnung der Unternehmensgewinne und trägt der in Art. 7 Abs. 2 OECD-MA angelegten Gleichordnung der Unternehmensteile Rechnung[32].

Staaten in der Fassung vom 15.11.2006 (abrufbar unter: http://www.irs.gov/pub/irs-trty/model006.pdf). Zu den divergierenden Zielsetzungen des OECD-MA und des UNO-Modells *Valta*, in Hartung/Schäde, Internationale Gerechtigkeit, S. 261 (271).

24 *Puls*, Betriebsstätte, S. 10. Ähnlich spricht *Storck*, Ausländische Betriebsstätten, S. 301 von einem „Abrechnungskreis von rein steuerrechtlicher Natur“.

25 Plastisch *Debatin*, Festschrift Scherpf, S. 305 (316).

26 Vgl. BFH, Urteil vom 16.2.1996, BStBl. II 1997, 128 (130 f.); *Schaumburg*, Internationales Steuerrecht[3], Rz. 16.238; *Debatin*, DB 1989, 1692 (1695).

27 Zu den vielfältigen Begriffsprägungen *Hidien*, in K/S/M, EStG, § 49 Rn. D 858 f. (März 2007); *Andresen*, in W/A/D, Betriebsstätten-Hdb, Rz. 2.5 (S. 34, Note 4).

28 So namentlich *Ziehr*, Einkünftezurechnung, S. 16. *Schaumburg*, Internationales Steuerrecht[3], Rz. 18.9 prägt den Begriff „Einkünftezuordnung“.

29 *Debatin*, DB 1989, 1692 (1695); *Köhler*, RIW 1991, 1024 (1034); *Halfar*, IWB v. 11.10.1993, F. 3 Gr. 1, 1393 (1403); *Plansky*, Gewinnzurechnung zu Betriebsstätten, S. 20 f.

30 So namentlich auch *Ditz*, Gewinnabgrenzung, S. 37; *Haiß*, Gewinnabgrenzung, S. 25; *Niehaves*, in Haase, AStG/DBA[2], Art. 7 Rn. 2, 6; *Hruschka/Lüdemann*, IStR 2005, 76; *Strunk*, in Mössner, Steuerrecht international tätiger Unternehmen[4], Rz. 4.1 f. *Wassermeyer*, IStR 2005, 84 erkennt die „Gewinnabgrenzung“ als eine bestimmte Technik der Einkünfteabgrenzung im sog. Outbound-Sachverhalt.

31 *Andresen*, in W/A/D, Betriebsstätten-Hdb, Rz. 2.3 begreift die Einkünfteabgrenzung als „die Anwendung der Rechtsvorschriften des nationalen Steuerrechts und des Doppelbesteuerungsrechts“ in ihrem Zusammenwirken.

32 Die Gleichordnung der Unternehmensteile betont *Nowotny*, Betriebstättengewinnermittlung, S. 144. Für ein synonymes Verständnis von Gewinn- und Einkünfte-

III. Metaziele der internationalen Steuerkoordination

Die Besteuerung grenzüberschreitend tätiger Steuersubjekte vollzieht sich auf zwei Ebenen. Zu der nationalen Durchführung der Besteuerung tritt die Aufteilung der Besteuerungsgrundlagen zwischen den tangierten Fisci. Bereits in den 1960er Jahren hob *Peggy Musgrave* zwei grundlegende Gerechtigkeitspostulate der Besteuerung grenzüberschreitender Lebenssachverhalte hervor[33]: die gerechte Zuteilung der Lasten auf die Steuerpflichtigen („*individual equity*") und die gerechte Aufteilung der Steuerquellen zwischen den Staaten („*inter-nation equity*")[34]. Diese abstrakten „Zielbereiche"[35] oder „Sichtweisen"[36] der Gerechtigkeitsidee sind im Lichte der einzelnen abkommensrechtlichen Verteilungsnormen inhaltlich zu konkretisieren[37].

Bezogen auf die Allokation von Unternehmensgewinnen (Art. 7 OECD-MA) besteht kein eindeutiges (Rang-)Verhältnis zwischen individueller und interterritorialer Gerechtigkeit. Im Mittelpunkt der abkommensrechtlichen Koordination der Fiskalzugriffe steht die Förderung des grenzüberschreitenden Wirtschaftsverkehrs[38]. Transnational tätige Wirtschaftssubjekte sollen vor „wirtschaftlichen Erschwernissen"[39] durch Doppelbesteuerung geschützt werden. Die Koordination der Steuerzugriffe zum Zwecke der Vermeidung der Doppelbesteuerung ist zwar keine völkerrechtliche Pflicht[40]. Sie erstarkt angesichts des sich intensivierenden

---

abgrenzung *Hidien*, in K/S/M, EStG, § 49 Rz. D 873 (März 2007); *Haiß*, Gewinnabgrenzung, S. 25 (Note 103); im Ergebnis ähnlich *Andresen*, in W/A/D, Betriebsstätten-Hdb, Rz. 2.3.

33 Siehe *Li*, Improving Inter-nation Equity, S. 117 (118); *Vogel*, Intertax 1988, 393 (394); *ders.*, in Vogel/Lehner, DBA[5], Einl. Rn. 24.

34 *Musgrave/Musgrave*, Public Finance[5], S. 568 f. Siehe auch *Vogel*, Festschrift Klein, S. 365 (372); *Flick*, FR 1961, 171 (172); *Tipke*, Steuergerechtigkeit, S. 120.

35 So *Menck*, in G/K/G, DBA, Grundlagen Teil 1 Abschn. 2 Rn. 121 (15. Lfg. 2004).

36 So *Lehner/Waldhoff*, in K/S/M, EStG, § 1 Rn. A 178 (Juli 2000).

37 *Lehner/Waldhoff*, in K/S/M, EStG, § 1 Rn. A 185, 179 (Juli 2000) erkennen für die Besteuerung des Einkommens natürlicher Personen auf einen Vorrang der Aspekte individueller Gerechtigkeit.

38 OECD-MK 2010, Art. 1 MA Tz. 7; OECD-MA 2010, Introduction Tz. 2 f.; vgl. auch *Preuninger*, Doppelbesteuerungsabkommen, S. 57 f.

39 So *Debatin*, DStZ/A 1962, 5 (7).

40 Deutlich *Schaumburg*, Festschrift Tipke, S. 125 (143); *Lornsen*, Doppelbesteuerung, S. 28.

gesamtwirtschaftlichen „Wettbewerbs um Wohlstand“[41] jedoch zu einer finanzpolitischen Notwendigkeit im Wettbewerb der Staaten um Teilhabe am globalen Wirtschaftsverkehr[42]. Triebfeder der DBA-Politik sind staatliche Opportunitätserwägungen, insbesondere die Sicherung des Steueraufkommens und die Wettbewerbsfähigkeit der heimischen Wirtschaft[43].

Die Aufteilung des transnational generierten Steueraufkommens eines grenzüberschreitenden Unternehmens auf die tangierten Fiskalhoheiten bildet einen Teilbereich des Wettstreits um Steueraufkommen. Die internationale Steuerkoordination durch DBA verknüpft die „Zielbereiche“ der Verteilungsgerechtigkeit[44] zwischen den Staaten und der gerechten innerstaatlichen Zuteilung der Lasten auf die einzelnen Steuerpflichtigen. Die überschneidungsfreie Aufkommensverteilung ist Grundlage individueller Gerechtigkeit. Werden dieselben Besteuerungsgrundlagen in beiden Vertragsstaaten erfasst, schlägt dies auf die Ebene der Besteuerung durch den jeweiligen Vertragsstaat durch. Obgleich beide Gerechtigkeitspostulate untrennbar miteinander verbunden sind[45], ist daraus nicht zu schließen, dass sie auch gleichmäßig verwirklicht werden. Sie stehen in einem gegenseitigen „Spannungsverhältnis“[46], dessen Intensität sich entscheidend nach dem innerstaatlichen Recht der Vertragsstaaten richtet. Das Schrankenrecht der DBA gibt einen „Erlaubnisrahmen“[47] vor. Es beschränkt den Steuerzugriff der Vertragsstaaten auf einen bestimmten Ausschnitt der Besteuerungsgrundlagen. Innerhalb dieses Rahmens steht es den Staaten frei, ob und wie sie ihr Besteuerungsrecht ausüben[48].

---

41 Siehe nur *Lang*, StuW 2011, 144.

42 Vgl. auch *Keuthen*, Vermeidung der juristischen Doppelbesteuerung, S. 48.

43 *Lornsen*, Doppelbesteuerung, S. 37 f., 45; siehe auch *Munaretto*, Doppelbesteuerungsabkommen, S. 123; *Weber-Fas*, Staatsverträge, S. 26. Am 1. Januar 2013 war die Bundesrepublik Deutschland mit 93 Staaten durch DBA auf dem Gebiet der Steuern vom Einkommen und vom Vermögen verbunden (vgl. Anlage zum BMF-Schreiben v. 22.1.2013, BStBl. I 2013, 162).

44 So *Schaumburg*, Festschrift Tipke, S. 125 (127 f.).

45 Treffend *Bauer*, Neuausrichtung, S. 21.

46 *Lehner/Waldhoff*, in K/S/M, EStG, § 1 Rn. A 185 (Juli 2000).

47 *Debatin*, Festschrift Scherpf, S. 305 (316) spricht von einem „Zurechnungsrahmen“.

48 Deutlich bereits RFH, Urteil vom 29.2.1940, RStBl. 1940, 532.

Die Verwirklichung der Abkommensziele hängt von der Vertragstreue der Staaten ab. Dem Desiderat der *„inter-nation equity"* kommt deshalb entscheidende faktische Bedeutung zu. Den abkommensrechtlichen Besteuerungsverzichten liegt die Idee eines reziproken Systems des Gebens und Nehmens zugrunde[49]. Mit Blick auf die Gewinnabgrenzung im Einheitsunternehmen schafft nur ein ausgewogener Allokationsmechanismus die erforderliche Vertrauensbasis zwischen den Vertragsstaaten. Die verteilungsgerechte, das heißt nicht einseitig begünstigende Ausgestaltung der Abkommensregelung ist Voraussetzung dafür, dass jeder Vertragsstaat absprachegemäß auf die Besteuerung verzichtet und dem Abkommen nicht durch nationale Regelungen entgegenwirkt. Namentlich *Vogel* gibt zu bedenken, dass Vertragstreue im Internationalen Steuerrecht nicht selbstverständlich ist[50]. Die Akzentuierung der *„inter-nation equity"* fördert die Selbstbindung der Staaten an die abkommensrechtliche Absprache. Erforderlich ist demnach ein trennscharfes und konsequent durchgeführtes Allokationskonzept für Unternehmensgewinne[51].

IV. Zielsetzungen der Gewinnabgrenzung

Die Ziele der Gewinnabgrenzung im Einheitsunternehmen sind nicht notwendig Abbild der allgemeinen abkommensrechtlichen Zielsetzungen, sondern vielmehr durch Auslegung der Verteilungsnorm des Art. 7 OECD-MA zu ermitteln[52].

1. Vermeidung der Doppelbesteuerung

Begriffsimmanentes Hauptziel der DBA ist die Ausschaltung[53] der Doppelbesteuerung transnationaler Lebenssachverhalte[54]. Grundlage für die Vermeidung

---

[49] Treffend und m.w.N. *Mayer-Theobald,* Non-garden most favoured negotiating, S. 173. *Drüen,* in Tipke/Kruse, AO/FGO, § 2 Tz. 33 (Mai 2011) hebt den abkommensrechtlichen „Interessenausgleich" hervor.

[50] Deutlich *Vogel,* Festschrift Höhn, S. 461 (461 f.).

[51] Siehe nur *Tipke,* Steuergerechtigkeit, S. 120.

[52] Siehe nur *Wolff,* Festschrift Loukota, S. 691 (700), m.w.N.; *Kluge,* Internationales Steuerrecht[4], Kap. R Rn. 37; *Vogel,* in Vogel/Lehner, DBA[5], Einl. Rz. 106; sinngemäß *Lang,* IStR 2002, 609 (610); *ders.,* IWB 2011, 281 (282).

[53] Dieser Begriff dient als Oberbegriff für die Vermeidung, Beseitigung und Milderung der Doppelbesteuerung, *Flick,* FinanzArchiv 21 (1961), 86 (90); vgl. auch *Lornsen,* Doppelbesteuerung, S. 27 f.

der juristischen Doppelbesteuerung im grenzüberschreitenden Einheitsunternehmen, das heißt die steuerliche Mehrfacherfassung identischer Gewinnanteile bei demselben Steuerpflichtigen für denselben Zeitraum, ist der Abgrenzungsmechanismus des Art. 7 OECD-MA[55]. Zwar erfolgt die Vermeidung der Doppelbesteuerung technisch erst durch Anwendung des Methodenartikels (Art. 23A/B OECD-MA). Dies setzt jedoch die Abgrenzung des Unternehmensgewinnes voraus. Die Vermeidung der Doppelbesteuerung ist Hauptziel der Gewinnabgrenzung im Einheitsunternehmen[56].

2. Vermeidung der doppelten Nichtbesteuerung?

Einzelne Autoren erkennen auch die Verhinderung der doppelten Nichtbesteuerung als Hauptziel der DBA[57]. Dagegen spricht schon, dass Nichtbesteuerungen erst aus dem Zusammenwirken der Verteilungs- und Vermeidungsnormen und mithin der Existenz von DBA resultieren[58]. Doppelte Nichtbesteuerung korrespondiert stets mit der Anwendung des Methodenartikels – konkret mit der Freistellungsmethode[59]. Gegen die Einstufung der Doppel-Nichtbesteuerung als Primärziel der DBA spricht überdies, dass die Abkommen nicht nur der tatsächlichen Doppelbesteuerung, sondern schon dem potentiellen mehrfachen Steuerzugriff entgegentreten (sog. virtuelle Doppelbesteuerung)[60]. Stellt das DBA

---

54 Dies verdeutlicht der Titel: „Abkommen zwischen der Bundesrepublik Deutschland und … zur Vermeidung der Doppelbesteuerung…". Siehe auch *Bühler*, Prinzipien, S. 58, 166; *Debatin*, DStZ/A 1962, 5 (8); *Weber-Fas*, Staatsverträge, S. 24; OECD-MC 2010, Condensed Version, Introduction Tz. 3; OECD-MK 2010, Art. 1 MA Tz. 7.

55 *Weber-Fas*, Staatsverträge, S. 45 f.; *Lehner/Waldhoff*, in K/S/M, EStG, § 1 Rn. A 489 (Nov. 2003); OECD-MC 2010, Condensed Version, Introduction Tz. 1.

56 Ebenso *Ditz*, Gewinnabgrenzung, S. 60; implizit *Kroppen*, in G/K/G, DBA, Art. 7 OECD-MA Rn. 91 (10. Lfg. 2002); vgl. auch OECD-MK 2008, Art. 7 MA Tz. 1; OECD-MK 2010, Art. 7 MA Tz. 18.

57 *Loukota*, SWI 2001, 466 (469); *Homburg*, Allgemeine Steuerlehre[6], S. 274; OECD, Partnership-Report 1999, Tz. 52.

58 Vgl. *Wolff*, IStR 2004, 542 (545); *Lüdicke*, DBA-Politik, S. 8. *Lehner*, in Haarmann, Doppelbesteuerungsabkommen (Diskussionsbeitrag), S. 101 (104) weist treffend darauf hin, dass „Fehler (…) bei der Vermeidung der Doppelbesteuerung" Ursache einer doppelten Nichtbesteuerung sind.

59 Eingehend *Jankowiak*, Doppelte Nichtbesteuerung, S. 74 f.

60 So die ständige höchstrichterliche Rechtsprechung, vgl. RFH, Urteil vom 29.2.1940, RStBl. 1940, 532; BFH, Urteil vom 7.7.1967, BStBl. III 1967, 588 (589); Urteil vom

bestimmte Einkünfte in einem Vertragsstaat steuerfrei, so gilt dies unabhängig davon, ob der andere Vertragsstaat die Besteuerung tatsächlich durchführt[61].

Bei der Verteilungsnorm für Unternehmensgewinne handelt es sich um eine sogenannte unvollständige Verteilungsnorm, die nicht auf eine bestimmte Methode der Vermeidung der Doppelbesteuerung festgelegt ist[62]. Doppelte Nichtbesteuerung ist kein originäres Problem der Gewinnabgrenzung, sondern entsteht aus der nachgelagerten Steuerfreistellung im Ansässigkeitsstaat (Art. 23A OECD-MA)[63]. Infolge des Verbotes der virtuellen Doppelbesteuerung stellt der Ansässigkeitsstaat des Unternehmens die abkommensrechtlich dem Betriebsstättenstaat zugewiesenen Gewinnanteile von der Besteuerung frei. Ob und wie der Quellenstaat den ihm zugewiesenen Gewinnanteil besteuert, obliegt seinem gesetzgeberischen Ermessen[64]. Ein Anschauungsbeispiel für das Phänomen der Nichtbesteuerung bietet das innerstaatliche Gewinnermittlungsrecht. Die nationalen Vorschriften entfalten keine Bindungswirkung für den anderen Vertragsstaat[65]. Weicht das Gewinnermittlungsrecht von den abkommensrechtlichen Grundentscheidungen ab, erhöht sich das Risiko doppelter Nichtbesteuerung[66].

Eine „systembedingte" Nichtbesteuerung aufgrund des Zusammentreffens abweichender nationaler Steuerrechtsordnungen stellt keine von vornherein abkommenswidrige Erscheinung dar. Ihre Verhinderung darf nicht zu einem Primärziel der Gewinnabgrenzung erhöht werden. Zwischenstaatliche Regelungsverzerrungen

---

14.12.1988, BStBl. II 1989, 319 (321); Urteil vom 29.7.1992, BStBl. II 1993, 63 (67); Beschluss vom 10.1.2012, DStR 2012, 949 (952). Ebenso *Wolff*, IStR 2004, 542 (545); *Grotherr*, in G/K/G, DBA, Grundlagen Teil 1 Abschn. 1 Rn. 30 (12. Lfg. 2003).

61 Vgl. BFH, Urteil vom 19.5.1993, BFH/NV 1994, 11 (12); *Wassermeyer*, in Debatin/Wassermeyer, Art. 1 MA Rz. 11 (Jan. 2008).

62 *Schaumburg*, Internationales Steuerrecht[3], Rz. 16.213; *Vogel*, in Vogel/Lehner, DBA[5], Vor Art. 6-22 MA Rz. 6; *Niehaves*, in Haase, AStG/DBA[2], Art. 7 MA Rn. 24; vgl. OECD-MK 2010, Art. 7 MA Tz. 44.

63 Ebenso *Mutscher*, Kapitalstruktur von Betriebstätten, S. 50.

64 *Lang*, IStR 2002, 609 (611 f.); *Wassermeyer*, in Debatin/Wassermeyer, Art. 1 MA Rz. 9 (Jan. 2008); *Vogel*, in Vogel/Lehner, DBA[5], Einl. Rz. 72.

65 *Debatin*, DB 1989, 1692 (1695); *Strunk/Kaminski*, in Strunk/Kaminski/Köhler, AStG/DBA, Art. 7 OECD-MA Rz. 45 (Sept. 2012).

66 Vgl. *Buciek*, in F/W/K, DBA-CH, Art. 7 Anm. 258 (Juli 2003); *Wolff*, IStR 2004, 542 (545); *Ditz*, Gewinnabgrenzung, S. 69.

sind Ausdruck völkerrechtlicher Souveränität der Staaten[67]. Die Vermeidung doppelter Nichtbesteuerung ist nur Nebenzweck der überschneidungsfreien Gewinnabgrenzung[68]. Ein trennscharfer Allokationsmechanismus kann Nichtbesteuerungen entgegenwirken, die Folge manipulativer Gestaltung sind, nicht jedoch „Besteuerungslücken" infolge divergierender Gewinnermittlung.

3. Vermeidung der Minderbesteuerung

Zu der Vermeidung der Doppelbesteuerung tritt die Bekämpfung der sogenannten Minderbesteuerung als weiterer Abkommenszweck[69]. Beide Phänomene resultieren aus dem unkoordinierten Zusammentreffen der nationalen Steuerrechtsordnungen, schlagen sich auf Seiten des Steuerpflichtigen aber gegenläufig nieder[70]. Während Doppelbesteuerung zu Wettbewerbsnachteilen für den grenzüberschreitend tätigen Steuerpflichtigen führt, wirkt Minderbesteuerung zu dessen Gunsten. Die Erscheinung der Minderbesteuerung entbehrt einer allgemeinen begrifflichen Präzisierung[71]. Auslöser sind neben Systemunterschieden der Steuerordnungen individuelle Gestaltungen des Steuerpflichtigen[72]. Die gestaltungsorientierte

---

67 *Bühler*, Prinzipien, S. 130, 132.

68 So zuletzt auch BFH, Beschluss vom 10.1.2012, DStR 2012, 949 (954). In der Präambel der „Verhandlungsgrundlage für Doppelbesteuerungsabkommen im Bereich der Steuern vom Einkommen und Vermögen" vom 22.8.2013 (abrufbar unter: http://www.bundes finanzministerium.de/Content/DE/Downloads/BMF_Schreiben/Internationales_Steuerre cht/Allgemeine_Informationen/2013-08-22-Verhandlungsgrundlage-DBA-deutsch.html) bekundet das BMF die „Absicht, die jeweiligen Besteuerungsrechte gegenseitig so abzugrenzen, dass sowohl Doppelbesteuerungen wie auch Nichtbesteuerungen vermieden werden".

69 *Bühler*, Prinzipien, S. 169; *Kruse*, Steuerrecht I.[3], S. 54; *Weber-Fas*, Staatsverträge, S. 29; *Jacobs*, Internationale Unternehmensbesteuerung[7], S. 89; vgl. OECD-MK 2010, Art. 1 MA Tz. 7. Der Passus „Verhinderung der Steuerverkürzung" findet sich in dem Titel mehrerer deutscher Doppelbesteuerungsabkommen: DBA-Australien v. 24.11.1972 (BGBl. II 1974, 337), DBA-Griechenland v. 18.4.1966 (BGBl. II 1967, 852), DBA-Großbritannien v. 30.3.2010 (BGBl. II 2010, 1333), DBA-Irland v. 17.10.1962 (BGBl. II 1964, 266), DBA-Kanada v. 19.4.2001(BGBl. II 2002, 670) und DBA-USA v. 29.8.1989 (BGBl. II 1991, 354).

70 *Rieger*, Prinzipien, S. 95; *Burmester*, Festschrift Debatin, S. 55 (55); *Mössner*, DStJG 8 (1985), 135 (137 f.).

71 So bereits *Storck*, Ausländische Betriebsstätten, S. 55 f.

72 *Lentz*, Minderbesteuerung von Unternehmenseinkünften, S. 15, 65; *Burmester*, Festschrift Debatin, S. 55 (56); *Storck*, Ausländische Betriebsstätten, S. 63.

Verlagerung von Steuersubstrat bewegt sich zwischen rechtmäßiger Ausnutzung der Auswirkungen des Steuerwettbewerbs der Staaten und manipulativer Herbeiführung von „Funktionsstörungen“[73]. Im Gegensatz zu der doppelten Nichtbesteuerung bezeichnet der Begriff der Minderbesteuerung Fallkonstellationen, in denen die Besteuerung hinter einem „Normalwert“ zurückbleibt[74]. Angesichts des uneinheitlichen Erscheinungsbildes ist der Begriff der internationalen Minderbesteuerung letztlich rein deskriptiver Natur[75].

Bezogen auf die Besteuerung eines grenzüberschreitenden Einheitsunternehmens entstehen Minderbesteuerungen einerseits aus der abweichenden Interpretation des in Art. 7 Abs. 2 OECD-MA niedergelegten Abgrenzungsmaßstabes durch die Vertragsstaaten. Auf der anderen Seite steht die planmäßige Einflussnahme des Steuerpflichtigen auf die Allokation der Ergebniswirkungen. Besondere praktische Bedeutung erlangt die Verlagerung von Einkünften durch Ausnutzung der Abschirmwirkung ausländischer Basiseinheiten. Ein sogenannter Basiseffekt entsteht primär bei Gründung rechtlich selbständiger Tochtergesellschaften. Im Betriebsstättensachverhalt stellt sich eine vergleichbare Abschirmwirkung ein, wenn die Betriebsstätte in einem Staat belegen ist, mit dem ein DBA besteht, das die Vermeidung der Doppelbesteuerung nach der Freistellungsmethode (Art. 23A OECD-MA) vorsieht. In diesem Fall erzeugt das Zusammenspiel von Betriebsstättenprinzip und Freistellung des Betriebsstättengewinnes im Ansässigkeitsstaat einen „künstlichen“ Basiseffekt[76]. Gestaltungsspielraum eröffnet dabei insbesondere der grenzüberschreitende Transfer reservehaltiger oder ausfallbedrohter

---

73 Diesen Begriff prägt *Menck*, in Mössner, Steuerrecht international tätiger Unternehmen[4], Rz. 1.66. siehe auch *Jacobs*, Internationale Unternehmensbesteuerung[7], S. 8 f. Zum Begriff der internationalen Steuerplanung *Grotherr*, in Grotherr, Hdb Steuerplanung[3], S. 3 (5 f.).

74 *Bühler*, Prinzipien, S. 169. Den Kern des Phänomens der Minderbesteuerung bildet die Definition der „normalen“ Besteuerung (treffend *Gündisch*, Personengesellschaften im DBA-Recht, S. 35).

75 Treffend *Kluge*, Internationales Steuerrecht[4], Kap. B Rn. 34; *Burmester*, Festschrift Debatin, S. 55 (56); vgl. auch *Jacobs*, Internationale Unternehmensbesteuerung[7], S. 3.

76 Dazu *Nowotny*, Betriebstättengewinnermittlung, S. 19; *Burmester*, Festschrift Debatin, S. 55 (72); *Ziehr*, Einkünftezurechnung, S. 23; *Ditz*, in W/A/D, Betriebsstätten-Hdb, Rz. 4.34.

Wirtschaftsgüter sowie der sonstige unternehmensinterne Lieferungs- und Leistungsverkehr[77].

Das Abkommensrecht erweitert keine bestehenden und begründet keine zusätzlichen Steuerpflichten[78]. Es ist als Schrankenrecht „aufkommensneutral"[79]. Die Vermeidung systembedingter Minderbesteuerung obliegt den Vertragsstaaten[80]. Demgegenüber erfordern gestaltungsbedingte Asymmetrien bilaterale Gegenmaßnahmen. Es gilt zu verhindern, dass Abkommensnormen eingesetzt werden, um ungerechtfertigte individuelle Steuervorteile zu erlangen, indem einem Vertragsstaat Besteuerungsgrundlagen entzogen werden[81]. Zu diesem Zwecke ist ein Abgrenzungsmechanismus zu entwerfen, der sowohl manipulative Gewinnverlagerungen als auch einseitige Begünstigungen eines Vertragsstaates möglichst weitgehend verhindert[82].

V. Leitgedanken der Gewinnabgrenzung

Aus den abkommensrechtlichen Zielsetzungen und den Gerechtigkeitspostulaten der Besteuerung grenzüberschreitender Wirtschaftstätigkeit lassen sich keine konkreten Aussagen über die zwischenstaatliche Abgrenzung von Unternehmensgewinnen ableiten. Dies führt zu der Frage, wie der Steueranspruch der Vertragsstaaten der Höhe nach zu bemessen und das Postulat der Verteilungsgerechtigkeit inhaltlich zu konkretisieren ist.

---

77 Vgl. *Nowotny*, Betriebstättengewinnermittlung, S. 17; *Hemmelrath*, Ermittlung des Betriebsstättengewinns, S. 30.

78 RFH, Urteil vom 3.10.1935, RStBl. 1935, 1399 (1400); BFH, Urteil vom 12.3.1980, BStBl. II 1980, 531 (532 f.); *Debatin*, DStZ/A 1962, 5 (9).

79 *Kluge*, Internationales Steuerrecht[4], Kap. R Rn. 92.

80 Treffend *Wacker/Seibold*, Festschrift Fischer, S. 285 (286).

81 *Grotherr*, in G/K/G, DBA, Grundlagen Teil 1 Abschn. 1 Rn. 50 (12. Lfg 2003); vgl. auch *Ritter*, JbFSt 1976/77, 288 (299); OECD-MK 2010, Art. 1 MA Tz. 7.1.

82 Ähnlich *Kroppen*, in G/K/G, DBA, Art. 7 OECD-MA Rn. 91 (10. Lfg. 2002); *Jacobs*, Internationale Unternehmensbesteuerung[7], S. 89; *Kobetsky*, BIFD 2006, 411 (412); *Sieker*, DB 1996, 110 (112).

1. Das Leistungsfähigkeitsprinzip als Leitgedanke?

Die Bedeutung und Reichweite des Prinzips der Besteuerung nach der wirtschaftlichen Leistungsfähigkeit für die Besteuerung grenzüberschreitender Lebenssachverhalte stehen seit langem in der Diskussion[83]. Umstritten ist, ob und wie im Ausland verwirklichte Indikatoren der Leistungsfähigkeit bei der Besteuerung im Ansässigkeitsstaat zu berücksichtigen sind[84]. Zahlreiche Autoren begreifen das allgemeine Gleichheitspostulat in einem umfassenden, Staatsgrenzen ausblendenden Sinne[85]. Die wirtschaftliche Leistungsfähigkeit bemisst sich nach der steuerlichen Gesamtbelastung, nicht nach dem geografischen Ursprung der Einkünfte. Andere Stimmen differenzieren zwischen in- und ausländischer Leistungsfähigkeit[86]. Ausdruck findet dieser Streit in dem Zusammenspiel zwischen der Besteuerung nach dem Welteinkommensprinzip und dem territorial begrenzten Steuerzugriff nach dem Quellenprinzip. Die Ausgestaltung dieser Besteuerungsgrundsätze ist von der Frage zu unterscheiden, ob das Leistungsfähigkeitsprinzip als Maßstab der internationalen Allokation von Steueraufkommen in Bezug genommen werden kann[87].

Besteuerungslasten sollen „nach dem Verhältnis der Tragfähigkeit“ ausgebracht werden[88]. Das Prinzip der gleichmäßigen Besteuerung nach der wirtschaftlichen Leistungsfähigkeit macht den Gleichheitssatz des Art. 3 Abs. 1 GG anwendbar, indem es einen Vergleichsmaßstab für die Zuteilung der Gesamtsteuerlast auf die Steuerpflichtigen liefert[89]. Das Leistungsfähigkeitsprinzip betrifft die Steuerlasten,

---

83 Pars pro toto *Schaumburg*, Festschrift Tipke, S. 125 (127 f.); siehe auch *Elicker*, IFSt-Schrift Nr. 438, S. 27 ff.

84 *Vogel*, Festschrift Klein, S. 361 (368); vgl. auch *Lampert*, Doppelbesteuerungsrecht, S. 243 (244); *Jankowiak*, Doppelte Nichtbesteuerung, S. 100 f.

85 In diesem Sinne *Debatin*, FR 1969, 277 (278); *Flick*, FR 1961, 171 (172); *Lehner/Waldhoff*, in K/S/M, EStG, § 1 Rn. A 179, 184 (Juli 2000); *Frotscher*, Internationales Steuerrecht[3], Rz. 23; vgl. auch *Kirchhof*, in K/S/M, EStG, § 2 Rn. A 145 (Grundwerk).

86 *Vogel*, DStJG 8 (1985), 3 (26); *Schaumburg*, Festschrift Tipke, S. 125 (127, 130); *Jankowiak*, Doppelte Nichtbesteuerung, S. 102 f.; so zuletzt auch BFH, Beschluss vom 10.1.2012, BFH/NV 2012, 1056 (1059, Rz. 26).

87 Ähnlich *Homburg*, Allgemeine Steuerlehre[6], S. 292.

88 *Otto Mayer*, Deutsches Verwaltungsrecht, Bd. I[3], S. 316.

89 *Kruse*, Lehrbuch des Steuerrechts, Bd. I, S. 50; *ders.*, StuW 1990, 322 (327); *Tipke*, Steuerrechtsordnung, Bd. I[2], S. 322; *Hey*, in Tipke/Lang[21], § 3 Rz. 121.

die die Fiskalhoheit dem einzelnen Steuerpflichtigen im Subordinationsverhältnis auferlegt[90]. Es wirkt im „inter-personellen" Verhältnis und konkretisiert den Gleichheitssatz – eindimensional[91] – hinsichtlich des Steuerzugriffs der einzelnen Abgabenhoheit. Im grenzüberschreitenden Lebenssachverhalt gebietet die Besteuerung nach der wirtschaftlichen Leistungsfähigkeit die Vermeidung der Doppelbesteuerung[92]. Daraus folgt jedoch kein Maßstab für die Zuweisung von Steuersubstrat zwischen mehreren Staaten[93].

Das Leistungsfähigkeitsprinzip liefert keinen Anhaltspunkt für die Durchführung der Gewinnabgrenzung bei Betriebsstätten. Gegenstand der „intra-personellen" Gewinnabgrenzung ist die Allokation des Steuersubstrats des grenzüberschreitenden Einheitsunternehmens auf die Vertragsstaaten. Die Betriebsstätte ist als Teil der rechtlich einheitlichen Unternehmensgesamtheit selbst nicht Steuersubjekt. Rechtsträgerbezogene Gerechtigkeitserwägungen sagen nichts darüber aus, wie der Teilgewinn einzelner Betriebseinheiten von dem Gesamtgewinn „abzuscheiden" ist[94]. Der Maßstab wirtschaftlicher Leistungsfähigkeit dient der personenbezogenen Definition des disponiblen Einkommens, nicht hingegen der zwischenstaatlichen Verteilung von Steueraufkommen[95]. Die wirtschaftliche Leistungsfähigkeit des Einheitsunternehmens bleibt davon unberührt, welche Gewinnbeiträge die einzelnen Unternehmensteile geleistet haben[96].

2. Das Nutzenprinzip

Einkünfte aus grenzüberschreitender Unternehmenstätigkeit unterliegen abkommensrechtlich der Besteuerung im Ansässigkeitsstaat. Dieser Grundsatz wird durchbrochen, wenn das Unternehmen durch eine rechtlich unselbständige Auslandseinheit mit der Volkswirtschaft des Aufnahmestaates besonders eng verbun-

---

90 *Esser*, Steuerpolitik in der globalisierten Welt, S. 202.

91 Treffend *Schön*, WTJ 2009, 67 (73).

92 *Schaumburg*, Festschrift Tipke, S. 125 (145); *Reimer*, Ort des Unterlassens, S. 340.

93 Siehe nur *Tipke*, Steuerrechtsordnung, Bd. I², S. 523.

94 Vgl. auch *Kleineidam*, Festschrift Fischer, S. 691 (695).

95 Plastisch *Schön*, WTJ 2009, 67 (73): *„Ability to pay helps to define the cake but does not help to slice it."*. Siehe auch *Lehner/Waldhoff*, in K/S/M, EStG, § 1 Rn. A 179 (Juli 2000); *Ditz*, Gewinnabgrenzung, S. 99.

96 Treffend *Baßler*, Steuerliche Gewinnabgrenzung, S. 97.

den ist („*genuine link*")[97]. In diesem Fall soll das erwirtschaftete Steueraufkommen am Entstehungsort besteuert werden[98]. Das Betriebsstättenprinzip betrifft zunächst die Ebene der Steuerrechtfertigung und ist von der Frage zu unterscheiden, in welcher Höhe der Aufnahmestaat an dem Steueraufkommen partizipiert. Das OECD-Abkommensmuster sieht vor, dass der Ansässigkeitsstaat nur insoweit auf die Besteuerung der Unternehmensgewinne verzichtet, als sie der Betriebsstätte zugerechnet werden können (Art. 7 Abs. 1 Satz 2 OECD-MA).

Das Erfordernis der zwischenstaatlichen Aufteilung von Steuersubstrat lenkt den Blick auf das finanzwissenschaftlich fundierte Äquivalenzprinzip[99]. Danach bemisst sich die zu entrichtende Steuer nach dem in Anspruch genommenen Staatsnutzen. Die Steuer ist der Preis für die konsumierten Leistungen einer Wirtschaftsordnung[100]. Im rein innerstaatlichen Kontext lässt der Steuerbegriff des § 3 Abs. 1 AO einer „synallagmatischen Verknüpfung von Leistung und Gegenleistung"[101] keinen Raum[102]. Für die Zuteilung von Steuerlasten auf die Steuerpflichtigen tritt das Äquivalenzprinzip gegenüber dem Vergleichsmaßstab der wirtschaftlichen Leistungsfähigkeit zurück. Der Äquivalenzgedanke wird indes nicht obsolet, sondern dient in der Ausprägung des Nutzenprinzips („*benefit principle*") als Maßstab der interterritorialen Aufteilung von Steueraufkommen[103]. Dabei geht

---

97 Dies ist anzunehmen, wenn die Auslandseinheit nach Art. 5 OECD-MA als Betriebsstätte zu qualifizieren ist.

98 *Lehner/Waldhoff*, in K/S/M, EStG, § 1 Rn. A 498 (Nov. 2003). Deutlich auch *Schön*, BTR 2010, 554 (554): „*There is no power to tax unless there is a genuine link available to (…) a territory realm.*"; ebenso *ders.*, StuW 2012, 213 (214). Vgl. auch OECD-MK 2010, Art. 7 MA Tz. 11.

99 Vgl. *Hansjürgens*, Äquivalenzprinzip, S. 45 f.; *Hey*, in Tipke/Lang[21], § 3 Rz. 44.

100 M.w.N. *Kleineidam*, Festschrift Flick, S. 857 (866); *Gosch*, in Kirchhof, EStG[12], § 1 Rn. 2; *Tipke*, Steuerrechtsordnung, Bd. I[2], S. 476.

101 *Schönfeld*, Hinzurechnungsbesteuerung, S. 313.

102 *Drüen*, Festschrift Kruse, S. 191 (197). Siehe auch *Wernsmann*, Verhaltenslenkung, S. 279 f.

103 *Lang*, Festschrift Schaumburg, S. 45 (47); nachdrücklich *ders.*, StuW 2013, 53 (57 f.); *Hey*, in Tipke/Lang[21], § 3 Rz. 44; *Vogel*, DStJG 8 (1985), 3 (26 f.); *Tipke*, Steuerrechtsordnung, Bd. I[2], S. 523. Siehe auch *Lehner/Waldhoff*, in K/S/M, EStG, § 1 Rn. A 173 (Juli 2000); *Lampert*, Doppelbesteuerungsrecht, S. 260; *Zuber*, Anknüpfungsmerkmale, S. 108 f.; *Overwiening*, Die optimale fiskalische Souveränität, S. 17; *Esser*, Steuerpolitik in der globalisierten Welt, S. 224 f.; *Schönfeld*, Hinzurechnungsbesteuerung, S. 312; *Kleineidam*,

es nicht um die Abgeltung der dem Hoheitsträger entstehenden individuellen Kosten („Kostenäquivalenz"), sondern um die Abschöpfung von Vorteilen, die der Steuerpflichtige aus der Nutzung des Güterangebotes eines steuerfinanzierten Gemeinwesens zieht („Nutzenäquivalenz")[104]. Bezogen auf die Gewinnabgrenzung im internationalen Einheitsunternehmen ist der Gedanke der Vorteilsabschöpfung in dem Betriebsstättenprinzip angelegt[105]. Der Quellenstaat, unter dessen Schutz und durch dessen Bereitstellung öffentlicher Güter und Leistungen der Betriebsstättenerfolg generiert worden ist, soll Zugriff auf einen angemessenen Teil des Steuersubstrats erhalten. Er soll sich dabei umso mehr durchsetzen, je stärker er zu der Unternehmenstätigkeit beigetragen hat[106]. Nach diesem Verständnis gewährleistet das Nutzenprinzip Verteilungsgerechtigkeit zwischen den Staaten (*„inter-nation equity"*).

Bezugspunkte des Nutzenprinzips sind neben tatsächlichen Infrastrukturleistungen auch rechtliche Rahmenbedingungen des Quellenstaates. Dazu zählen neben lokalen Märkten und funktionierenden Verwaltungen auch Ressourcen der Bildung und Forschung[107]. Die Vielfalt der Staatsleistungen schließt es aus, unternehmerische Tätigkeit und konsumierten Staatsnutzen in ein „konkret-individuelles" Verhältnis zu setzen[108]. Besonders deutlich wird dies im Falle einer territorial aufgespaltenen Wertschöpfungskette. Das Nutzenprinzip ist nur typisierender Maßstab und Argumentationshilfe für die internationale Abgrenzung von Steuer-

---

Festschrift Fischer, S. 691 (697); *Mutscher*, Kapitalstruktur von Betriebstätten, S. 111; *Ditz*, Gewinnabgrenzung, S. 101.

104 *Lang*, Festschrift Schaumburg, S. 45 (47); *ders.*, StuW 2011, 144 (147); *Hey*, Festschrift Lang, S. 133 (159); *Kane*, Virginia Law Review 92 (2006), 867 (905).

105 Siehe nur *Ziehr*, Einkünftezurechnung, S. 3; vgl. auch *Hey*, in Gassner/Lang/Lechner/Schuch/Staringer, Beschränkte Steuerpflicht, S. 15 (31).

106 *Reimer*, Ort des Unterlassens, S. 334; *Zuber*, Anknüpfungsmerkmale, S. 111; negativ formuliert diesen Zusammenhang *Schönfeld*, Hinzurechnungsbesteuerung, S. 315 f.

107 *Vogel*, DStJG 8 (1985), 3 (27); *Lehner/Waldhoff*, in K/S/M, EStG, § 1 Rn. A 173 (Juli 2000); *Ditz*, Gewinnabgrenzung, S. 101; *Edgar/Holland*, TNI 2005, 525 (536). *Reimer*, Ort des Unterlassens, S. 330 spricht verallgemeinernd von der Gewährleistung eines „funktionierenden Lebens- und Wirtschaftsraums".

108 *Kleineidam*, Festschrift Fischer, S. 691 (697); *Lehner/Waldhoff*, in K/S/M, EStG, § 1 Rn. A 169 (Juli 2000). *Hey*, StuW 2002, 314 (319) sieht ein „Informationsproblem".

aufkommen[109]. Der Äquivalenzgedanke rechtfertigt den Steuerzugriff durch den Betriebsstättenstaat, liefert aber keinen konkreten Hinweis dafür, wie dessen Anteil an dem erzielten Unternehmensgewinn zu bemessen ist[110]. *Hey* spricht treffend von einem bloßen „Leitgedanken"[111].

3. Das ökonomische Neutralitätspostulat

Die ökonomischen Steuerwissenschaften betrachten die Wirkungen der Besteuerung. Das Erkenntnisinteresse der betriebswirtschaftlichen Steuerlehre gilt dem Einfluss der Besteuerung auf das (Investitions-)Verhalten einzelner Wirtschaftssubjekte[112]. Angestrebt wird ein Zustand, in dem allein der Wettbewerbsmechanismus des offenen Marktes über die Auswahl zwischen alternativen Handlungsmöglichkeiten bestimmt[113]. Diesem Gedanken folgend erweist sich die Besteuerung als „entscheidungsneutral", wenn sie – verglichen mit dem Zustand ohne Besteuerung – bei vernünftigen Steuerpflichtigen keine Verhaltensänderungen oder Ausweichhandlungen hervorruft[114]. Konkretisiert wird das Desiderat der Entscheidungsneutralität in der Forderung nach Rechtsform-, Finanzierungs- und Investitionsneutralität. Diese Zielvorstellungen sind gefährdet, wenn ökonomisch gleichwertige Handlungsalternativen unterschiedliche Steuerlasten begründen. In diesem Fall wird sich der Steuerpflichtige in seiner Entscheidung nicht allein von der Rationalität des Marktes, sondern den in Aussicht stehenden Steuerfolgen leiten lassen[115]. Die Finanzwissenschaften blicken – gewissermaßen „von oben"[116] – auf die gesamtwirtschaftlichen Auswirkungen der Besteuerung und formulieren das Postulat makroökonomischer Allokationseffizienz. Ressourcen sollen an dem Ort ihrer nützlichsten Verwendung eingesetzt und steuerlich

---

[109] Ähnlich *Lampert*, Doppelbesteuerungsrecht, S. 260; *Kleineidam*, Festschrift Fischer, S. 691 (697); vgl. auch *Mayer*, Formulary Apportionment, S. 31.

[110] Treffend und m.w.N. *Schön*, WTJ 2009, 67 (76).

[111] *Hey*, Festschrift Lang, S. 133 (159).

[112] Pars pro toto *Schreiber*, Besteuerung der Unternehmen[3], S. 604.

[113] Vgl. auch *Neumark*, Grundsätze, S. 266.

[114] *Elschen*, StuW 1991, 99 (100); *Kiesewetter*, StuW 1997, 24; *Neus*, DBW 57 (1997), 38 (39); *Wagner*, StuW 1992, 2 (4).

[115] Siehe nur *Wagner*, StuW 1992, 2 (3); *Paschen*, Steuerumgehung, S. 74; m.w.N. *Köth*, Besteuerung von Unternehmen, S. 116.

[116] Plastisch *Liesenfeld*, Freiheitliches Verständnis des Leistungsfähigkeitsprinzips, S. 63.

induzierte Wohlfahrtseinbußen vermieden werden[117]. Die Besteuerung lässt die Verteilung knapper Güter durch den Koordinationsmechanismus des offenen Marktes unberührt, wenn sie die wirtschaftlichen Entscheidungen der Marktteilnehmer möglichst wenig beeinflusst[118]. Allokationseffizienz resultiert demnach aus einzelwirtschaftlicher Neutralität[119].

Dem ökonomischen Neutralitätspostulat steht die Tatsache entgegen, dass jede Form der Besteuerung in die wirtschaftliche Tätigkeit des Einzelnen eingreift[120]. Absolute Neutralität im ökonomischen Sinne kann es nicht geben[121]. Dies gilt insbesondere für grenzüberschreitende Lebenssachverhalte, in denen sich die Handlungsmöglichkeiten der Wirtschaftssubjekte vervielfachen. Das wirft die Frage auf, wie sich das ökonomische Neutralitätspostulat im Rahmen der abkommensrechtlichen Abgrenzung von Unternehmensgewinnen (Art. 7 OECD-MA) niederschlägt.

Die Zuteilung der Steuerlasten auf die einzelnen Steuersubjekte aktiviert den allgemeinen Gleichheitssatz (Art. 3 Abs. 1 GG) in der Ausprägung durch den Grundsatz der Gleichmäßigkeit der Besteuerung. Der Gleichheitssatz knüpft an Personen oder Personengruppen an[122]. Demgegenüber gilt das Erkenntnisinteresse der Wirtschaftswissenschaften dem Vergleich von Handlungsoptionen. Im Mittelpunkt stehen steuerinduzierte Abweichungen bei der Auswahl zwischen verschiedenen Handlungsmöglichkeiten[123]. Steuerrecht und Ökonomie betrachten den Lebenssachverhalt mithin aus unterschiedlichen Perspektiven. Während sich die Gleichmäßigkeit der Besteuerung primär aus Ex-post-Sicht bemisst, setzt die Frage

---

117 *Paschen*, Steuerumgehung, S. 63 f.; *Osterloh*, Festschrift Selmer, S. 875 (882).

118 Siehe nur *Schreiber*, Besteuerung der Unternehmen³, S. 603; *Gandenberger*, in DStJG 8 (1985), 33 (36 f.); *Vogel*, Intertax 1988, 310.

119 *Paschen*, Steuerumgehung, S. 78. Auch *Liesenfeld*, Freiheitliches Verständnis des Leistungsfähigkeitsprinzips, S. 63 stellt fest, dass das betriebswirtschaftliche und finanzwissenschaftliche Postulat eng miteinander verbunden sind.

120 Deutlich *Kruse*, Lehrbuch des Steuerrechts, Bd. I, S. 34; *Neumark*, Grundsätze, S. 261.

121 Eingehend *Hey*, in H/H/R, Einf. KSt Anm. 37 (Sept. 1999); *Skaar*, Permanent Establishment, S. 28.

122 *Liesenfeld*, Freiheitliches Verständnis des Leistungsfähigkeitsprinzips, S. 69; *Wagner*, StuW 1992, 2 (7); *Köth*, Besteuerung von Unternehmen, S. 116; *Vogel*, DStJG 12 (1989), 123 (139).

123 *Schreiber*, Besteuerung der Unternehmen³, S. 604, 634.

der Neutralität der Besteuerung im Zeitpunkt der Entscheidungsfindung an und blickt auf die abweichenden Belastungsfolgen für den einzelnen Steuerpflichtigen (Ex-ante-Sicht)[124]. Die Wirtschaftswissenschaften widmen sich in erster Linie den einzel- und gesamtwirtschaftlichen Kosten steuerlicher „Aneutralität". Sie liefern keinen Maßstab der Gerechtigkeit zwischen mehreren Steuerpflichtigen und bilden insoweit eine selbständige Argumentationsebene[125]. Daran vermag auch die Existenz von Verbindungslinien zwischen juristischer und ökonomischer „Ebene" und das „gemeinsame freiheitliche Fundament" nichts zu ändern[126].

Im Gegensatz zu der Austeilung der Steuerlasten auf „inter-individueller" Ebene erfolgt die Abgrenzung der Steuerquellen zwischen den Vertragsstaaten im Verhältnis der Gleichordnung. Die Fiskalhoheiten koordinieren ihre gegenläufigen wirtschafts- und finanzpolitischen Staatsinteressen in völkerrechtlichen Verträgen zur Vermeidung der Doppelbesteuerung[127]. Das wirtschaftspolitische Fundament der DBA erlaubt es, ökonomische Zweckerwägungen, namentlich das Neutralitätspostulat, bei der Auslegung der abkommensrechtlichen Verteilungsnormen ergänzend zu berücksichtigen[128]. Fraglich ist, ob und inwieweit das Postulat der Entscheidungsneutralität die Allokation von Unternehmensgewinnen zu objektivieren vermag.

Die Gewinnabgrenzung im Einheitsunternehmen zielt darauf, die Erfolgsbeiträge der Unternehmensteile zu separieren und den Realstandorten zuzurechnen[129]. Konkrete Anhaltspunkte dafür, wie das Steueraufkommen zwischen den Vertragsstaaten aufzuteilen ist, sind dem ökonomischen Neutralitätspostulat nicht zu ent-

---

124 Anschaulich *Liesenfeld*, Freiheitliches Verständnis des Leistungsfähigkeitsprinzips, S. 69.

125 *Jachmann*, Festschrift Offerhaus, S. 1071 (1079); *Osterloh*, Festschrift Selmer, S. 875 (886). Deutlich auch *Kruse*, StuW 1990, 322 (324); kritisch dazu *Wagner*, StuW 1992, 2 (2 f., 6).

126 Dazu *Osterloh*, Festschrift Selmer, S. 875 (885 f.). Vgl. auch *Schön*, in Kirchhof/Neumann, Freiheit, Gleichheit, Effizienz, S. 121 (123).

127 Deutlich *Menck*, in G/K/G, DBA, Grundlagen Teil 1 Abschn. 2 Rn. 126 (15. Lfg 2004); *Link*, Konsolidierte Besteuerung, S. 33; *Mössner*, DStJG 8 (1985), 135 (138); *Gassner*, in Lang, Zukunft des internationalen Steuerrechts, S. 89 (91, 94); BMF, Monatsbericht Januar 2004 (siehe Fn. 6), S. 68.

128 Ebenso *Link*, Konsolidierte Besteuerung, S. 33.

129 Im Lichte des Konzernsachverhaltes *Menck*, IStR 2002, 807 (808).

nehmen[130]. Im grenzüberschreitenden Lebenssachverhalt fordert die Neutralitätsmaxime, dass Steuerfolgen keinen Einfluss auf die unternehmerische Entscheidung zwischen der Tätigkeit im In- oder Ausland nehmen[131]. Doppelbesteuerung führt zu „ökonomischen Rentabilitätseinbußen"[132] und gefährdet die Neutralität der Besteuerung. Aus betriebswirtschaftlicher Sicht ist ein Allokationsmechanismus bereitzustellen, der keine Verhaltensänderungen des Steuerpflichtigen auslöst.

Obgleich aus dem Desiderat der Entscheidungsneutralität kein konkreter Abgrenzungsmaßstab abzuleiten ist[133], kann das Neutralitätsziel in negativer Hinsicht in Anschlag gebracht werden. Anzustreben ist ein Abgrenzungskonzept, das den Anreiz zu sogenannter Steuerarbitrage[134] durch planerische Anpassungshandlungen möglichst weitgehend minimiert. Im Ergebnis erweist sich die Gewinnabgrenzung als entscheidungsneutral, wenn sie Doppelbesteuerung vermeidet und Verlagerungsneutralität gewährleistet[135].

---

130 Ebenso *Esser*, Steuerpolitik in der globalisierten Welt, S. 224.

131 Deutlich *Zuber*, Anknüpfungsmerkmale, S. 115; *Jankowiak*, Doppelte Nichtbesteuerung, S. 108. Vgl. auch *Jachmann*, Festschrift Offerhaus, S. 1071 (1078); *Schreiber*, Besteuerung der Unternehmen[3], S. 624 f.

132 *Rose*, Grundzüge[5], S. 51; ähnlich *Storck*, Ausländische Betriebsstätten, S. 70.

133 *Jankowiak*, Doppelte Nichtbesteuerung, S. 108 weist treffend darauf hin, dass die Konzepte der Kapitalimport- und Kapitalexportneutralität lediglich dazu dienen, die Verwirklichung der Neutralität aus der Perspektive des jeweiligen Staates zu bemessen. Sie ermöglichen jedoch nicht die Bestimmung der Anteile der Staaten an dem grenzüberschreitend generierten Steuersubstrat.

134 Vgl. nur *Menck*, in Mössner, Steuerrecht international tätiger Unternehmen[4], Rz. 1.73; *Elschen*, StuW 1991, 99 (115).

135 Vgl. *Ditz*, Gewinnabgrenzung, S. 218; siehe auch *Link*, Konsolidierte Besteuerung, S. 33.

B. Der Dualismus der Gewinnabgrenzungsmethoden

Für die zwischenstaatliche Aufteilung des Steueraufkommens grenzüberschreitender Unternehmenstätigkeit durch Betriebsstätten stehen zwei konzeptionell unterschiedliche Methoden zur Verfügung.

I. Die direkte Methode („separate accounting")

Die direkte Methode setzt das Betriebsstättenergebnis aus den einzelnen Geschäftsvorfällen jedes Unternehmensteils zusammen[136]. Gedanklicher Ausgangspunkt der synthetischen „Teilgewinnkonstruktion"[137] ist eine fiktive Trennung der operativen Betriebsteile. Das Einheitsunternehmen wird zum Zwecke der Aufteilung des Steueraufkommens in Aus- und Inlandseinheiten „modularisiert"[138]. Dieser Vorgang beruht auf separaten buchmäßigen Aufzeichnungen der Betriebsstätte („*separate accounting*")[139]. Dabei kann es sich sowohl um eine originäre als auch um eine aus der Bilanz des Einheitsunternehmens abgeleitete Betriebsstättenbilanz handeln[140].

Grundlage der direkten Methode der Gewinnabgrenzung ist die Zuordnung der Wirtschaftsgüter[141]. Da die Betriebsstätte keine rechtlich umgrenzte Vermögenssphäre aufweist, sind sämtliche Wirtschaftsgüter Bestandteile des einheitlichen

---

136 Treffend *Halfar*, IWB v. 11.10.1993, F. 3 Gr. 1, 1393 (1403).

137 Plastisch *Bähr*, Gewinnermittlung, S. 62.

138 *Kraft*, StbJb 2000/2001, 205 (209); *Haiß*, Gewinnabgrenzung, S. 44; *Roth*, in H/H/R, § 49 EStG Anm. 250 (Juli 2009).

139 Vgl. bereits *Mitchell B. Carrolls* Auftragsuntersuchung für den Völkerbund aus dem Jahre 1933, *Carroll*, Methods of Allocating Taxable Income, Tz. 128 f. (abrufbar unter: http://setis.library.usyd.edu.au/oztexts/parsons.html); siehe auch *Russo*, BIFD 2004, 472 (473).

140 *Wassermeyer*, IStR 2005, 84; *Andresen*, in W/A/D, Betriebsstätten-Hdb, Rz. 2.4, 2.6; siehe auch Blümich/*Wied*, § 49 EStG Rz. 76, 78 (Feb. 2012); *Jacobs*, Internationale Unternehmensbesteuerung[7], S. 670 f.

141 *Kessler/Jehl*, IWB v. 8.8.2007, F. 10 Gr. 2, 1977 (1979); *Looks/Maier*, in Löwenstein/Looks/Heinsen, Betriebsstättenbesteuerung[2], Rz. 718; *Nowotny*, Betriebstättengewinnermittlung, S. 15.

Betriebsvermögens des Gesamtunternehmens[142]. Die Allokation des Unternehmensvermögens zwischen in- und ausländischem Teil des Betriebsvermögens erfolgt einzig zum Zwecke der trennscharfen Abgrenzung der wirtschaftsgutbezogenen Ergebniswirkungen[143]. Es entsteht kein separates „Betriebsstättenvermögen"[144]. Die Allokation der Wirtschaftsgüter ist Grundlage und Vorbedingung für die Zurechnung von wirtschaftsgutbezogenen Wertänderungen sowie für die Erfassung der laufenden Ergebniswirkungen aus der aktiven Nutzung und dem passiven Halten von Wirtschaftsgütern[145]. Aus dem Erfordernis der Vermögensallokation folgt nicht zwingend, dass sich die Erfolgsabgrenzung und die Zuordnung der Wirtschaftsgüter deckungsgleich vollziehen. Maßgeblich dafür sind das abkommensrechtliche Zurechnungs- sowie das „Dealing at arm's length"-Prinzip. Die Vermögensabgrenzung ist „Richtschnur" der Erfolgszurechnung, ersetzt diese aber nicht[146].

Insgesamt wird deutlich, dass sich die direkte Gewinnabgrenzung auf zwei Ebenen vollzieht. Der Abgrenzung der Erfolgsposten (Gewinnabgrenzung der Höhe nach) geht die Zuordnung der Wirtschaftsgüter (Gewinnabgrenzung dem Grunde nach)

---

142 *Hemmelrath*, Ermittlung des Betriebsstättengewinns, S. 207. Siehe auch *Wassermeyer*, in Debatin/Wassermeyer, Art. 7 MA Rz. 265 (Jan. 2009); *Storck*, Ausländische Betriebsstätten, S. 338; *Hruschka/Lüdemann*, IStR 2005, 76 (79).

143 So auch *Hemmelrath*, Ermittlung des Betriebsstättengewinns, S. 207 f.

144 BFH, Urteil vom 20.3.2002, BFH/NV 2002, 1017 (1018) betont die „Einheit des Vermögens des Unternehmens". Ebenso *Kumpf*, Besteuerung inländischer Betriebsstätten, S. 99; *Kessler/Huck*, StuW 2005, 193 (199); siehe auch *Kraft*, StbJb 2000/2001, 205 (216). Abweichend *Schaumburg*, in Lüdicke, Zurechnung von Wirtschaftsgütern, S. 53 (79); BMF-Schreiben vom 24.12.1999, BStBl. I 1999, 1076 (1085 [Tz. 2.4]).

145 Vgl. nur *Buciek*, in F/W/K, DBA-CH, Art. 7 Anm. 352 (Juli 2003); *Roth*, in Lüdicke, Zurechnung von Wirtschaftsgütern, S. 87 (110 f.); *Ditz*, Gewinnabgrenzung, S. 287; *Hemmelrath*, Ermittlung des Betriebsstättengewinns, S. 207; *Hidien*, in K/S/M, EStG, § 49 Rn. D 878 (März 2007); *Haiß*, in Grotherr, Hdb Steuerplanung[3], S. 31 (39); *Neubauer*, JbFSt 1976/77, S. 312 (318).

146 So indes *Ziehr*, Einkünftezurechnung, S. 170. *Schaumburg*, in Lüdicke, Zurechnung von Wirtschaftsgütern, S. 53 (71) spricht von einer „mittelbaren Bedeutung".

voraus[147]. Die Ebenen sind nicht starr verknüpft, können losgelöst voneinander jedoch nicht sinnvoll betrachtet werden[148].

II. Die indirekte Methode („formulary apportionment")

Im Gegensatz zu der transaktionsbezogenen direkten Abgrenzung respektiert die analytische indirekte Methode die rechtliche und wirtschaftliche Einheit des Unternehmens. Sie geht von dem Gesamtgewinn des Einheitsunternehmens aus und zerlegt diesen mittels eines spezifischen Aufteilungsschlüssels auf die einzelnen Betriebsteile. Dies führt zu einem internen Ausgleich der Verluste einzelner Unternehmensteile. Die Betriebsstätten teilen das Gewinn- und Verlustschicksal des Einheitsunternehmens[149]. Parameter des Zerlegungsschlüssels sind unternehmenstypische Produktions- und Leistungsfaktoren, wie zum Beispiel Lohnsumme, Beschäftigtenzahl, Betriebskapital, Umsatz, Materialeinsatz und Produktionsvolumina[150].

Bei formelmäßiger Gewinnaufteilung entfällt das Erfordernis künstlicher Sphärentrennung innerhalb des Einheitsunternehmens. Der unternehmensinterne Leistungsverkehr wird ausgeblendet, der Zuordnung der Wirtschaftsgüter bedarf es nur, wenn der anzuwendende Aufteilungsschlüssel auf die interne Verteilung der Wirtschaftsgüter Bezug nimmt[151]. Die indirekte Methode der Gewinnaufteilung trägt der rechtlichen Einheit und zugleich der integrierten operativen Organisationsstruktur grenzüberschreitender Unternehmen Rechnung[152]. Dem abkommensrechtlichen Hauptziel der Vermeidung der Doppelbesteuerung wird die

147 Ebenso *Hidien*, in K/S/M, EStG, § 49 Rn. D 877 (März 2007). A.A. *Bauer*, Neuausrichtung, S. 13; relativierend auch *Schmidt*, in Piltz/Schaumburg, Aufwand und Verluste, S. 53 (59).

148 Treffend *Buciek*, in F/W/K, DBA-CH, Art. 7 Anm. 353 (Juli 2003); a.A. *Wassermeyer*, in Kessler/Kröner/Köhler, Konzernsteuerrecht[2], § 7 Rz. 324, der zwischen der vermögensmäßigen Zuordnung der Wirtschaftsgüter und der Zurechnung von Erträgen strikt trennt.

149 *Haiß*, Gewinnabgrenzung, S. 53; *Haarmann*, Festschrift Wassermeyer, S. 723 (730). RFH, Urteil vom 19.12.1935, RStBl. 1936, 590 (591) betont, dass die Unternehmensteile „auf Gedeih und Verderb" miteinander verbunden seien.

150 OECD-MK 2008, Art. 7 MA Tz. 54; *Ziehr*, Einkünftezurechnung, S. 155 f.

151 *Roth*, in Lüdicke, Zurechnung von Wirtschaftsgütern, S. 87 (92).

152 *Lentz*, Minderbesteuerung von Unternehmenseinkünften, S. 64. Am Beispiel multinationaler Kreditinstitute *Sadiq*, JOIT 2011, 46 (51 f.).

indirekte Methode nur gerecht, wenn möglichst breiter internationaler Konsens darüber erzielt wird, wie der Gesamtgewinn des Unternehmens und der anzuwendende Zerlegungsschlüssel zu bestimmen sind[153]. Wird diese Hürde überwunden, besteht der entscheidende Vorteil der indirekten Gewinnaufteilung in der einfachen Handhabung und dem entsprechend verminderten Verwaltungsaufwand[154].

III. Das Verhältnis der Methoden

Der OECD-Steuerausschuss erkennt die direkte Methode als „Normalmethode" der abkommensrechtlichen Gewinnabgrenzung im Einheitsunternehmen[155]. Bislang akzeptierte er auch die – hilfsweise – Anwendung der indirekten Gewinnaufteilung, soweit dies in einem Vertragsstaat üblich ist (Art. 7 Abs. 4 OECD-MA 2008). In dem neugefassten Art. 7 OECD-MA 2010 wurde der Hinweis auf die subsidiäre Anwendung der indirekten Methode gestrichen.

Aus dem Bekenntnis des OECD-Steuerausschusses zu der uneingeschränkten Anwendung der direkten Gewinnabgrenzung folgt nicht, dass sich die beiden Methoden gegenseitig ausschließen. Direkte und indirekte Methode stehen in einem gewissen Gegensatz zueinander[156]. Es besteht aber kein Verhältnis strenger Alternativität[157]. Die indirekte Methode kann Bestandteile der direkten Methode enthalten. Dies gilt vor allem bei Anwendung eines vermögensbezogenen Aufteilungsschlüssels. Ebenso kommt die direkte Methode nicht ohne indirekte

---

153 Daran zweifelnd *Hemmelrath,* in Vogel/Lehner, DBA⁵, Art. 7 Rz. 104 f. Die Schwächen der indirekten Methode benennt *Jacobs,* Internationale Unternehmensbesteuerung⁷, S. 661; eingehend auch *Avi-Yonah,* WTJ 2010, 3 (10 ff.).

154 M.w.N. *Ziehr,* Einkünftezurechnung, S. 153.

155 So bereits *Carroll,* Methods of Allocating Taxable Income, Tz. 128 f., 674. BFH, Urteil vom 27.7.1965, BStBl. III 1966, 24 (26); Urteil vom 29.7.1992, BStBl. II 1993, 63 (65); BMF-Schreiben vom 24.12.1999, BStBl. I 1999, 1076 (1084 [Tz. 2.3]); *Hemmelrath,* in Vogel/Lehner, DBA⁵, Art. 7 Rz. 85; *Schaumburg,* Internationales Steuerrecht³, Rz. 16.270; *Baker/Collier,* CDFI 91b (2006), 21 (37).

156 So bereits *Spitaler,* StbJb 1951, 321 (339).

157 Bezogen auf die Vermögenszuordnung BFH, Urteil vom 20.3.2002, BFH/NV 2002, 1017 (1018). Siehe auch *Schaumburg,* Internationales Steuerrecht³, Rz. 18.24; *Avi-Yonah/Benshalom,* WTJ 2011, 371 (381).

Elemente aus[158]. Da die direkte Vermögens- und Erfolgsabgrenzung grundsätzlich nicht abschließend zu führen ist[159], erfordert die Zurechnung der verbleibenden Posten den Rückgriff auf die formelmäßige Gewinnaufteilung[160]. In praxi stellt sich nicht die Frage, ob die direkte Methode durch Elemente der indirekten Gewinnzerlegung zu ergänzen ist, sondern inwieweit dies zu geschehen hat[161].

Nach alledem gilt kein strenger Methodendualismus. Wie die Analyse zeigen wird, besteht das Erfordernis der Methodenkombination insbesondere bei der Gewinnabgrenzung im grenzüberschreitenden Bankunternehmen.

C. Die direkte Methode der Gewinnabgrenzung

Im Mittelpunkt der vorliegenden Arbeit steht die international präferierte direkte Methode der Gewinnabgrenzung. Dabei handelt es sich nicht um ein in sich geschlossenes Abgrenzungskonzept, sondern in erster Linie um die Idee einer künstlichen Sphärentrennung im Einheitsunternehmen für Zwecke der Gewinnallokation. Das inhaltlich unbestimmte Erfordernis der fiktiven Isolierung der Betriebsstätte(n) aus der Unternehmensgesamtheit bietet Raum für abweichende Lösungsansätze.

I. Die fiktive Verselbständigung der Betriebsstätte

Kernaspekt der direkten Methode sind die unternehmensinternen Geschäftsvorfälle – namentlich interne Dienstleistungen und der Transfer von Wirtschaftsgütern. Die steuerliche Bewältigung der Innenvereinbarungen hängt maßgeblich von dem Verständnis der fiktiven Isolierung der Betriebsstätte ab. Die Reichweite dieser Fiktion ist freilich umstritten.

---

158 *Bähr*, Gewinnermittlung, S. 61 bemerkt treffend, dass beide Methoden „mehr oder weniger sowohl direkt als auch indirekt" sind.

159 *Haarmann*, Festschrift Wassermeyer, S. 723 (730 f.); *Roth*, StbJb 1997/1998, 427 (434); *ders.*, in H/H/R, § 49 EStG Anm. 252 (Juli 2009).

160 *Wassermeyer*, in Debatin/Wassermeyer, Art. 7 MA Rz. 192 (Jan. 2009); *Kraft*, StbJb 2000/2001, 205 (215); *Andresen*, in W/A/D, Betriebsstätten-Hdb, Rz. 2.148 f.; *Burmester*, Gewinn- und Verlustrealisierung, S. 79 f.

161 Ebenso *Heinsen*, in Löwenstein/Looks, Betriebsstättenbesteuerung[1], Rz. 599.

1. Widerstreitende Abgrenzungskonzepte im deutschen Schrifttum

Im deutschsprachigen Schrifttum findet die Diskussion um die sachgerechte Isolierung der Betriebsstätte und die Abbildung des internen Leistungsverkehrs Ausdruck in der Kontroverse zwischen dem von *Debatin* geprägten Erwirtschaftungsgrundsatz und der von *Becker* postulierten These vom Funktionsnutzen. Beide Konzepte sind besondere Formen[162] der direkten Methode. Sie gehen von der fiktiven Sphärentrennung zwischen Stammhaus und Betriebsstätte aus, unterscheiden sich jedoch darin, ob bei der Aufteilung des Steueraufkommens die operativen Betriebsteile oder die zivilrechtliche Unternehmenseinheit im Fokus stehen.

Der Erwirtschaftungsgrundsatz geht von einer eingeschränkten Verselbständigung der Betriebsstätte aus und differenziert zwischen Ausstattungs- und Tätigkeitsbereich eines Unternehmens[163]. Jeder Betriebsstätte ist der Gewinn zuzurechnen, den diese als Teil des Gesamtunternehmens auf Grundlage der bereitgestellten Tätigkeitsausstattung erwirtschaftet[164]. Die einzelnen Unternehmensteile partizipieren an der Gesamtausstattung des Unternehmens zu gleichen Teilen. Für die Teilhabe an der Unternehmensausstattung dürfen keine gegenseitigen Vergütungen verrechnet werden, weil der Betriebsstätte sonst der Vorteil der unternehmensinternen Ausstattung genommen würde. Das Stammhaus darf nicht an den anderen Unternehmensteilen verdienen[165]. Entgeltzahlungen für rein faktische interne Leistungsbeziehungen bleiben im Rahmen der Gewinnabgrenzung außer Betracht. Zuzurechnen sind nur tatsächlich entstandene Erfolgsposten.

Die Theorie vom Funktionsnutzen löst den Blick von der rechtlichen Unternehmenseinheit und betrachtet die von den operativen Betriebseinheiten ausgeübten Funktionen[166]. Da es keinen rechtsgeschäftlichen Verkehr innerhalb des Unternehmens gibt, erfolgt die Gewinnallokation auf Grundlage der durch die Betriebsteile

162 So *Wassermeyer*, in Debatin/Wassermeyer, Art. 7 MA Rz. 193 (Jan. 2009).

163 *Debatin*, DB 1989, 1739 (1742); *ders.*, DStZ/A 1966, 209 (213); siehe auch *Haiß*, Gewinnabgrenzung, S. 48 f.

164 *Debatin*, DB 1989, 1739 (1740); *ders.*, BB 1992, 1181 (1184); *Ritter*, JbFSt 1976/1977, 288 (301).

165 *Debatin*, DB 1989, 1739 (1740); *ders.*, BB 1992, 1181 (1184).

166 *Becker*, DB 1989, 10 (13); *ders.*, DB 1990, 392.

wahrgenommenen Funktionen und dem dadurch erzielten „Nutzen"[167]. Zum Zwecke der Ermittlung des Funktionsnutzens der einzelnen Unternehmensteile „wird so getan, als ob eine Lieferung oder Leistung zwischen den einzelnen Betriebsteilen stattgefunden hätte"[168]. Steuerlich anzuerkennen sind interne quasivertragliche Absprachen jeder Art, die einen abgrenzbaren Nutzen verkörpern[169]. Hilfsmittel für die Bestimmung des zugunsten eines Betriebsteils gestifteten Funktionsnutzens ist das „Dealing at arm's length"-Prinzip[170]. Für die als „Quasi-Geschäftsvorfälle" qualifizierten unternehmensinternen Leistungen sollen marktübliche Entgelte verrechnet werden (sog. Entgeltprinzip)[171].

2. Die abkommensrechtliche Selbständigkeitsfiktion

Theoretische Grundlage der abkommensrechtlichen Verselbständigung der Betriebsstätte zum Zwecke der Gewinnabgrenzung ist das – beide Vertragsstaaten gleichermaßen adressierende[172] – „Dealing at arm's length"-Prinzip (Art. 7 Abs. 2 OECD-MA). Die Selbständigkeitsfiktion ist im Folgenden näher zu betrachten. Dabei ist zwischen den Fassungen des Abkommensmusters vor dem 22. Juli 2010 und dem an diesem Tage veröffentlichten OECD-MA 2010 zu unterscheiden.

a) Art. 7 Abs. 2 OECD-MA „vor 2010"

Wortlaut und Systematik des Art. 7 OECD-MA „vor 2010" führen zu Unsicherheiten über die Reichweite der steuerlichen Selbständigkeitsfiktion[173]. Autoren, die auf eine absolute Verselbständigung der Betriebsstätte im Sinne der Funktionsnutzentheorie erkennen, argumentieren streng an Wortlaut und Telos von Art. 7

---

167 *Becker*, Festschrift Debatin, S. 25 (26); *Kleineidam*, IStR 1993, 395 (396 f.).

168 *Becker*, DB 1990, 392; *ders.*, Festschrift Debatin, S. 25 (28).

169 Insbesondere auch Darlehensverträge, weil diese einen „Finanzierungsnutzen" vermitteln (so *Becker*, DB 1989, 10 [14]; vgl. auch *Sieker*, DB 1996, 110 [113]).

170 *Becker*, DB 1990, 392.

171 *Becker*, DB 1989, 10 (14); vgl. auch *Debatin*, DB 1989, 1739 (1743); *Buciek*, in F/W/K, DBA-CH, Art. 7 Anm. 502 (Juli 2003).

172 Vgl. OECD-MK 2010, Art. 7 MA Tz. 18.

173 Zu der abweichenden Haltung der OECD-Mitgliedstaaten *Baker/Collier*, CDFI 91b (2006), 21 (38); *Kroppen*, in G/K/G, DBA, Art. 7 OECD-MA Rn. 107 (10. Lfg. 2002); *Kobetsky*, BIFD 2006, 411 (413 f.).

Abs. 2 OECD-MA[174]. Danach sind der Betriebsstätte die Gewinne zuzurechnen, die diese erzielt hätte, wenn sie ein „selbständiges Unternehmen" wäre „und im Verkehr mit dem Unternehmen, dessen Betriebstätte sie ist, völlig unabhängig gewesen wäre". Da der Wortlaut keinen Anhaltspunkt für eine eingeschränkte Anwendung des „Dealing at arm's length"-Prinzips enthält[175], sollen innerbetriebliche Leistungen an und durch die Betriebsstätte stets mit einem marktüblichen Gewinnaufschlag zu vergüten sein[176].

Die deutsche höchstrichterliche Rechtsprechung und zahlreiche Autoren gehen hingegen von einem einschränkenden Verständnis der fiktiven Steuerselbständigkeit der Betriebsstätte nach Art. 7 OECD-MA „vor 2010" aus[177]. Auch sie argumentieren am Wortlaut der Verteilungsnorm. Aus der Formulierung „die Gewinne des Unternehmens" in Art. 7 Abs. 1 Satz 2 OECD-MA sei zu schließen, dass einer Betriebsstätte nur solche Gewinne zugerechnet werden können, die zugleich Gewinne des Einheitsunternehmens und folglich im Außenverhältnis tatsächlich realisiert worden sind[178]. Die Ausblendung der internen Leistungsbeziehungen wird auch damit begründet, dass die internen Leistungen unternehmensspezifisch konfiguriert werden und deshalb nicht – wie von Art. 7 Abs. 2 OECD-MA gefordert „unter gleichen oder ähnlichen Bedingungen" wie unter fremden Dritten erfolgen[179]. Soweit die Unternehmensteile nicht wie fremde Dritte zu den Bedingungen des freien Marktes verkehren können, scheidet eine hypothetische Sphärentrennung aus. Bei eingeschränkter Interpretation der Selbständigkeitsfiktion sind

174 *Kroppen,* in G/K/G, DBA, Art. 7 OECD-MA Rn. 108 (10. Lfg. 2002); implizit *Sieker,* DB 1996, 110 (110); siehe auch *Ziehr,* Einkünftezurechnung, S. 135 (Note 512). Für eine uneingeschränkte Selbständigkeit der Betriebsstätte auch *Plansky,* Gewinnzurechnung zu Betriebsstätten, S. 119.

175 Konstatierend auch *Kluge,* StuW 1975, 294 (304); *Haiß,* Gewinnabgrenzung, S. 203; *Kumpf,* StbJb 1988/1989, 399 (418).

176 Vgl. *Bähr,* Gewinnermittlung, S. 84; *Kroppen,* in G/K/G, DBA, Art. 7 OECD-MA Rz. 119 (10. Lfg. 2002); *Sieker,* DB 1996, 110 (112).

177 Vgl. BFH, Urteil vom 27.7.1965, BStBl. III 1966, 24 (26); Urteil vom 21.1.1972, BStBl. II 1972, 374 (375); Urteil vom 29.7.1992, BStBl. II 1993, 63 (65); *Hemmelrath,* in Vogel/Lehner, DBA[5], Art. 7 Rz. 92; *Wassermeyer,* in Debatin/Wassermeyer, Art. 7 MA Rz. 324 (Jan. 2009); *Ritter,* JbFSt 1976/77, 288 (300).

178 So *Hemmelrath,* in Vogel/Lehner, DBA[5], Art. 7 Rz. 90; *Frotscher,* in Oestreicher, Unternehmen im Umbruch, S. 96 f.; *Ritter,* JbFSt 1976/77, 288 (303).

179 Treffend *Schön,* in Lüdicke, Besteuerung im Wandel, S. 71 (79).

deshalb – im Sinne des Erwirtschaftungsgrundsatzes – nur die tatsächlich entstandenen Erfolgsposten zuzurechnen. Die internen Geschäftsvorfälle bleiben bei der steuerlichen Gewinnabgrenzung grundsätzlich außer Ansatz. Das Tatbestandsmerkmal „die Gewinne des Unternehmens" begrenzt die Summe der den einzelnen Betriebsteilen zurechenbaren Gewinne auf das Gesamtergebnis des Einheitsunternehmens[180].

Für ein einschränkendes Verständnis der Selbständigkeitsfiktion spricht auch der OECD-Kommentar 2005. Danach ist die Reichweite des „Dealing at arm's length"-Grundsatzes von dem jeweiligen Innenvorgang abhängig[181]. Eine fremdvergleichskonforme Vergütung der Innenleistungen kommt nur in Betracht, wenn die relevanten Leistungen zu dem Hauptgeschäftszweck des gewährenden Unternehmensteils gehören und auch gegenüber fremden Dritten erbracht werden[182].

b) Art. 7 Abs. 2 OECD-MA 2010

Der OECD-Steuerausschuss nahm die Kontroverse um das Verständnis der Selbständigkeitsfiktion zum Anlass, die Verteilungsnorm für Unternehmensgewinne grundlegend zu überarbeiten. Nach einem nahezu zehnjährigen Konsultationsprozess veröffentlichte er am 22. Juli 2010 die finale Fassung des OECD-Betriebsstättenberichts und zeitgleich die Neufassung des Art. 7 OECD-MA[183]. Mit der vorgeschlagenen Neuausrichtung der Abkommensregelung verfolgt der Steuerausschuss das Ziel, die Gewinnabgrenzung im Einheitsunternehmen an die verrechnungspreisbasierte Gewinnkorrektur bei verbundenen Unternehmen

---

180 Siehe nur *Förster*, IStR 2007, 398 (399).

181 Vgl. OECD-MK 2005, Art. 7 MA Tz. 17.1 bis 17.7; *Hemmelrath*, in Vogel/Lehner, DBA[5], Art. 7 Rz. 86.

182 OECD-MK 2005, Art. 7 MA Tz. 17.6; so auch BMF-Schreiben vom 24.12.1999, BStBl. I 1999, 1076 (1084 [Tz. 2.2]; 1090 [Tz. 3.1.2]); vgl. *Schaumburg*, Internationales Steuerrecht[3], Rz. 16.278, 18.45; *Ziehr*, Einkünftezurechnung, S. 134.

183 Den Erstentwurf des Betriebsstättenberichts veröffentlichte die OECD am 8.2.2001. Zu der Entwicklung des AOA *Kroppen*, Festschrift Herzig, S. 1071 (1072 f.). Auf dem *„functionally separate entity approach"* fußen das Revisionsprotokoll des DBA-USA vom 7.12.2006 (BGBl. II 2006, 1184), das Protokoll zum DBA-Mexiko 2008 vom 8.7.2009 (BGBl. II 2009, 746), das am 19.12.2012 in Kraft getretene DBA-Liechtenstein (BGBl. II 2012, 1462), das am 12.4.2012 unterzeichnete DBA-Niederlande, das am 23.4.2012 unterzeichnete DBA-Luxemburg und das Änderungsprotokoll zum DBA-Norwegen vom 24.6.2013.

heranzuführen[184]. Grundlage dafür ist die Fiktion der Betriebsstätte als gänzlich selbständiges Unternehmen.

Der OECD-Steuerausschuss sieht die Ursache für die abweichende Interpretation der Selbständigkeitsfiktion in dem unklaren Verhältnis von Abs. 1 und Abs. 2 des Art. 7 OECD-MA „vor 2010". Aus diesem Grunde enthält Art. 7 Abs. 1 Satz 2 OECD-MA 2010 den Hinweis, dass sich die Zurechnung der Gewinne ausschließlich „nach Absatz 2" bemisst[185]. Damit soll der Argumentation zugunsten eines restriktiven Verständnisses der Selbständigkeitsfiktion unter Hinweis auf den Terminus „die Gewinne des Unternehmens" die Grundlage entzogen werden. Da Art. 7 Abs. 2 OECD-MA 2010 die Gewinnabgrenzung abschließend regelt, ist der Formulierung „die Gewinne des Unternehmens" keine Aussage über die Höhe des der Betriebsstätte zuzurechnenden Gewinnes zu entnehmen[186]. Das OECD-MA 2010 tritt einer Begrenzung der der Betriebsstätte zuzurechnenden Gewinne auf den Gesamtgewinn des Einheitsunternehmens entgegen. Die Summe der Teilgewinne kann den Gesamtgewinn des Unternehmens übersteigen[187]. Theoretische Grundlage dieses Vorstoßes ist der *„functionally separate entity approach"*[188]. Danach ist jeder Betriebsstätte das Ergebnis zuzurechnen, das sie als völlig selbständiges Unternehmen erzielt hätte[189]. Da das Ergebnis der Betriebsstätte durch marktübliche Vergütung sämtlicher Innenleistungsbeziehungen als „eigener" Gewinn zu bestimmen ist, soll die Ermittlung des Gewinnes des Gesamtunternehmens im

---

184 Vgl. OECD, Betriebsstättenbericht 2010, Part I Tz. 52 f.; siehe auch *Niehaves*, in Haase, AStG/DBA², Art. 7 MA Rn. 197.

185 „ ..., so können die Gewinne, die der Betriebsstätte nach Absatz 2 zuzurechnen sind, im anderen Staat besteuert werden".

186 OECD-MK 2010, Art. 7 MA Tz. 17; OECD, Betriebsstättenbericht 2010, Part I Tz. 8: *„Profits may therefore be attributed to a permanent establishment even though the enterprise as a whole has never made profits."*; vgl. *Bennett*, ET 2008, 467; *Oosterhoff*, ITPJ 2008, 68 (69).

187 OECD, Betriebsstättenbericht 2010, Part I Tz. 50; siehe auch *Andresen*, in W/A/D, Betriebsstätten-Hdb, Rz. 2.162; *Malherbe/Daenen*, BIT 2010, 359 (361).

188 OECD, Betriebsstättenbericht 2010, Part I Tz. 8, 50. In der Konsequenz weist der OECD-Bericht den – dem Erwirtschaftungsgrundsatz vergleichbaren – *„relevant business activity approach"* zurück (siehe OECD, Betriebsstättenbericht 2010, Part I Tz. 50; deutlicher noch OECD, Betriebsstättenbericht 2008, Part I Tz. 72 ff.).

189 OECD, Betriebsstättenbericht 2010, Part I Tz. 9; vgl. *Schaumburg*, Internationales Steuerrecht³, Rz. 18.26; *Niehaves*, in Haase, AStG/DBA², Art. 7 MA Rn. 150, 187.

Betriebsstättenstaat entbehrlich werden[190]. In seinem Betriebsstättenbericht erklärt der OECD-Steuerausschuss den *„functionally separate entity approach"* als *„authorised OECD approach"* (AOA)[191].

II. Der Maßstab der direkten Gewinnabgrenzung

1. Die Gewinnabgrenzung dem Grunde nach

Bei direkter Gewinnabgrenzung auf Grundlage eigenständiger Betriebsstättenbuchführung zeichnet die Zuordnung der Wirtschaftsgüter die Zurechnung der wirtschaftsgutbezogenen Ergebniswirkungen vor[192]. Dies gibt Anlass zu der Frage, nach dem Maßstab der Vermögensabgrenzung.

a) Art. 7 OECD-MA „vor 2010"

Art. 7 OECD-MA „vor 2010" regelt expressis verbis nur die Zurechnung der Gewinne. Das Erfordernis der Zuordnung der Wirtschaftsgüter ist zwar nicht im Wortlaut angelegt. Es folgt jedoch sowohl aus Art. 7 OECD-MA selbst als auch aus dem Abkommenszusammenhang.

Nach Art. 7 Abs. 4 OECD-MA „vor 2010" kommt der indirekten Gewinnaufteilung nach Schlüsselgrößen lediglich Ausnahmecharakter zu. Regelmethode ist die – in der Selbständigkeitsfiktion des Art. 7 Abs. 2 OECD-MA angelegte – direkte Gewinnabgrenzung durch eigenständige Buchführung[193]. Die Zuordnung der Wirtschaftsgüter zu den Unternehmensteilen ist konstitutive Voraussetzung der Gewinnabgrenzung. Das zeigt auch eine Gesamtschau der abkommensrechtlichen Verteilungsnormen[194]. Nach Art. 13 Abs. 2 OECD-MA sind Gewinne, die ein Unternehmen aus der Veräußerung beweglichen Vermögens erzielt, (nur) dann nicht im Ansässigkeitsstaat zu besteuern, wenn der veräußerte Gegenstand Betriebsvermögen einer im anderen Vertragsstaat belegenen Betriebsstätte ist. Regelungsgegenstand sind die nicht unmittelbar der Erzielung der laufenden Unternehmens-

---

190 So OECD, Betriebsstättenbericht 2008, Part I Tz. 75.

191 OECD, Betriebsstättenbericht 2008, Part I Tz. 9; siehe auch OECD, Betriebsstättenbericht 2010, Part I Tz. 8.

192 Siehe Teil 1, B. I. der Arbeit.

193 OECD-MK 2005, Art. 7 MA Tz. 25; ebenso OECD-MK 2008, Art. 7 MA Tz. 52.

194 Siehe nur *Nowotny*, Betriebstättengewinnermittlung, S. 52.

gewinne dienenden Wirtschaftsgüter des Anlagevermögens[195]. Die Zuordnung der Wirtschaftsgüter des Umlaufvermögens zu der Betriebsstätte richtet sich demzufolge nach der allgemeinen Verteilungsnorm für Unternehmensgewinne[196]. Dass Art. 7 OECD-MA (auch) die Vermögensabgrenzung regelt, offenbart überdies der sogenannte Betriebsstättenvorbehalt[197]. Danach sind passive Einkünfte aus der Überlassung von Kapital und Rechten (Dividenden, Zinsen und Lizenzgebühren) als Unternehmensgewinne zu qualifizieren, wenn die den Einkünften zugrunde liegenden Wirtschaftsgüter (sog. Stammrechte) tatsächlich zu dieser Betriebsstätte gehören. Der Betriebsstättenvorbehalt statuiert ein gegenüber der allgemeinen Regelung des Art. 7 OECD-MA besonderes Zuordnungskriterium. Nach alledem zeigt das Zusammenspiel der Verteilungsnormen, dass auch Art. 7 OECD-MA „vor 2010" die Zuordnung der Wirtschaftsgüter voraussetzt. Dieser Befund führt zu der Frage nach dem Maßstab der Vermögensabgrenzung.

aa) Das Prinzip der wirtschaftlichen Zugehörigkeit

Da Art. 7 OECD-MA „vor 2010" bereits das Erfordernis der Vermögensabgrenzung nicht ausdrücklich regelt, ist der Norm auch kein spezieller Maßstab für die Zuordnung der Wirtschaftsgüter zu entnehmen[198]. Aus dem Abkommenszusammenhang ist jedoch zu schließen, dass das in Art. 7 Abs. 1 Satz 2 OECD-MA verankerte Zurechnungsprinzip nicht nur für die Erfolgsabgrenzung, sondern auch für die Zuordnung der Wirtschaftsgüter gilt. Dies belegt die Verteilungsnorm für Gewinne aus der Veräußerung beweglichen Betriebsstättenvermögens (Art. 13 Abs. 2 OECD-MA). Diese regelt nicht, unter welchen Voraussetzungen bewegliche Wirtschaftsgüter dem Betriebsvermögen der Betriebsstätte zuzuordnen sind, sondern greift insoweit auf die Verteilungsnorm des Art. 7 OECD-MA zurück. Auf diese Weise soll ein Gleichlauf zwischen der Besteuerung der laufenden wirtschaftsgutbezogenen Unternehmensgewinne und den Gewinnen aus der Veräußerung von

---

195 *Schaumburg*, in Lüdicke, Zurechnung von Wirtschaftsgütern, S. 53 (79).

196 Siehe nur *Wassermeyer*, in Debatin/Wassermeyer, Vor Art. 6-22 Rz. 33 (Okt. 2006), Art. 13-MA Rz. 78 (Okt. 2002); vgl. auch OECD-MK 2010, Art. 7 MA Tz. 4.

197 Art. 10 Abs. 4, Art. 11 Abs. 4, Art. 12 Abs. 3 OECD-MA.

198 Ebenso *Hemmelrath*, Ermittlung des Betriebsstättengewinns, S. 209; sinngemäß *Storck*, Ausländische Betriebsstätten, S. 243 f.; *Blumers*, DB 2008, 1765 (1767); implizit *Roth*, in Lüdicke, Zurechnung von Wirtschaftsgütern, S. 87 (104).

sonstigem Betriebsstättenvermögen erzielt werden[199]. So betont auch der OECD-Musterkommentar, dass Art. 13 Abs. 2 OECD-MA mit der Verteilungsnorm für Unternehmensgewinne „korrespondiert“[200]. Für die Zuordnung von beweglichen Vermögenswerten zu der Betriebsstätte ist auf die Grundsätze des Art. 7 OECD-MA zurückzugreifen[201]. Schließlich verdeutlicht der Betriebsstättenvorbehalt in Art. 10 bis 12 OECD-MA, dass Art. 7 OECD-MA eine allgemeine Regelung der Vermögensabgrenzung enthält. Andernfalls wäre das besondere Kriterium des „tatsächlichen Gehörens“ nach Art. 10 Abs. 4, Art. 11 Abs. 4 und Art. 12 Abs. 3 OECD-MA entbehrlich.

Nach alledem gelten die in Art. 7 OECD-MA niedergelegten Grundsätze der Erfolgsabgrenzung entsprechend für die abkommensrechtliche Vermögensabgrenzung[202]. Grundlegender Allokationsmaßstab ist das Zurechnungsprinzip nach Art. 7 Abs. 1 Satz 2 OECD-MA. Da innerhalb des Einheitsunternehmens zivilrechtliche Aspekte ausscheiden, richtet sich die Zuordnung nach dem Bestehen eines wirtschaftlichen Zusammenhangs zwischen Wirtschaftsgut und Betriebsstätte (sog. Prinzip der wirtschaftlichen Zugehörigkeit)[203].

bb) Das „Dealing at arm's length“-Prinzip

Das inhaltsoffene Prinzip der wirtschaftlichen Zugehörigkeit ist unter Rekurs auf den in Art. 7 Abs. 2 OECD-MA niedergelegten Grundsatz des Fremdvergleichs zu objektivieren[204]. Das abkommensrechtliche „Dealing at arm’s length“-Prinzip

---

199 So auch OECD-MK 2010, Art. 13 MA Tz. 4.

200 OECD-MK 2010, Art. 13 MA Tz. 24.

201 *Reimer*, in Vogel/Lehner, DBA^5, Art. 13 Rz. 77; siehe auch *Schütte*, in Haase, AStG/DBA^2, Art. 13 MA Rn. 45.

202 Ebenso *Hemmelrath*, Ermittlung des Betriebsstättengewinns, S. 208 f., 210; *Schaumburg*, Internationales Steuerrecht^3, Rz. 18.15; *ders.*, in Lüdicke, Zurechnung von Wirtschaftsgütern, S. 53 (77); *Ritter*, JbFSt 1976/1977, 288 (309).

203 *Buciek*, in F/W/K, DBA-CH, Art. 7 Anm. 354 (Juli 2003); *Storck*, Ausländische Betriebsstätten, S. 338; *Ziehr*, Einkünftezurechnung, S. 50; *Hidien*, in K/S/M, EStG, § 49 Rn. D 2016 (April 2007); *Kumpf*, Besteuerung inländischer Betriebsstätten, S. 103; BMF-Schreiben vom 24.12.1999, BStBl. I 1999, 1076 (1084 [Tz. 2.2]); bestätigt durch BMF-Schreiben vom 25.8.2009, BStBl. I 2009, 888 (888 [Tz. „2.2]).

204 Siehe nur *Storck*, Ausländische Betriebsstätten, S. 338 f.; *Burmester*, Gewinn- und Verlustrealisierung, S. 87; *Hemmelrath*, Ermittlung des Betriebsstättengewinns, S. 213; *Wassermeyer*, in Debatin/Wassermeyer, Art. 7 MA Rz. 311 (Jan. 2009); *Kumpf*, Besteuerung

eliminiert solche Einflüsse, die aus dem besonderen Näheverhältnis der Unternehmensteile resultieren[205]. Maßstabsbildend sind Geschäftsbeziehungen zwischen fremden Dritten zu den Bedingungen des freien Marktes[206]. Bezogen auf die Zuordnung von Wirtschaftsgütern folgt daraus, dass der Betriebsstätte nur solche Wirtschaftsgüter zuzuordnen sind, „die ein selbständiger Gewerbebetrieb am gleichen Ort und unter gleichen oder ähnlichen Bedingungen zur Erzielung eines vergleichbaren Geschäftserfolges benötigt"[207] und deshalb erwerben würde[208].

Die dem Fremdvergleich zugedachte objektivierende Kraft entfaltet bei der Vermögensabgrenzung im Einheitsunternehmen nur eingeschränkte Wirkung. Die betriebliche Organisation und die Zuordnung der in den Wertschöpfungsprozessen eingesetzten Wirtschaftsgüter sind Ausdruck unternehmerischer Handlungsfreiheit[209]. Die unternehmerische Disposition manifestiert sich in der buchmäßigen Zuordnung der Wirtschaftsgüter und wird nur entkräftet, soweit diese als „fremdunüblich" zu qualifizieren ist. Im Gegensatz zu der Bestimmung marktüblicher Preise existiert grundsätzlich keine fremd- oder branchenübliche Vermögensausstattung als Bezugspunkt eines tatsächlichen Fremdvergleichs[210]. Das „Dealing at arm's length"-Prinzip dient deshalb in der Regel nur als typisierender Verprobungsmaßstab der unternehmerischen Zuordnung der Wirtschaftsgüter[211].

cc) Das Kriterium des funktionalen Zusammenhangs

Nach Auffassung einzelner Autoren soll das Prinzip der wirtschaftlichen Zugehörigkeit durch den Nachweis eines funktionalen Zusammenhangs zwischen

---

inländischer Betriebsstätten, S. 103 f.; vgl. auch *Nowotny*, Betriebstättengewinnermittlung, S. 131 f.

205 Allgemein *Wassermeyer*, in Debatin/Wassermeyer, Art. 7 MA Rz. 317 (Jan. 2009).

206 Der Vertragspartner soll über die Geschäftsbeziehung hinaus keinen Einfluss auf die Geschäftsführung der anderen Vertragspartei nehmen; vgl. *Kraft*, in Kraft, AStG, § 1 Rz. 102; *Baumhoff*, in F/W/B, AStR, § 1 AStG Anm. 280 (Okt. 2002).

207 So BFH, Urteil vom 21.1.1972, BStBl. II 1972, 374 (375); Urteil vom 9.11.1999, BFH/NV 2000, 688 (690); vgl. auch *Andresen*, in W/A/D, Betriebsstätten-Hdb, Rz. 2.153.

208 Vgl. *Buciek*, in F/W/K, DBA-CH, Art. 7 Anm. 403 a.E. (Juli 2003).

209 Siehe nur *Ditz*, Gewinnabgrenzung, S. 223 f., 289. Allgemein *Drüen*, StuW 2008, 154 (155 f.).

210 Zweifelnd auch *Hemmelrath*, Ermittlung des Betriebsstättengewinns, S. 214 f.; vgl. auch *Kroppen*, in G/K/G, DBA, Art. 7 OECD-MA Rn. 95 (10. Lfg. 2002).

211 Treffend *Maier*, in Löwenstein/Looks, Betriebsstättenbesteuerung[1], Rz. 628.

Wirtschaftsgut und Betriebsstätte zu konkretisieren sein[212]. Das Kriterium des funktionalen Zusammenhangs ist dem Betriebsstättenvorbehalt für Einkünfte aus Zinsen, Dividenden und Lizenzen entlehnt. Danach findet die allgemeine Verteilungsnorm des Art. 7 OECD-MA nur Anwendung, wenn das den Einkünften zugrunde liegende Wirtschaftsgut „tatsächlich zu dieser Betriebsstätte gehört“[213]. Das Tatbestandsmerkmal des „tatsächlichen Gehörens“ war in den letzten Jahren wiederholt Gegenstand höchstrichterlicher Rechtsprechung[214]. Der Bundesfinanzhof sieht das Kriterium unter zwei Voraussetzungen als erfüllt an. Das Wirtschaftsgut muss aus der Sicht der Betriebsstätte einen Aktivposten bilden und in einem funktionalen Zusammenhang mit der Betriebsstättentätigkeit stehen[215]. Ein solcher funktionaler Zusammenhang erfordert eine Verbindung zwischen dem Wirtschaftsgut und der in der Betriebsstätte ausgeübten unternehmerischen Tätigkeit[216].

Der Anwendungsbereich des Zuordnungskriteriums des „tatsächlichen Gehörens“ beschränkt sich auf passive Einkünfte in Form von Zinsen, Dividenden und Lizenzgebühren. Für andere Einkunftsarten, namentlich allgemeine Unternehmensgewinne aus dem gewerblichen Einsatz von Wirtschaftsgütern, kommt ein unmittelbarer Rekurs auf das Kriterium nicht in Betracht[217]. Dies bedeutet nicht, dass ein funktionaler Zusammenhang als konkretisierender Maßstab der Vermögensabgrenzung nach Art. 7 OECD-MA ausscheidet. Wie das Merkmal des „tatsächlichen Gehörens“ knüpft auch das (allgemeine) Prinzip der wirtschaftlichen Zugehörigkeit an die Geschäftstätigkeit der Betriebsstätte an[218]. Die Feststellung eines wirtschaftlichen Zusammenhangs setzt eine Analyse der operativen

---

212 So *Schaumburg*, Internationales Steuerrecht[3], Rz. 16.264, 16.485; *Nowotny*, Betriebstättengewinnermittlung, S. 129. *Ditz* leitet die Zuordnung nach funktionalen Aspekten direkt aus dem Grundsatz des Fremdvergleichs ab (siehe *Ditz*, Gewinnabgrenzung, S. 288 f.).

213 Art. 10 Abs. 4, Art. 11 Abs. 4, Art. 12 Abs. 3 OECD-MA. Deutlich der Wortlaut der englischen und französischen Textfassung: *„effectively connected with“*, *„s'y-rattache effectivement“* (vgl. *Vogel*, in Vogel/Lehner, DBA[5], Vor Art. 10-12 Rz. 40).

214 Vgl. nur *Schnitger/Bildstein*, Ubg 2008, 444 (449 ff.).

215 So BFH, Urteil vom 21.7.1999, BStBl. II 1999, 812 (815).

216 BFH, Beschluss vom 19.12.2007, BStBl. II 2008, 510 (512); Urteil vom 30.8.1995, BStBl. II 1996, 563 (565); Urteil vom 26.2.1992, BStBl. II 1992, 937 (939); Urteil vom 27.2.1991, BStBl. II 1991, 444 (447).

217 So auch *Wassermeyer*, in Debatin/Wassermeyer, Art. 7 MA Rz. 240 (Jan. 2009); a.A. *Schaumburg*, Internationales Steuerrecht[3], Rz. 16.264.

218 Treffend *Nowotny*, Betriebstättengewinnermittlung, S. 90.

Geschäftsaktivität der Unternehmensteile und der eingesetzten betrieblichen Grundlagen voraus. Das Kriterium des wirtschaftlichen Zusammenhangs ist nicht mit dem Tatbestandsmerkmal des „tatsächlichen Gehörens" gleichzusetzen. Es ist jedoch ebenso wenig verwehrt, das Prinzip der wirtschaftlichen Zugehörigkeit an dem Tätigkeitsspektrum der Betriebsstätte zu konkretisieren. Der Betriebsstätte sind die Wirtschaftsgüter zuzuordnen, die in wirtschaftlichem Zusammenhang mit der von ihr ausgeübten Geschäftstätigkeit und den ihr zugewiesenen Funktionen stehen[219].

Das eigentliche Problem einer wirtschaftlich-funktionalen Vermögensabgrenzung besteht in der sachgerechten Konkretisierung des inhaltsoffenen Begriffes der Funktion. Das Erfordernis, eine eindeutige „operative Verbindung"[220] zwischen Wirtschaftsgut und einer bestimmten Betriebsstätte nachzuweisen, führt zu erheblichen praktischen Schwierigkeiten. Das hat seinen Grund in dem wechselseitigen Zusammenwirken einzelner Funktionen innerhalb einer grenzüberschreitenden Wertschöpfungskette[221]. Es stellen sich insbesondere deutliche Unterschiede zwischen der Zuordnung der im Produktionsprozess eingesetzten und der daraus hervorgehenden Wirtschaftsgüter ein. Produktionstragende Wirtschaftsgüter stehen in „funktionalem Konnex" zu einer Betriebsstätte, wenn sie imstande sind, deren Tätigkeit und damit deren Erträge zu gewährleisten oder zu steigern[222]. Weniger eindeutig erweist sich die Zuordnung der produzierten Wirtschaftsgüter. Das gilt vor allem, wenn mehrere Unternehmensteile einzelne Teilleistungen innerhalb des transnationalen Wertschöpfungsprozesses erbringen. Wie die Analyse zeigen wird, ist dies besonders im grenzüberschreitenden Kreditgeschäft durch Bankbetriebsstätten der Fall.

---

219 So auch *Nowotny*, Betriebstättengewinnermittlung, S. 129; *Ditz*, Gewinnabgrenzung, S. 288; *Hemmelrath*, Ermittlung des Betriebsstättengewinns, S. 213; *ders.*, in Vogel/Lehner, DBA[5], Art. 7 Rz. 115; *Strunk/Kaminski*, in Strunk/Kaminski/Köhler, AStG/DBA, Art. 7 OECD-MA Rz. 102 (Sept. 2012); *Looks/Maier*, in Löwenstein/Looks/Heinsen, Betriebsstättenbesteuerung[2], Rz. 741.

220 Plastisch *Ziehr*, Einkünftezurechnung, S. 201.

221 Kritisch bezüglich der Unterscheidung von Haupt- und Nebenfunktionen *Blumers*, DB 2008, 1765 (1768).

222 Vgl. BFH, Urteil vom 29.7.1992, BStBl. II 1993, 63 (65); Urteil vom 9.11.1999, BFH/NV 2000, 688 (690); *Strunk/Kaminski*, in Strunk/Kaminski/Köhler, AStG/DBA, Art. 7 OECD-MA Rz. 102 (Sept. 2012).

b) Art. 7 OECD-MA 2010

In dem neugefassten Art. 7 OECD-MA 2010 ist die Verknüpfung von Gewinn- und Vermögensabgrenzung erstmals ausdrücklich in dem Abkommenstext angelegt. In Art. 7 Abs. 2 Halbsatz 2 OECD-MA 2010 heißt es: „...dabei sind die (...) ausgeübten Funktionen, eingesetzten Wirtschaftsgüter und übernommenen Risiken zu berücksichtigen." Die Frage nach dem anzulegenden Maßstab der Vermögensabgrenzung lenkt den Blick auf den OECD-Musterkommentar zu Art. 7 OECD-MA 2010 und den OECD-Betriebsstättenbericht 2010.

Ausgehend von der Leitidee der uneingeschränkten Verselbständigung der Betriebsstätte nach dem *„functionally separate entity approach"* erfolgt die Gewinnabgrenzung im Wege eines Zweischritts[223]. Zunächst ist die Betriebsstätte als selbständiges Unternehmen zu konstruieren[224], indem ihr eine unternehmerische Initialausstattung zugewiesen wird[225]. Dies geschieht mittels einer eingehenden Funktions- und Sachverhaltsanalyse (*„functional and factual analysis"*), die darauf zielt, die wirtschaftlich bedeutsamen Funktionen der Betriebsstätte sowie die eingesetzten Wirtschaftsgüter und die übernommenen Risiken zu identifizieren. Darauf aufbauend ist festzustellen, unter welchen Bedingungen die Wirtschaftsgüter genutzt werden[226]. Bei absoluter Steuerselbständigkeit der Betriebsstätte erfolgt die Vermögensabgrenzung nach dem für rechtlich selbständige Unternehmen geltenden Kriterium des „wirtschaftlichen Eigentums" (*„economic ownership"*)[227]. Der OECD-Bericht unterscheidet zwischen „wirtschaftlichem Eigentum" an materiellen und immateriellen Wirtschaftsgütern. Die Zuordnung gegenständlicher

---

223 OECD-MK 2010, Art. 7 MA Tz. 20.

224 OECD, Betriebsstättenbericht 2010, Part I Tz. 59, 176.

225 OECD, Betriebsstättenbericht 2010, Part I Tz. 60; *Förster*, IWB v. 14.2.2007, F. 10 Gr. 2, 1929 (1930); *Schön*, in Lüdicke, Besteuerung im Wandel, S. 71 (94 f.).

226 Der Betriebsstättenbericht 2010 nennt verschiedene Nutzungsmodalitäten: Mit- oder Alleineigentum sowie Lizensierung oder Teilnahme an einer Umlagevereinbarung (vgl. OECD, Betriebsstättenbericht 2010, Part I Tz. 72). Einen Überblick über den ersten Schritt des AOA liefern der OECD-MK 2010, Art. 7 MA Tz. 21 und der OECD-Betriebsstättenbericht 2010, Part I Tz. 10, 13 ff.

227 OECD-MK 2010, Art. 7 MA Tz. 21; OECD, Betriebsstättenbericht 2010, Part I Tz. 72, 14 (Note 4); *Jacobs*, Internationale Unternehmensbesteuerung[7], S. 684. Technisch soll die Zuordnung des „wirtschaftlichen Eigentums" anhand einer eigenständigen „Steuerbilanz" (*„tax balance sheet"*) der Betriebsstätte erfolgen (vgl. Überschrift zu Part I, D-2 [iii] OECD-Betriebsstättenbericht 2010, S. 28).

Wirtschaftsgüter richtet sich nach dem Ort der Nutzung[228]. Bei der Allokation immaterieller Wirtschaftsgüter ist zwischen gewerblichen („*trade intangibles*")[229] und der Vermarktung dienenden Wirtschaftsgütern („*marketing intangibles*") zu unterscheiden[230]. Die Zuordnung richtet sich danach, in welchem Unternehmensteil die wesentlichen aktiven Entscheidungen über den Erwerb oder die Entwicklung des jeweiligen Wirtschaftsgutes getroffen wurden[231].

Unter dem AOA folgt die Vermögensabgrenzung den Ergebnissen der Funktions- und Sachverhaltsanalyse. Ursprünglicher Anwendungsbereich der Funktionsanalyse ist die transaktionsbezogene Gewinnkorrektur bei verbundenen Unternehmen nach Maßgabe der OECD-Verrechnungspreisgrundsätze[232]. Der OECD-Betriebsstättenbericht aktiviert die Funktionsanalyse hingegen als Instrument der fiktiven Isolierung der Betriebsstätte. Sie soll dazu dienen, die einzelnen Personalfunktionen („*people functions*") innerhalb des Einheitsunternehmens aufzuspüren[233]. Die Zuordnung des „wirtschaftlichen Eigentums" an einzelnen Wirtschaftsgütern folgt der Verortung der personalen Entscheidungsträger innerhalb des Einheitsunternehmens. Auf diese Weise soll das Fehlen rechtswirksamer Vereinbarungen zwischen den Unternehmensteilen kompensiert und die Zurechnung der wirtschaftsgutbezogenen Gewinne objektiviert werden[234].

c) Insbesondere: Zuordnungsneutrale Wirtschaftsgüter

Das Abkommensrecht weist die Besteuerung von Unternehmensgewinnen dem Ansässigkeitsstaat zu, soweit die Zurechnung des Steueraufkommens zu dem Betriebsstättenstaat nicht positiv festgestellt wird (Art. 7 Abs. 1 Satz 2 OECD-MA). Ein Wirtschaftsgut, das sowohl in wirtschaftlich-funktionalem Zusammenhang zu einer

---

228 OECD, Betriebsstättenbericht 2010, Part I Tz. 75.

229 Diese Kategorie unterscheidet neu geschaffene und erworbene immaterielle Wirtschaftsgüter.

230 OECD, Betriebsstättenbericht 2010, Part I Tz. 82; *Jacobs*, Internationale Unternehmensbesteuerung[7], S. 686.

231 Vgl. *Kroppen*, Festschrift Herzig, 1071 (1077 f.); *Kahle/Mödinger*, IStR 2010, 757 (760).

232 Vgl. OECD-Guidelines 2010, Tz. 1.42.

233 OECD, Betriebsstättenbericht 2010, Part I Tz. 15; OECD-MK 2010, Art. 7 MA Tz. 21. Siehe auch *Bennett*, ET 2008, 467 (468); *van Wanrooij*, Intertax 2009, 298 (303).

234 *Raupach/Pohl/Töben/Sieker*, Praxis des Internationalen Steuerrechts, S. 203; *Edgar/Holland*, TNI 2005, 525 (529); *Schön*, TNI 2007, 1059 (1065).

Betriebsstätte als auch zu dem Stammhaus steht, ist nach diesem Grundsatz dem im Ansässigkeitsstaat belegenen Unternehmensteil (Stammhaus) zuzuordnen[235]. Der Betriebsstättenstaat tritt im Wettstreit um „zuordnungsneutrale" Wirtschaftsgüter grundsätzlich zurück[236]. „Zuordnungsneutral" sind primär immaterielle Wirtschaftsgüter wie Beteiligungen, Forderungen, liquide Mittel und Rechte[237]. Aber auch körperliche Wirtschaftsgüter können in Bezug zu der Geschäftstätigkeit mehrerer Betriebsteile stehen[238].

Besteht ein wirtschaftlich-funktionaler Konnex zu mehreren Betriebsteilen, rückt die unternehmerische Handlungsfreiheit in den Blick[239]. Die Gestaltung der betrieblichen Organisationsstruktur obliegt der freien unternehmerischen Disposition. Die Geschäftsleitung entscheidet über die Einrichtung und Ausübung von Aufgaben sowie über die Zuweisung der eingesetzten Produktionsmittel[240]. Ihr erwächst in den Grenzen des betriebswirtschaftlich Erforderlichen und Vernünftigen eine „Zuordnungsprärogative" für „neutrale" Wirtschaftsgüter[241]. Dem buchmäßigen Ausweis eines Wirtschaftsgutes kommt folglich Indizwirkung für die Allokation zu[242]. Nur sofern sich die getroffene Entscheidung im Lichte der tatsächlichen

---

235 Ebenso *Ditz*, Gewinnabgrenzung, S. 292 f.; *Frotscher*, Gedächtnisschrift Krüger, S. 95 (109).

236 Treffend *Nowotny*, Betriebstättengewinnermittlung, S. 144.

237 *Buciek*, in F/W/K, DBA-CH, Art. 7 Anm. 402 (Juli 2003); *Ditz*, Gewinnabgrenzung, S. 290; *Storck*, Ausländische Betriebsstätten, S. 340. Anhaltspunkte für die Zuordnung werden typischerweise dann fehlen, wenn Wirtschaftsgüter als Kapital- oder Liquiditätsreserve nur den Gewinn, nicht jedoch die Geschäftstätigkeit eines Unternehmensteils stärken (treffend *Ziehr*, Einkünftezurechnung, S. 198).

238 Am Beispiel der anteiligen Nutzung von Maschinen und eines Fuhrparks *Nowotny*, Betriebstättengewinnermittlung, S. 162 f.

239 So auch BMF-Schreiben vom 25.8.2009, BStBl. I 2009, 888 (889 [Tz. „2.4]); FG München, Urteil vom 11.10.1995, EFG 1996, 244 (245).

240 Deutlich *Ditz*, Gewinnabgrenzung, S. 289; *Blumers*, DB 2006, 856 (857).

241 So bereits RFH, Urteil vom 19.12.1935, RStBl. 1936, 590 (591); BFH, Urteil vom 1.4.1987, BStBl. II 1987, 550 (551). *Buciek*, in F/W/K, DBA-CH, Art. 7 Anm. 402 (Juli 2003); *Roth*, in Lüdicke, Zurechnung von Wirtschaftsgütern, S. 87 (99 f.); *ders.*, in H/H/R, § 49 EStG Anm. 261 (Juli 2009); *Wassermeyer*, in Debatin/Wassermeyer, Art. 7 MA Rz. 241 (Jan. 2009). A.A. *Schmitz*, Intention der Steuerpflichtigen, S. 117.

242 BFH, Urteil vom 1.4.1987, BStBl. II 1987, 550 (551); Urteil vom 29.7.1992, BStBl. II 1993, 63 (65); Urteil vom 12.1.1994, BFH/NV 1994, 690 (691); Urteil vom 20.3.2002, BFH/NV 2002, 1017 (1018); *Andresen*, in W/A/D, Betriebsstätten-Hdb, Rz. 2.68; *Fink*, RIW 1988, 43 (47);

operativen Funktionsverteilung als „fremdunüblich" erweist, ist die Zuordnung zu der Betriebsstätte verwehrt. In diesem Fall gilt die abkommensrechtliche „Regelzuordnung" zu dem Unternehmensteil des Ansässigkeitsstaates. Keine Zustimmung verdient hingegen die von der deutschen Finanzverwaltung in den BS-VwG postulierte „Zentralfunktion des Stammhauses"[243]. Diese sieht ein Zuordnungsgebot für Beteiligungen und überschüssige Finanzmittel zu dem Stammhaus vor[244]. Eine solche Zentralfunktion widerspricht der in Art. 7 Abs. 2 OECD-MA angelegten „Gleichordnung von Betriebsstätte und Stammhaus"[245] und missachtet die unternehmerische Dispositionsfreiheit.

2. Die Gewinnabgrenzung der Höhe nach

Die Zurechnung der Ergebniswirkungen knüpft an die Allokation der Wirtschaftsgüter an und steht im Mittelpunkt der Gewinnabgrenzung. Der OECD-Steuerausschuss entwirft in dem Betriebsstättenbericht 2010 und dem neugefassten Art. 7 OECD-MA 2010 ein grundlegend überarbeitetes Konzept der Gewinnzurechnung der Höhe nach. Die Besonderheiten des AOA veranschaulicht das OECD-Abkommensmuster vor dem Jahr 2010.

a) Art. 7 OECD-MA „vor 2010"

Ausgangspunkt der abkommensrechtlichen Erfolgsabgrenzung ist das in Art. 7 Abs. 1 Satz 2 OECD-MA niedergelegte Zurechnungsprinzip. Die Abgrenzung der im Außenverkehr realisierten Erfolgswirkungen folgt dem Kriterium des wirtschaftlichen Veranlassungszusammenhangs[246]. Der Ansässigkeitsstaat des Unter-

---

Institut der Wirtschaftsprüfer, DB 1988, 309 (312); vgl. auch OECD-MK 2005, Art. 7 MA Tz. 21.1; OECD-MK 2008, Art. 7 MA Tz. 16.

[243] So BMF-Schreiben vom 24.12.1999, BStBl. I 1999, 1076 (1085 [Tz. 2.4]); bestätigt durch BMF-Schreiben vom 25.8.2009, BStBl. I 2009, 888 (889 [Tz. „2.4]). Ablehnend auch *Ditz*, Gewinnabgrenzung, S. 290; *Roth*, in Lüdicke, Zurechnung von Wirtschaftsgütern, S. 87 (100); *Frotscher*, Gedächtnisschrift Krüger, S. 95 (99); *Kessler/Jehl*, IWB v. 8.8.2007, F. 10 Gr. 2, 1977 (1982).

[244] BMF-Schreiben vom 24.12.1999, BStBl. I 1999, 1076 (1085 [Tz. 2.4]).

[245] *Nowotny*, Betriebstättengewinnermittlung, S. 144.

[246] Siehe nur *Kroppen*, in G/K/G, DBA, Art. 7 OECD-MA Rn. 68 (10. Lfg. 2002); *Hidien*, in K/S/M, EStG, § 49 Rn. D 2013 (April 2007); m.w.N. *Ditz*, Gewinnabgrenzung, S. 42 f. Art. 7 Abs. 3 OECD-MA „vor 2010" kommt nur deklaratorische Bedeutung zu (vgl.

nehmens verzichtet auf die Besteuerung der wirtschaftlich durch die Tätigkeit der Betriebsstätte veranlassten Gewinne[247]. Maßgeblich sind Aufgabenbereich und Tätigkeitsprofil der Betriebsstätte innerhalb des Gesamtunternehmens. Ohne Bedeutung ist dagegen der Ort der erfolgsverursachenden Tätigkeit (vgl. Art. 7 Abs. 3 OECD-MA „vor 2010")[248]. Die im Außengeschäft entstandenen Einnahmen und Ausgaben sind den Unternehmensteilen entsprechend ihrer Tätigkeitsbeiträge anteilig zuzurechnen[249]. Objektivierender Prüfmaßstab der Abgrenzung ist das in Art. 7 Abs. 2 OECD-MA verankerte „Dealing at arm's length"-Prinzip[250]. Der Betriebsstätte sind nur solche Aufwendungen zuzurechnen, die sie als selbständiges Unternehmen getätigt hätte oder hätte tragen müssen[251]. Ein selbständiges und unabhängiges Unternehmen wird keine Veranlassung sehen, die von einem fremden Dritten verantworteten Aufwendungen selbst zu tragen[252].

Zu der Abgrenzung der Ergebniswirkungen des Außenverkehrs tritt die Bewältigung des unternehmensinternen Leistungsverkehrs. Das „Dealing at arm's length"-Prinzip dient – in seiner zweiten „Stoßrichtung"[253] – als Korrektiv für die steuerliche Anerkennung der internen Leistungsbeziehungen dem Grunde nach und zugleich für die Bemessung des anzusetzenden Entgelts der Höhe nach. Die Frage, welche Geschäftsvorfälle verrechnungsfähig sind, ist von der Interpretation der Selbständigkeitsfiktion nach Art. 7 Abs. 2 OECD-MA abhängig[254].

Wassermeyer, in Debatin/Wassermeyer, Art. 7 MA Rz. 331 [Jan. 2009]; *Andresen*, in W/A/D, Betriebsstätten-Hdb, Rz. 2.155).

247 *Hemmelrath*, in Vogel/Lehner, DBA[5], Art. 7 Rz. 42; vgl. auch *Strunk/Kaminski*, in Strunk/Kaminski/Köhler, AStG/DBA, Art. 7 OECD-MA Rz. 39 (Sept. 2012).

248 Deutlich auch *Plansky*, Gewinnzurechnung zu Betriebsstätten, S. 89.

249 Vgl. Art. 7 Abs. 1 Satz 2 OECD-MA „vor 2010" („insoweit"). Ebenso *Wassermeyer*, in Debatin/Wassermeyer, Art. 7 MA Rz. 172, 242 (Jan. 2009). Abweichend *Buciek*, in F/W/K, DBA-CH, Art. 7 Anm. 311, 314 (Juli 2003).

250 *Hemmelrath*, in Vogel/Lehner, DBA[5], Art. 7 Rz. 70; vgl. auch *Ditz*, Gewinnabgrenzung, S. 43 f.

251 Vgl. *Institut Finanzen und Steuern*, Grüner Brief Nr. 250, S. 18.

252 *Buciek*, in F/W/K, DBA-CH, Art. 7 Anm. 524 (Juli 2003).

253 *Wassermeyer*, in Debatin/Wassermeyer, Art. 7 MA Rz. 318 (Jan. 2009).

254 Dazu bereits Teil 1, C. I. 2. a) der Arbeit.

b) Art. 7 OECD-MA 2010

In seinem Betriebsstättenbericht 2010 entwirft der OECD-Steuerausschuss ein „zweistufiges" Konzept der Gewinnabgrenzung der Höhe nach. Die Ergebniswirkungen der im Außenverhältnis abgewickelten Geschäfte sind dem Unternehmensteil zuzurechnen, der diese wirtschaftlich verursacht hat[255]. Wirtschaftsgutbezogene Erfolgsposten stehen dem Betriebsteil zu, der als „wirtschaftlicher Eigentümer" zu qualifizierten ist. Darüber hinaus sind die internen Geschäftsvorfälle („*dealings*") und damit die von den Unternehmensteilen ausgeübten Funktionen („*functions performed*") marktüblich zu vergüten. Nach dem „*functionally separate entity approach*" ist grundsätzlich jeder Innengeschäftsvorfall entgeltfähig. Dies gilt unabhängig davon, ob ein Gewinn im Außenverkehr bereits realisiert worden ist[256].

Die Abrechnung des Innenleistungsverkehrs erfolgt unter Rückgriff auf die für die Gewinnkorrektur bei verbundenen Unternehmen etablierten OECD-Verrechnungspreisgrundsätze[257]. Wie unter fremden Dritten erstarkt die Risikoverteilung zwischen den Unternehmensteilen als wesentliches Kriterium für die Vergütung der Innenleistungen der Höhe nach. Die Erfassung und Abrechnung der „*dealings*" soll sicherstellen, dass die wirtschaftsgutbezogenen Ergebniswirkungen an die Betriebsteile weitergereicht werden, die in den unternehmensintern aufgespaltenen Leistungserstellungprozess eingebunden sind.

3. Abgleich mit dem deutschen innerstaatlichen Gewinnermittlungsrecht

Das Abkommensrecht schränkt den nationalen Steueranspruch ein, begründet oder erweitert diesen aber nicht[258]. Die Vertragsstaaten ermitteln den Betriebsstätten-

---

255 OECD-Betriebsstättenbericht 2010, Part I Tz. 17: „*...the profits (or losses) of the PE will be based upon all its activities, including transactions with other unrelated enterprises, transactions with related enterprises (...) and dealings with other parts of the enterprise...*".

256 Vgl. BFH, Urteil vom 17.7.2008, BStBl. II 2009, 464 (470). Siehe nur *Schaumburg*, Internationales Steuerrecht[3], Rz. 18.26.

257 OECD-MK 2010, Art. 7 MA Tz. 22; OECD, Betriebsstättenbericht 2010, Part I Tz. 17, 40, 183.

258 So bereits RFH, Urteil vom 3.10.1935, RStBl. 1935, 1399 (1400); Urteil vom 1.10.1936, RStBl. 1936, 1209 (1210); Urteil vom 22.11.1938, RStBl. 1939, 312.

gewinn nach nationalem Recht[259]. Das deutsche innerstaatliche Steuerrecht enthält keine allgemeinen Vorschriften der Betriebsstättengewinnermittlung[260]. Sowohl für ein in Deutschland ansässiges Unternehmen, das eine Betriebsstätte im Ausland unterhält, als auch für eine im Inland belegene Betriebsstätte eines beschränkt Steuerpflichtigen gelten die allgemeinen Gewinnermittlungsvorschriften der §§ 4 bis 7k EStG[261]. Zentraler Maßstab der Gewinnermittlung ist das Veranlassungsprinzip (§ 4 Abs. 4 EStG)[262]. Es kennzeichnet die Kausalbeziehung zwischen einer finalen Handlung und einem (monetären) Erfolg und dient allgemein für die Abgrenzung zwischen betrieblicher Erwerbssphäre und nichtbetrieblicher (Privat-)Sphäre[263]. Eine betriebliche Veranlassung liegt vor, wenn das den Erfolg „auslösende Moment" in einem tatsächlichen oder wirtschaftlichen Zusammenhang mit der Betriebssphäre steht[264]. Die Gewinnermittlung bei Betriebsstätten erfolgt dagegen innerhalb der einheitlichen Erwerbssphäre des Gesamtunternehmens. Demnach ist zu fragen, ob das den Ertrag oder Aufwand auslösende Moment in wirtschaftlichem Zusammenhang mit der Betriebsstätte steht[265]. Für den Betriebsausgabenabzug bei Inlandsbetriebsstätten beschränkt Steuerpflichtiger folgt das Kriterium des wirtschaftlichen Zusammenhangs unmittelbar aus § 50 Abs. 1 Satz 1 EStG[266].

---

259 Vgl. BFH, Urteil vom 16.2.1996, BStBl. II 1997, 128 (130 f.); *Debatin*, DB 1989, 1692 (1695).

260 Geregelt werden nur die Anrechnung ausländischer Steuern und die beschränkte Steuerpflicht (vgl. § 34c Abs. 1 Satz 4 und § 50 Abs. 1 Satz 1 EStG); siehe nur *Wassermeyer*, in W/A/D, Betriebsstätten-Hdb, Rz. 1.10; *ders.*, DB 2006, 1176 (1177); *Förster/Naumann/Rosenberg*, IStR 2005, 617 (618).

261 *Roth*, in H/H/R, § 49 EStG Anm. 240 (Juli 2009), Anm. 50 (Aug. 2011); *Ditz*, IStR 2005, 37 (38); *Andresen*, in W/A/D, Betriebsstätten-Hdb, Rz. 2.1; *Hruschka/Lüdemann*, IStR 2005, 76 (77); *Gosch*, in Kirchhof, EStG[12], § 49 Rn. 15.

262 *Wassermeyer*, in Debatin/Wassermeyer, Art. 7 MA Rz. 186 (Jan. 2009); *Schaumburg*, Internationales Steuerrecht[3], Rz. 16.238; Blümich/*Wied*, § 49 Rz. 75 (Feb. 2012).

263 *Hey*, in Tipke/Lang[21], § 8 Rz. 205; *Prinz*, StuW 1996, 267 (271 f.).

264 Vgl. BFH, Urteil vom 4.7.1990, BStBl. II 1990, 817 (823); Schmidt/*Heinicke*, EStG[32], § 4 Rz. 28.

265 BFH, Urteil vom 20.7.1988, BStBl. II 1989, 140 (142); *Hruschka/Lüdemann*, IStR 2005, 76; *Wassermeyer*, IStR 2005, 84 (85); *Prinz*, StuW 1996, 267 (274).

266 Vgl. BFH, Urteil vom 20.7.1988, BStBl. II 1989, 140 (142).

Das Veranlassungsprinzip nach innerstaatlichem Recht und das abkommensrechtliche Zurechnungsprinzip verlaufen im Ausgangspunkt parallel[267]. Divergenzen zwischen den Wirkungsebenen ergeben sich im Hinblick auf den objektivierenden Maßstab des Fremdvergleichs[268]. Das deutsche innerstaatliche Recht enthält keine dem abkommensrechtlichen „Dealing at arm's length"-Prinzip (Art. 7 Abs. 2 OECD-MA) entsprechende allgemeine Regelung des Fremdvergleichs für die Gewinnermittlung bei Betriebsstätten[269]. Der abkommensrechtliche Grundsatz wirkt auch nicht unmittelbar in das nationale Gewinnermittlungsrecht hinein. DBA entfalten als bloßes Schrankenrecht keine sogenannte Self-executing-Wirkung auf Ebene der Gewinnermittlung[270]. In den Abkommen vereinbaren die Signatarstaaten wechselseitige Besteuerungsverzichte. Ihre originäre Fiskalhoheit bleibt davon unberührt. Die Vertragsstaaten entscheiden innerhalb des abkommensrechtlichen „Erlaubnisrahmens" nach nationalem Recht, ob sie Steuern erheben[271]. Daran ändert auch die Neufassung des Art. 7 OECD-MA 2010 nichts. Der *„functionally separate entity approach"* erweitert die Selbständigkeitsfiktion auf Ebene der Gewinnabgrenzung. Die korrespondierende Ausgestaltung der Gewinnermittlung obliegt den Vertragsstaaten[272].

In der Literatur wird die Anwendung des Fremdvergleichs im Rahmen der Gewinnermittlung bei Betriebsstätten unter dem Gesichtspunkt diskutiert, ob nach

---

[267] So auch Blümich/*Wied*, § 49 EStG Rz. 77 (Feb. 2012); *Ziehr*, Einkünftezurechnung, S. 37.

[268] Diese Ausführungen beruhen auf der Rechtslage vor Inkrafttreten des „Gesetzes zur Umsetzung der Amtshilferichtlinie sowie zur Änderung steuerlicher Vorschriften (Amtshilferichtlinie-Umsetzungsgesetz – AmtshilfeRLUmsG)" vom 26.6.2013 (BGBl. I 2013, 1809).

[269] *Ziehr*, Einkünftezurechnung, S. 52; *Roth*, StbJb 1997/1998, 427 (436 f.); *Burmester*, Gewinn- und Verlustrealisierung, S. 201; *Kumpf/Roth*, DB 2000, 741 (744); *Hidien*, in K/S/M, EStG, § 49 Rn. D 933 (März 2007); *Jacobs*, Internationale Unternehmensbesteuerung[7], S. 681.

[270] Vgl. BFH, Urteil vom 9.11.1988, BStBl. II 1989, 510 (514). Eingehend *Ditz*, IStR 2005, 37 (41); *ders.*, Gewinnabgrenzung, S. 67; *Wassermeyer*, in Debatin/Wassermeyer, Art. 7 MA Rz. 185 (Jan. 2009); *Ziehr*, Einkünftezurechnung, S. 86 f. Abweichend im Lichte des neugefassten Art. 7 OECD-MA 2010 *Schaumburg*, Internationales Steuerrecht[3], Rz. 18.26.

[271] Vgl. bereits RFH, Urteil vom 29.2.1940, RStBl. 1940, 532. Siehe nur *Drüen*, in Tipke/Kruse, AO/FGO, § 2 AO Tz. 33 (Mai 2011); *Kroppen*, in G/K/G, DBA, Art. 7 OECD-MA Rn. 148 (10. Lfg. 2002); siehe auch Fn. 47.

[272] Vgl. OECD-MK 2010, Art. 7 MA Tz. 14; OECD, Betriebsstättenbericht 2010, Part I Tz. 9; *Jacobs*, Internationale Unternehmensbesteuerung[7], S. 679. Abweichend *Schaumburg*, Internationales Steuerrecht[3], Rz. 18.26.

deutschem innerstaatlichen Recht eine anteilige Erfassung von Aufwands- und Ertragsposten möglich ist. Namentlich *Hruschka* und *Lüdemann* schließen aus der fehlenden Kodifikation des Fremdvergleichs auf eine strikte Geltung des Veranlassungsprinzips und betonen, dass diesem korrigierende Kriterien der Angemessenheit und Üblichkeit fremd seien[273]. Für den Fall, dass Leistungen mehrerer Unternehmensteile zu einem einheitlichen Außenertrag führen, soll dieser Posten „nur vollumfänglich oder eben nicht der Betriebsstätte zugeordnet werden"[274]. *Wassermeyer* erkennt demgegenüber auf ein fremdvergleichsorientiertes Verständnis des Veranlassungsprinzips. Die Außenerträge sollen entsprechend den Wertschöpfungsbeiträgen der einzelnen Unternehmensteile aufzuteilen sein[275]. Auch andere Autoren begreifen den Fremdvergleich als objektivierenden Maßstab der Gewinnermittlung bei Betriebsstätten[276]. Dies erscheint insoweit fragwürdig, als der Fremdvergleich ursprünglich auf Lebenssachverhalte zielt, in denen sich zwei Rechtssubjekte in einem besonderen Näheverhältnis gegenüberstehen[277]. Die Gewinnermittlung bei Betriebsstätten betrifft indes ein rechtlich einheitliches Unternehmen und Steuersubjekt. Dagegen lässt sich einwenden, dass der Fremdvergleich infolge der besonderen Nahestehensbeziehung zwischen Betriebsstätte und Stammhaus erst Recht Anwendung finden muss. Das ändert jedoch nichts daran, dass es an einer – dem abkommensrechtlichen „Dealing at arm's length"-Prinzip vergleichbaren – inhaltlichen Konkretisierung des Fremdvergleichs im innerstaatlichen Recht fehlt[278].

Die abkommensrechtliche Selbständigkeitsfiktion der Betriebsstätte führt schließlich zu der Frage, ob und inwieweit unternehmensinterne Vorgänge zwischen

---

273 So *Hruschka/Lüdemann*, IStR 2005, 76 (78); vgl. auch *Bode*, in Kirchhof, EStG[12], § 4 Rn. 163.

274 *Hruschka/Lüdemann*, IStR 2005, 76 (82).

275 *Wassermeyer*, in Piltz/Schaumburg, Betriebsstättenbesteuerung, S. 25 (41); *ders.*, IStR 2005, 84 (85).

276 *Schaumburg*, Internationales Steuerrecht[3], Rz. 18.14; *Kumpf*, Besteuerung inländischer Betriebsstätten, S. 106; *Andresen*, in W/A/D, Betriebsstätten-Hdb, Rz. 2.135; *Ziehr*, Einkünftezurechnung, S. 53; *Kosch*, IStR 2010, 42 (43); vgl. auch *Jacobs*, Internationale Unternehmensbesteuerung[7], S. 679. Differenzierend *Ditz*, Gewinnabgrenzung, S. 245 f.

277 Insbesondere bei Angehörigenverträgen, verdeckten Gewinnausschüttungen (§ 8 Abs. 3 Satz 2 KStG) und Geschäftsbeziehungen zwischen nahestehenden Personen, namentlich verbundenen Unternehmen (§ 1 Abs. 1 AStG).

278 Dem tritt der Gesetzgeber mit dem AmtshilfeRLUmsG vom 26.6.2013 (siehe Fn. 268) entgegen, das den *„authorised OECD approach"* in innerstaatliches Recht überträgt.

Stammhaus und Betriebsstätte bei der Gewinnermittlung zu berücksichtigen sind. Das deutsche innerstaatliche Recht kennt[279] weder eine dem Abkommensrecht vergleichbare hypothetische Verselbständigung der Betriebsstätte noch wirkt die abkommensrechtliche Fiktion unmittelbar in das nationale Recht hinein[280]. Die Gewinnrealisierung bei internen Leistungsbeziehungen ist eine Frage des nationalen Gewinnermittlungsrechts und setzt einen Realisationstatbestand voraus[281]. Das deutsche Recht der Gewinnermittlung hält lediglich ein spezielles Ent- und Verstrickungskonzept für die Überführung von Wirtschaftsgütern zwischen Stammhaus und Betriebsstätte bereit (§ 4 Abs. 1 Satz 3 und 4 EStG). Danach führt die Zuordnung eines Wirtschaftsgutes zu einer ausländischen Betriebsstätte – im Drittstaatensachverhalt – zu einer Sofortversteuerung der stillen Reserven[282].

Unter dem neugefassten Art. 7 OECD-MA 2010 treten die Divergenzen zwischen abkommensrechtlicher Gewinnabgrenzung und innerstaatlicher Gewinnermittlung offen hervor. Diesen Abweichungen ist nur im Wege der gesetzlichen Verankerung eines allgemeinen Realisationstatbestandes zu begegnen[283]. Die fehlende Harmonisierung von Abkommensrecht und nationalem Recht ist von der Frage zu unterscheiden, ob der OECD-Steuerausschuss mit dem AOA ein tragfähiges Konzept der Gewinnabgrenzung im grenzüberschreitenden Einheitsunternehmen vorgelegt hat. Dies ist im Folgenden am Beispiel von Bankbetriebsstätten näher zu untersuchen.

---

279 Bis zum Inkrafttreten des AmtshilfeRLUmsG am 30.6.2013.

280 Vgl. nur *Wassermeyer*, SWI 2006, 254 (255); m.w.N. *Hidien*, in K/S/M, EStG, § 49 Rn. D 932 (April 2007).

281 Siehe auch *Plansky*, Gewinnzurechnung zu Betriebsstätten, S. 125, 129; *Friese*, Rechtsformwahlfreiheit, S. 231 f.

282 § 4 Abs. 1 Satz 3 und 4 i.V.m. § 6 Abs. 1 Nr. 4 Satz 1 Halbsatz 2 EStG.

283 Diesen Schritt unternimmt der Gesetzgeber mit dem AmtshilfeRLUmsG. Siehe dazu Teil 7, A. der Arbeit.

Teil 2: Tätigkeitsspektrum von Auslandsfilialen und betriebliche Organisationsstruktur multinationaler Kreditinstitute

Der AOA knüpft die steuerliche Gewinnabgrenzung eng an die betriebswirtschaftlichen Grundlagen der Betriebsstättentätigkeit[284]. Die Zurechnung der Gewinne richtet sich nach den ausgeübten Funktionen, eingesetzten Wirtschaftsgütern und übernommenen Risiken (Art. 7 Abs. 2 OECD-MA 2010). Diese Parameter dienen nicht nur der eigentlichen Gewinnabgrenzung, sondern auch der vorausgehenden fiktiven Isolierung der Betriebsstätte als selbständiges Unternehmen. Die operativen Unternehmensstrukturen und Wertschöpfungsprozesse sind nicht statisch, sondern unterliegen gerade im wettbewerbsintensiven Bankensektor stetem Wandel. Dies verdeutlicht der Blick auf das organisatorische Gefüge grenzüberschreitender Kreditinstitute und die innerbetrieblichen Prozesse des Risikomanagements.

A. Tätigkeitsspektrum von Auslandsfilialen

Das Tätigkeitsfeld der Auslandsfiliale als „verlängerter Arm" der Zentrale umfasst grundsätzlich sämtliche auch im Inland üblichen Geschäfte[285]. Die Geschäftsbefähigung findet ihre Grenzen in entgegenstehenden Rechtsvorschriften des jeweiligen Aufnahmestaates. Teilweise wird bereits der Marktzutritt als solcher beschränkt. Einzelne Staaten gestatten lediglich die Zulassung selbständiger Tochterbanken[286], andere Staaten nur die Tätigkeit durch Filialen[287]. Darüber hinaus

---

[284] Treffend die Kapitelüberschrift bei *Jacobs*, Internationale Unternehmensbesteuerung[7], S. 680.

[285] *Büschgen*, Bankbetriebslehre, S. 618; *Möschel*, Bankenrecht im Wandel, S. 86.

[286] So insbesondere Kanada, Südafrika, Australien und Schweden. In Hongkong ist die Eröffnung einer Filiale den Auslandsbanken vorbehalten, die über Aktiva von mindestens 14 Mrd. US-Dollar verfügen.

unterliegt auch das Leistungsprogramm der Auslandseinheiten bestimmten Restriktionen. Dies gilt beispielhaft für das Wertpapiergeschäft, dessen Ausübung nach dem Trennbankensystem angelsächsischer Prägung rechtlich selbständigen Tochtergesellschaften vorbehalten ist[288].

Nach tradiertem Betätigungsmuster begleiten international tätige Universalbanken die im Ansässigkeitsstaat des Kreditinstituts betreuten Kunden bei deren Auslandsaktivitäten. Gleichzeitig werben sie um Neukunden im Ausland und vergeben über die Auslandsfilialen Kredite an Kapitalnachfrager im Aufnahmestaat[289]. Kreditinstitute betreiben das Kreditgeschäft durch Auslandsfilialen in der Regel nicht als Mengengeschäft, sondern beschränken sich auf Groß- und Firmenkunden sowie den öffentlichen Sektor (sog. „*wholesale banking*")[290]. Für die Leistungserstellung im Kreditgeschäft gewinnt ein operativer Auslandsstützpunkt besondere Bedeutung, wenn diesem die Refinanzierung in ausländischer Währung an den Geld- und Kapitalmärkten des Aufnahmestaates offen steht[291]. Die rechtlich unselbständige Auslandsfiliale profitiert dabei von der Bonität des Gesamtinstituts.

Auslandsfilialen können auf unterschiedliche Weise in die Kreditvergabe, die Abwicklung und Bereitstellung weltweit verfügbarer Kreditlinien sowie in die Vergabe großvolumiger Konsortialkredite eingebunden sein[292]. Der Auslandsstützpunkt kann aktiv an der Vertragsgestaltung beteiligt sein oder lediglich als die die Finanzmittel herauslegende Stelle agieren[293]. Auslandsfilialen erbringen ferner

---

287 So Japan und die Türkei (m.w.N. *Möschel*, Bankenrecht im Wandel, S. 93, 110 ff.). Siehe auch *Burgers*, Branches of International Banks, S. 37; *Hanten*, in Beck/Samm/Kokemoor, KWG, § 53 Rn. 11 (Juni 2007).

288 Vgl. *Büschgen/Börner*, Bankbetriebslehre[4], S. 210; *Burgers*, Branches of International Banks, S. 37.

289 *Arndt*, Geschäftstätigkeit deutscher Banken, S. 23; *Schierenbeck/Hölscher*, BankAssurance, S. 77; *Sadiq*, JOIT 2011, 46 (49).

290 Vgl. *Wagner*, IStR 2001, 570 (571); *Reimpell*, zfbf 32 (1980), 905 (912 f.); *Gramlich*, Operatives Auslandsgeschäft, S. 44; *Büschgen*, Bankbetriebslehre, S. 624; *Kollar*, in Büschgen/Richolt, Hdb des internationalen Bankgeschäfts, S. 429 (448).

291 *Kollar*, in Büschgen/Richolt, Hdb des internationalen Bankgeschäfts, S. 429 (439, 443); *Krüger*, in Büschgen/Richolt, Hdb des internationalen Bankgeschäfts, S. 313 (332); vgl. auch OECD, Bericht 1984, Teil 2 Tz. 29.

292 *Ebenroth*, JZ 1984, 905 (906); *Arndt*, Geschäftstätigkeit deutscher Banken, S. 141, 145.

293 Vgl. *Wagner*, IWB v. 11.10.1982, F. 3 Gr. 1, 737 (738 f.).

kapitalmarktbezogene Dienstleistungen. Sie emittieren kurzfristige Geldmarktpapiere und sind im Wertpapierhandel tätig[294]. Ein weiteres Betätigungsfeld ist das Beratungsgeschäft als sogenannter Finanzintermediär ohne Selbsteintritt[295]. Dabei gilt es zu unterscheiden, ob Beratungsleistungen unmittelbar im Außenverhältnis gegenüber fremden Dritten oder lediglich im Innerverhältnis gegenüber anderen Unternehmensteilen erbracht werden[296].

B. Organisationsstruktur grenzüberschreitend tätiger Kreditinstitute

Statutarische Struktur und betriebliche Organisation eines Unternehmens sind streng zu unterscheiden[297]. Das betrieblich-organisatorische Unternehmensgefüge entwickelt sich losgelöst von der rechtlichen Einheit des – grenzüberschreitenden – Unternehmens. Besonders deutlich wird dies hinsichtlich der rechtlich unselbständigen Auslandseinheiten eines multinationalen Kreditinstituts. Die Analyse der betrieblichen Organisationsstruktur unterscheidet zwischen Aufbau- und Ablauforganisation des Unternehmens. Gegenstand der Aufbauorganisation ist das System der operativen Einheiten und die Zuordnung von Aufgaben, Personen und Sachmitteln zu diesen Einheiten. Darauf aufbauend beschreibt die Ablauforganisation die Abwicklung der Aufgaben innerhalb des statischen Gerüsts der Aufbauorganisation[298].

---

294 Siehe bereits *Reimpell*, zfbf 32 (1980), 905 (914). Handelsaktivitäten können auch der Absicherung von Positionen der inländischen Zentrale dienen (siehe *Häuselmann*, IStR 2003, 139 [140]).

295 Siehe nur *Bank*, in Gerke/Steiner, HWF, Sp. 837. Obgleich deutsche Kreditinstitute nach wie vor den Großteil der operativen Erträge im Zinsgeschäft erwirtschaften, steht das Provisionsgeschäft für einen wesentlichen Teil – bei Großbanken für rund 28 Prozent – der operativen Tätigkeiten (siehe Deutsche Bundesbank, Monatsbericht September 2013, S. 13 [23]; vgl. auch *Wagner*, IWB v. 13.8.2003, F. 3 Gr. 2, 1067 [1072]).

296 Vgl. auch *Athanas*, CDFI 81a (1996), 21 (44).

297 *Raupach*, Festschrift Döllerer, S. 495 (501); *Welge*, in Macharzina/Welge, HWInt, Sp. 1592 f.

298 Siehe m.w.N. *Eisele*, Funktionsverlagerung, S. 31; *Widmayer*, Risikomanagement mit Derivaten, S. 21.

I. Gestaltungsprinzipien der Aufbauorganisation

Die betriebswirtschaftliche Organisationslehre unterscheidet funktionale und divisionale Unternehmensstrukturen. Klassische Industriebetriebe bündeln homogene Aktivitäten in Teilbereichen und weisen diesen die notwendigen sachlichen und fachlichen Kompetenzen für die vorzunehmenden Handlungen zu (sog. Verrichtungsprinzip)[299]. Dieses tradierte Organisationsmuster der Spezialisierung einzelner Einheiten auf gleichartige Verrichtungen entspricht nicht den betrieblichen Anforderungen multinationaler Kreditinstitute.

Kennzeichen von Bankdienstleistungen ist deren kundenbezogener und in besonderem Maße individualisierter Charakter[300]. Produktion und Distribution erfolgen – wie für Dienstleistungen üblich – grundsätzlich simultan[301]. Infolge der besonderen „Marktnähe" der Leistungserstellung richten Kreditinstitute verschiedene Unternehmensbereiche ein, die auf bestimmte Leistungsarten, Kundengruppen oder Marktregionen spezialisiert sind (sog. Objektprinzip)[302]. Dies führt zu einer sogenannten divisionalen Unternehmensorganisation mit operativ weitgehend unabhängigen Geschäftsbereichen – auch Divisionen oder Sparten genannt –, die bestimmte artgleiche oder aufeinander bezogene Geschäftsvorfälle abwickeln[303]. In der Bankpraxis dominiert die Ausrichtung nach Kunden- und Produktgruppen. Die früher übliche Regionalorganisation durch geografische Trennung zwischen

---

299 *Osterloh/Frost*, in Raupach, Verrechnungspreissysteme, S. 70 f.; *Schulte-Zurhausen*, Organisation[5], S. 260 f.; *Eisele*, Funktionsverlagerung, S. 19. Typische Funktionsbereiche sind: Forschung und Entwicklung, Materialwirtschaft, Produktion und Absatz (Marketing und Vertrieb) sowie Verwaltung (vgl. *Vahs*, Organisation[8], S. 157; *Süchting/Paul*, Bankmanagement[4], S. 232).

300 Vgl. *Gramlich*, Operatives Auslandsgeschäft, S. 44; *Büschgen/Börner*, Bankbetriebslehre[4], S. 215.

301 *Büschgen*, Bankbetriebslehre, S. 499; *Süchting/Paul*, Bankmanagement[4], S. 233.

302 Siehe nur *Büschgen*, Bankbetriebslehre, S. 499 f.; *Osterloh/Frost*, in Raupach, Verrechnungspreissysteme, S. 71; *Schulte-Zurhausen*, Organisation[5], S. 266. Vgl. auch *Vögele/Brehm*, in Vögele/Borstell/Engler, Hdb Verrechnungspreise[2], Kap. G Rz. 92.

303 *Käsbeck*, in Gerke/Steiner, HWF, Sp. 280 f.; vgl. *Eisele*, Funktionsverlagerung, S. 19. Die Begriffe Geschäftsbereiche, Sparten und Divisionen („*divisions*") werden weithin synonym verwendet (vgl. *Raupach*, Festschrift Döllerer, S. 495 [499]).

Inlands- und Auslandsbereich verliert dagegen zunehmend an Bedeutung. Das Auslandsgeschäft wird in die Produkt- und Kundensparten integriert[304].

Organisatorisch exponiert sind sogenannte Zentralbereiche, denen unternehmensweite Bedeutung zukommt. Zentralbereiche können „neben" oder „über" den divisional gegliederten Unternehmensbereichen angesiedelt sein und unterstehen direkt der Unternehmensführung[305]. Sie fungieren als Dienstleistungsstellen für die operativ verselbständigten Geschäftssparten und übernehmen vor allem koordinierende sowie kontrollierende Aufgaben[306]. Leistungsempfänger können neben den unternehmenseigenen Geschäftseinheiten auch außenstehende Dritte sein[307].

Das organisatorische Unternehmensgefüge entwickelt sich losgelöst von der rechtlichen Unternehmenseinheit und den tangierten Jurisdiktionen. Die einzelnen Geschäftsbereiche werden zu „Unternehmen im Unternehmen" (sog. Investment-Center) geformt. Es erfolgt nicht nur ein gesonderter Erfolgsausweis nach dem sogenannten Profit-Center-Konzept[308]. Die Geschäftsbereiche disponieren – unter Vorbehalt eines Mitspracherechts der Unternehmensleitung – zudem über die Gewinnverwendung[309]. Die im Ausland angesiedelten Geschäftseinheiten werden „nahtlos" in die verschiedenen Sparten und sogenannten *„business lines"* integriert[310]. Daraus entsteht ein Wechselspiel zwischen zentraler und dezentraler Organisation. Die Auslandseinheiten agieren nach dem Profit-Center-Konzept zu

---

304 *Bürkner/Krause*, in Obst/Hintner, Geld-, Bank und Börsenwesen, S. 1151 f.

305 Eingehend *Frese/Graumann/Theuvsen*, Organisation[10], S. 468.

306 *Vahs*, Organisation[8], S. 169 f., 82; *Schulte-Zurhausen*, Organisation[5], S. 271 f. Innerhalb der Deutsche Bank AG übernimmt ein „zentraler Infrastrukturbereich" („corporate center") zentrale Aufgaben für den Konzern (*Deutsche Bank*, Jahresbericht 2012, S. 21 [abrufbar unter: http://www.deutsche-bank.de/ir/de/download/Deutsche_Bank_Jahresbericht_2012.pdf]).

307 Dazu praxisbezogen *Vahs*, Organisation[8], S. 175; *Bürkner/Krause*, in Obst/Hintner, Geld-, Bank und Börsenwesen, S. 1151.

308 Dazu *Baumhoff*, in F/W/B, AStR, § 1 AStG Anm. 288 (Nov. 1999); *ders.*, in F/W/K, DBA-CH, Art. 9 Anm. 65 (April 2006).

309 *Schulte-Zurhausen*, Organisation[5], S. 271; *Vögele/Brehm*, in Vögele/Borstell/Engler, Hdb Verrechnungspreise[2], Kap. G Rz. 106.

310 *Bürkner/Krause*, in Obst/Hintner, Geld-, Bank und Börsenwesen, S. 1152; *Menzel*, in Raupach, Verrechnungspreissysteme, S. 181.

einem gewissen Grad operativ selbständig[311]. Gleichzeitig werden sie in die divisionale Gesamtstruktur des Instituts eingegliedert und insbesondere an die Leistungen zentralisierter Spezialeinheiten gebunden. Ein Anschauungsbeispiel für diese „Dezentral-zentral-Steuerung" bieten die Aktivitäten des Risikomanagements.

II. Bankorganisation und Risikomanagement

Für die organisatorische Einbindung der Auslandsfilialen eines Kreditinstituts in das Gesamtunternehmen sind die Prozesse des Risikomanagements von besonderer Bedeutung. Dies gilt vor allem deshalb, weil zu den bankbetrieblichen Erfordernissen die besonderen gesetzlichen Vorgaben des qualitativen Bankaufsichtsrechts treten.

1. Das bankbetriebliche Risikomanagement

Die Betriebswirtschaftslehre hält für den deutungsoffenen Begriff des Risikomanagements weder eine allgemeingültige noch eine branchenspezifisch auf das Finanz- und Kreditwesen zugeschnittene Definition bereit[312]. Risikomanagement wird abstrakt als „das systematische Denken und Handeln im Umgang mit Risiken" beschrieben[313]. Konkreter gefasst zielt es darauf, unsichere Ereignisse, die die Fortführung des Unternehmens negativ beeinflussen können, frühzeitig zu identifizieren, zu analysieren und zu bewältigen[314]. Verwirklicht wird die abstrakte Zielsetzung durch das Risikomanagement im institutionellen Sinne. Dieser Begriff steht für die Gesamtheit der in einer spezifischen Phasenabfolge verknüpften risikobezogenen Aufgaben, Maßnahmen und Einrichtungen einschließlich der einzelnen Aufgabenträger[315].

---

311 *Raab/Wolf*, in Löwenstein/Looks, Betriebsstättenbesteuerung[1], Rz. 1151; OECD, Bericht 1984, Teil 2 Tz. 28; *Runge*, IWB v. 10.7.1986, F. 10 Gr. 2, 567 (568); *Link/Reudelhuber*, ZBB 1993, 153 (154).

312 So auch *Gehrmann*, Gesamtrisikosteuerung, S. 9.

313 *Gleißner*, Grundlagen des Risikomanagements[2], S. 11.

314 *Wieben*, Risikomanagement, S. 44. *Diederichs*, Risikomanagement, S. 26 f. hebt die „Existenzsicherung als Metaziel" des Risikomanagements hervor.

315 *Gleißner*, Grundlagen des Risikomanagements[2], S. 12; *Büschgen*, Bankbetriebslehre, S. 874; *Rösler/Mackenthun/Pohl*, Hdb Kreditgeschäft, S. 637.

a) Das Phasenschema des Risikomanagements

In der Bankpraxis findet sich das Risikomanagement als unternehmensweit ablaufender, iterativer Prozess ausgestaltet, der sich typischerweise in drei Phasen gliedert[316]: Ermittlung der betriebswirtschaftlich relevanten Risiken (Risikoidentifikation), Analyse und Bemessung der offenbarten Risiken (Risikoquantifizierung)[317] und Bewältigung der erkannten Risikopotentiale durch konkrete Maßnahmen (Risikosteuerung)[318].

Im Bankensektor gilt der Risikosteuerung besonderes Augenmerk[319]. Die dritte Phase des Risikomanagements zielt darauf, Risiken entsprechend der institutsspezifischen Risikostrategie zu vermeiden, zu vermindern, bewusst zu akzeptieren oder zu transferieren[320]. In zeitlicher Hinsicht umfasst die Risikosteuerung Maßnahmen, die bereits vor dem Geschäftsschluss eingreifen und solche, die erst im Anschluss daran eingeleitet werden. Zu den erstgenannten zählen Risikovorsorge, Risikovermeidung und Diversifikation[321]. Demgegenüber zielen subsequente Maßnahmen auf Kompensation und Abwälzung bestehender Risikopositionen mittels kapitalmarktbezogener Transaktionen mit außenstehenden Dritten.

Im Kreditgeschäft kommt die Zweiteilung der Steuerungsansätze in der Unterscheidung zwischen passiven und aktiven Instrumenten zum Ausdruck. Maßnahmen der passiven Risikosteuerung dienen dazu, Risiken im Vorfeld der Risikoübernahme zu eliminieren oder zu verringern (ursachenbezogene Maßnahmen). Im Fokus stehen dabei die Entscheidung über Akzeptanz oder Ablehnung einer Kreditposition und die Gestaltung der Kreditkonditionen. Instrumente der aktiven

---

316 *Moser/Quast*, in Schierenbeck, Henner/Moser, Hdb Bankcontrolling, S. 663 (669); *Wolke*, Risikomanagement², S. 3 f.; *Schulte*, Risikomanagement von Kreditinstituten, S. 56 f.

317 Banken bewerten Risiken anhand spezifischer quantitativer Risikokennzahlen und Messgrößen. Dazu zählen das „Ökonomische Kapital", der „Erwartete Verlust" und das Value-at-Risk-Verfahren (exemplarisch *Deutsche Bank*, Finanzbericht 2012, S. 64 f. [abrufbar unter: http://www.deutsche-bank.de/ir/de/download/Deutsche_Bank_Finanzbericht _2012.pdf]).

318 Vgl. nur *Diederichs*, Risikomanagement, S. 188.

319 *Moser/Quast*, in Schierenbeck/Moser, Hdb Bankcontrolling S. 663 (676).

320 Dazu *Widmayer*, Risikomanagement mit Derivaten, S. 20; *Diederichs*, Risikomanagement, S. 189; *Russ*, Kreditrisikomanagement, S. 25.

321 *Gebhardt/Reichardt*, Festschrift Rudolph, S. 421 (423); *Wolke*, Risikomanagement², S. 79.

Risikosteuerung zielen darauf, die Auswirkungen der möglichen Realisierung von Risiken zu verringern (wirkungsbezogene Maßnahmen)[322]. Das geschieht vor allem durch kapitalmarktorientierte Risikotransferinstrumente.

b) Organisatorische Einbindung des Risikomanagements

Bankdienstleistungen können ebenso wie sonstige Dienstleistungen infolge ihrer Stofflosigkeit nicht auf Vorrat produziert werden[323]. Die Bereitstellung setzt einen Abnehmer voraus. Im Gegensatz zu der Produktion von Sachgütern fallen Erstellung und Absatz der Dienstleistung zusammen (sog. Uno-actu-Prinzip)[324]. Der Einsatz moderner Kommunikations- und Informationstechnologie hat diese Simultanität weitgehend aufgehoben. Der technologische Fortschritt führt zu einer phasenmäßigen Trennung zwischen Fertigung und Distribution von Dienstleistungen[325]. Die einzelnen Prozesse der Leistungserstellung verlieren ihre örtliche Gebundenheit. Die Vorbereitung einer Bankleistung, deren Absatz und die spätere Kontrolle der eingegangenen Risikoposition können in verschiedenen – geografisch getrennten – Unternehmensteilen erfolgen[326]. Die phasenmäßige Trennung der Leistungserstellung ermöglicht es, die einzelnen Teilleistungen der transnationalen Wertschöpfungskette betriebswirtschaftlich effizient anzuordnen. Multinationale Kreditinstitute nutzen Spezialisierungsvorteile und Synergieeffekte unter anderem bei der Bewältigung von Kreditrisiken durch aktive Risikosteuerung. Dabei profitieren sie von dem Zusammenspiel zwischen dezentraler und zentraler Aufgabenzuweisung.

Die aufbauorganisatorische Einbindung des Risikomanagements in das Unternehmensgefüge folgt im Wesentlichen zwei Ansätzen. Nach dem sogenannten

---

322 Eingehend *Kirmße*, Mobilisierung von Kreditgeschäften, S. 61 f.; *Schierenbeck*, in Obst/Hintner, Geld-, Bank und Börsenwesen, S. 1472; *Schmoll*, in Schierenbeck/Moser/Schüller, Hdb Bankcontrolling², S. 873 (877 f.).

323 Siehe nur *Eilenberger*, Bankbetriebswirtschaftslehre⁸, S. 172; *Büschgen*, Bankbetriebslehre, S. 311; allgemein *Maleri/Frietzsche*, Dienstleistungsproduktion, S. 19, 21.

324 *Maleri/Frietzsche*, Dienstleistungsproduktion, S. 53; *Arndt*, Geschäftstätigkeit deutscher Banken, S. 104.

325 Siehe nur *Büschgen*, Bankbetriebslehre, S. 312. In diesem Sinne konstatiert *Ricken*, Kreditrisikotransfer, S. 73, dass die Wertschöpfungskette im Kreditgeschäft durch den Einsatz von Instrumenten des Risikotransfers aufgebrochen wird.

326 So bereits *Gramlich*, Operatives Auslandsgeschäft, S. 45.

Integrationskonzept werden die einzelnen Aufgaben auf die bestehenden dezentralen Organisationseinheiten verteilt. Deren Tätigkeitsfeld wird bezüglich der in ihrem Entscheidungsbereich verantworteten Geschäfte um Aufgaben des Risikomanagements erweitert[327]. Im Gegensatz dazu sieht das Separationskonzept die Bündelung der Aufgaben des Risikomanagements in einer eigenständigen, zentralen Organisationseinheit vor[328]. Dieser Ansatz trennt Sach- und Risikoentscheidung „instanziell" und im Falle der Tätigkeit durch Auslandszweigstellen auch räumlich.

Für sich genommen tragen beide Organisationskonzepte der betrieblichen Realität multinationaler Kreditinstitute nicht hinreichend Rechnung. Gegen eine streng integrative Einbindung des Risikomanagements spricht, dass kritische Risikokonzentrationen erst durch eine von den Einzelpositionen losgelöste Betrachtung sichtbar werden. Aufschluss über die betriebswirtschaftliche Risikotragfähigkeit[329] des Instituts liefert nur eine Gesamtbetrachtung der kumulierenden und ausgleichenden Risikopotentiale der Einzelpositionen der verschiedenen Unternehmensteile. Aber auch ein umfassend verwirklichter Separationsansatz birgt Probleme, weil die Sachnähe zwischen Risikoverursachung und Risikokontrolle aufgehoben wird. In der Bankpraxis dominieren deshalb gemischte Organisationsstrategien[330]. Die Marktbereiche übernehmen das Risikomanagement durch einzelgeschäftsbezogene Risikoidentifikation und -bewertung für die abgeschlossenen Geschäfte[331]. Ergänzend werden neben- oder übergeordnete Zentralabteilungen eingerichtet, die bestimmte portfoliobezogene Aufgaben, insbesondere solche der Risikosteuerung, ausführen[332]. Auf diese Weise werden die Vorteile dezentraler

---

327 *Wieben*, Risikomanagement, S. 156; *Merbecks*, Organisation des Risikomanagements, S. 54; *Schneck*, Risikomanagement, S. 81.

328 Vgl. *Wolke*, Risikomanagement², S. 241; *Rinker/Schweizer*, in Schierenbeck/Kirmße, Banksteuerung, S. 231 (238).

329 Vgl. § 25a Abs. 1 Satz 3 KWG i.V.m. BaFin, MaRisk, Modul AT 4.1. Ausführlich zu dem Begriff der Risikotragfähigkeit *Hellstern*, in Luz/Neus/Schaber/Scharpf/Schneider/Weber, KWG², § 25a KWG Tz. 78 ff.

330 Allgemein *Wolke*, Risikomanagement², S. 242.

331 *Russ*, Kapitalmarktorientiertes Kreditrisikomanagement, S. 79, 136; vgl. auch *Schulte*, Risikomanagement in Kreditinstituten, S. 61.

332 Vgl. *Schmoll*, in Schierenbeck/Moser/Schüller, Hdb Bankcontrolling², S. 873 (878).

Entscheidungskompetenzen gewahrt und durch zentral angesiedelte „Teilprozess-spezialisten"[333] komplementiert.

Die Ausgestaltung des Risikomanagements richtet sich maßgeblich nach der Unternehmensgröße[334]. Mit zunehmender räumlicher Ausbreitung wächst das Erfordernis dezentraler Personalverantwortung. Da dies wiederum die Gefahr negativ kumulierender Risikokonzentrationen auf Gesamtinstitutsebene erhöht, verorten grenzüberschreitende Banken überwachende und steuernde Risikokompetenzen bei zentraler Stelle. Dementsprechend wird auch der Einsatz kapitalmarktorientierter Instrumente der Risikosteuerung an zentraler Stelle koordiniert[335]. Eine solche spezialisierte Organisationseinheit kann innerhalb der einzelnen Unternehmensbereiche angesiedelt oder von diesen entkoppelt und institutsweit zuständig sein. Die Tätigkeiten der aktiven Risikobewältigung stehen in direktem Bezug zu dem Handelssegment des Kreditinstituts[336], das in praxi ebenfalls durch einzelne Spezialeinheiten betrieben wird.

2. Das qualitative Bankaufsichtsrecht der MaRisk

Wesentlichen Einfluss auf das Organisationsgefüge von Kreditinstituten üben die Vorgaben des qualitativen Bankaufsichtsrechts[337]. Die der Aufsicht durch die Bundesanstalt für Finanzdienstleistungsaufsicht (BaFin) unterliegenden Institute müssen über eine „ordnungsgemäße Geschäftsorganisation" verfügen (§ 25a Abs. 1 Satz 1 KWG). Kern der gesetzlichen Organisationspflicht ist der Aufbau eines angemessenen und wirksamen Risikomanagements (§ 25a Abs. 1 Satz 3 KWG). Ausgestaltet wird die gesetzliche Regelung durch die von der BaFin veröffent-

---

333 So *Ehlerding*, Relevanz der Kreditorganisation, S. 274.

334 *Schmoll*, in Schierenbeck/Moser/Schüller, Hdb Bankcontrolling², S. 873 (878).

335 Siehe nur *Hartschuh/Grimm/Haider*, in Schierenbeck/Kirmße, Banksteuerung, S. 245 (250); *Groß/Lohfing*, zfbf Sonderheft 57/07, 143 (151); *Rösler/Mackenthun/Pohl*, Hdb Kreditgeschäft, S. 641 f. Der Deutsche Bank-Konzern richtet eine als „Credit Portfolio Strategies Group" (ehemals „Loan Exposure Management Group") bezeichnete Steuerungseinheit ein (vgl. *Deutsche Bank*, Finanzbericht 2012 [siehe Fn. 317], S. 5, 69). *Erb*, IStR 2005, 328 (332) konstatiert, dass „das zentrale Risikomanagement meist nicht bei den einzelnen Betriebsstätten, sondern bei der Zentrale angesiedelt ist".

336 Siehe *Gehrmann*, Gesamtrisikosteuerung, S. 10.

337 Demgegenüber formuliert das quantitative Aufsichtsrecht Mindestanforderungen an das vorzuhaltende Eigenkapital (vgl. §§ 10, 10a KWG i.V.m. SolvV).

lichten „Mindestanforderungen an das Risikomanagement" (MaRisk)[338]. Die MaRisk konkretisieren das Postulat ordnungsgemäßer Geschäftsorganisation in erster Linie durch das Prinzip der Funktionstrennung[339]. Die Kreditinstitute müssen sicherstellen, dass „bei der Ausgestaltung der Aufbau- und Ablauforganisation miteinander unvereinbare Tätigkeiten durch unterschiedliche Mitarbeiter durchgeführt werden"[340]. Unvereinbar in diesem Sinne und deshalb organisatorisch zu trennen sind die Tätigkeiten der Bereiche Markt[341] und Marktfolge[342] sowie des Risikocontrollings[343]. Das Prinzip der Funktionstrennung gilt bis einschließlich der Ebene der Geschäftsleitung. Es soll verhindern, dass der für den Aufbau einer Risikoposition verantwortliche Aufgabenträger zugleich mit der Prüfung und Überwachung dieser Position betraut ist[344].

Im Kreditgeschäft manifestiert sich die angestrebte Vermeidung von Interessenkollisionen in dem sogenannten Vier-Augen-Prinzip[345]. Der vertriebsorientierte Bereich (Markt) ist für risikorelevante Geschäfte an das unabhängige Votum der Marktfolge gebunden. Da eine positive Kreditentscheidung stets zwei zustimmender Voten bedarf, kann der Beschluss der dem Kundenkontakt nachgelagerten

---

338 BaFin, Rundschreiben 11/2010 (BA) vom 15.12.2010. Die MaRisk verlautbaren als norminterpretierende und -konkretisierende Verwaltungsvorschriften die Rechtsauffassung der BaFin (dazu *Langen*, in Schwennicke/Auerbach, KWG², § 25a Rn. 5 ff.).

339 BaFin, MaRisk, Modul BTO Tz. 3 ff.; dazu BaFin, MaRisk, Erläuterungen, Modul BTO Tz. 3. Vgl. auch *Langen*, in Schwennicke/Auerbach, KWG², § 25a Rn. 70, 72.

340 BaFin, MaRisk, Modul AT 4.3.1 Tz. 1; vgl. *Hannemann/Schneider*, MaRisk³, S. 213 f.

341 Der Begriff „Markt" bezeichnet den vertriebsorientierten Bereich, der Kreditgeschäfte initiiert und bei den Kreditentscheidungen über ein Votum verfügt (siehe BaFin, MaRisk, Modul BTO Tz. 2a).

342 „Marktfolge" ist der risikoorientierte Bereich, der bei den Kreditentscheidungen über ein weiteres Votum verfügt (BaFin, MaRisk, Modul BTO Tz. 2b; dazu *Hannemann/Schneider*, MaRisk³, S. 452 f., 483 f.).

343 BaFin, MaRisk, Modul BTO Tz. 3. Anstelle von Markt und Marktfolge kann auch von Kundenbetreuung und Kreditbearbeitung oder Front-Office und Back-Office gesprochen werden (so *Gehrmann*, Gesamtrisikosteuerung, S. 13; *Hannemann/Schneider/Hanenberg*, MaRisk³, S. 452).

344 *Althoff/Theileis*, in Everling/Theodore, Bankrisikomanagement, S. 27 (31).

345 Vgl. *Hannemann/Schneider*, MaRisk³, S. 457, 477, 483; *Braun/Wolfgarten*, in Boos/Fischer/Schulte-Mattler, KWG⁴, § 25a KWG Rn. 393 f.

Marktfolge nicht überstimmt werden[346]. Die aufbauorganisatorische Trennung gilt gleichsam für den Handelsbereich[347] und umfasst somit auch die zum Zwecke der Kreditrisikosteuerung abgewickelten Handelsgeschäfte mit Finanzinstrumenten.

Über die MaRisk findet der in dem Basel-II-Rahmenwerk angelegte Paradigmenwandel von der regelbasierten hin zu einer prinzipienorientierten Bankenaufsicht Eingang in das deutsche Bankaufsichtsrecht[348]. Die MaRisk enthalten qualitative Mindeststandards für die organisatorische Ausgestaltung des Risikomanagements[349]. Wie die beaufsichtigten Institute den aufsichtsrechtlichen Rahmen ausfüllen, bleibt diesen überlassen[350]. Die rechtlichen Anforderungen an die Ausgestaltung der operativen Risikomanagementsysteme sind abhängig von Art, Umfang, Komplexität und Risikogehalt der institutsspezifischen Geschäftstätigkeit (§ 25a Abs. 1 Satz 4 KWG). Insgesamt erweist sich der Aufbau des Risikomanagements als ein in hohem Maße institutsspezifischer Vorgang.

III. Institutsinterne Kompetenzordnung

Aus Erwägungen betriebswirtschaftlicher Effizienz rührt das Postulat flacher Hierarchiestrukturen. Durch die Delegation von Aufgaben und Entscheidungsbefugnissen an dezentrale Stellen soll die Reaktionsfähigkeit auf Umwelteinwirkungen gefördert und die Produktivität des Gesamtunternehmens gesteigert werden[351]. Bezogen auf den Bankensektor ist diese Forderung nur eingeschränkt zu realisieren. Die Aufbauorganisation nach Produkt- und Kundengruppen führt im

---

346 BaFin, MaRisk, Modul BTO 1.1 Tz. 2. Ausnahmen gelten bei Geschäften, die unter Risikogesichtspunkten als nicht wesentlich einzustufen sind (BaFin, MaRisk, Modul BTO 1.1 Tz. 4). Der Begriff Kreditentscheidung wird in Modul AT 2.3 Tz. 2 definiert.

347 BaFin, MaRisk, Modul BTO 2.1.; *Hannemann/Schneider*, MaRisk[3], S. 121.

348 *Reckers*, Festschrift Rudolph, S. 67 (74 f.); *Hartmann-Wendels/Hellwig/Jäger-Ambrozewicz*, Arbeitsweise der Bankenaufsicht, S. 26, 23. Die MaRisk überführen die in der EU-Bankenrichtlinie (Rl. 2006/48/EG [ABl. L 177/1 v. 30.6.2006]) geregelten Anforderungen der zweiten Säule des Basel-II-Rahmenwerks („Aufsichtliches Überprüfungsverfahren") in das deutsche Bankaufsichtsrecht (vgl. *Braun/Wolfgarten*, in Boos/Fischer/Schulte-Mattler, KWG[4], § 25a KWG Rn. 82 f., 88).

349 Siehe *Dürselen/Schulte-Mattler*, Die Bank 10/2009, 48 (48); *Braun/Wolfgarten*, in Boos/Fischer/Schulte-Mattler, KWG[4], § 25a KWG Rn. 108.

350 *Braun/Wolfgarten*, in Boos/Fischer/Schulte-Mattler, KWG[4], § 25a KWG Rn. 19, 109.

351 *Rolfes*, Gesamtbanksteuerung, S. 120; *Bürkner/Krause*, in Obst/Hintner, Geld-, Bank und Börsenwesen, S. 1161; m.w.N. *Dresel*, Allokation von Risikokapital, S. 19.

Zusammenspiel mit den besonderen betrieblichen und aufsichtsrechtlichen Anforderungen an das institutsweite Risikomanagement zu einer vielschichtigen Kompetenzordnung.

Die Organisationsstruktur multinationaler Bankunternehmen ist typischerweise zweigeteilt[352]. Über den Marktsegmenten stehen die Unternehmensleitung und die dieser unterstellten Zentraleinheiten. Aus diesem „Dualen Steuerungsmodell"[353] resultieren kompetenziell abgestufte Entscheidungsstrukturen. Dies zeigt exemplarisch der Teilbereich des Kreditrisikomanagements. Grenzüberschreitend tätige Banken siedeln über den dezentral verorteten Kreditkompetenzen spezialisierte Komitees an, die entweder von dem zuständigen Vorstandsmitglied geleitet werden oder zumindest in direktem Kontakt zu der Unternehmensleitung stehen. Diese Gremien entwerfen allgemeine unternehmensweit geltende (Kredit-)Risikostrategien und -richtlinien[354]. Neben den strategischen Einheiten bestehen besondere Kreditkomitees, die über Genehmigungskompetenzen gegenüber den dezentralen Einheiten verfügen[355]. Oberhalb bestimmter Volumina bedarf die dezentrale Kreditvergabe der Gegenzeichnung durch das zentral angesiedelte Entscheidungsgremium[356].

---

352 Exemplarisch die Struktur des Commerzbank-Konzerns in *Commerzbank*, Geschäftsbericht 2012, S. 4 (abrufbar unter: http://www.commerzbank.de/media/aktionaere/service/archive/konzern/2013_3/Geschaeftsbericht_2012_Konzern_DE.pdf).

353 Der bankbetriebswirtschaftliche Begriff „Duales Steuerungsmodell" beschreibt das Zusammenwirken von zentraler Struktursteuerung und dezentraler Geschäftssteuerung (siehe *Schierenbeck*, Bankmanagement, Bd. I[8], S. 12, 297; *ders.*, in Obst/Hintner, Geld-, Bank und Börsenwesen, S. 1444 f.; *Rolfes*, Gesamtbanksteuerung, S. 120).

354 Siehe *Fischer*, in Lange/Wall, Risikomanagement nach dem KonTraG, § 4 Rz. 148; *Groß/Knippschild*, in Rolfes/Schierenbeck/Schüller, Risikomanagement in Kreditinstituten, S. 69 (79 f.).

355 Die Commerzbank richtet ein „Group Credit Committee" ein (vgl. *Commerzbank*, Geschäftsbericht 2012 [siehe Fn. 352], S. 135). Vgl. auch das Schaubild in *Dresdner-Bank-Konzern*, Finanzbericht 2008, S. 52 (abrufbar unter: http://www.commerzbank.de/media/aktionaere/aktuell/Finanzbericht_AG_deutsch_09-03-25.pdf).

356 Siehe dazu die Abbildung bei *Ehlerding*, Relevanz der Kreditorganisation, S. 280.

Die institutsweiten Risikostrategien, -richtlinien und Genehmigungsvorbehalte beschränken den Handlungsspielraum der dezentralen Betriebseinheiten[357]. Auch soweit die konkrete Geschäftsentscheidung den – im Ausland angesiedelten – Geschäftseinheiten überantwortet ist, bewirken die zentralen Vorgaben und Vorbehalte deren faktische Bindung an die Zentrale. Aus betriebswirtschaftlicher Sicht dienen gestufte Entscheidungsverantwortlichkeiten als Steuerungsinstrument für die nach dem Profit-Center-Konzept operativ verselbständigten Unternehmensteile (sog. Limitsteuerung)[358]. Bei Kreditinstituten wird diese betriebswirtschaftliche Zielsetzung durch die besonderen Anforderungen des qualitativen Aufsichtsrechts flankiert. Nach den MaRisk darf ohne ein kreditnehmerbezogenes Limit kein Kreditgeschäft abgeschlossen werden[359]. In ihrem Zusammenspiel führen die Anforderungen des Bankaufsichtsrechts und der betriebswirtschaftlichen Banksteuerung zu einem kompetenziellen Stufenverhältnis zwischen den einzelnen Entscheidungsträgern.

357 Vgl. *Moser/Quast*, in Schierenbeck, Henner/Moser, Hdb Bankcontrolling, S. 663 (679); *Kirmße/Schierenbeck/Tegeder*, in Schierenbeck/Kirmße, Banksteuerung, S. 35 (36).

358 *Uhlig*, in Schierenbeck/Kirmße, Banksteuerung, S. 35 (36, 43); ebenso *Stocker*, Global Trading, S. 74; *Büschgen*, Bankbetriebslehre, S. 1018.

359 BaFin, MaRisk, Modul BTR 1 Tz. 2; dazu *Hannemann/Schneider*, MaRisk[3], S. 671 f., 678. Handelsgeschäfte setzen die Einräumung eines Kontrahentenlimits voraus (siehe BaFin, MaRisk, Modul BTR 1 Tz. 3).

Teil 3: Gewinnabgrenzung im Kreditgeschäft durch Bankbetriebsstätten

Die abkommensrechtliche Verteilungsnorm für Unternehmensgewinne (Art. 7 OECD-MA) enthält keine branchenspezifischen Sonderregeln für die Gewinnabgrenzung bei Betriebsstätten grenzüberschreitend tätiger Kreditinstitute. Berücksichtigung finden die Besonderheiten des Bankgeschäfts lediglich in Berichten und Kommentierungen des OECD-Steuerausschusses sowie den internen Anweisungen der deutschen Finanzverwaltung. Im Folgenden ist die Gewinnabgrenzung im Kreditgeschäft durch Bankbetriebsstätten im Lichte dieser Verlautbarungen näher zu betrachten. Im Mittelpunkt stehen drei Problemkreise: die Zuordnung der Darlehensforderungen, die Zurechnung des Refinanzierungsaufwandes und die Bewältigung der vielfältigen institutsinternen Geschäftsvorfälle. Die Untersuchung gliedert sich in die Zeitabschnitte vor und nach der Veröffentlichung des überarbeiteten OECD-Abkommensmusters am 22. Juli 2010.

A. Verlautbarungen der OECD und der deutschen Finanzverwaltung vor 2010

Die erste eingehende Betrachtung der Gewinnabgrenzung bei Bankbetriebsstätten lieferte der im Juni 1984 veröffentlichte OECD-Bericht über „Die Besteuerung multinational tätiger Banken“[360]. Eine Stellungnahme der deutschen Finanzverwaltung zu dem Themenkomplex der Betriebsstättenbesteuerung enthalten die Betriebsstätten-Verwaltungsgrundsätze vom 24. Dezember 1999 (BS-VwG)[361]. Diese widmen sich im Anschluss an branchenübergreifende Ausführungen „Betriebsstätten in Sonderfällen“ und dabei an erster Stelle der Unternehmenstätigkeit durch

---

[360] Zweiter Teil der OECD-Veröffentlichung „Verrechnungspreise und Multinationale Unternehmen – Drei steuerliche Sonderprobleme“. Der Bericht 1984 blieb bis zu der Veröffentlichung des Betriebsstättenberichts 2008 das einzige finalisierte Dokument der OECD, das sich direkt auf den Bankensektor bezieht (*Sadiq*, BIFD 2004, 67 [76]).

[361] „Grundsätze der Verwaltung für die Prüfung der Aufteilung der Einkünfte bei Betriebsstätten international tätiger Unternehmen“ (BMF-Schreiben vom 24.12.1999, BStBl. I 1999, 1076).

Bankbetriebsstätten. Die zentralen Aussagen der beiden Veröffentlichungen sind im folgenden Abschnitt darzustellen.

I. Zuordnung der Wirtschaftsgüter des Kreditgeschäfts

1. Der OECD-Bericht 1984

Der OECD-Steuerausschuss hebt die Allokation der im Kreditgeschäft geschaffenen Wirtschaftsgüter als „wichtigen Faktor" der Gewinnzurechnung hervor. Dies gilt ausdrücklich für Kreditgeschäfte, „bei denen in bezug auf ein Wirtschaftsgut mehr als eine Betriebsstätte wirtschaftliche Funktionen ausgeübt hat"[362]. Für die Zuordnung der Wirtschaftsgüter verweist der OECD-Bericht 1984 auf das Kriterium des „tatsächlichen Gehörens" im Sinne des Art. 11 OECD-MA[363]. Die Zuordnung der Darlehensforderungen soll sich danach richten, ob die Betriebsstätte das Wirtschaftsgut als Nutzungsberechtigte zum Gebrauch hält und dieses die Betriebsstättentätigkeit fördert oder unterstützt.

Weiterführende Abgrenzungskriterien benennt der OECD-Bericht für die Zurechnung der aus den Wirtschaftsgütern rührenden Gewinne. Sind mehrere Unternehmensteile an einem Darlehensgeschäft beteiligt, sollen die Ergebniswirkungen entsprechend den Tätigkeitsbeiträgen zugerechnet werden. Maßgeblich ist, ob der Erfolg „im wesentlichen" durch die Tätigkeit der Betriebsstätte erzielt worden ist (*„substantially generated"*)[364]. Die Abgrenzung richtet sich in erster Linie danach, ob das Aushandeln und der Abschluss des Geschäfts durch die Betriebsstätte erfolgt sind. Im Detail blickt der Bericht auf folgende Tätigkeiten: (a) Akquisition, (b) Bewertung der Kreditwürdigung und des Kreditrisikos, (c) Aushandeln der Kreditkonditionen, (d) Entscheidung über die Kreditvergabe, (e) Vertragsschluss und Valutierung des Darlehens sowie (f) Kreditverwaltung. Entscheidende wirtschaftliche Bedeutung misst der OECD-Bericht den vier erstgenannten Tätigkeiten bei. Die Bedeutung des Vertragsschlusses und der subsequenten Aktivitäten treten dahinter zurück. Gänzlich unberücksichtigt bleibt die Refinanzierung des ausgereichten Darlehens.

---

362 OECD, Bericht 1984, Teil 2 Tz. 85.

363 Entgegen der englischen Originalfassung fehlt in der deutschen Übersetzung der Verweis auf Art. 11 OECD-MA; vgl. OECD-Report 1984, Part 2 Tz. 85.

364 OECD, Bericht 1984, Teil 2 Tz. 86.

Der OECD-Steuerausschuss unterscheidet zwischen Vermögens- und Erfolgsabgrenzung, misst der Allokation der Wirtschaftsgüter aber nur untergeordnete Bedeutung bei. Dies belegt die Tatsache, dass die Gewinnzurechnung davon unberührt bleiben soll, ob die Wirtschaftsgüter selbst auf eine andere Betriebsstätte übertragen worden sind[365].

2. Der OECD-Musterkommentar zu Art. 7 OECD-MA „vor 2008"

Auch der OECD-Musterkommentar zu Art. 7 OECD-MA nimmt in den Fassungen der Jahre 1992 bis 2005 an einzelnen Stellen Bezug auf die Gewinnabgrenzung bei Bankbetriebsstätten[366]. Im Fokus steht der Transfer risikobehafteter Forderungen zwischen den Unternehmensteilen eines grenzüberschreitenden Kreditinstituts[367]. Der Musterkommentar weist darauf hin, dass es aus bankaufsichtsrechtlichen Gründen oder zum Zwecke der Refinanzierung erforderlich sein kann, Forderungen institutsintern zu übertragen. Steuerlich steht ein solcher Transfer unter dem Vorbehalt, dass dieser auf „echten wirtschaftlichen Gründen" beruht[368]. Dies setzt voraus, dass der Vorgang auch zwischen völlig unabhängigen Unternehmen erfolgt wäre. Mit Blick auf den Bankensektor weist der Musterkommentar auf die Existenz freier Märkte für risikobehaftete Darlehensforderungen hin und schließt daraus, dass die unternehmensinterne Überführung einem Geschäft zwischen unabhängigen Dritten entsprechen kann[369]. Der Kommentar betrachtet die Übertragung von Kreditforderungen lediglich am Beispiel der Eröffnung oder Schließung einer Auslandsbetriebsstätte. Die Anforderungen an einen steuerwirksamen Transfervorgang bei fortbestehender Betriebsstätte bleiben dagegen unklar. Das gilt im Übrigen auch für die Frage, wie ein Forderungstransfer der Höhe nach zu berücksichtigen ist. Der Musterkommentar sieht die Verrechnung des jeweils gültigen Marktpreises vor[370], weist jedoch sogleich auf die Gefahr von

---

365 OECD, Bericht 1984, Teil 2 Tz. 86.

366 Der OECD-MK 2008 zu Art. 7 MA führt die Gewinnabgrenzung bereits an den AOA in der Fassung des Betriebsstättenberichts 2008 heran und wird deshalb an dieser Stelle ausgeblendet.

367 Dazu zuletzt OECD-MK 2005, Art. 7 MA, Tz. 15.2 bis 15.4.

368 OECD-MK 2005, Art. 7 MA, Tz. 15.2.

369 OECD-MK 2005, Art. 7 MA, Tz. 15.3.

370 OECD-MK 2005, Art. 7 MA, Tz. 15.3.

Doppelbesteuerungen hin, sofern die Vertragsstaaten keine Einigung über den der Forderung beizulegenden Marktwert erzielen[371].

3. Die Betriebsstätten-Verwaltungsgrundsätze 1999

Anders als der OECD-Bericht 1984 widmen die BS-VwG 1999 der Zuordnung der im Kreditgeschäft geschaffenen Wirtschaftsgüter besondere Aufmerksamkeit[372].

a) Die Position der Finanzverwaltung

Ausgangspunkt der Vermögensabgrenzung ist das in dem allgemeinen Teil der BS-VwG niedergelegte Prinzip der wirtschaftlichen Zugehörigkeit[373]. Der Betriebsstätte sind Wirtschaftsgüter zuzuordnen, die der Erfüllung der Betriebsstättenfunktion dienen und darüber hinaus solche, aus denen Einkünfte erzielt werden, zu deren Erzielung die Tätigkeit der Betriebsstätte überwiegend beigetragen hat[374]. Übertragen auf die Zuordnung von Darlehensforderungen zu Bankbetriebsstätten blicken die BS-VwG auf die wesentlichen Haupttätigkeiten für das Zustandekommen des Kreditgeschäfts[375]. Haupttätigkeiten in diesem Sinne sind: Akquisition, Bewertung des Kreditnehmers und -risikos, Tragen des Kreditrisikos, Übernahme der Refinanzierung, Entscheidung über die Kreditvergabe, Vertragsschluss und schließlich Verwaltung, Überwachung und Abwicklung des Kredits. Es wird deutlich, dass die BS-VwG im Wesentlichen die im OECD-Bericht 1984 für die Gewinnzurechnung angeführten Tätigkeiten auf die Vermögensabgrenzung übertragen. Ergänzend berücksichtigen sie das Tragen des Kreditrisikos und die Übernahme der Refinanzierung.

Die Aufzählung der wesentlichen Haupttätigkeiten spiegelt den typischen Ablauf der Leistungserstellung im Kreditgeschäft in organisatorischer und zeitlicher Abfolge wider. Dies wirft die Frage auf, in welchem Verhältnis die genannten Tätigkeiten zueinander stehen. Die BS-VwG beschränken sich insoweit auf den

---

371 OECD-MK 2005, Art. 7 MA, Tz. 15.4.

372 BMF-Schreiben vom 24.12.1999, BStBl. I 1999, 1076 (1092 [Tz. 4.1.2]).

373 BMF-Schreiben vom 24.12.1999, BStBl. I 1999, 1076 (1084 [Tz. 2.2]).

374 BMF-Schreiben vom 24.12.1999, BStBl. I 1999, 1076 (1085 [Tz. 2.4]); bestätigt durch BMF-Schreiben vom 25.8.2009, BStBl. I 2009, 888 (889 [Tz. „2.4]).

375 BMF-Schreiben vom 24.12.1999, BStBl. I 1999, 1076 (1092 [Tz. 4.1.2]).

Hinweis, dass eine Forderung derjenigen Bankstelle zuzuordnen ist, die die wesentlichen Haupttätigkeiten der Kreditausreichung „überwiegend" erbringt[376]. Weitere Anhaltspunkte für eine Gewichtung der Einzeltätigkeiten enthalten die Verwaltungsanweisungen nicht. Der Betriebsstätte soll eine Forderung nur zuzuordnen sein, wenn diese die „wesentlichen Stufen der Kredithingabe" erbringt. Partizipieren mehrere Unternehmensteile an dem Prozess der Leistungserstellung, können sich erhebliche Abgrenzungsschwierigkeiten einstellen. Dieses Problem erkennen auch die BS-VwG und verweisen bei geografisch aufgespaltener Wertschöpfung hilfsweise darauf, die erzielte Zinsmarge im Verhältnis der Leistungsbeiträge der involvierten Betriebseinheiten aufzuteilen[377].

Eine nach der initialen Leistungserstellung erfolgende Änderung der Zuordnung lehnen die BS-VwG grundsätzlich ab[378]. Unter Hinweis auf den Musterkommentar zu Art. 7 OECD-MA kommt eine Zuordnungsänderung nur in Betracht, wenn „wirtschaftlich beachtliche Gründe" vorliegen, insbesondere wenn sich „wesentliche Funktionsbeiträge" im Zeitablauf ändern[379]. Zusätzlich zu dieser Voraussetzung erfordert eine steuerwirksame Zuordnungsänderung, dass die mit dem Kreditaktivum verknüpften Haupt- und Nebenleistungsfunktionen auf den empfangenden Unternehmensteil übergehen[380].

b) Stellungnahme

Die BS-VwG 1999 nähern sich dem Problem der Zuordnung der Kreditaktiva unter Rekurs auf die Haupttätigkeiten der Leistungserstellung. Die Forderungen sind dem Institutsteil zuzuordnen, der die wesentlichen Haupttätigkeiten „überwiegend" erbringt. Den sieben wesentlichen Haupttätigkeiten wird demnach im Rahmen der Leistungserstellung eine relativ gleiche Bedeutung beigemessen. In der

---

376 BMF-Schreiben vom 24.12.1999, BStBl. I 1999, 1076 (1092 [Tz. 4.1.2]).

377 BMF-Schreiben vom 24.12.1999, BStBl. I 1999, 1076 (1092 [Tz. 4.1.2]).

378 BMF-Schreiben vom 24.12.1999, BStBl. I 1999, 1076 (1092 [Tz. 4.1.2]); kritisch *Kumpf/Roth*, FR 2000, 500 (501).

379 BMF-Schreiben vom 24.12.1999, BStBl. I 1999, 1076 (1092 [Tz. 4.1.2]); vgl. auch OECD-MK 2005, Art. 7 MA, Tz. 15.2.

380 Beispielhaft benennen die BS-VwG 1999: Management, Verbuchung, Mahnwesen und laufende Risikoüberwachung (siehe BMF-Schreiben vom 24.12.1999, BStBl. I 1999, 1076 [1092, Tz. 4.1.2]).

Konsequenz kann bereits ein schlicht zahlenmäßiges Überwiegen der Tätigkeitsbeiträge einer Betriebseinheit die Zuordnung der Kreditforderung auslösen. Eine solche formale Betrachtung tritt in Konflikt mit dem im allgemeinen Teil der BS-VwG niedergelegten Prinzip der wirtschaftlichen Zugehörigkeit[381].

Die Auswirkungen dieses Ansatzes der Vermögensabgrenzung auf Ebene der Erfolgsabgrenzung veranschaulicht die Zurechnung von (potentiellem) Wertberichtigungsaufwand. Wirtschaftsgutbezogener Aufwand ist grundsätzlich von dem Unternehmensteil veranlasst und zu tragen, dem das Wirtschaftsgut zuzuordnen ist[382]. Da die BS-VwG nur eine einheitliche Zuordnung der Wirtschaftsgüter gestatten[383], kann bereits ein geringfügiges Überwiegen der Tätigkeitsbeiträge dazu führen, dass die Aufwandsposten vollumfänglich dem jeweiligen Unternehmensteil zuzurechnen sind. Die Verwaltungsanweisungen versuchen dieses Ergebnis dadurch auszugleichen, dass sie hilfsweise eine Aufteilung der Zinsmarge gestatten. Dieser Ansatz bietet keine tragfähige Lösung des Problems, sondern verlagert die auf Vermögensebene offenbarten Unsicherheiten bei der Gewichtung der Wertschöpfungsbeiträge lediglich auf die Ebene der Erfolgsabgrenzung. Auch die Aufteilung der Zinsmarge erfordert eine – abstrakte – Bemessung der Wertschöpfungsbeiträge. Das Grundproblem der sachgerechten Abbildung der räumlich aufgespaltenen Leistungserstellung im Rahmen der steuerlichen Gewinnabgrenzung bleibt bestehen.

Keine Zustimmung verdient schließlich auch die den BS-VwG zugrunde liegende These, dass der Transfer einer Forderung auf einen anderen Teil des Einheitsunternehmens den Übergang der korrespondierenden Haupt- und Nebenleistungsfunktionen bedingt[384]. Die unternehmensinterne Gestaltung der Wertschöpfungskette steht als unternehmerischer Organisationsakt im Ermessen der Geschäfts-

---

381 Kritisch gegenüber dem „Kriterienkatalog" der BS-VwG 1999 *Schmitt*, in Vögele/Borstell/Engler, Hdb Verrechnungspreise[3], Kap. K Rz. 136; *Schaus*, in Löwenstein/Looks/Heinsen, Betriebsstättenbesteuerung[2], Rz. 1229.

382 Vgl. BMF-Schreiben vom 24.12.1999, BStBl. I 1999, 1076 (1084 [Tz. 2.2]).

383 BMF-Schreiben vom 24.12.1999, BStBl. I 1999, 1076 (1085 [Tz. 2.4]); bestätigt durch BMF-Schreiben vom 25.8.2009, BStBl. I 2009, 888 (889 [Tz. „2.4]).

384 Ebenfalls kritisch *Raab/Wolf*, in Löwenstein/Looks, Betriebsstättenbesteuerung[1], Rz. 1156; *Andresen*, in W/A/D, Betriebsstätten-Hdb, Rz. 10.62.

leitung[385]. Der in den Verwaltungsgrundsätzen angelegte Übergang wirtschaftsgutbezogener Funktionen greift in die betriebliche Organisationsstruktur ein und führt zu einer unternehmerisch nicht beabsichtigten Aufgabenzuweisung. Das Erfordernis des „simultanen" Funktionsübergangs hindert den internen Forderungstransfer und steht in Widerspruch zu der bankbetrieblichen Realität. Grenzüberschreitend tätige Kreditinstitute bündeln bestimmte Tätigkeiten bei institutsweit agierenden Spezialeinheiten. Der zentralen Risikosteuerung geht – wie zu zeigen sein wird – der interne Transfer von Kreditaktiva einher.

II. Zurechnung der Refinanzierungskosten

Kreditgeschäft ist klassische Intermediärsleistung. Banken nehmen Finanzmittel im Einlagengeschäft und über die Kapitalmärkte herein und legen diese auf anderer Seite an Kapitalnachfrager heraus. Die vornehmlich im Firmenkundengeschäft tätigen Auslandsfilialen verfügen über keine relevante Einlagenbasis und sind deshalb auf die externe Zuführung von Finanzmitteln angewiesen. Zu unterscheiden sind drei Formen der Betriebsstättenfinanzierung. Entweder überlässt das Stammhaus der Betriebsstätte Finanzmittel als „Eigenkapital" oder die Betriebsstätte finanziert sich im Außenverkehr direkt über die Kapitalmärkte oder aber ein Unternehmensteil nimmt Finanzmittel für einen anderen Betriebsteil auf und leitet sie intern an diesen weiter. Dies führt zu der Frage, ob bei Anwendung der direkten Methode interne Zinszahlungen steuerlich zu berücksichtigen sind.

1. Der OECD-Bericht 1984

a) Berücksichtigung institutsinterner Zinszahlungen

In seinem Bericht aus dem Jahre 1984 bekräftigt der OECD-Steuerausschuss die Möglichkeit der steuerwirksamen Verrechnung von Zinsen für „Innendarlehen" zwischen Bankbetriebsstätte und Stammhaus[386]. Er folgt damit den Vorgaben des OECD-Musterkommentars, die bis auf die Empfehlungen der Auftragsuntersuchung *Mitchell B. Carrolls* für den Völkerbund aus dem Jahre 1933 zurückgehen[387].

---

385 Siehe nur *Ditz,* Gewinnabgrenzung, S. 223 f.; *Eisele,* Funktionsverlagerung, S. 196; *Blumers,* DStR 2010, 17 (18).

386 OECD, Bericht 1984, Teil 2 Tz. 45 ff.

387 Vgl. *Carroll,* Methods of Allocating Taxable Income, Tz. 737 (1).

Der OECD-Bericht begründet die Verrechnung von Innenzinsen unter Hinweis auf die in Art. 7 Abs. 2 OECD-MA geregelte Selbständigkeitsfiktion der Betriebsstätte. Im Geschäftsverkehr zwischen selbständigen und unabhängigen Dritten werden Kreditgeschäfte durch Zinszahlung vergütet[388]. Darüber hinaus trägt die steuerliche Berücksichtigung von Innenzinsen der „Natur des Bankgeschäfts" Rechnung, das in der Aufnahme und dem Verleih von Geld besteht[389]. Gelder, die ein Unternehmensteil als Darlehen herauslegt, sind zu einem früheren Zeitpunkt kostenpflichtig aufgenommen worden. Die interne Zinsverrechnung soll als Ausgleich dieser Kosten dienen[390]. Die Berücksichtigung von Innendarlehen trägt dem Charakter der Geldleihe als Hauptgeschäft von Banken Rechnung. Schließlich weist der Bericht darauf hin, dass die überwiegende Zahl der OECD-Mitgliedstaaten bankinterne Zinszahlungen steuerlich berücksichtigt. Lediglich Japan und die Vereinigten Staaten erachten die Zinsverrechnung nicht als zwingend, sondern nur als zulässig[391]. Die Auswirkungen dieser abweichenden Haltung illustriert der Blick auf die Zurechnung des externen Zinsaufwandes.

b) Abgrenzung der Refinanzierungskosten

Ausgehend von der direkten Methode sieht der OECD-Bericht 1984 vor, sämtliche internen Geldströme zwischen den Unternehmensteilen nach Quelle und Betrag zu identifizieren[392]. Die Finanzierungsbeziehungen sind in zwei Kategorien einzuteilen. Auf der einen Seite stehen die als „Innendarlehen" qualifizierten Geldströme, die fremdüblich abzurechnen sind. Auf der anderen Seite stehen die sogenannten Durchlauftransaktionen („*conduit transactions*"). Mit diesem Begriff beschreibt der OECD-Bericht die externe Aufnahme von Finanzmitteln durch einen Unternehmensteil mit dem ausschließlichen Ziel, die Liquidität unmittelbar an einen anderen Institutsteil weiterzureichen[393]. Bloße Durchleitungen sind als allgemeine Dienstleistung von der Vereinbarung eines „Innendarlehens" zu unterscheiden. Die Vergütung erfolgt in diesem Fall nicht durch Zinszahlung, sondern durch Berech-

---

388 OECD, Bericht 1984, Teil 2 Tz. 48.
389 OECD, Bericht 1984, Teil 2 Tz. 49.
390 Vgl. OECD, Bericht 1984, Teil 2 Tz. 50.
391 OECD, Bericht 1984, Teil 2 Tz. 52, 54.
392 OECD, Bericht 1984, Teil 2 Tz. 53.
393 OECD, Bericht 1984, Teil 2 Tz. 73.

nung einer angemessenen Gebühr[394]. Zusätzlich zu der Servicegebühr hat die Betriebsstätte die tatsächlich entstandenen Zinskosten für die zur Verfügung gestellten Mittel zu tragen[395]. Werden die internen Geldströme als „Innendarlehen" aus den Finanzmitteln des „kreditierenden" Unternehmensteils qualifiziert, soll der empfangende Unternehmensteil auch bei interner Finanzierung den Zins zahlen, den er als selbständiges Unternehmen hätte aufwenden müssen[396]. Der im Außenverhältnis tatsächlich entstandene Zinsaufwand ist in diesem Fall dem Unternehmensteil zuzurechnen, der die Mittel ursprünglich aufgenommen hat. Anhaltspunkte für die praktisch schwierige Differenzierung zwischen internem Darlehen und Durchlaufgeschäft hält der Bericht nicht bereit. Er weist lediglich darauf hin, dass es zweckmäßig sein kann, von der einzelgeschäftsbezogenen Analyse der internen Geldströme abzurücken, weil „das Bankgeschäft komplex (...) und Geld (...) austauschbar ist"[397]. Hilfsweise soll es deshalb möglich sein, die Abgrenzung nach „Gruppen oder Kategorien von Geschäften" vorzunehmen und durchschnittliche Zinssätze zu verrechnen.

Bei näherer Betrachtung des OECD-Berichts 1984 wird deutlich, dass dieser weniger darauf zielt, die etablierten Grundsätze der Gewinnabgrenzung auf die Besonderheiten des Bankensektors anzuwenden und dabei inhaltlich zu präzisieren. Vielmehr dokumentiert der Bericht im Wesentlichen die abweichenden Vorgehensweisen der einzelnen Mitgliedstaaten. Besonderes Augenmerk gilt Japan und den Vereinigten Staaten. Beide Länder stehen auf dem Standpunkt, dass das OECD-MA die Berücksichtigung interner Verrechnungszinsen nicht verpflichtend vorsieht[398]. Aus diesem Grunde sollen die der Betriebsstätte zugeführten Finanzmittel grundsätzlich zu deren Ursprung zurückverfolgt werden (*„tracing approach"*)[399]. Durch das Aufspüren der Quelle der Finanzmittel soll den internen Geldströmen der im Außenverhältnis entstandene Finanzierungsaufwand beigelegt

---

394 OECD, Bericht 1984, Teil 2 Tz. 73 f.; kritisch *Hofmann*, IWB v. 10.10.1986, F. 10 Gr. 2, 581 (592).

395 Vgl. OECD, Bericht 1984, Teil 2 Tz. 44.

396 So OECD, Bericht 1984, Teil 2 Tz. 50.

397 OECD, Bericht 1984, Teil 2 Tz. 53.

398 Siehe auch *Athanas*, CDFI 81a (1996), 21 (46).

399 Vgl. OECD, Bericht 1984, Teil 2 Tz. 54 f.

werden. Da sich Banken jedoch „ohne Verwendungsbindung" refinanzieren[400], wird die Rückverfolgung nicht in strenger Form verwirklicht, sondern durch Elemente der Schätzung ergänzt[401].

Einen besonderen Ansatz praktizieren die Vereinigten Staaten für die im Inland domizilierten Betriebsstätten ausländischer Kreditinstitute. Unter Verweis auf die fungiblen Produktionsressourcen des Bankgeschäfts soll der Inlandsbetriebsstätte ein Anteil an den gesamten externen Finanzierungskosten des Bankunternehmens nach Maßgabe der indirekten Methode zugerechnet werden (*„fungibility approach"*)[402]. Der Fungibilitätsansatz bezieht sich auf das Einheitsunternehmen und verzichtet darauf, die internen Geldströme nachzuvollziehen[403]. Stattdessen ist in einem proportionalen Umlageverfahren ein im Verhältnis zu den Gesamtzinszahlungen des Einheitsunternehmens durchschnittlicher Zinssatz zu ermitteln[404]. Der OECD-Steuerausschuss toleriert das Vorgehen der Vereinigten Staaten, gibt aber zu bedenken, dass die erzielten Resultate „wahrscheinlich" nicht dem Grundsatz des Fremdvergleichs genügen[405].

2. Die Betriebsstätten-Verwaltungsgrundsätze 1999

Die BS-VwG 1999 folgen dem auf OECD-Ebene vorgegebenen Grundsatz der direkten Zurechnung des Zinsaufwandes zu den Unternehmensteilen. Entsprechend den Vorgaben des allgemeinen Teils der BS-VwG sind die im Außenverkehr tatsächlich entstandenen Zinskosten der Betriebsstätte zuzurechnen, wenn die Finanzmittel nachweislich für deren Zwecke aufgenommen worden sind[406]. Die einer Betriebsstätte von dem Stammhaus oder einer anderen Betriebsstätte als „Innendarlehen" zur Verfügung gestellten Gelder sind fremdüblich zu verzinsen,

---

400 OECD, Bericht 1984, Teil 2 Tz. 53.

401 So gestattet Japan die angemessene Schätzung des Zinsaufwands (siehe OECD, Bericht 1984, Teil 2 Tz. 55).

402 Eine Ausprägung des Fungibilitätsansatzes ist die sog. „Währungspoolmethode" (*„separate currency pools method"*) (vgl. OECD, Bericht 1984, Teil 2 Tz. 58; eingehend *Wolff*, in Debatin/Wassermeyer, Art. 7 USA Rz. 228 ff. [Mai 2009]).

403 Eingehend *Athanas*, CDFI 81a (1996), 21 (46 f.); *Kobetsky*, BIFD 2005, 48 (57 f.).

404 OECD, Bericht 1984, Teil 2 Tz. 58.

405 So OECD, Bericht 1984, Teil 2 Tz. 60, 63.

406 BMF-Schreiben vom 24.12.1999, BStBl. I 1999, 1076 (1091 [Tz. 3.3]).

weil „Geld als Handelsware von Kreditinstituten anzusehen ist“[407]. Die Verrechnung von „Innenzinsen“ setzt voraus, dass die Betriebsstätte mit einem angemessenen Dotationskapital ausgestattet wird[408]. Nur soweit die intern zur Verfügung gestellten Finanzmittel die erforderliche „Eigenkapitalbasis“ der Betriebsstätte übersteigen, kommt eine fremdübliche Abrechnung als Innendarlehen in Betracht[409]. Keine besonderen Ausführungen enthalten die BS-VwG zu der Frage der bloßen Durchleitung von Finanzmitteln.

III. Unternehmensinterner Dienstleistungsverkehr

Grenzüberschreitend tätige Banken zerlegen die Gesamtaufgabe der Leistungserstellung im Kreditgeschäft in einzelne innerbetriebliche Teilleistungen und weisen diese verschiedenen Unternehmensteilen zu[410]. Die im Außenverhältnis gegenüber den Kunden erbrachten Dienstleistungen (sog. Marktleistungen) sind das Ergebnis vielfältiger, örtlich getrennter Teilleistungen.

Der OECD-Bericht 1984 enthält – abgesehen von der Fiktion interner Darlehen – keine näheren Ausführungen zu der Frage der steuerlichen Bewältigung des institutsinternen Dienstleistungsverkehrs. Nach Maßgabe der eingeschränkten Selbständigkeitsfiktion der Betriebsstätte erfolgt demnach nur eine Zurechnung der tatsächlich realisierten Aufwandsposten. Auch die BS-VwG 1999 berücksichtigen nur die tatsächlich entstandenen Kosten der allgemeinen Innendienstleistungen. Dies belegt die sogenannte Haupttätigkeitsregelung[411]. Danach kommt die Verrechnung drittüblicher Entgelte für interne Dienstleistungen nur in Betracht, wenn das Erbringen von Dienstleistungen Haupttätigkeit der jeweiligen Betriebs-

---

407 BMF-Schreiben vom 24.12.1999, BStBl. I 1999, 1076 (1093 [Tz. 4.1.4]).

408 Dazu eingehend Teil 4 der Arbeit.

409 BMF-Schreiben vom 24.12.1999, BStBl. I 1999, 1076 (1093 [Tz. 4.1.4]). Entgegen dem OECD, Bericht 1984 formulieren die BS-VwG 1999 Mindestanforderungen an das auszuweisende Dotationskapital; dazu BMF-Schreiben vom 24.12.1999, BStBl. I 1999, 1076 (1092 f. [Tz. 4.1.3]) und Teil 4, B. II. 2 der Arbeit.

410 Sieh nur *Büschgen*, Bankbetriebslehre, S. 307 f.; vgl. auch *Buciek*, in F/W/K, DBA-CH, Art. 7 Anm. 446 (Juli 2003).

411 BMF-Schreiben vom 24.12.1999, BStBl. I 1999, 1076 (1090 [Tz. 3.1.2]); vgl. *Kumpf/Roth*, DB 2000, 787 (791).

stätte ist[412]. Banken sind Dienstleistungsunternehmen[413]. Die Qualifikation des bankbetrieblichen Produktionsergebnisses als „Dienstleistung" führt jedoch nicht dazu, dass die institutsinternen Dienstleistungen generell fremdvergleichsüblich zu vergüten sind. Der Argumentationstopos der „Haupttätigkeit der Betriebsstätte" bezieht sich vorrangig auf Unternehmen des Industriesektors mit einem gemischten Leistungsspektrum, das sowohl die Produktion von Sachgütern als auch von Dienstleistungen umfasst. Richten Industrieunternehmen spezialisierte Betriebsstätten ein, die bestimmte Dienstleistungen an andere Unternehmensteile erbringen, soll statt der bloßen Aufwandszurechnung eine fremdübliche Vergütung der Innenleistungen erfolgen[414]. Im Gegensatz zu produktions- oder vertriebsorientierten Betriebsstätten von Industrie- und Handelsunternehmen betreiben Auslandsfilialen von Kreditinstituten grundsätzlich alle auch im Inland üblichen Geschäfte[415]. Allgemeine Dienstleistungen einer Auslandsbetriebsstätte fallen somit nicht in den Anwendungsbereich der Haupttätigkeitsregelung. Etwas anderes gilt nur, wenn eine Betriebsstätte als spezialisierte Dienstleistungseinheit innerhalb des Gesamtunternehmens agiert. Insgesamt führt der inhaltlich unbestimmte Begriff der Haupttätigkeit zu erheblichen Unsicherheiten und bietet Gestaltungspotential für grenzüberschreitende Unternehmen[416].

B. Der OECD-Betriebsstättenbericht 2010 - Teil II

Der zweite Teil des Betriebsstättenberichts 2010 beschreibt ausgehend von dem Bericht des Jahres 1984 die Anwendung des *„authorised OECD approachs"* auf die Gewinnabgrenzung bei Bankbetriebsstätten. Gegenstand der Betrachtung ist das „traditionelle" Bankgeschäft des Aufnehmens und Ausleihens von Finanzmitteln[417]. Bei der Analyse des AOA ist zu beachten, dass dessen Entwicklung nicht durch allgemeine, branchenübergreifende Erwägungen angestoßen wurde. Auslöser und Triebfeder der Überarbeitung des bestehenden Abgrenzungskonzeptes waren

412 BMF-Schreiben vom 24.12.1999, BStBl. I 1999, 1076 (1090 [Tz. 3.1.2]).

413 *Eilenberger*, Bankbetriebswirtschaftslehre[8], S. 171 f.

414 Siehe nur OECD-MK 2005, Art. 7 MA Tz. 17.6: „Besteht die Haupttätigkeit der Betriebsstätte darin, ihrem Unternehmen spezifische Dienstleistungen zu erbringen…".

415 *Büschgen*, Bankbetriebslehre, S. 618; siehe auch Teil 2, A. der Arbeit.

416 Kritisch auch *Kumpf/Roth*, Festschrift Raupach, S. 579 (595); *dies.*, DB 2000, 787 (791); *Strunk/Kaminski*, IStR 2000, 33 (39); *Ziehr*, Einkünftezurechnung, S. 142.

417 OECD, Betriebsstättenbericht 2010, Part II Tz. 3.

vielmehr die strukturellen Veränderungen der grenzüberschreitenden Tätigkeit von Finanzdienstleistern und Banken[418]. Dies belegt die Verankerung der „übernommenen Risiken" als zentrales Kriterium der Gewinnabgrenzung (vgl. Art. 7 Abs. 2 OECD-MA 2010). Bei Industrieunternehmen resultieren Risiken aus der Geschäftstätigkeit. Für Unternehmen des Finanzsektors sind Risiken hingegen zugleich originärer Geschäftsgegenstand[419]. Die Anwendung des AOA auf Bankbetriebsstätten ist im Folgenden aufzuzeigen.

I. Erster Schritt: Fiktion der Betriebsstätte als selbständiges und unabhängiges Unternehmen

Der erste Schritt des AOA zielt darauf, die Betriebsstätte durch eine Funktions- und Sachverhaltsanalyse („*functional and factual analysis*") künstlich aus der Unternehmenseinheit herauszulösen[420]. Auf diese Weise soll ein Zustand konzeptioneller Vergleichbarkeit[421] mit einer rechtlich selbständigen Tochtergesellschaft erzeugt und so die Grundlage für die Anwendung der für verbundene Unternehmen etablierten Verrechnungspreisgrundsätze geschaffen werden[422].

Im Zuge der eingehenden Funktionsanalyse werden die ökonomisch relevanten Tätigkeiten und Verantwortlichkeiten sowie die institutsinternen Leistungsbeziehungen („*dealings*") identifiziert. Dies geschieht zunächst auf Ebene des Gesamtunternehmens und sodann für die einzelnen Betriebsstätten[423]. Konzeptionell beruht der erste Schritt des AOA auf einem gedanklichen Dreischritt. Auf Grundlage der von den Unternehmensteilen ausgeübten Funktionen erfolgt die Zuordnung der Wirtschaftsgüter und der korrespondierenden Risiken. Die sich

---

[418] Vgl. auch *Schön*, in Lüdicke, Besteuerung im Wandel, S. 71 (97).

[419] Deutlich *Groß/Knippschild*, in Rolfes/Schierenbeck/Schüller, Risikomanagement in Kreditinstituten, S. 69 (107): „*Money is not the raw material of banking, it is risk!*". *Baker/Collier*, CDFI 91b (2006), 21 (64) regen aus diesem Grunde die (partielle) Nichtanwendung des AOA auf klassische Industrieunternehmen an.

[420] OECD, Betriebsstättenbericht 2010, Part II Tz. 48: „*...the functional and factual analysis is used to delineate the PE as a hypothesised separate and independent enterprise...*".

[421] *Sadiq*, BIFD 2004, 67 (68) spricht anschaulich von „*conceptual comparability*".

[422] OECD, Betriebsstättenbericht 2010, Part II Tz. 4.

[423] OECD, Betriebsstättenbericht 2010, Part I Tz. 10, Part II Tz. 62.

offenbarende Risikostruktur bestimmt schließlich über das der Betriebsstätte zuzuordnende Dotationskapital[424].

1. Spezifika der Funktionsanalyse bei Bankbetriebsstätten

Betriebliche Funktionen und Zuständigkeiten sind rein organisatorische Kategorien und als solche von außen nicht wahrnehmbar. Aus diesem Grunde richtet der OECD-Bericht den Blick auf das Personal, das die einzelnen Tätigkeiten ausübt. Die bei den verschiedenen Betriebseinheiten des grenzüberschreitenden Einheitsunternehmens angesiedelten Personalfunktionen („*people functions*") sind im Zuge der Funktions- und Sachverhaltsanalyse aufzuspüren und geografisch zu verorten[425]. Im Fokus stehen die „*significant people functions*". Mit diesem Begriff beschreibt der Bericht Personalfunktionen, die aktive Entscheidungen bezüglich der Risikoübernahme oder des späteren Risikomanagements treffen („*active decision-making*")[426].

Unter Hinweis auf die besondere Bedeutung des Faktors Risiko im Bankensektor modifiziert der OECD-Bericht die Figur der „*significant people functions*" für Kreditinstitute. Während gegenständliche Wirtschaftsgüter von Industrieunternehmen durch deren physische Eigenschaften gekennzeichnet werden, ist prägendes Merkmal von Finanzwirtschaftsgütern das diesen – in vielfältiger Gestalt – anhaftende Risiko. Aus der spezifischen Verbindung von Risiko und Finanzwirtschaftsgut schließt der OECD-Bericht, dass sich die für die Risikoübernahme und die Zuordnung des „wirtschaftlichen Eigentums" relevanten Personalfunktionen überschneiden[427]. Diese Besonderheit bringt der Bericht durch den Begriff der „*key entrepreneurial risk-taking function*" zum Ausdruck. Den besonderen KERT-Status erhalten nur solche Personalfunktionen, die aktive Entscheidungen bezüglich der Übernahme und/oder des späteren Managements der Risikopositionen treffen[428]. Die institutsinterne Verortung der „risikobezogenen Schlüssel-

---

[424] Dazu eingehend Teil 4, B. II. 3. der Arbeit.

[425] OECD, Betriebsstättenbericht 2010, Part I Tz. 62; vgl. *Mascarello,* ITPJ 2006, 54 (57). Bezogen auf das DBA-USA 2006 *Wolff,* in Debatin/Wassermeyer, Art. 7 USA Rz. 192 (Mai 2009).

[426] OECD, Betriebsstättenbericht 2010, Part I Tz. 22, 25.

[427] OECD, Betriebsstättenbericht 2010, Part I Tz. 16.

[428] OECD, Betriebsstättenbericht 2010, Part II Tz. 8.

funktionen"[429] nimmt entscheidenden Einfluss auf die Gewinnabgrenzung. Die KERT-Funktionen bestimmen über die Zuordnung der Wirtschaftsgüter, der diesen inhärenten Risiken und über die Zurechnung der korrespondierenden Ergebniswirkungen[430].

Die entscheidende Aufgabe der Funktionsanalyse bei Bankbetriebsstätten besteht darin, die KERT-Funktion(en) von den sonstigen Funktionen und Aktivtäten abzugrenzen[431]. Aufzuspüren sind auch die innerhalb der transnationalen Wertschöpfungskette räumlich aufgespaltenen KERT-Funktionen, sogenannte *„split functions"*[432].

2. Zuordnung der (Finanz-)Wirtschaftsgüter

Nach dem AOA wirkt die Vermögensabgrenzung in zwei Richtungen. Die materiellen und immateriellen Wirtschaftsgüter bilden die Betriebsgrundlage der als selbständiges Unternehmen zu konstruierenden Betriebsstätte. Darüber hinaus zeichnet die Allokation der Wirtschaftsgüter die eigentliche Gewinnabgrenzung im zweiten Schritt des AOA vor[433]. Der OECD-Bericht unterscheidet zwischen den produktionstragenden und den aus der Produktion hervorgehenden Wirtschaftsgütern. Für die Allokation der Betriebs- und Produktionsgrundlagen gelten die Ausführungen im ersten Teil des Betriebsstättenberichts[434]. Demgegenüber richtet sich die Zuordnung der geschaffenen Darlehensforderungen nach den im Zuge der Funktions- und Sachverhaltsanalyse identifizierten KERT-Funktionen[435].

---

[429] *Schmitt*, in Vögele/Borstell/Engler, Verrechnungspreise³, Kap. K Rz. 152 spricht von „Risikotragungsfunktionen"; *Henkes-Wabro*, Bankbetriebstätten, S. 166 wählt die Übersetzung „Hauptrisikofunktionen".

[430] Vgl. OECD, Betriebsstättenbericht 2010, Part II Tz. 70, 73 f., 142; *Förster*, IWB v. 14.2.2007, F. 10 Gr. 2, 1929 (1942).

[431] Deutlich *Schön*, TNI 2007, 1059 (1067): *„The OECD report tries to distinguish between high-level persons (...) and low-level persons"*. Der OECD-Bericht weist darauf hin, dass die sonstigen Funktionen nicht ihrer Natur nach von geringer Bedeutung sind (siehe OECD, Betriebsstättenbericht 2010, Part II Tz. 68).

[432] Vgl. OECD, Betriebsstättenbericht 2010, Part II Tz. 67, 159.

[433] OECD, Betriebsstättenbericht 2010, Part II Tz. 16.

[434] Vgl. OECD, Betriebsstättenbericht 2010, Part II Tz. 16, 64. Dazu Teil 1, C. II. 1. b).

[435] OECD, Betriebsstättenbericht 2010, Part II Tz. 16, 70, 142.

Die Identifikation der KERT-Funktionen setzt bei den internen Teilleistungen der transnationalen Wertschöpfungskette an. Im Gegensatz zu dem OECD-Bericht 1984 hebt der Bericht 2010 die Zweiteilung der Leistungserstellung hervor und unterscheidet zwischen initialer Risikoübernahme und nachgelagertem Risikomanagement[436]. Bezogen auf den ersten Abschnitt der Leistungserstellung benennt der Bericht 2010 vier wesentliche Funktionen[437]. Dazu zählt zunächst der Aufbau der Kundenbeziehung („*sales/marketing*"). Unter dem Stichwort „*sales/trading*" folgen das Verhandeln der Kreditkonditionen, das Stellen von Sicherheiten, die Bonitätsbewertung des Kreditnehmers und der Entschluss der Kreditvergabe. Die dritte wesentliche Aktivität besteht in der Refinanzierung des Geschäfts („*trading/treasury*"). Den letzten Abschnitt der primären Leistungserstellung bilden die Ausfertigung des Vertrages und die formelle Ausreichung des Darlehens („*sales/support*"). Den Status der risikorelevanten KERT-Funktion legt der OECD-Bericht den unter dem Stichwort „*sales/trading*" zusammengefassten Prozessen bei. Im Kreditgeschäft mit Firmenkunden umfassen diese die wesentlichen Verhandlungs- und Entscheidungsprozesse[438].

Mit Blick auf die im Anschluss an die Ausreichung des Darlehens „über die Lebenszeit" des Finanzwirtschaftsgutes ablaufenden Aktivitäten hebt der Bericht fünf Funktionen hervor[439]. Dazu zählen zunächst die Verwaltung und Abwicklung („*loan support*") sowie die Überwachung des Kreditengagements („*monitoring risks*"). Es schließt sich das institutsweite Liquiditätsmanagement an, das die Versorgung der einzelnen Betriebseinheiten mit der notwendigen Liquidität sowie die Bewältigung von Liquiditätsrisiken sicherstellt („*treasury*"). Darüber hinaus differenziert der OECD-Bericht zwischen zwei Funktionen des subsequenten Risikomanagements. Mit dem Stichwort „*managing risks*" erfasst der Bericht Aktivitäten im Zusammenhang mit der Entscheidung, ob die eingegangenen Risikopositionen in den Büchern des Kreditinstituts verbleiben oder ob Maßnahmen des Risikotransfers durch den Einsatz von Kreditderivaten ergriffen werden sollen. Davon unterscheidet der Bericht die „*sales/trading*"-Funktion, die auf die Refinanzierung der ausgereichten Darlehen durch Kreditverkauf oder

---

436 OECD, Betriebsstättenbericht 2010, Part II Tz. 5, Part I Tz. 21.

437 OECD, Betriebsstättenbericht 2010, Part II Tz. 6.

438 OECD, Betriebsstättenbericht 2010, Part II Tz. 9.

439 OECD, Betriebsstättenbericht 2010, Part II Tz. 7.

Verbriefung zielt. Den Status der KERT-Funktion legt der Bericht den als „*managing risks*" bezeichneten Aktivitäten des Risikomanagements bei[440].

Die Unterscheidung zwischen initialen und subsequenten Aktivitäten der Wertschöpfung hat zur Folge, dass in der Regel wenigstens zwei KERT-Funktionen bestehen. In diesem Fall soll die Zuordnung der Kreditwirtschaftsgüter anhand einer Gesamtschau der „Risikoschlüsselfunktionen" erfolgen[441]. Zu berücksichtigen ist dabei die Eigenart des Geschäftsmodells des jeweiligen Instituts[442]. Davon abgesehen beschränkt sich der Bericht auf einen allgemeinen Hinweis auf die Erkenntnisse der Funktions- und Sachverhaltsanalyse[443].

3. Zuordnung der Risiken

Der „*functionally separate entity approach*" rückt die von den fiktiv verselbständigten Unternehmensteilen übernommenen Risiken in das Zentrum der Gewinnabgrenzung[444]. Für die Verortung der Risiken innerhalb des Einheitsunternehmens formuliert der OECD-Bericht den Leitsatz: „Die Risiken folgen den Funktionen" („*risks follow functions*")[445]. Diese Verbindung soll unter keinen Umständen durchtrennt werden können[446]. Als Instrument für die Ermittlung der institutsinternen Risikoverteilung dient die Funktions- und Sachverhaltsanalyse[447]. Dabei ist zwischen funktions- und wirtschaftsgutbezogenen Risiken sowie dem Eingehen und dem anschließenden Tragen von Risiken zu unterscheiden[448].

Im Kreditgeschäft ist die initiale Risikoübernahme gleichbedeutend mit der Erstellung des Wirtschaftsgutes, das heißt der Ausreichung des Darlehens. Es folgen die

---

440 OECD, Betriebsstättenbericht 2010, Part II Tz. 7c.

441 OECD, Betriebsstättenbericht 2010, Part II Tz. 9: „*Together these functions will be most relevant to the attribution of the economic ownership of the financial asset.*".

442 OECD, Betriebsstättenbericht 2010, Part II Tz. 11.

443 Siehe nur OECD, Betriebsstättenbericht 2010, Part II Tz. 12, 60, 64, 67.

444 OECD, Betriebsstättenbericht 2010, Part II Tz. 17.

445 OECD, Betriebsstättenbericht 2010, Part II Tz. 44.

446 OECD, Betriebsstättenbericht 2010, Part II Tz. 44: „*...under no circumstances can one be segregated from the other...*".

447 OECD, Betriebsstättenbericht 2010, Part I Tz. 21.

448 Vgl. OECD, Betriebsstättenbericht 2010, Part II Tz. 20.

Verwaltung und aktive Bewirtschaftung des Wirtschaftsgutes[449]. Bedeutung gewinnt diese Unterscheidung, weil grenzüberschreitende Kreditinstitute die einzelnen Risikopositionen nicht notwendig über die gesamte Kreditlaufzeit einem Unternehmensteil zuordnen. Sie nutzen die vielfältigen Möglichkeiten, Risiken über die Kapitalmärkte auf andere Wirtschaftssubjekte abzuwälzen. Den im Außenverkehr ablaufenden Maßnahmen der operativen Risikosteuerung gehen institutsinterne Geschäftsvorfälle einher. Nach dem AOA-Konzept sind diese Innendienstleistungen steuerlich abzubilden. Dabei ist zwischen dem internen Transfer von Wirtschaftsgütern und Risiken und allgemeinen internen Dienstleistungen des Risikomanagements zu unterscheiden[450].

Die Zuordnung der Risiken wirkt ebenso wie die Vermögensabgrenzung in mehrere Richtungen[451]. Auf der einen Seite beeinflusst die Risikoallokation über das Konzept der KERT-Funktionen die Zuordnung der Wirtschaftsgüter. Auf der anderen Seite bestimmt sie die verrechnungspreisbasierte Gewinnabgrenzung im zweiten Schritt des AOA. Schließlich bildet die Risikostruktur des einzelnen Unternehmensteils die Grundlage für die Zuordnung des steuerlichen Dotationskapitals[452].

4. Institutsinterne Leistungsbeziehungen („dealings")

Neben der Zuweisung der ökonomischen Grundausstattung zielt die Funktions- und Sachverhaltsanalyse darauf, die unternehmensinternen Geschäftsbeziehungen („*dealings*") zu identifizieren[453]. Erst der Blick auf den Innenverkehr ermöglicht es, die Betriebsstätte als selbständiges Unternehmen zu konstruieren[454]. Banken agieren im Kreditgeschäft als Intermediär im Prozess der Finanzkapitalüberlassung

---

449 Vgl. OECD, Betriebsstättenbericht 2010, Part II Tz. 5, 50; *Förster*, IWB v. 14.2.2007, F. 10 Gr. 2, 1929 (1943).

450 OECD, Betriebsstättenbericht 2010, Part I Tz. 21.

451 Vgl. OECD, Betriebsstättenbericht 2010, Part I Tz. 26 f.

452 Der OECD-Steuerausschuss formuliert den Leitsatz: „*capital follows risks*" (vgl. OECD, Betriebsstättenbericht 2010, Part II Tz. 44, Part I Tz. 26, 91).

453 Vgl. OECD, Betriebsstättenbericht 2010, Part. I Tz. 177, Part II Tz. 142.

454 OECD, Betriebsstättenbericht 2010, Part I Tz. 172: "*...process of constructing the hypothetical separate and independent enterprise...*".

zwischen Wirtschaftssubjekten[455]. Daraus resultiert besonders im grenzüberschreitenden Geschäft ein vielfältiger institutsinterner Leistungsverkehr, der (Teil-)Leistungen vor und nach dem Geschäftsschluss umfasst.

Der OECD-Bericht 2010 erkennt die buchmäßigen Aufzeichnungen als „hilfreichen Ausgangspunkt" der Funktionsanalyse[456]. Die steuerliche Berücksichtigung der rechtlich nicht greifbaren Innenleistungen richtet sich jedoch maßgeblich danach, ob diese eine „Beachtlichkeitsschwelle" überschreiten („*threshold test*")[457]. Das ist nur dann der Fall, wenn für die Geschäftsvorfälle im Zuge der Funktionsanalyse ein „tatsächliches und nachweisbares Ereignis" („*real and identifiable event*") festgestellt wird[458]. Davon ist grundsätzlich nur dann auszugehen, wenn das Innengeschäft einen wirtschaftlich erheblichen Transfer von Risiken, Verantwortlichkeiten oder Vorteilen auslöst[459]. Zu einzelnen „*dealings*" bei grenzüberschreitenden Kreditinstituten nimmt der OECD-Bericht gesondert Stellung.

a) Institutsinterne „Darlehensbeziehungen" („interest dealings")

Bei uneingeschränkter Selbständigkeitsfiktion der Betriebsstätte im Sinne des AOA entfällt die rechtfertigungsbedürftige Sonderstellung von Bankunternehmen bezüglich der steuerlichen Anerkennung interner Kreditvereinbarungen[460]. „Innendarlehen" kommen branchenübergreifend in Betracht. Der OECD-Bericht knüpft dies jedoch an die Voraussetzung, dass der „kreditgebende" Unternehmensteil eine Finanzierungsfunktion („*treasury function*") ausübt und „wirtschaftlicher Eigentümer" der Finanzmittel ist[461]. Während entgeltfähige Innenfinanzierungen bei Industrieunternehmen deshalb stets positiv zu begründen sind[462], entfällt bei Banken die Frage der Anerkennung dem Grunde nach.

---

[455] *Bank*, in Gerke/Steiner, HWF, Sp. 836.

[456] OECD, Betriebsstättenbericht 2010, Part I Tz. 36, 177, Part II Tz. 140.

[457] OECD, Betriebsstättenbericht 2010, Part I Tz. 44, 173, 176, Part II Tz 60.

[458] OECD, Betriebsstättenbericht 2010, Part I Tz. 35, 177, Part II Tz. 56.

[459] Vgl. OECD, Betriebsstättenbericht 2010, Part I Tz. 178.

[460] Deutlich OECD, Betriebsstättenbericht 2008, Part I Tz. 187.

[461] OECD, Betriebsstättenbericht 2010, Part I Tz. 153.

[462] Auch *Friese*, Rechtsformwahlfreiheit, S. 255 weist darauf hin, dass die Treasury-Funktion so umschrieben ist, dass „Innendarlehen" in aller Regel nur bei Banken möglich sind.

Wie bereits der Bericht 1984 weist auch der Betriebsstättenbericht 2010 darauf hin, dass interne Finanzierungsvereinbarungen von der schlichten Weiterleitung extern aufgenommener Finanzmittel abzugrenzen sind[463]. Solche Durchlauftransaktionen stellen eine allgemeine interne Dienstleistung dar, die durch Zahlung einer Servicegebühr zu vergüten ist[464]. Die Abgrenzung zwischen Durchleitung und „Innendarlehen" richtet sich danach, welcher Unternehmensteil als Geschäftsherr der Transaktion anzusehen ist[465]. Einen weiteren Anhaltspunkt soll die Übernahme von Risiken im konkreten Fall liefern. Bei bloßer Durchleitung von Liquidität wird sich der leistende Institutsteil von jedem Risiko freizeichnen[466].

b) Interner Transfer von Kreditaktiva und interner Risikotransfer

Der dauerhafte Transfer von Wirtschaftsgütern zwischen einzelnen Unternehmensteilen ist als interner Geschäftsvorfall steuerlich zu berücksichtigen, wenn dieser auf einem „tatsächlichen und nachprüfbaren Ereignis" beruht. Nach dem OECD-Bericht soll dies anzunehmen sein, wenn eine Veränderung der wirtschaftsgutbezogenen Funktionen eingetreten ist[467]. Dahinter steht der Leitsatz, dass Risiken und Funktionen innerhalb des Einheitsunternehmens untrennbar verbunden sind (*„risks follow functions"*)[468]. Maßgebliche Risikokomponente von Kreditwirtschaftsgütern ist das Ausfallrisiko des Kreditnehmers. Nach dem AOA kommt ein interner Transfer von Kreditwirtschaftsgütern mithin nur in Betracht, wenn auch die mit dem Management des Kreditrisikos betrauten Funktionen transferiert werden[469].

Dieser Leitsatz der „funktionalen Akzessorietät" gilt entsprechend für den synthetischen Innentransfer von wirtschaftsgutbezogenen Risiken. Die umfassende Selbständigkeitsfiktion schafft die Grundlage für die steuerliche Anerkennung fiktiver Risikoabsprachen zwischen den Unternehmensteilen. Der OECD-Bericht

---

463 Vgl. OECD, Betriebsstättenbericht 2010, Part II Tz. 192.

464 Vgl. OECD, Betriebsstättenbericht 2010, Part II Tz. 193, 196; OECD, Bericht 1984, Teil 2 Tz. 73.

465 OECD, Betriebsstättenbericht 2010, Part II Tz. 195.

466 OECD, Betriebsstättenbericht 2010, Part II Tz. 196.

467 OECD, Betriebsstättenbericht 2010, Part II Tz. 185.

468 OECD, Betriebsstättenbericht 2010, Part II Tz. 44.

469 Deutlich OECD, Betriebsstättenbericht 2010, Part II Tz. 181: *„…a transfer of the asset should not generally be recognised if the management of the credit risk is not transferred."*; vgl. auch OECD, Betriebsstättenbericht 2010, Part II Tz. 185.

knüpft den Risikotransfer an die Voraussetzung, dass mit dem Risiko auch die korrespondierende Risikomanagementfunktion übergeht[470]. Übt ein anderer Unternehmensteil diese Funktion aus, kommt der Risikotransfer nur in Betracht, sofern es dem empfangenden Unternehmensteil möglich ist, die übernommen Risiken zu bewerten, zu überwachen und zu bewältigen[471].

Abzugrenzen ist der unternehmensinterne Risikotransfer von institutsinternen Dienstleistungen des Risikomanagements[472]. Diese Unterscheidung wird vor allem dann relevant, wenn das grenzüberschreitende Institut eine organisatorisch exponierte Zentraleinheit betreibt, die Leistungen des Risikomanagements gegenüber mehreren Unternehmensteilen erbringt. In diesem Fall ist zu prüfen, ob den Aktivitäten der Risikobewältigung ein interner Risikotransfer einhergeht.

c) Keine institutsinternen Garantien zugunsten der Auslandsbetriebsstätte

Die Auslandsfiliale operiert als zivilrechtlich unselbständiger Teil des Kreditinstituts unter dessen Namen und profitiert von der vollumfänglich für sie wirkenden Bonität sowie dem „Standing" der Bank[473]. Die umfassende Selbständigkeitsfiktion der Betriebsstätte und die zentrale Bedeutung des Faktors Risiko nach Maßgabe des AOA geben Anlass zu der Frage, ob die Unternehmensteile steuerwirksam abstrakte Garantievereinbarungen treffen können.

Obgleich der OECD-Steuerausschuss die Betriebsstätte in seinem Bericht 2010 als gänzlich selbständiges und unabhängiges Unternehmen konstruiert, schließt er es aus, dem einzelnen Unternehmensteil eine der individuellen Risikostruktur entsprechende eigenständige Kreditwürdigkeit zuzusprechen. Der Bericht weist auf die hervorragende Bedeutung der Bonitätsnote für ein selbständiges Kreditinstitut hin, stellt jedoch sogleich klar, dass nach dem AOA-Konzept die Betriebsstätte

---

[470] OECD, Betriebsstättenbericht 2010, Part II Tz. 173: „*...any such transfer of risk would have to be accompanied by a transfer of the risk management function.*".

[471] OECD, Betriebsstättenbericht 2010, Part II Tz. 179.

[472] Vgl. OECD, Betriebsstättenbericht 2010, Part II Tz. 174, 179.

[473] Siehe nur *Reimpell*, zfbf 32 (1980), 905 (914); *Büschgen*, Bankbetriebslehre, S. 607; *Kollar*, in Büschgen/Richolt, Hdb des internationalen Bankgeschäfts, S. 429 (443); vgl. auch *Vahldiek*, in Boos/Fischer/Schulte-Mattler, KWG[4], § 53 KWG Rn. 42.

notwendig die Kreditwürdigkeit des Einheitsunternehmens teilt[474]. In der Konsequenz sollen interne Garantien zwischen Betriebsteilen des rechtlich einheitlichen Bankunternehmens ohne steuerliche Relevanz bleiben[475].

Ökonomisch betrachtet erweist sich ein abstraktes Garantieversprechen nur dann als sinnvoll, wenn der Garant über eine höhere Kreditwürdigkeit verfügt als der Garantienehmer[476]. Diese Voraussetzung fehlt innerhalb des Einheitsunternehmens. Für eine Betriebsstätte als operativem Teil einer rechtlichen und ökonomischen Unternehmensgesamtheit lässt sich eine separate Bonität nicht feststellen. Dem entspricht es, dass Bonitätsbewertungen in praxi nur für ein Unternehmen als Ganzes erstellt werden[477]. Spezialisierte Agenturen bemessen die Fähigkeit und den Willen von Unternehmen, ihren Zahlungsverpflichtungen nachzukommen und fixieren das Ergebnis in einer standardisierten, objektivierten und skalierten Bonitätsnote[478]. Ein solches Bonitätsurteil bleibt den operativen Teileinheiten verwehrt. Einzelne Ratingagenturen versehen Auslandsfilialen multinationaler Kreditinstitute zwar mit einer Bonitätsnote, die von der des Instituts negativ abweicht[479]. Diese Bewertungen bringen allerdings nur spezifische Länderrisiken zum Ausdruck[480]. Es erfolgt keine tatsächliche Beurteilung der operativen Geschäftstätigkeit und -situation der Filiale.

Es zeigt sich, dass die Auffassung des OECD-Berichts im Ergebnis der ökonomischen Wirklichkeit entspricht. Die Frage nach der steuerlichen Berücksichtigung institutsinterner Garantieversprechen illustriert jedoch die faktischen Grenzen des

---

474 OECD, Betriebsstättenbericht 2010, Part II Tz. 28, 79 f. Ebenso *Wassermeyer*, in W/A/D, Betriebsstätten-Hdb, Rz. 1.23.

475 OECD, Betriebsstättenbericht 2010, Part I Tz. 33, Part II Tz. 31, 82 f.

476 Treffend *Andresen*, in W/A/D, Betriebsstätten-Hdb, Rz. 10.89 (S. 477); *Mascarello*, ITPJ 2006, 54 (63).

477 OECD, Betriebsstättenbericht 2010, Part II Tz. 30.

478 *Herfurth*, Basel II, S. 55 f.; *Brüninghaus*, in Vögele/Borstell/Engler, Verrechnungspreise[3], Kap. O Rz. 63.

479 Siehe nur *International Banks and Securities Association of Australia*, Public Comments 2001, Tz. 1.5.

480 Siehe nur *Australian Bankers' Association*, Public Comments 2001, Tz. 49: *„In practice, (…) rating agencies will view a bank branch as having a different credit rating from the overall entity that has its headquarters in another jurisdiction. This arises due to variations in sovereign risk between jurisdictions."*.

AOA[481]. Die vollumfängliche Isolierung der einzelnen operativen Betriebsteile widerspricht der Tatsache, dass allein die Unternehmensgesamtheit über Bonität und Rating bestimmt. Der Mangel einer originären Bonität der Betriebsstätte steht einer uneingeschränkten Selbständigkeitsfiktion entgegen.

5. Zurechnung des externen Refinanzierungsaufwandes

Die Zurechnung der Refinanzierungskosten setzt bei der Identifikation der sogenannten Treasury-Funktion(en) innerhalb des Einheitsunternehmens an[482]. Im Wege der Funktions- und Sachverhaltsanalyse ist zu ermitteln, ob die Refinanzierung durch die einzelnen Unternehmensteile erfolgt oder von zentraler Stelle gesteuert wird. Darauf aufbauend stellt sich die Frage, ob und wie die im Außenverhältnis tatsächlich entstandenen Finanzierungskosten den einzelnen Unternehmenseinheiten zuzurechnen sind[483]. Dies setzt voraus, dass die internen Finanzströme weder als Überlassung von Dotationskapital noch als Innendarlehen zu qualifizieren sind[484].

Der OECD-Bericht 2010 verweist für die Aufteilung der externen Finanzierungskosten auf die bereits in dem Bericht 1984 diskutierten Ansätze[485]. Die sogenannten Rückverfolgungsmethoden („*tracing approach*") sehen vor, die der Betriebsstätte zur Verfügung gestellten Finanzmittel zu deren externer Quelle zurückzuverfolgen und die tatsächlich gezahlten Zinskosten an die Betriebsstätte weiterzureichen[486]. Demgegenüber blendet die indirekte Fungibilitätsmethode („*fungibility approach*") die Geldströme innerhalb des Einheitsunternehmens aus und weist den einzelnen Unternehmensteilen einen Anteil an dem gesamten externen Zinsaufwand zu[487]. In seinem Bericht aus dem Jahre 1984 spricht sich der OECD-Steuerausschuss für die direkte Zurechnung der Refinanzierung im Wege der Rückverfolgungsmethoden

---

481 In diesem Sinne auch *Bakker/van Hoey Smith*, ITPJ 2001, 20 (23).

482 OECD, Betriebsstättenbericht 2010, Part I Tz. 152, Part. II Tz. 163; vgl. *Förster*, IWB v. 14.2.2007, F. 10 Gr. 2, 1929 (1936).

483 OECD, Betriebsstättenbericht 2010, Part II Tz. 116 verweist auf die branchenübergreifenden Ausführungen in Part I Tz. 152 ff.

484 *Wolff*, in Debatin/Wassermeyer, Art. 7 USA Rz. 225 (Mai 2009).

485 Siehe bereits Teil 3, A. II. 1. b) der Arbeit.

486 Vgl. *Förster*, IWB v. 14.2.2007, F. 10 Gr. 2, 1929 (1935).

487 OECD, Betriebsstättenbericht 2010, Part I Tz. 154.

aus, akzeptiert aber die von den Vereinigten Staaten praktizierte Fungibilitätsmethode[488]. In dem aktuellen Bericht legt sich der Ausschuss weder auf eine Methode fest noch äußert er eindeutige Präferenzen zugunsten eines Ansatzes. Er stellt lediglich fest, dass beide Methoden Schwächen aufweisen und weist darauf hin, dass es nicht möglich sei, einen Ansatz zu formulieren, der den besonderen Umständen im konkreten Einzelfall gleichermaßen gerecht werde[489].

II. Zweiter Schritt: Gewinnabgrenzung durch Vergütung der Innenleistungsbeziehungen

Im zweiten Schritt des AOA erfolgt die eigentliche Gewinnabgrenzung. Diese umfasst die Zurechnung der Ergebniswirkungen der Außentransaktionen sowie die Vergütung der internen Geschäftsvorfälle („*dealings*")[490]. Die wirtschaftsgutbezogenen Erfolgsposten fließen dem die KERT-Funktion ausübenden Unternehmensteil zu[491]. Darüber hinaus sind die identifizierten „*dealings*" nach Maßgabe der OECD-Verrechnungspreisgrundsätze fremdüblich zu vergüten. Für „Innendarlehen" sind marktübliche Zinsen anzusetzen, der interne Transfer von Kreditwirtschaftsgütern löst die Zahlung eines marktüblichen Kaufpreises aus und der synthetische Risikotransfer erfordert den Ansatz einer fremdüblichen Risikoprämie. Überdies sind auch sonstige interne Leistungen der arbeitsteiligen Wertschöpfung zwischen mehreren Unternehmensteilen drittüblich zu vergüten[492]. Die Abrechnung des Innenleistungsverkehrs dient als Ausgleich für die einheitliche Zurechnung der wirtschaftsgutbezogenen Ergebniswirkungen zu dem Unternehmensteil, der die KERT-Funktion(en) ausübt und somit als „wirtschaftlicher Eigentümer" der Kreditaktiva zu qualifizieren ist.

Prüfmaßstab der fremdüblichen Vergütung der „*dealings*" ist das in den OECD-Verrechnungspreisgrundsätzen für die Gewinnkorrektur im Konzernsachverhalt konkretisierte „Dealing at arm's length"-Prinzip. Unter Rekurs auf den Fremd-

---

488 Vgl. OECD, Bericht 1984, Teil 2 Tz. 53, 57.
489 OECD, Betriebsstättenbericht 2010, Part I Tz. 155 f.
490 OECD, Betriebsstättenbericht 2010, Part II Tz. 60.
491 Vgl. OECD, Betriebsstättenbericht 2010, Part II Tz. 142, Part I Tz. 20, 73.
492 Dazu zählen insbesondere beratende Tätigkeiten, die Kundenakquisition oder Teilaufgaben des Risikomanagements.

vergleich soll die besondere Nahestehensbeziehung im Einheitsunternehmen überwunden und für die internen Geschäftsvorfälle ein eigenmotiviertes Gewinnstreben wie zwischen fremden Dritten simuliert werden[493]. Der AOA zielt auf eine künstliche Unternehmensneutralität der Betriebsstätte und darauf, gewinnbeeinflussende Effekte infolge der Zugehörigkeit zu dem Gesamtunternehmen zu eliminieren[494].

Im Konzernsachverhalt zielt die Vergleichbarkeitsanalyse der OECD-Verrechnungspreisgrundsätze auf den Vergleich zwischen konzerninternen Transaktionen und Geschäftsbeziehungen zwischen fremden Dritten. Ein solcher kommt nur in Betracht, wenn „die wirtschaftlich relevanten Gegebenheiten der verglichenen Situationen hinreichend vergleichbar" sind[495]. Parameter der Vergleichbarkeit sind neben den ausgetauschten Leistungen auch die Umstände, unter denen der Leistungsaustausch erfolgt[496]. Die Vergleichbarkeitsanalyse ist zweistufig konzipiert. Zunächst sind anhand von fünf Parametern die Unterschiede zwischen der konzerninternen Transaktion und einer Markttransaktion herauszuarbeiten. Anschließend ist zu prüfen, ob die festgestellten Abweichungen Einfluss auf den Vergleichspreis nehmen können[497]. Schädlich sollen nur erhebliche Unterschiede zwischen den verglichenen Geschäften oder Unternehmen sein[498]. Bestimmende Faktoren der Vergleichbarkeit sind die Eigenschaften der gelieferten Wirtschaftsgüter und erbrachten Dienstleistungen, die seitens der Parteien wahrgenommenen Funktionen, die Vertragsbedingungen, die wirtschaftlichen Umstände und die Geschäftsstrategien der Parteien[499].

---

493 Anschaulich *Sadiq*, BIFD 2004, 67 (68): „*What would have happened if (...) the enterprise was motivated by its own economic interest?*". Vgl. OECD, Betriebsstättenbericht 2010, Part I Tz. 42, 191; siehe auch *Wassermeyer*, in Debatin/Wassermeyer, Art. 7 MA Rz. 320a (Jan. 2009).

494 Siehe nur *Ditz*, Gewinnabgrenzung, S. 214 im Lichte von Art. 7 Abs. 2 OECD-MA „vor 2010".

495 OECD-Guidelines 1995, Tz. 1.15; vgl. OECD-Guidelines 2010, Tz. 1.33.

496 *Borstell*, in Vögele/Borstell/Engler, Hdb Verrechnungspreise[3], Kap. C Rz. 56.

497 *Eigelshoven*, in Vogel/Lehner, DBA[5], Art. 9 Rz. 97.

498 OECD-Guidelines 1995, Tz. 1.17; OECD-Guidelines 2010, Tz. 1.36.

499 OECD-Guidelines 1995, Tz. 1.19 ff.; OECD-Guidelines 2010, Tz. 1.38 ff.

Der Betriebsstättenbericht 2010 überträgt die Vergleichbarkeitsanalyse auf die Gewinnabgrenzung im Einheitsunternehmen[500]. Die Kriterien der Vergleichbarkeit sollen entsprechende Anwendung für die Vergütung der Geschäftsvorfälle innerhalb des Einheitsunternehmens finden[501]. Wie im Folgenden zu zeigen ist, stößt dieser Ansatz auf grundlegende Bedenken.

III. Stellungnahme zu der Anwendung des AOA auf Bankbetriebsstätten

Der OECD-Steuerausschuss konzipiert die Funktions- und Sachverhaltsanalyse als zentrales Instrument des zweistufigen AOA-Konzeptes. Im Konzernsachverhalt bildet die Funktionsanalyse einen von mehreren Faktoren der Vergleichbarkeitsprüfung und dient der systematischen und vollständigen Analyse des Sachverhalts[502]. Demgegenüber programmiert der AOA die Funktionsanalyse darauf, die einzelne Betriebsstätte als „freistehendes" Unternehmen zu konstruieren. Dieser Ansatz unterscheidet sich grundlegend von der formal-deskriptiven Ausrichtung der Funktionsanalyse bei verbundenen Unternehmen. Die Grenzen einer solchen „Umwidmung" offenbart der Blick auf ein grenzüberschreitend tätiges Kreditinstitut.

Bei Betriebsstätten multinationaler Kreditinstitute trifft die Funktions- und Sachverhaltsanalyse auf operativ eng mit der Unternehmensgesamtheit verflochtene Betriebsteile[503]. Bankunternehmen praktizieren eine divisionale Organisation nach Kundengruppen oder Leistungsarten[504]. Im Vergleich zu Industrieunternehmen sind Auslandsfilialen von Kreditinstituten nicht auf bestimmte Verrichtungen beschränkt, sondern erbringen verschiedene Teilleistungen der transnationalen Wertschöpfungskette[505]. Die Betriebsstätten werden organisatorisch und operativ in die Geschäftssparten des Gesamtinstituts eingebunden. Das besondere Organisa-

500 Vgl. OECD, Betriebsstättenbericht 2010, Part II Tz. 143, 145.

501 OECD, Betriebsstättenbericht 2010, Part I Tz. 190, Part II Tz. 145.

502 OECD-Guidelines 2010, Tz. 1.38, 1.36. Zu der Bedeutung der Funktionsanalyse *Sieker*, in Debatin/Wassermeyer, Art. 9 MA Rz. 193 (Mai 2004).

503 Deutlich *Sadiq*, BIFD 2004, 67 (74); *Kobetsky*, BIFD 2005, 48 (49).

504 Dazu Teil 2 A. I. der Arbeit.

505 *Büschgen*, Bankbetriebslehre, S. 307 f.; *Andresen*, in W/A/D, Betriebsstätten-Hdb, Rz. 10.86; *West/Janukowicz/Jie*, ITR 2001, 31 (35).

tionsgefüge multinationaler Banken steht nicht nur einer fiktiven Entflechtung der Aufgaben und Verantwortlichkeiten im Wege der deskriptiven Funktionsanalyse entgegen[506]. Die integrierte Organisationsstruktur schlägt sich ebenso auf die eigentliche Gewinnabgrenzung im zweiten Schritt des AOA nieder. Die individualisierten und eng aufeinander abgestimmten Teilleistungen erschweren den Abgleich mit Transaktionen zwischen selbständigen und unabhängigen Unternehmen.

Erklärtes Ziel des OECD-Steuerausschusses ist es, die Gewinnabgrenzung international möglichst weitreichend zu harmonisieren und so Doppelbesteuerungen zu vermeiden[507]. Diese in den AOA gesetzten Erwartungen erfüllen sich nur, soweit es gelingt, den vielfältigen internen Geschäftsvorfällen fremdübliche Preise beizumessen, die von beiden Vertragsstaaten akzeptiert werden. Die bevorzugt anzuwendenden transaktionsbezogenen Standardmethoden der OECD-Verrechnungspreisgrundsätze setzen aussagekräftige Vergleichswerte für die Innenvereinbarungen voraus[508]. Zweifel daran begründet bereits der erste Faktor der Vergleichbarkeit, die Merkmale der Vermögenswerte und Dienstleistungen[509]. Im wettbewerbsintensiven Kreditgeschäft bestehen zwar keine wesentlichen Unterschiede bezüglich der im Außenverhältnis erbrachten (Markt-)Leistungen. Das gilt jedoch nicht für die unternehmensinternen Teilleistungen. Dabei handelt es sich um individualisierte, im Außenverkehr nicht angebotene Leistungen. Zweifel weckt auch der zweite Faktor der Vergleichbarkeit, die Analyse der seitens der Institutsteile ausgeübten Funktionen („*functional analysis*")[510]. Im Einheitsunternehmen folgt die Abwicklung interner Geschäftsvorfälle maßgeblich den Leitlinien der Geschäftsführung. Das „Ob" und „Wie" der Binnenaktivitäten sind übergeordneten Vorgaben der Geschäftsleitung unterworfen. Es fehlt an dem wesentlichen

---

506 Kritisch auch *Sadiq*, BFID 2004, 67 (72); *Mascarello*, ITPJ 2006, 54 (67 f.).

507 Siehe nur OECD, Betriebsstättenbericht 2010, Part I Tz. 50: „*...properly applied the approach should reduce the incidence of double taxation*".

508 Während der Betriebsstättenbericht 2008 die Anwendung der der Standardmethoden präferiert (siehe OECD, Betriebsstättenbericht 2008, Part II Tz. 147), weist der Betriebsstättenbericht 2010 auf sämtliche Verrechnungspreismethoden hin (vgl. OECD, Betriebsstättenbericht 2010, Part II Tz. 146).

509 OECD-Guidelines 1995, Tz. 1.19; OECD-Guidelines 2010, Tz. 1.39; OECD, Betriebsstättenbericht 2010, Part II Tz. 147.

510 OECD-Guidelines 1995, Tz. 1.20; OECD-Guidelines 2010, Tz. 1.42.

preisbeeinflussenden Faktor, dem Markt[511]. Die Gegenüberstellung von unternehmensinternen Geschäftsvorfällen und solchen zwischen fremden Dritten offenbart in der Regel „erhebliche Unterschiede" im Sinne der OECD-Verrechnungspreisgrundsätze[512]. Dies gilt – wie die Analyse zeigen wird – besonders für die institutsinternen Wertschöpfungsbeiträge der Kreditproduktion[513].

Nach den OECD-Verrechnungspreisgrundsätzen korreliert die Bemessung des Fremdvergleichspreises mit den ausgeübten Funktionen und den übernommenen Risiken. Übernimmt eine Partei ein erhöhtes Risiko oder übt sie vielfältige Funktionen aus, soll dies durch ein entsprechend erhöhtes Entgelt auszugleichen sein[514]. Übertragen auf ein grenzüberschreitendes Kreditinstitut stellt sich die im Folgenden zu untersuchende Frage, ob Risiken als Parameter der Gewinnabgrenzung in Bezug genommen werden können.

C. Risiko als Parameter der direkten Gewinnabgrenzung bei Bankbetriebsstätten

Bankgeschäft ist Risikogeschäft[515]. Für Kreditinstitute sind Risiken Geschäftsgrundlage und Bedrohung zugleich[516]. Die Ambivalenz des Risikos für die Ertragssituation und den Fortbestand des Unternehmens führt zu einem steten Bedeutungszuwachs der Systeme und Instrumente des operativen Risikomanagements. Mit dem Ziel, regulatorische Eigenkapitalkosten zu senken, gingen vor allem grenzüberschreitend tätige Banken ab Mitte der 1990er Jahre von der passiven Risikovermeidung zu einer aktiven Risikopolitik über[517]. Die besondere ökonomische Bedeutung des Faktors Risiko wirft die Frage auf, ob und inwieweit

---

511 Treffend *Bähr*, Gewinnermittlung, S. 43.

512 OECD-Guidelines 1995, Tz. 1.17; OECD-Guidelines 2010, Tz. 1.36.

513 Vgl. nur *Athanas*, CDFI 81a (1996), 21 (43).

514 OECD-Guidelines 1995, Tz. 1.23; OECD-Guidelines 2010, Tz. 1.45; *Baumhoff*, in Mössner, Steuerrecht international tätiger Unternehmen³, Rz. C 273; *Konrad*, IStR 2003, 786.

515 So namentlich *Wieandt*, ZfgK 1993, 603. Siehe auch oben Fn. 419.

516 Aus der Perspektive des Kreditgeschäfts *Schmoll*, in Schierenbeck/Moser/Schüller, Hdb Bankcontrolling², S. 873 (874).

517 Vgl. *Stocker*, Versicherung kommerzieller Bankkredite, S. 18; *Haumüller*, Restrukturierung des Kreditgeschäfts, S. 19; *Fischer*, in Schierenbeck/Moser/Schüller, Hdb Bankcontrolling², S. 53 (55).

die von einem Unternehmensteil „übernommenen Risiken" (vgl. Art. 7 Abs. 2 Halbsatz 2 OECD-MA 2010) bei der steuerlichen Gewinnabgrenzung zu berücksichtigen sind.

I. Risiko und rechtsträgerinterne Gewinnabgrenzung

Ein Unternehmen, das durch eine im Ausland domizilierte Betriebsstätte tätig wird, bleibt ungeachtet der räumlichen Expansion zivilrechtlich einheitliches Zuordnungssubjekt von Rechten und Pflichten[518]. Mangels Rechtssubjektivität der operativen Betriebsteile – Betriebsstätte(n) und Stammhaus – bildet das Unternehmen eine homogene „Risikoeinheit"[519]. Chancen und Risiken aus vertraglichen Vereinbarungen oder aus der rechtlichen Beziehung zu Sachen sind zivilrechtlich bestimmt. Träger der Risiken ist das Unternehmen als rechtliche Einheit[520]. Risiken entstehen zivilrechtlich nicht für einzelne Betriebsstätten und können folglich auch nicht zwischen einzelnen Unternehmensteilen verschoben werden[521].

Die direkte Methode der Gewinnabgrenzung abstrahiert von der zivilrechtlichen Eigentums- und Haftungssphäre und isoliert die Betriebsstätte künstlich aus der Unternehmensgesamtheit. Das grenzüberschreitende Einheitsunternehmen wird für Zwecke der zwischenstaatlichen Aufteilung von Steuerquellen entlang der Staatsgrenzen aufgebrochen[522]. Soweit die Fiktion der direkten Methode reicht, steht die zivilrechtliche Qualifikation dem Rückgriff auf das Risiko als Parameter der steuerlichen Gewinnabgrenzung nicht entgegen[523]. Über die Anerkennung des

---

518 BFH, Urteil vom 24.2.1988, BStBl. II 1988, 663 (665); *Ditz*, IStR 2002, 210 (211); *Konrad*, IStR 2003, 786 (787).

519 *Wassermeyer*, in Kessler/Kröner/Köhler, Konzernsteuerrecht², § 7 Rz. 307 spricht von einer „Risikogemeinschaft".

520 *Eisele*, Funktionsverlagerung, S. 194; *Jacobs*, Internationale Unternehmensbesteuerung⁷, S. 682.

521 Ebenso *Vann*, in Arnold/Sasseville/Zolt, Taxation of Business Profits, S. 133 (164). *Büschgen*, Bankbetriebslehre, S. 619 konstatiert eine „starke risikomäßige Verflechtung der Filiale mit der Mutterbank".

522 Plastisch *Schön*, in Lüdicke, Besteuerung im Wandel, S. 71 (106). Vgl. auch *Scheffler*, Internationale Steuerlehre³, S. 419, 422.

523 Ähnlich *Ditz*, Gewinnabgrenzung, S. 305, 44 f.; vgl. auch *Buciek*, in F/W/K, DBA-CH, Art. 7 Anm. 504 (S. 216) (Juli 2003); *Kosch*, IStR 2010, 42; *Beiser*, IStR 1992, 7 (10).

Risikos als steuerliches Abgrenzungskriterium bestimmt der Grad der fiktiven Verselbständigung der Betriebsstätte. In dem Denkmodell der direkten Methode entfällt das Argument der fehlenden Rechtsfähigkeit der Betriebsstätte[524]. Ebenso existiert kein allgemeiner Grundsatz, der besagt, dass Risikogeschäfte im Rahmen der Gewinnabgrenzung dem Stammhaus zuzuordnen sind[525].

Im Mittelpunkt der direkten Gewinnabgrenzung steht die Vermögensabgrenzung. Wirtschaftsgüter sind Grundlage und Produkt unternehmerischer Tätigkeit. Soweit von den Wirtschaftsgütern unmittelbare Ergebniswirkungen ausgehen, dienen sie als direkte Bezugspunkte der steuerlichen Gewinnabgrenzung. Risiken sind dagegen derivativer Natur. Sie resultieren aus unternehmerischem Handeln und haften den produktionstragenden und den produzierten Wirtschaftsgütern an[526]. Wirtschaftsgutbezogene Risiken können unternehmensintern mithin nur in Verbindung mit dem korrespondierenden Wirtschaftsgut mobilisiert werden. Gerade Unternehmen der Geld- und Kreditwirtschaft nutzen jedoch spezielle Instrumente, um diese originäre Verbindung künstlich zu lösen. Die Frage nach der steuerlichen Anerkennung der institutsinternen Mobilisierung wirtschaftsgutbezogener Risiken korrespondiert mit der steuerlichen Behandlung interner „Vertragsbeziehungen".

Bei eingeschränkter Selbständigkeitsfiktion der Betriebsstätte bleiben innerbetriebliche Geschäftsvorfälle grundsätzlich unberücksichtigt[527]. Nach Auffassung einzelner Autoren können Risiken (nur) bei der Zurechnung von Aufwandsposten Beachtung finden[528]. Ein anderes gilt, wenn die Betriebsstätte als absolut selbständiges Unternehmen gedacht wird. In diesem Fall sind interne vertragsähnliche Vereinbarungen steuerlich abzubilden. In der Konsequenz können die Unter-

---

A.A. *Hidien*, in K/S/M, EStG, § 49 Rn. D 3154 (Mai 2007); *Diehl*, Zweigniederlassungen ausländischer Banken, S. 36.

524 Deutlich auch *van Raad*, Intertax 2000, 162 (165); *Schön*, in Lüdicke, Besteuerung im Wandel, S. 71 (99 f.); *Kroppen*, IStR 2004, 74. Abweichend *Wassermeyer*, SWI 2006, 254 (257).

525 So indes *Uhrmann*, DB 1990, 2037 (2040).

526 Vgl. auch OECD, Betriebsstättenbericht 2010, Part I Tz. 22.

527 *Wassermeyer*, IStR 2004, 733 (734); *ders.*, in Debatin/Wassermeyer, Art. 7 MA Rz. 318a (Jan. 2009); *Ditz*, in W/A/D, Betriebsstätten-Hdb, Rz. 4.42.

528 *Wassermeyer*, IStR 2005, 84 (87); *Baranowski*, Auslandsbeziehungen, Rz. 396 f.; *Andresen*, in W/A/D, Betriebsstätten-Hdb, Rz. 2.50.

nehmensteile wie selbständige und unabhängige Marktteilnehmer Absprachen über die einem Wirtschaftsgut anhaftenden Risiken treffen[529]. Dieses Konzept entspricht dem als *„authorised OECD approach"* ausgerufenen *„functionally separate entity approach"*. Die fiktive Sphärentrennung innerhalb des Einheitsunternehmens ermöglicht – unter bestimmten Voraussetzungen – den Transfer von Risiken durch interne Vereinbarungen (*„dealings"*)[530].

Prima vista erscheint die gewillkürte Zuordnung von Einzelrisiken innerhalb des Einheitsunternehmens als konsequente Folge des *„functionally separate entity approachs"*. Das Bild ist jedoch komplexer, weil die theoretische Grundidee der strengen Sphärentrennung mit der bankpraktischen Realität der operativen (Kredit-)Risikosteuerung abzugleichen ist. Allein aus der abstrakten Konzeption des AOA lässt sich nicht schließen, dass die übernommenen Risiken im Rahmen der Gewinnabgrenzung sachgerecht abzubilden sind. Das gilt insbesondere für Bankbetriebsstätten. Die Idee der steuerwirksamen Risikozuordnung zwischen den Unternehmensteilen muss sich überdies an den abkommensrechtlichen Prinzipien und Zielsetzungen messen lassen. Im Fokus steht dabei der Leitgedanke des Nutzenprinzips. Bevor die risikoorientierte Gewinnabgrenzung näher zu untersuchen ist, richtet sich der Blick auf die Konzepte und Instrumente des bankbetrieblichen Risikomanagements.

II. Operatives Kreditrisikomanagement durch Risikotransfer

Grenzüberschreitende Kreditinstitute verfolgen unterschiedliche Strategien der aktiven Risikobewältigung und nutzen vielfältige Instrumente der Risikosteuerung. Die Zielrichtungen des Risikomanagements illustriert der bankbetriebswirtschaftliche Risikobegriff.

---

[529] Vgl. *Ditz*, in W/A/D, Betriebsstätten-Hdb, Rz. 4.42.

[530] Siehe Teil 3, B. I. 4. b) der Arbeit.

1. Begriff und Arten des bankbetriebswirtschaftlichen Risikos

Der Begriff „Risiko" beschreibt die Gefahr, dass ein tatsächlich realisiertes Ereignis negativ von einem erwarteten Ereignis abweicht[531]. Die inhaltliche Beschreibung eines Risikos steht und fällt mit der Bestimmung des maßgeblichen Ereignisses und dem jeweiligen Erwartungswert. Risiken kennzeichnet deren zukunftsgerichteter Charakter. Sie sind Ausdruck der Unsicherheit über zukünftige Entwicklungen und Ereignisse. Die unvollständige Informationslage beeinflusst die Möglichkeit, die beiden Variablen des Risikobegriffes im Voraus präzise zu bestimmen[532].

Bestimmendes Risiko im traditionellen Bankgeschäft ist das Kreditrisiko, das heißt die Gefahr, dass der Schuldner seine Zahlungsverpflichtung nicht wie erwartet erfüllt und der Wert der Forderung negativ von dem erwarteten Wert abweicht[533]. Der Oberbegriff Kreditrisiko umfasst das (Adressen-)Ausfallrisiko sowie das graduell abgeschwächte Bonitätsrisiko[534]. Im grenzüberschreitenden Kreditgeschäft treten das Transfer- und das Länderrisiko hinzu[535]. Weitere wichtige Erfolgsrisiken von Bankunternehmen sind Markt- und Liquiditätsrisiken[536]. Marktrisiken entstehen im Handelsgeschäft von Banken. Sie resultieren aus der Unsicherheit über Veränderungen der (Markt-)Preise für Handelsobjekte infolge der Variabilität preisbestimmender Faktoren[537]. Liquiditätsrisiken ergeben sich aus der besonderen volkswirtschaftlichen Stellung der Kreditinstitute als Finanzintermediäre. Banken betreiben Fristentransformation. Sie führen Kapitalanbieter und -nachfrager zusammen und koordinieren abweichende Zeithorizonte zwischen Aufnahme und

---

531 *Büschgen*, Bankbetriebslehre, S. 864; *Ehlerding*, Relevanz der Kreditorganisation, S. 79; siehe auch *Baecker*, Womit handeln Banken?, S. 118 f., 120 f.

532 Ähnlich *Merbecks*, Organisation des Risikomanagements in Kreditinstituten, S. 2.

533 Siehe nur *Berg*, Kreditderivate, S. 51; *Kirmße/Schierenbeck/Tegeder*, in Schierenbeck/Kirmße, Banksteuerung, S. 3 (23 f.); *Puzanova*, Kreditrisiken der Banken, S. 15, 17 f.

534 *Kirmße*, Mobilisierung von Kreditgeschäften, S. 23.

535 *Reimpell*, zfbf 32 (1980), 905 (912); *Russ*, Kapitalmarktorientiertes Kreditrisikomanagement, S. 10; *Deutsche Bank*, Finanzbericht 2010 (siehe Fn. 317), S. 61.

536 Daneben steht das operationelle Risiko als spezielle Ausprägung des allgemeinen unternehmerischen Betriebsrisikos. Der Baseler Ausschuss für Bankenaufsicht (BCBS) definiert das operationelle Risiko als „die Gefahr von Verlusten, die infolge einer Unzulänglichkeit oder des Versagens von internen oder externen Verfahren, Menschen und Systemen oder externen Ereignissen eintreten" (BCBS, Basel II, Tz. 644). Diese Definition übernimmt § 269 Abs. 1 SolvV.

537 *Kirmße*, Mobilisierung von Kreditgeschäften, S. 21 f.

Ausleihung von Finanzmitteln[538]. Der Begriff Liquiditätsrisiko beschreibt die Gefahr, dass das Gleichgewicht der Zahlungsströme durch unvorhergesehene Mittelabflüsse gestört wird, weil benötigte Zahlungsmittel nicht oder nur zu erhöhten Kosten beschafft werden können[539].

2. Formales und materielles Kreditrisiko

Kreditrisiken realisieren sich in der negativen Abweichung von einer zuvor fixierten Zielgröße. Prägendes Merkmal des Risikos ist die „unerwartete" Abweichung des tatsächlich eingetretenen Ereignisses von dem Erwartungswert. Im Vergleich zu einer bloßen Ungewissheit kennzeichnet den Risikobegriff, dass dem Erwartungswert bis zu einem gewissen Grad objektiv bestimmbare Eintrittswahrscheinlichkeiten beigelegt werden können[540]. Sichtbar werden zwei „Wirkungsdimensionen" des Risikos.

Auf Grundlage statistischer Durchschnittswerte historisch erlittener Ausfälle und Verluste muss ein Kreditinstitut davon ausgehen, dass ein gewisser Anteil der ausgereichten Mittel ausfällt („*expected loss*")[541]. Gelingt es dem Kreditinstitut, die erwarteten Risiken bei Ausreichung der Finanzmittel adäquat zu bemessen und entsprechende Prämien durchzusetzen, entfällt das Kreditrisiko in seiner materiellen Dimension. Das quantifizierbare materielle Ausfallrisiko wird durch die von dem Kreditnehmer zu entrichtende Risikoprämie über die Laufzeit des Darlehens kompensiert[542]. Realisiert sich das erwartete Verlustpotential, erleidet das Kreditinstitut – im Durchschnitt – keine Vermögenseinbuße.

---

538 Siehe *Büschgen/Börner*, Bankbetriebslehre[4], S. 22; *Bank*, in Gerke/Steiner, HWF, Sp. 836 f., 839.

539 *Puzanova*, Kreditrisiken der Banken, S. 15; *Baecker*, Womit handeln Banken?, S. 109.

540 *Kirmße*, Mobilisierung von Kreditgeschäften, S. 19; *Widmayer*, Risikomanagement mit Derivaten, S. 8; *Sievers*, Kreditderivate, S. 19.

541 *Büschgen*, Bankbetriebslehre, S. 924; *Burghof/Paul/Rudolph*, in Burghof/Henke/Rudolph/Schönbucher/Sommer, Kreditderivate[2], S. 3 (6); zum „Erwarteten Verlust" auch *Deutsche Bank*, Finanzbericht 2010 (siehe Fn. 317), S. 64.

542 Siehe nur *Gehrmann*, Gesamtrisikosteuerung, S. 20.

Jenseits prognostischer Erfahrungswerte entfaltet sich das formale Kreditrisiko[543]. Da die tatsächliche Ausfallquote zufällig um den empirisch ermittelten Wert schwankt[544], realisiert sich im Falle einer negativen Abweichung von den statistisch simulierten Kreditereignissen ein tatsächliches Verlustrisiko für das kreditgewährende Institut („*unexpected loss*")[545]. Banken nutzen differenzierte Modelle für die Bemessung des formalen Risikos und des dementsprechend vorzuhaltenden Eigenkapitals. Diese beziehen sich nicht auf einzelne Risikopositionen, sondern auf aggregierte Forderungsmehrheiten[546]. Den beiden Wirkungsdimensionen des Kreditrisikos begegnen Kreditinstitute mit unterschiedlichen Ansätzen der Risikobewältigung.

3. Systematisierung der Ansätze des Kreditrisikomanagements

Maßnahmen der Bewältigung von Kreditrisiken sind danach zu unterscheiden, ob sie an die Ursache oder die Wirkung einzelner Risikopositionen anknüpfen[547]. Ursachenbezogene Ansätze zielen darauf, die Wahrscheinlichkeit der Realisierung eines Risikos zu verringern. Wirkungsbezogene Maßnahmen gelten dem verbleibenden, nicht prognostizierbaren Risikopotential[548].

Die ursachenbezogene Risikobewältigung avisiert die Ausschaltung des materiellen Risikos. Dies geschieht in erster Linie durch eingehende Bonitätsprüfung des Kreditnehmers. Die individuelle Analyse und Bewertung der Kreditwürdigkeit sind Grundlage für die Entscheidung über Ablehnung oder Akzeptanz der Kreditposition und zugleich für die Kalkulation der Risikoprämie[549]. Das verbleibende formale Risiko unerwarteter Verluste wird primär durch die Bildung von Rückstellungen abgefedert[550]. Weitere Techniken der wirkungsbezogenen Risiko-

---

543 *Kirmße/Schierenbeck/Tegeder*, in Schierenbeck/Kirmße, Banksteuerung, S. 3 (24 f.); *Berg*, Kreditderivate, S. 50 f.

544 *Büschgen*, Bankbetriebslehre, S. 924.

545 *Ehlerding*, Relevanz der Kreditorganisation, S. 80; *Döhring*, Gesamtrisiko-Management von Banken, S. 18.

546 Vgl. *Büschgen*, Bankbetriebslehre, S. 924; *Gehrmann*, Gesamtrisikosteuerung, S. 20 f.

547 Vgl. nur *Schierenbeck*, Bankmanagement, Bd. II[9], S. 194, 40.

548 *Kirmße*, Mobilisierung von Kreditgeschäften, S. 24; *Schmoll*, in Schierenbeck/Moser/Schüller, Hdb Bankcontrolling[2], S. 873 (877).

549 *Gehrmann*, Gesamtrisikosteuerung, S. 38; *Büschgen*, Bankbetriebslehre, S. 867.

550 Vgl. *Diederichs*, Risikomanagement, S. 193 f.

bewältigung sind die Hereinnahme von Kreditsicherheiten, die Aufteilung des Risikos auf mehrere Kreditgeber (Syndizierung) und nicht zuletzt der Risikotransfer über die Kapitalmärkte.

Die Unterscheidung zwischen ursachenbezogener Risikovermeidung und wirkungsbezogener Risikosteuerung spiegelt sich in der strategischen Ausrichtung des Risikomanagements. Risikovermeidende (passive) Strategien beschränken sich auf das Eingehen und Halten von Kreditpositionen bis zur Endfälligkeit („Buy and hold"-Ansatz)[551]. Demgegenüber nutzen aktive Steuerungskonzepte kapitalmarktorientierte Risikotransferinstrumente, um Kreditforderungen als solche oder das diesen anhaftende (formale) Risiko auf andere Rechtssubjekte zu verlagern[552]. Weiterer Anhaltspunkt für eine Systematisierung der Instrumente des Risikomanagements ist das in Bezug genommene Aktivum. Während ursachenbezogene Maßnahmen auf einzelne Risikoaktiva zielen, kann die wirkungsbezogene Risikosteuerung auch aggregierte Forderungsmehrheiten zum Gegenstand haben[553]. Die Systematisierung der Risikobewältigung kann überdies in zeitlicher Hinsicht erfolgen. Die ursachenbezogene Risikovermeidung erfolgt bereits vor Ausreichung des Darlehens. Maßnahmen der wirkungsbezogenen Risikosteuerung betreffen dagegen bestehende Buchpositionen. Die „wertsteigernde Umstrukturierung"[554] erfolgt dabei vornehmlich auf Portfolioebene und wird von organisatorisch exponierten Zentraleinheiten koordiniert[555]. Der Einsatz kapitalmarktorientierter Steuerungsinstrumente bedarf einer anspruchsvollen technischen Infrastruktur sowie besonderer fachlicher Expertise[556]. Dies ist nur durch Bündelung bei einer zentralen Stelle zu gewährleisten.

---

551 Siehe dazu *Gehrmann*, Gesamtrisikosteuerung, S. 21; *Rudolph/Hofmann/Schäfer/Schaber*, Kreditrisikotransfer[1], S. 21. Siehe auch *Fischer*, in Schierenbeck/Moser/Schüller, Hdb Bankcontrolling[2], S. 53 (65).

552 *Bänziger/Kampmann*, Die Bank 2005, 50 (53).

553 Vgl. *Rudolph/Hofmann/Schäfer/Schaber*, Kreditrisikotransfer[2], S. 28.

554 So *Neus*, in Luz/Neus/Schaber/Scharpf/Schneider/Weber, KWG[2], Einführung Tz. 16.

555 Siehe bereits Teil 2, B. II. 1. b) der Arbeit.

556 *Russ*, Kapitalmarktorientiertes Kreditrisikomanagement, S. 189; am Beispiel von Credit Default Swaps *Reiner/Schacht*, WM 2010, 385 (391); *Bösch*, Derivate[2], S. 254.

4. Instrumente des Kreditrisikotransfers

Für die Bewältigung des formalen Kreditrisikos steht ein breites Instrumentarium bereit. Abhängig von dem Bezug zu den Finanzmärkten werden traditionelle und moderne Instrumente unterschieden[557].

a) Traditionelle Instrumente

aa) Kreditversicherung

Bei Abschluss einer Kreditversicherung übernimmt ein Versicherer gegen Prämienzahlung das Adressenausfallrisiko bestimmter Kreditaktiva[558]. Die großen Kreditversicherer[559] richten sich vornehmlich an Unternehmen, die eine Absicherung von Forderungen aus Lieferungen und Leistungen begehren[560]. Besondere Bedeutung hat die Absicherung des Delkredererisikos ausländischer Schuldner im Exportgeschäft[561]. Für Kreditinstitute spielen „traditionelle" Kreditversicherungen eine untergeordnete Rolle. Sie eignen sich grundsätzlich nur für die Absicherung homogener Forderungsportfolios, beispielsweise von Konsumentenkrediten. Die geringe Bedeutung der Kreditversicherung rührt vor allem aus den relativ hohen Kosten, dem Erfordernis von Selbstbehalten und der Tatsache, dass die Versicherungen bei der Bemessung des vorzuhaltenden regulatorischen Eigenkapitals außer Ansatz bleiben[562].

bb) Kreditsyndizierung

Eine weitere traditionelle Technik zur Weitergabe von Kreditrisiken ist die anteilige Ausreichung eines Kredits durch mehrere Kapitalgeber. Die Kreditsyndizierung ermöglicht es, Ausfallrisiken quotal auf mehrere in einem Konsortium zusammengeschlossene Kreditgeber zu verteilen. Konsortialkredite kommen vor allem für die

---

557 Siehe nur das Schaubild bei *Burghof/Henke*, in Burghof/Henke/Rudolph/Schönbucher/Sommer, Kreditderivate², S. 105 (106).

558 Eingehend *Kirmße*, Mobilisierung von Kreditgeschäften, S. 222 f.; *Burghof/Henke*, in Burghof/Henke/Rudolph/Schönbucher/Sommer, Kreditderivate², S. 105 (107).

559 Dies sind namentlich Euler Hermes Kreditversicherungs-AG, Coface Deutschland und Atradius Kreditversicherung.

560 *Kirmße*, Mobilisierung von Kreditgeschäften, S. 223.

561 *Rudolph/Hofmann/Schaber/Schäfer*, Kreditrisikotransfer², S. 23 f.

562 *Kirmße*, Mobilisierung von Kreditgeschäften, S. 225, 227 f.; *Diederichs*, Risikomanagement, S. 192.

Realisierung von Kreditvorhaben in Betracht, die die individuellen Kapazitäten des einzelnen Instituts oder die aufsichtsrechtlichen Großkreditgrenzen (§§ 13 ff. KWG) übersteigen[563]. Die Vergabe syndizierter Kredite kann auf unterschiedliche Weise realisiert werden. Es besteht die Möglichkeit, die Darlehensvaluta quotal auf die Konsorten aufzuteilen. Ebenso ist es denkbar, dass der Konsortialführer die gesamte Liquidität bereitstellt und die Konsorten sich lediglich durch Übernahme von Garantien an dem Kreditrisiko beteiligen[564]. Konsortialkredite kommen nicht nur für Projekt- und Akquisitionsfinanzierungen, sondern auch im Bereich der Unternehmens- und Staatsfinanzierung zum Einsatz[565]. Der die Organisation des Geschäfts und die Abwicklung der Kreditbeziehung verantwortende Konsortialführer wird von den Konsorten durch Prämienzahlung vergütet[566].

Anders als bei der Versicherung einer Kreditposition wird das Ausfallrisiko bei der Kreditsyndizierung aufgeteilt. Die Konsorten nehmen nur die jeweilige Kredittranche respektive die Beteiligung an einer zum Zwecke der Kreditvergabe gegründeten Gesellschaft bürgerlichen Rechts (§ 705 BGB) in ihre Bücher[567]. Die Kreditsyndizierung kommt lediglich im Zeitpunkt der Kreditvergabe in Betracht. Sie eignet sich nicht als Steuerungsinstrument in der Bestandsphase des Kreditengagements[568].

b) Kapitalmarktorientierte Instrumente

aa) Kreditverkauf

Eine besonders effektive Form der Risikobewältigung bietet der vollständige oder anteilige Verkauf von Kreditaktiva („*true sale*"). Nach deutschem Zivilrecht wird das schuldrechtliche Verpflichtungsgeschäft durch Abtretung der Forderung

---

563 *Büschgen*, Bankbetriebslehre, S. 338; *Hoffmann*, in Derleder/Bamberger/Knops, Hdb Bankrecht², § 22 Rn. 64 f.

564 Zu dem „Konsortialkredit ohne Bareinschuss" *Eichwald/Pehle*, in Obst/Hintner, Geld-, Bank und Börsenwesen, S. 775.

565 *Burghof/Henke*, in Johanning/Rudolph, Hdb Risikomanagement, S. 351 (355 f.); *Rudolph/Hofmann/Schaber/Schäfer*, Kreditrisikotransfer², S. 19.

566 Siehe *Eichwald/Pehle*, in Obst/Hintner, Geld-, Bank und Börsenwesen, S. 775.

567 Dazu *Arndt*, Geschäftstätigkeit deutscher Banken, S. 148 ff.

568 *Kroon*, Messung und Steuerung von Kreditrisiken, S. 102; *Kirmße/Schierenbeck/Tegeder*, in Schierenbeck/Kirmße, Banksteuerung, S. 3 (30).

vollzogen. Der Kreditkäufer tritt in die Rechte und Pflichten aus dem Darlehensvertrag ein (§ 398 Satz 2 BGB). Bei dem veräußernden Kreditinstitut führt die Ausbuchung der Forderung zu einer Bilanzverkürzung[569]. Abhängig von den Vorgaben der jeweiligen Rechtsordnung und der Ausgestaltung des Darlehensvertrages ist die Abtretung gegenüber dem Kreditnehmer anzuzeigen oder bedarf dessen Zustimmung[570]. Die Beteiligungspflichten stellen ein wesentliches Hindernis für die praktische Realisierung von Forderungsverkäufen dar.

Gegenstand von Kreditverkäufen sind in der Regel große Einzelpositionen und Forderungsportfolios[571]. Die praktische Realisierung des Forderungsverkaufs beruht entscheidend auf der Qualität der Aktiva. Während sich ein Sekundärmarkt für den Handel mit werthaltigen Krediten („*performing loans*") – jedenfalls in Deutschland – bisher nur eingeschränkt etabliert hat[572], verzeichnet der Verkauf notleidender Kredite („*non-performing loans*") einen starken Bedeutungszuwachs[573]. Zum Verkauf werden Forderungsportfolios gebracht, die nach Art und Höhe homogene „Problemforderungen" enthalten. Käufer sind vor allem institutionelle Anleger, unter anderem von Investmentbanken und Fondsgesellschaften eingerich-

---

569 Der Kreditverkauf ermöglicht sogenanntes Bilanzstrukturmanagement; *Waschbusch/Staub/Knoll/Loewens*, FB 2009, 15 (17).

570 Vgl. *Ricken*, Kreditrisikotransfer, S. 15. In Deutschland gelten für Verbraucherkreditgeschäfte besondere gesetzliche Unterrichtungspflichten gegenüber dem Kreditnehmer (§ 493 BGB). Diese Regelung beruht auf dem „Gesetz zur Umsetzung der Verbraucherkreditrichtlinie, des zivilrechtlichen Teils der Zahlungsdiensterichtlinie sowie zur Neuordnung der Vorschriften über das Widerrufs- und Rückgaberecht" (BGBl. I 2009, 2355).

571 Vgl. *Rudolph/Hofmann/Schäfer/Schaber*, Kreditrisikotransfer², S. 21.

572 Das US-amerikanische Unternehmen The Debt Exchange (DebtX), betreibt eine Plattform für den Verkauf von Kreditforderungen aus Gewerbe-, Verbraucher- und Spezialfinanzkrediten (vgl dazu http://www.debtx.com/Company/AboutUs.asp); vgl. auch *Ricken*, Kreditrisikotransfer, S. 20; *Rudolph/Hofmann/Schaber/Schäfer*, Kreditrisikotransfer², S. 21 f. An der Kreditbörse RMX (Risk Management Exchange) in Hannover wurde der Handel mit Darlehensanteilen nach Eröffnung des Insolvenzverfahrens über die Betreibergesellschaft eingestellt. Zu dem Geschäftsmodell der RMX *Weichsler*, DStR 2008, 1938 (1939 f.); *Schiller/Boer/Fahrmeyer*, FB 2009, 575 (576 f.).

573 *Derleder*, in Derleder/Bamberger/Knops, Hdb Bankrecht², § 16 Rn. 48; *Ricken*, Kreditrisikotransfer, S. 17 f. Die wachsende Bedeutung des „NPL-Marktes" beruht auf der eingeschränkten rechtlichen Schutzwürdigkeit des vertragswidrig handelnden Kreditnehmers (dazu *Waschbusch/Staub/Knoll/Loewens*, FB 2009, 15 [16 f.]).

tete Akquisitionsvehikel[574]. Bei dem Verkauf werthaltiger Forderungen wird gewöhnlich ein Selbstbehalt des veräußernden Kreditinstituts vereinbart[575]. Der Eigenanteil belegt die positive Bonitätseinschätzung des Verkäufers gegenüber dem Forderungsschuldner und kompensiert die asymmetrische Informationsverteilung zwischen den Parteien. Zugleich stellt ein Selbstbehalt die fortgesetzte Risikoüberwachung durch den Veräußerer sicher[576].

bb) Traditionelle Verbriefung

Eine besondere Form der Mobilisierung von Kreditrisiken bietet der Verkauf von Forderungen an eine ausschließlich zu diesem Zweck gegründete Kapitalgesellschaft[577], die den Ankauf im Wege der Emission kapitalmarktfähiger Wertpapiere refinanziert. Diese als „traditionelle" Kreditverbriefung („*credit securitization*") bezeichnete Technik der Risikosteuerung beruht auf einem bilanzwirksamen Verkauf („*true sale*") eines speziell zu diesem Zweck zusammengestellten Kreditportfolios[578]. Die veräußernde Bank überträgt die Aktiva samt der korrespondierenden Risiken auf das Emissionsvehikel („*special purpose vehicle*", SPV)[579]. Die seitens des SPV begebenen Schuldverschreibungen verbriefen Zahlungsansprüche auf den Ertrag der bei der Zweckgesellschaft gebündelten Vermögenspositionen und werden deshalb als „*asset backed securities*" (ABS) bezeichnet[580]. Das veräußernde Kreditinstitut übernimmt die Verwaltung und Überwachung der Darlehensforderungen durch dienstvertragliche Vereinbarung[581].

Abhängig von den übertragenen Kreditaktiva werden verschiedene Arten der Forderungsverbriefung unterschieden. Gegenstand traditioneller Verbriefungs-

---

574 *Rudolph/Hofmann/Schäfer/Schaber*, Kreditrisikotransfer², S. 21.

575 *Hartmann-Wendels*, in Burghof/Henke/Rudolph/Schönbucher/Sommer, Kreditderivate², S. 485 (491).

576 *Hartmann-Wendels*, in Burghof/Henke/Rudolph/Schönbucher/Sommer, Kreditderivate², S. 485 (491, 503).

577 Vgl. die aufsichtsrechtliche Definition der Zweckgesellschaft in § 1 Abs. 26 KWG.

578 Dazu *Ricken*, Kreditrisikotransfer, S. 26 ff.; *Nobbe*, ZIP 2008, 97 (99).

579 Dabei geht das Bonitätsrisiko der Forderungen nur bei endgültigem Kaufpreisabschlag auf den Forderungskäufer über (vgl. BFH, Urteil vom 26.8.2010, BFH/NV 2011, 143 [146]).

580 Statt vieler *Burghof*, Bankkredit und Kreditrisikotransfer, S. 71.

581 *Struffert*, Asset Backed Securities-Transaktionen und Kreditderivate, S. 12 f.

transaktionen sind in erster Linie Forderungen aus dem Privatkundengeschäft[582]. Davon zu unterscheiden sind sogenannte *„collateralised loan obligations"* (CLO), die Forderungen gegenüber institutionellen Schuldnern, vor allem Unternehmenskredite, verbriefen[583]. CLO weisen eine differenzierte Struktur auf. Die eingehenden Zahlungsströme werden in vor- und nachrangige Tranchen unterschiedlicher Bonität aufgeteilt[584].

Forderungsverbriefungen dienen nicht nur als Instrument der Risikosteuerung, sondern auch der Refinanzierung. In Reaktion auf die im Herbst 2008 offen ausgebrochene Finanzkrise erweiterte die Europäische Zentralbank das Spektrum der als Sicherheit für Refinanzierungsgeschäfte akzeptierten Vermögenswerte (*„ECB collateral"*)[585]. Die EZB überführte das zunächst als temporäre Liquiditätshilfe konzipierte Kriseninstrument ab Dezember 2009 in ein dauerhaftes Refinanzierungsprogramm, die sogenannte *„ABS Loan-level Initiative"*[586]. Die auf dieser Plattform veröffentlichten Kriterien für die Notenbankfähigkeit von Verbriefungspapieren sollen die Transparenz der Refinanzierungsbedingungen erhöhen und zu einer Qualitätsverbesserung der Verbriefungen beitragen[587]. Kreditinstitute

---

582 Gegenstand der Verbriefung sind insbesondere Forderungen aus Konsumenten- und Wohnungskrediten sowie Kreditkarten- und Leasingforderungen.

583 *Hartschuh/Grimm/Haider*, in Schierenbeck/Kirmße, Banksteuerung, S. 245 (255); *Herrmann*, in Burghof/Henke/Rudolph/Schönbucher/Sommer, Kreditderivate², S. 87 (87, 90).

584 Siehe zu der Strukturierung von CLO nach dem sog. Wasserfall-Prinzip *Burghof*, Bankkredit und Kreditrisikotransfer, S. 72 f.

585 Vgl. Pressemitteilung der EZB vom 15.10.2008 *„Measures to further expand the collateral framework and enhance the provision of liquidity"* (abrufbar unter: www.ecb.int/press/pr/date/2008/html/pr081015.en.html); Pressemitteilung der EZB vom 17.10.2008 *„Technical specifications for the temporary expansion of the collateral framework"* (abrufbar unter: www.ecb.int/press/pr/date/2008/html/ pr081017_2.en.html); vgl. auch *Hofmann/Rudolph*, Festschrift Rudolph, S. 439 (441).

586 Siehe dazu http://www.ecb.int/paym/coll/loanlevel/html/index.en.html.

587 *Rudolph/Hofmann/Schäfer/Schaber*, Kreditrisikotransfer², S. 203 f. In einer Pressemitteilung vom 18.7.2013 (abrufbar unter: www.ecb.int/press/pr/date/2013/ html/pr130718.en.html) gab die EZB – erneut – eine Absenkung der Rating-Anforderungen der hinterlegungsfähigen ABS bekannt. Dieser Schritt geht einher mit der seitens der EZB angestrebten „Wiederbelebung des Europäischen ABS-Marktes" (EZB, Monatsbericht September 2013, S. 53 ff. [abrufbar unter: http://www.bundesbank.de/Redaktion/DE/Downloads/Veroeffentlichungen/EZB_Monatsberichte/2013/2013_09_ezb_mb.pdf]).

nutzen Forderungsverbriefungen schließlich auch mit dem Ziel, regulatorische Eigenkapitalforderungen zu minimieren[588]. (Groß-)Banken betreiben sogenannte Regulierungsarbitrage, indem sie Kreditforderungen des Anlagebuchs verbriefen, in das Handelsbuch überführen[589] und auf diese Weise das aufsichtsrechtlich vorzuhaltende Eigenkapital verringern[590].

cc) Kreditderivate und synthetische Verbriefung

Derivative Finanzinstrumente ermöglichen die gezielte Einflussnahme auf einzelne preisbestimmende Risikokomponenten eines Referenzaktivums („*underlying*"). Durch den Einsatz von Kreditderivaten kann das einem Finanzaktivum anhaftende Kreditrisiko mobilisiert und auf ein anderes Rechtssubjekt übertragen werden[591]. Infolge ihrer hohen Gestaltungsflexibilität haben sich Kreditderivate zu den volumenstärksten Instrumenten für die Steuerung der verschiedenen Formen des Kreditrisikos entwickelt.

Den synthetischen Transfer des Kreditrisikos eines Buchkredits bewirkt ein auf ein bestimmtes Kreditereignis – üblicherweise den Ausfall des Schuldners des Referenzaktivums – konditionierter „*credit default swap*" (CDS)[592]. Bei einem solchen Kreditausfall-Swap handelt es sich um eine unverbriefte bilaterale Vereinbarung zwischen Sicherungsgeber (Risikokäufer) und Sicherungsnehmer (Risikoverkäufer)[593]. Darin verpflichtet sich der Sicherungsgeber, bei Eintritt des definierten Kreditereignisses Ausgleichszahlungen zu leisten („*cash settlement*") oder die

---

588 Vgl. *Burghof/Henke*, in Johanning/Rudolph, Hdb Risikomanagement, S. 351 (362); *Hofmann/Rudolph*, Festschrift Rudolph, S. 439 (442).

589 Siehe nur *Erlebach/Grasshoff/Berg*, Die Bank 10/2010, 54 (57).

590 Gegen diese Gestaltungsanreize wendete sich der Baseler Ausschuss durch ein im Juli 2009 verabschiedetes Maßnahmenpaket zur Verschärfung der Vorschriften über das Handelsbuch (vgl. BCBS, Enhancements to the Basel II framework, S. 4 [Tz. 565(g)(ii)]). Das Basel-III-Rahmenwerk treibt die Angleichung der Kapitalforderungen in Anlage- und Handelsbuch weiter voran (siehe BCBS, Basel III [rev. Juni 2011], Tz. 12).

591 *Berg*, Kreditderivate, S. 57.

592 *Burghof*, Bankkredit und Kreditrisikotransfer, S. 74; *Zerey*, in Zerey, Hdb Finanzderivate[3], § 8 Rn. 1.

593 Der Risikoverkäufer tauscht das Risiko des Referenzaktivums gegen das Bonitätsrisiko des Schutzverkäufers.

Referenzforderung zu übernehmen („*physical delivery*")[594]. Im Gegenzug zahlt der Sicherungsnehmer eine einmalige oder periodische Prämie. CDS gestatten die isolierte Weitergabe von Kreditrisiken, ohne die Beziehungen zwischen Schuldner und Gläubiger zu berühren[595]. Ein CDS weist strukturelle Ähnlichkeiten zu einer Garantie oder Kreditversicherung auf[596]. Das Kreditderivat ist jedoch kostengünstiger und aufgrund seiner Kapitalmarktfähigkeit flexibler einsetzbar[597]. CDS können für einzelne Buchkredite („*single name swap*"), Forderungsportfolios („*portfolio default swap*") oder Teile eines Portfolios („*basket default swap*") abgeschlossen werden[598].

Kreditderivate ermöglichen überdies die modifizierte Ausgestaltung traditioneller Verbriefungstransaktionen. Anstelle des regresslosen Forderungsverkaufs können durch den Einsatz von Kreditderivaten ausschließlich die dem Referenzportfolio inhärenten Kreditrisiken auf das Emissionsvehikel (SPV) übertragen werden[599]. Die Kreditpositionen verbleiben in der Bilanz des Originators[600]. Das SPV emittiert „synthetische Unternehmensanleihen"[601], sogenannte „*credit linked notes*" (CLN). Deren Tilgung wird an den Eintritt bestimmter Kreditereignisse bei den Schuldnern der Referenzaktiva gekoppelt[602]. CLN sind keine bilateralen Verträge, sondern strukturierte Wertpapiere, die einen CDS in einer marktgängigen Schuldverschreibung verbriefen[603]. Der Sicherungsgeber leistet bei Erwerb der Anleihe eine Geldzahlung in Höhe des Nominalbetrages. Da der Emissionserlös am Laufzeitende nur

---

594 Siehe nur *Klingner-Schmidt*, in Derleder/Bamberger/Knops, Hdb Bankrecht², § 55 Rn. 30 f.; eingehend *Litten/Bell*, ZIP 2011, 1109 (1114 f.); *Hauser*, Kreditderivate, S. 82 ff.; *Achtelik*, in Boos/Fischer/Schulte-Mattler, KWG⁴, § 165 SolvV Rn. 3.

595 Vgl. nur *Scherer*, CFL 2010, 93 (94).

596 Zu der zivilrechtlichen Qualifikation von CDS *Peter*, DFI 2006, 3 (7 f., 11).

597 *Rudolph/Schäfer*, Derivative Finanzmarktinstrumente², S. 177; Deutsche Bundesbank, Monatsbericht Dezember 2010, S. 47 (48).

598 *Watzinger*, in Burghof/Henke/Rudolph/Schönbucher/Sommer, Kreditderivate², S. 331 (336); *Litten/Bell*, ZIP 2011, 1109 (1110); *Gehrmann*, Gesamtrisikosteuerung, S. 54 f.

599 *Burghof*, Bankkredit und Kreditrisikotransfer, S. 75; *Scherer*, CFL 2010, 93 (97).

600 *Scherer*, CFL 2010, 93 (97). Den Begriff „Originator" definiert § 1b Abs. 7 KWG.

601 Plastisch *Rudolph/Hofmann/Schäfer/Schaber*, Kreditrisikotransfer¹, S. 80.

602 *Ricken*, Kreditrisikotransfer, S. 43 f.; *Burghof/Henke*, in Johanning/Rudolph, Hdb Risikomanagement, S. 351 (367); *Berg*, Kreditderivate, S. 82.

603 *Litten/Bell*, ZIP 2011, 1109 (1111); *Achtelik*, in Boos/Fischer/Schulte-Mattler, KWG⁴, § 165 SolvV Rn. 5.

dann zum Nennwert zurückgezahlt wird, wenn das definierte Kreditereignis ausgeblieben ist, wirkt der Emissionserlös wie eine Barunterlegung des Kreditrisikos[604]. CLN stellen die „refinanzierte Version" eines CDS-Kontrakts dar[605]. Die Emission von *„credit linked notes"* kann auch ohne Zwischenschaltung einer Zweckgesellschaft im Wege einer direkten Privatplatzierung erfolgen[606]. In diesem Fall der „isolierten" Verbriefung von Kreditrisiken begibt das Kreditinstitut die Schuldverschreibungen direkt an institutionelle Anleger[607].

c) Prägende Ausgestaltungsmerkmale der Risikotransferinstrumente

Die Instrumente der Risikosteuerung unterscheiden sich in erster Linie darin, ob die Risikobewältigung durch genuinen Vermögenstransfer oder „Versicherung" der Risiken erfolgt. Weiterhin ist zu differenzieren, ob die Risikomobilisierung einen Finanzierungseffekt zugunsten des Risikoverkäufers erzeugt[608]. Liquiditätswirkungen entstehen in erster Linie bei regresslosem Kreditverkauf. Das gilt sowohl für den bilateralen Forderungsverkauf als auch bei traditioneller Forderungsverbriefung. Der Risikotransfer unter Einsatz von Kreditausfall-Swaps (CDS) löst hingegen keine Finanzierungswirkung zugunsten des Sicherungsnehmers aus[609]. Eine Sonderstellung kommt der synthetischen Verbriefung zu. Durch direkte Emission von CLN kann ein Finanzierungseffekt auf Seiten des Risikoverkäufers erzielt werden[610].

Ein weiteres Unterscheidungsmerkmal besteht darin, ob der Risikotransfer mit einem Selbstbehalt des Risikoverkäufers verbunden ist. Selbstbehalte werden insbesondere bei dem Verkauf werthaltiger Kreditforderungen (*„performing loans"*)

---

604 *Neske*, in Burghof/Henke/Rudolph/Schönbucher/Sommer, Kreditderivate², S. 55 (67); *Berg*, Kreditderivate, S. 83.

605 *Rudolph/Hofmann/Schäfer/Schaber*, Kreditrisikotransfer², S. 79.

606 *Burghof*, Bankkredit und Kreditrisikotransfer, S. 71, 75; *Gehrmann*, Gesamtrisikosteuerung, S. 58.

607 *Gehrmann*, Gesamtrisikosteuerung, S. 293 f.; *Ricken*, Kreditrisikotransfer, S. 44.

608 Siehe nur *Rudolph/Hofmann/Schäfer/Schaber*, Kreditrisikotransfer², S. 26 f.

609 *Burghof*, Bankkredit und Kreditrisikotransfer, S. 75; *Ricken*, Kreditrisikotransfer, S. 45; *Gehrmann*, Gesamtrisikosteuerung, S. 74.

610 Dazu *Rudolph/Hofmann/Schäfer/Schaber*, Kreditrisikotransfer², S. 93, 95.

vereinbart. Im Zuge der Umsetzung der geänderten EU-Bankenrichtlinie (CRD II)[611] wurde im Gesetz über das Kreditwesen (KWG) ein Selbstbehalt auch bei traditionellen Verbriefungstransaktionen festgeschrieben[612]. Der Originator oder der Sponsor[613] einer Verbriefungstransaktion muss „kontinuierlich einen materiellen Nettoanteil" der verbrieften Aktiva halten (§ 18a Abs. 1 Satz 1 KWG). Untergrenze ist ein Selbstbehalt von 10 Prozent des Nominalwertes des Referenzaktivums[614].

5. Konsequenzen für die steuerliche Gewinnabgrenzung

Betreibt ein Kreditinstitut außerhalb des Betriebsstättenstaates eine zentrale Risikosteuerungseinheit, stellt sich zunächst die Frage, ob sich die laufenden Maßnahmen der Risikobewältigung auf die Zuordnung der Wirtschaftsgüter auswirken. Vermögensbezogene Innenvorgänge sind von lediglich risikobezogenen Innendienstleistungen abzugrenzen. Ein institutsinterner Transfer von Kreditaktiva kommt in Betracht, wenn die zentrale Steuerungseinheit einzelne Wirtschaftsgüter nach bestimmten Kriterien zu einem Portfolio zusammenführt[615]. Dies kann insbesondere dazu dienen, das Portfolio als solches oder die enthaltenen Risiken zu einem späteren Zeitpunkt über die Finanzmärkte zu externalisieren. Demgegenüber geht der externen Absicherung von Kreditpositionen durch Kreditausfall-Swaps (CDS) nicht notwendig ein interner Transfer der abzusichernden Referenzaktiva einher. Die Zentralstelle kann die synthetische Absicherung des Risikos als schlichte Dienstleistung zugunsten der Betriebsstätte erbringen. Gerade grenzüberschreitend tätige Kreditinstitute verfolgen jedoch häufig einen abweichenden Ansatz. Danach übernehmen die Zentralstellen das Kreditrisiko der dezentral

611 Rl. 2009/111/EG des Europäischen Parlaments und des Rates vom 16. September 2009 (ABl. L 302/97 v. 17.11.2009). Der Begriff „CRD II" bezeichnet keine eigenständige Richtlinie, sondern wird als „Arbeitstitel" für Änderungen der Bankenrichtlinie (Rl. 2006/48/EG) und der Kapitaladäquanzrichtlinie (Rl. 2006/49/EG) verwendet (vgl. Deutsche Bundesbank, Monatsbericht September 2009, S. 68 [Note 1]).

612 „Gesetz zur Umsetzung der geänderten Bankenrichtlinie und der geänderten Kapitaladäquanzrichtlinie" v. 19.11.2010 (BGBl. I 2010, 1592).

613 Den Begriff „Sponsor" wird in § 1b Abs. 8 KWG definiert.

614 Vgl. § 18a Abs. 1 Satz 2 KWG. Damit geht das deutsche Recht über die Vorgabe der geänderten Bankenrichtlinie (CRD II) hinaus, die nur einen „materiellen Nettoanteil" von fünf Prozent fordert (Art. 122a Abs. 1 geänderte Bankenrichtlinie [Rl. 2009/111/EG]).

615 *Hartschuh/Grimm/Haider*, in Schierenbeck/Kirmße, Banksteuerung, S. 245 (250) sprechen von einer internen Kreditportfoliosteuerungseinheit („Credit Treasury").

durchgeführten Außentransaktionen gegen Zahlung einer Prämie und leiten die erforderlichen Maßnahmen der Risikosteuerung sodann eigenverantwortlich ein[616].

Abhängig von der Reichweite der steuerlichen Selbständigkeitsfiktion der Betriebsstätte nimmt die Auswahl der operativen Instrumente der Risikosteuerung wesentlichen Einfluss auf die Gewinnabgrenzung. Die Bündelung und Koordination der Aufgaben der Risikosteuerung bei zentraler Stelle führt zu vielfältigen institutsinternen Geschäftsvorfällen. Nach Maßgabe des *„functionally separate entity approachs"* sind grundsätzlich sämtliche internen Geschäftsvorfälle steuerlich zu berücksichtigen und marktüblich zu vergüten. Voraussetzung ist lediglich, dass die Innenvereinbarung auf einem „tatsächlichen und nachweisbaren Ereignis" (*„real and identifiable event"*) beruht[617]. Bei eingeschränkter Steuerselbständigkeit der Betriebsstätte stellt sich primär die Frage, wie die Kosten der „Risikoinfrastruktur" und die Ergebniswirkungen der extern ablaufenden Maßnahmen der Risikobewältigung innerhalb des Einheitsunternehmens aufzuteilen sind[618]. Erzeugen die eingesetzten Steuerungsinstrumente einen Kapitalrückfluss, sind neben den Kosten der Steuerungsmaßnahmen auch die erzielten Erträge abzugrenzen.

III. Der Faktor Risiko in den Verlautbarungen der OECD und den Anweisungen der deutschen Finanzverwaltung

In der Funktion als Finanzintermediär koordinieren Kreditinstitute nicht nur die Kapitalanlage- und Kapitalaufnahmebedürfnisse von Wirtschaftssubjekten, sondern auch deren abweichende Risikovorstellungen[619]. Die Tätigkeit als Risikointermediär wird zunehmend dadurch bestimmt, dass die Banken dazu übergehen, Risikopositionen oder diesen inhärente Risiken nicht bis zu der Endfälligkeit des Darlehens in den Büchern halten. Die Maßnahmen der aktiven Kreditrisikosteuerung schlagen sich – wie voranstehend gezeigt – auf Ebene der steuerlichen Gewinnabgrenzung in vielfältiger Weise nieder. Das führt zu der Frage, inwieweit

---

616 Siehe nur *Russ*, Kapitalmarktorientiertes Kreditrisikomanagement, S. 188; *Brasch/Nonnenmacher*, in Johanning/Rudolph, Hdb Risikomanagement, S. 407 (414); vgl. auch *Widmayer*, Risikomanagement mit Derivaten, S. 177; *Kirmße/Schierenbeck/Tegeder*, in Schierenbeck/Kirmße, Banksteuerung, S. 3 (9).

617 Siehe OECD, Betriebsstättenbericht 2010, Part I Tz. 35, 177, Part II Tz. 56.

618 Aus bankbetrieblicher Sicht *Schüler*, Die Bank 4/2003, 250 (251).

619 Vgl. *Bank*, in Gerke/Steiner, HWF, Sp. 836, 838; *Büschgen*, Bankbetriebslehre, S. 877.

die Verlautbarungen der OECD und der deutschen Finanzverwaltung den Faktor Risiko sowie die Mechanismen der operativen Risikobewältigung im Rahmen der Gewinnabgrenzung berücksichtigen.

1. Der OECD-Bericht 1984

Der zweite Teil des OECD-Berichts 1984 über „Die Besteuerung multinational tätiger Banken" berücksichtigt Risikoaspekte nur mittelbar als Kriterium der Gewinnabgrenzung im Kreditgeschäft. Zunächst gilt die Prüfung der Bonität des Kreditnehmers und des mit dem Geschäft verbundenen Risikos als eine von mehreren abgrenzungserheblichen Tätigkeiten[620]. Darüber hinaus erwähnt der Bericht das (Ausfall-)Risiko im Kontext des institutsinternen Transfers von Wirtschaftsgütern. Er führt aus, dass die wesentlichen Tätigkeiten der Leistungserstellung eine „sichere Grundlage"[621] für die Gewinnzurechnung bilden. Der nachträgliche Transfer von Kreditaktiva soll sich deshalb nicht auf die Gewinnabgrenzung auswirken. „Dies gilt besonders dann, wenn das Ausfallrisiko für das Darlehen bei der erstgenannten Betriebsstätte verbleibt"[622]. Dieser Hinweis deutet an, dass eine Trennung von Ausfallrisiko und Kreditaktivum auch innerhalb des grenzüberschreitenden Instituts in Betracht kommt. Allerdings unterbleiben weitere Ausführungen zu diesem Problem.

2. Die Betriebsstätten-Verwaltungsgrundsätze 1999

Während der branchenübergreifende Grundlagenteil der BS-VwG 1999 Risikoaspekte als Parameter der Gewinnabgrenzung ausblendet, dient das Risiko im Sonderfall der Bankbetriebsstätte als Zuordnungskriterium von Darlehensforderungen. Zu den die Zuordnung bestimmenden wesentlichen Haupttätigkeiten zählt neben der „Bewertung des Kreditnehmers und des Kreditrisikos" ausdrücklich auch das „Tragen des Kreditrisikos"[623].

---

620 OECD, Bericht 1984, Teil 2 Tz. 86b. Kritisch *Hofmann*, IWB v. 10.10.1986, F. 10 Gr. 2, 581 (587).

621 In der englischen Originalfassung spricht der Bericht von einer *„firm foundation"* (siehe OECD-Report 1984, Part 2 Tz. 86).

622 So OECD, Bericht 1984, Teil 2 Tz. 86.

623 BMF-Schreiben vom 24.12.1999, BStBl. I 1999, 1076 (1092 [Tz. 4.1.2]). Siehe auch Teil 3, A. I. 3. a) der Arbeit.

Die BS-VwG richten die Vermögensabgrenzung im Kreditgeschäft in erster Linie an den Tätigkeiten im Zusammenhang mit dem „Zustandekommen des Geschäftes" aus, berücksichtigen aber auch die Verwaltung, Überwachung und Abwicklung des Kredits. Subsequente Maßnahmen aktiver Kreditrisikosteuerung durch kapitalmarktorientierten Risikotransfer finden hingegen keine Beachtung. Interne Absprachen über das „Tragen des Kreditrisikos" sind nur bis zu dem Zeitpunkt der Ausreichung des Darlehens anzuerkennen. Die Zuordnung des Kreditrisikos zu einer anderen Bankstelle muss dabei gegen drittübliche Vergütung erfolgen[624]. Obgleich die Berücksichtigung interner Risikoabsprachen eine Ausnahme von dem Grundsatz der eingeschränkten Selbständigkeitsfiktion der Betriebsstätte darstellt, begründen die Verwaltungsanweisungen diesen Schritt nicht näher. Insbesondere erfolgt kein Hinweis auf die im Grundlagenteil niedergelegte „Haupttätigkeitsregelung"[625]. Auch die Beschränkung der internen Risikoübernahme auf die Zeit „vor Kreditvergabe" bleibt ohne Erläuterung.

Die Veröffentlichung der BS-VwG am 24. Dezember 1999 fällt in eine Zeit, in der sich vor allem grenzüberschreitend tätige Kreditinstitute dem Einsatz kapitalmarktorientierter Techniken der Risikosteuerung öffneten. Während traditionelle Verbriefungstransaktionen in Deutschland erst nach der Jahrtausendwende an Bedeutung gewannen, entwickelte sich für synthetische Verbriefungen bereits seit 1998 ein nachhaltiger Markt[626]. Die Tatsache, dass die aktive Risikopolitik der Banken in der Entwurfsphase der BS-VwG noch in ihren Anfängen stand, bietet keine Erklärung dafür, dass die Verwaltungsanweisungen allein die Aktivitäten des passiven Risikomanagements als wesentliche Haupttätigkeiten berücksichtigen. Gegen eine solche Vermutung spricht auch, dass die BS-VwG eine gewillkürte interne Risikoallokation vor Ausreichung des Darlehens anerkennen. Die Ausblendung der Maßnahmen subsequenter Risikobewältigung erscheint demnach als bewusste Entscheidung.

---

624 BMF-Schreiben vom 24.12.1999, BStBl. I 1999, 1076 (1092 [Tz. 4.1.2]).

625 Vgl. BMF-Schreiben vom 24.12.1999, BStBl. I 1999, 1076 (1090 [Tz. 3.1.2]).

626 Dazu *Ricken*, Kreditrisikotransfer, S. 46 f., 33 ff.; *Burghof*, Bankkredit und Kreditrisikotransfer, S. 72.

3. Der OECD-Betriebsstättenbericht 2010 - Teil II

Der Betriebsstättenbericht 2010 rückt die Zuordnung der Risiken in das Zentrum der Gewinnabgrenzung bei Bankbetriebsstätten. Dabei wirkt der Faktor Risiko in mehrere Richtungen[627]. Er bestimmt neben der fiktiven Isolierung der Betriebsstätte im ersten Schritt des AOA auch die eigentliche Gewinnabgrenzung im zweiten Schritt. Über den Verweis des OECD-Musterkommentars 2010 wirken die OECD-Verrechnungspreisgrundsätze und der diesen zugrunde liegende Gedanke, dass eine erhöhte Risikoübernahme zu einem entsprechend erhöhten Fremdvergleichspreis führt[628], in den Bereich der Gewinnabgrenzung im Einheitsunternehmen[629]. Auf diese Weise beeinflusst die unternehmensinterne Risikoverteilung die Vergütung der Innenleistungsbeziehungen und somit auch die Gewinnzurechnung.

Wichtiger Teilaspekt der risikoorientierten Gewinnabgrenzung ist die Allokation der Kreditwirtschaftsgüter nach dem Konzept der *„key entrepreneurial risk-taking functions"*[630]. Der OECD-Bericht 2010 setzt die Risiken des Kreditgeschäfts in Verbindung zu dem Unternehmensteil, der die maßgeblichen Entscheidungsträger beschäftigt[631]. Den Status eines „aktiven Risikoentscheiders" erhalten Personalfunktionen, die über das Eingehen von Risiken oder das subsequente Risikomanagement bestimmen[632]. Auf Seiten der initialen Leistungserstellung qualifiziert der Bericht die als *„sales/trading"*-Funktion beschriebenen Prozesse als risikorelevante KERT-Funktion. Diese umfasst das Verhandeln der Kreditkonditionen, das Stellen von Sicherheiten, die Bonitätsbewertung des Kreditnehmers und den materiellen Entschluss über die Kreditvergabe[633]. Besondere Bedeutung misst der OECD-Bericht 2010 den subsequenten Aktivitäten des Risikomanagements bei. Der Bericht unterscheidet zwischen der Risikosteuerung durch Einsatz von Kredit-

---

627 Vgl. Teil 3, B. I. 3. der Arbeit.

628 Vgl. OECD-Guidelines 2010, Tz. 1.45; OECD-Guidelines 1995, Tz. 1.23.

629 OECD-MK 2010, Art. 7 MA Tz. 22.

630 Siehe dazu bereits Teil 3, B. I. 2. der Arbeit.

631 Anschaulich *Schön*, in Lüdicke, Besteuerung im Wandel, S. 71 (99).

632 OECD, Betriebsstättenbericht 2010, Part II Tz. 8: *„The key entrepreneurial risk-taking functions are those which require active decision-making with regard to the acceptance and/or management (subsequent to the transfer) of individual risks and portfolios of risks."*.

633 OECD, Betriebsstättenbericht 2010, Part II Tz. 6b.

derivaten („*managing risk*")[634] und durch Verkauf oder Verbriefung der Kreditaktiva („*sales/trading*")[635]. Der Status der KERT-Funktion soll der mit dem Stichwort „*managing risk*" beschriebenen Funktion zukommen.

Die Differenzierung zwischen den verschiedenen Tätigkeiten der Risikosteuerung verdient insoweit keine Zustimmung, als diese gleichermaßen mit „aktiven" Entscheidungsprozessen verbunden sind. An diesem Punkt offenbart sich die wesentliche Schwäche des KERT-Konzeptes. Infolge der vielfältigen Entscheidungsprozesse bei der initialen Leistungserstellung und bei der anschließenden Risikobewältigung führt das unbestimmte Abgrenzungskriterium der aktiven Entscheidungsfindung („*active decision-making*") zu erheblichen Unsicherheiten. Dies ist im Folgenden näher zu analysieren.

IV. Kritik des Konzeptes der „key entrepreneurial risk-taking functions"

Die zentrale Bedeutung der KERT-Funktionen für die Gewinnabgrenzung bei Bankbetriebsstätten gibt Anlass zu der Frage, ob es möglich ist, diese innerhalb vielgliedriger, länderübergreifender Wertschöpfungsketten zu identifizieren. Das KERT-Konzept ist darüber hinaus an dem abkommensrechtlichen Desiderat zwischenstaatlicher Gerechtigkeit zu messen.

1. Identifikation der KERT-Funktionen

Der OECD-Bericht 2010 knüpft die Gewinnabgrenzung bei Bankbetriebsstätten an Personalfunktionen, die aktive Risikoentscheidungen treffen. Daraus resultieren zwei Probleme. Es ist festzustellen, welche Funktionen der transnationalen Wertschöpfungskette den besonderen KERT-Status aufweisen. Darüber hinaus sind diese „aktiven Risikoentscheider" innerhalb des grenzüberschreitenden Einheitsunternehmens aufzuspüren. Bezogen auf Bankunternehmen treten insoweit die aufsichtsrechtlich statuierte Trennung zwischen Markt und Marktfolge sowie die institutsintern gestuften Entscheidungsstrukturen hervor.

---

634 OECD, Betriebsstättenbericht 2010, Part II Tz. 7c.

635 OECD, Betriebsstättenbericht 2010, Part II Tz. 7e.

Der OECD-Bericht 2010 geht davon aus, dass es auf Grundlage der Funktions- und Sachverhaltsanalyse möglich ist, die verschiedenen Funktionen auf Seiten der initialen Risikoübernahme (Markt[636]) und der nachgelagerten Marktfolge zu identifizieren. Dem ist zuzugeben, dass die Aktivitäten der primären Leistungserstellung der Abwicklung und dem Management der Buchposition zeitlich vorausgehen. Die Ausreichung des Darlehens führt zu einer formalen Zäsur des Wertschöpfungsprozesses. Dies ändert aber nichts daran, dass die Aktivitäten von Markt und Marktfolge über die Mechanismen des Risikomanagements miteinander verbunden bleiben. Das Risikomanagement begleitet als fortlaufender Prozess den gesamten Wertschöpfungsvorgang. Die damit verbundenen Aktivitäten bilden kein homogenes Tätigkeitsbündel, das einem Unternehmensteil zugewiesen ist. Es handelt sich vielmehr um eine Vielzahl unterschiedlicher Aufgaben. Dies veranschaulicht die aufbau- und ablauforganisatorische Ausgestaltung der Prozesse der Risikobewältigung.

Während die Risikoidentifikation und -bewertung grundsätzlich von den geschäftsführenden dezentralen Einheiten vorgenommen werden, übernimmt eine den geschäftsführenden Stellen übergeordnete zentrale Steuerungseinheit die anschließenden Maßnahmen der aktiven Risikobewältigung[637]. Das Wechselspiel von dezentraler und zentraler Organisation des Risikomanagements lässt auf den ersten Blick vermuten, dass die in dem OECD-Bericht skizzierten KERT-Funktionen bei den verschiedenen Unternehmensteilen deutlich sichtbar werden. Faktisch sind die Aktivitäten der Markt- und Marktfolgeseite durch ein Geflecht interdependenter Entscheidungsstrukturen miteinander verbunden. Ein Anschauungsbeispiel für die institutsintern weit verzweigten Verantwortlichkeiten bieten sogenannte Kreditkomitees[638], denen Genehmigungsvorbehalte für großvolumige Einzelengagements eingeräumt werden[639]. Über diesen steht letztverantwortlich ein sogenannter

---

636 Nach den MaRisk ist dies der Bereich, der Kreditgeschäfte initiiert und bei den Kreditentscheidungen über ein Votum verfügt (BaFin, MaRisk, Modul BTO Tz. 2a).

637 Pars pro toto *Russ*, Kapitalmarktorientiertes Kreditrisikomanagement, S. 188 f.; siehe auch Teil 2, B. II. 1. b) der Arbeit.

638 Siehe bereits Teil 2, B. III.

639 So beispielhaft das „Group Credit Committee" des Commerzbank-Konzerns (siehe *Commerzbank*, Geschäftsbericht 2012 [siehe Fn. 352], S. 135). Siehe auch *Fischer*, in Lange/Wall, Risikomanagement nach dem KonTraG, § 4 Rz. 148 f.; *Groß/Knippschild*, in Rolfes/Schierenbeck/Schüller, Risikomanagement in Kreditinstituten, S. 69 (79 f.).

Credit- oder Risk-Officer[640]. Die Zuständigkeit dieser Entscheidungsgremien beschränkt sich nicht auf einen bestimmten Unternehmensteil, sondern kann sich auf ganze Geschäftsbereiche erstrecken[641]. Die bankbetriebliche Realität gestufter Entscheidungshierarchien erschwert nicht nur die Qualifikation einzelner Aktivitäten als KERT-Funktion, sondern auch die territoriale Verortung der Risikoentscheidungen[642]. Daran ändert auch die aufsichtsrechtlich statuierte Trennung von Markt und Marktfolge nichts[643]. Diese Vorgabe lässt die faktische Verzahnung der innerhalb des Einheitsunternehmens eng aufeinander abgestimmten Produktionsabläufe unberührt.

Der Versuch, unternehmerische Entscheidungen innerhalb vielschichtiger Organisationsstrukturen territorial zu verorten, findet seine Grenze schließlich in der Tatsache, dass es sich bei der Entscheidungsfindung um einen kognitiven Vorgang handelt[644], der als solcher nicht nach außen wahrnehmbar ist. Erst die betriebliche Dokumentation lässt die unternehmerische Entscheidungsfindung dauerhaft sichtbar werden. Die Möglichkeit, risikorelevante Entscheidungen aufzuspüren, beruht demnach auf der Qualität der unternehmenseigenen Aufzeichnungen. Dieses Defizit des KERT-Konzeptes stellt die angestrebte erhöhte Rechtssicherheit der „personenbezogenen" Gewinnabgrenzung in Frage[645]. Die Anknüpfung an risikorelevante Entscheidungen ist darüber hinaus schon deshalb in Zweifel zu ziehen, weil bereits die Verortung der Entscheidungsträger innerhalb des Einheitsunternehmens mit Unsicherheit behaftet ist. So gibt namentlich *Kroppen* zu bedenken, dass die Mitarbeiter in einem Arbeitsverhältnis mit dem Einheitsunternehmen als Rechtsträger stehen[646]. Die unternehmensinterne Zuweisung der

---

640 *Institute of International Bankers,* TNI 2001, 477 (484); vgl. *Deutsche Bank,* Finanzbericht 2012 (siehe Fn. 317), S. 56 f., 61.

641 Branchenübergreifend *Kroppen,* Festschrift Herzig, S. 1071 (1089).

642 In diesem Sinne auch *Sadiq,* BIFD 2004, 67 (71); *Schön,* WTJ 2009, 67 (103); *ders.,* in Lüdicke, Besteuerung im Wandel, S. 71 (101); *Birla,* BTR 2005, 207 (210).

643 Vgl. § 25 Abs. 1 Satz 3 Halbsatz 2 Nr. 1a KWG.

644 Deutliche Kritik übt *Schön,* WTJ 2009, 67 (103); *ders.,* TNI 2007, 1059 (1067); *Gramlich,* Operatives Auslandsgeschäft, S. 45.

645 Kritisch auch *Bennett/Dunahoo,* Intertax 2005, 51 (56 f.).

646 Treffend *Kroppen,* Festschrift Herzig, S. 1071 (1089).

Arbeitnehmer obliegt dem Direktionsrecht des Arbeitgebers[647]. Die Abordnung an eine bestimmte Unternehmenseinheit ist nicht notwendig arbeitsvertraglich fixiert.

Das schematische Abstellen auf die in den einzelnen Unternehmensteilen tätigen Personen offenbart erhebliche Schwächen[648]. Auch der OECD-Bericht 2010 konstatiert die Schwierigkeit, die KERT-Funktionen eindeutig zu identifizieren, beschränkt sich aber auf den Hinweis, dass letztlich eine Gesamtbetrachtung auf Grundlage der Erkenntnisse der detaillierten Funktionsanalyse im konkreten Lebenssachverhalt vorzunehmen ist[649]. Die konzeptionellen Schwächen des KERT-Modells bleiben bestehen. Problematisch ist dies besonders angesichts der im Folgenden zu betrachtenden Allokationskraft der KERT-Funktionen.

2. Wirkungsdimension des KERT-Konzeptes

Doppelbesteuerungsabkommen sind das Ergebnis eines volkswirtschaftlichen Interessensausgleichs zwischen zwei Fiskalhoheiten[650]. Erwägungen zwischenstaatlicher Gerechtigkeit sind den – dem OECD-Muster nachgebildeten – Vertragstexten zwar nicht expressis verbis zu entnehmen[651]. Daraus allein lässt sich nicht schließen, dass es sich bei DBA einzig um rechtstechnische Instrumente der Ausschaltung der Doppelbesteuerung handelt[652]. Die abkommensrechtlichen Verteilungsnormen verkörpern in ihrem Zusammenspiel mit dem Methodenartikel (Art. 23A/B OECD-MA) international akzeptierte Grundentscheidungen der interterritorialen Verteilung von Steueraufkommen.

Ein wesentlicher Grundgedanke des Abkommensrechts besteht darin, die wechselseitigen Steuerverzichte an der Mobilität der Einkünfte auszurichten. So erfolgt mit

---

647 Vgl. § 106 GewO. Das Direktionsrecht des Arbeitgebers reicht umso weiter, je allgemeiner Art und Ort der Arbeitsleistung arbeitsvertraglich fixiert sind (siehe nur BAG, Urteil vom 19.1.2011 – 10 AZR 738/09, NZA 2011, 631 [632 f.]).

648 Treffend *Friese*, Rechtsformwahlfreiheit, S. 229.

649 OECD, Betriebsstättenbericht 2010, Part II Tz. 9, 12, 67.

650 M.w.N. *Endriss*, Wohnsitz- oder Ursprungsprinzip, S. 61.

651 Deutlich auch *Li*, Improving Inter-Nation Equity, S. 117 (117): „*...the current regime of allocation (...) cannot be rationalized by any "obvious principle of fairness"*.". *Lampert*, Doppelbesteuerungsrecht, S. 259 weist „überpositivistische zwischenstaatliche Gerechtigkeitserwägungen" zurück.

652 Deutlich auch *Menck*, DStZ/A 1970, 263 (265).

zunehmendem „Mobilitätsgrad" die Besteuerung grundsätzlich im Wohnsitz- respektive Ansässigkeitsstaat[653]. Das gilt insbesondere für passive Einkünfte[654]. Demgegenüber richtet sich die Besteuerung von Einkünften aus unternehmerischer Tätigkeit (Art. 7 OECD-MA) nach der spezifischen Verbindung der Betriebsstätte mit der Volkswirtschaft des Aufnahmestaates. Unternehmensgewinne sollen in dem Staat besteuert werden, in dem die unternehmerische Aktivität ausgeübt worden ist[655]. Das nutzentheoretisch fundierte Betriebsstättenprinzip verbürgt in der Verbindung mit der Zurechnung von Gewinnen nach dem Prinzip wirtschaftlicher Zugehörigkeit ein abstraktes Moment zwischenstaatlicher Gerechtigkeit. Es gewährleistet die Teilhabe des Quellenstaates an den unter dem Schutz seiner Rechtsordnung sowie der Inanspruchnahme seiner volkswirtschaftlichen Ressourcen generierten Ergebniswirkungen[656]. Ausgeschlossen wird eine Attraktivkraft[657] der Betriebsstätte für sämtliche Einkünfte des Unternehmens aus Quellen innerhalb dieses Staates[658]. An dieser abkommensrechtlichen Grundentscheidung muss sich das Konzept der KERT-Funktionen messen lassen.

Die „Risikoschlüsselfunktion(en)" erzeugen ein Gravitationsfeld, das die geschaffenen Finanzwirtschaftsgüter und die von diesen ausgehenden Ergebniswirkungen anzieht[659]. Dies indiziert eine Privilegierung des Vertragsstaates, in dem der Unternehmensteil angesiedelt ist, dem die KERT-Funktion zugewiesen ist. Der OECD-Bericht 2010 sieht diesen Vorteil dadurch ausgeglichen, dass der die KERT-Funktion ausübende Unternehmensteil verpflichtet ist, die im Zuge der Leistungserstellung in Anspruch genommenen internen (Teil-)Leistungen der – von anderen

---

653 *Endriss*, Wohnsitz- oder Ursprungsprinzip, S. 61, 62; *Kleineidam*, Festschrift Fischer, S. 691 (698).

654 *Avi-Yonah/Clausing*, in Lang, Source versus Residence, S. 9 (9): *„The general purpose of tax treaties is to implement the consensus underlying the international tax regime by shifting the right to tax passive income from the source to the residence country…"*.

655 Vgl. *Overwiening*, Die Optimale fiskalische Souveränität, S. 39.

656 Siehe bereits die Ausführungen in Teil 1, A. V. 2 der Arbeit.

657 *Bühler*, Prinzipien, S. 176 prägt den Begriff „Absorptionswirkung".

658 *Hemmelrath*, in Vogel/Lehner, DBA[5], Art. 7 Rz. 42; *Wassermeyer*, in Debatin/Wassermeyer, Art. 7 MA Rz. 2 (Jan. 2009). Demgegenüber formulieren die deutschen BS-VwG 1999 eine sog. Zentralfunktion des Stammhauses für Beteiligungen und „überschüssige" Finanzmittel (BMF-Schreiben vom 24.12.1999, BStBl. I 1999, 1076 [1085, Tz. 2.4]; bestätigt durch BMF-Schreiben vom 25.8.2009, BStBl. I 2009, 888 [889, Tz. „2.4]).

659 Plastisch beschreibt *Pijl*, BIT 2008, 174 (175) die KERT-Funktionen als „Magnete".

Betriebsteilen ausgeübten – sonstigen Funktionen fremdüblich zu vergüten[660]. Der intendierte Ausgleich setzt jedoch voraus, dass die einzelnen *„dealings"* identifiziert und zu marktüblichen Konditionen abgerechnet werden können. Dagegen spricht schon die Stellung der Auslandsbetriebsstätte als „verlängerter Arm" des Stammhauses. Die Betriebsstätte ist weitreichend in das organisatorische Unternehmensgefüge integriert und wird verbundorientiert tätig. Ihr unternehmerisches Handeln beruht maßgeblich auf übergeordneten Managemententscheidungen und erfolgt unter der faktischen Kontrolle der grenzüberschreitenden Unternehmung[661]. Dies hat zur Folge, dass die Betriebsstätte Geschäftsbeziehungen eingeht, die ein vergleichbares selbständiges und unabhängiges Unternehmen ablehnen würde. Ebenso schließt sie spiegelbildlich Geschäfte ab, die ein unabhängiges Unternehmen zurückweisen würde[662]. Zudem sind die internen Dienstleistungen mangels (Einzel-)Verkehrsfähigkeit – jedenfalls teilweise – nur eingeschränkt bewertungsfähig[663]. Es erscheint deshalb fragwürdig, ob die Vergütung der *„dealings"* die einseitig begünstigende Wirkung des KERT-Konzeptes auszugleichen vermag. Diese Zweifel unterstreicht der den OECD-Verrechnungspreisgrundsätzen zugrunde liegende Leitsatz, dass eine hohe Risikoübernahme zu einem entsprechend erhöhten Entgelt führt[664]. Findet dieser Gedanke Anwendung auf die Gewinnabgrenzung im Einheitsunternehmen[665], besteht die Gefahr, dass die Fremdpreise in Richtung des Unternehmensteils der KERT-Funktion einseitig erhöht werden.

Die korrigierende Wirkung der *„dealings"* ist auch deshalb Zweifeln ausgesetzt, weil die Vergütung der beanspruchten Innenleistungen der „sonstigen Funktionen" nicht in unmittelbarem Bezug zu den tatsächlichen Erfolgswirkungen des einzelnen Kreditwirtschaftsgutes steht. So ist es denkbar, dass dem Unternehmensteil der

---

660 OECD, Betriebsstättenbericht 2010, Part II Tz. 68, 71.

661 *Hemmelrath*, Ermittlung des Betriebsstättengewinns, S. 30; *Eisele*, Funktionsverlagerung, S. 32.

662 Vgl. auch *Sadiq*, BIFD 2004, 67 (81): *„The arm's length principle, however, does not provide a solution where associated enterprises engage in transactions that independent enterprises would not undertake"*.

663 Siehe nur *Kleineidam*, Festschrift Fischer, S. 691 (709).

664 Vgl. OECD-Guidelines 2010, Tz. 1.45; OECD-Guidelines 1995, Tz. 1.23.

665 Der Verweis auf die OECD-Verrechnungspreisgrundsätze erfolgt in OECD-MK 2010, Art. 7 MA Tz. 22.

KERT-Funktion für die in Anspruch genommenen sonstigen Leistungen Entgelte in Rechnung gestellt werden, die die aus dem Finanzwirtschaftsgut fließenden (Netto-)Erträge aufzehren oder gar übersteigen. Vice versa verbleibt der KERT-Funktion ein entsprechend dem tatsächlichen Leistungsbeitrag überhöhter Gewinnanteil, wenn die Vergütung der *„dealings"* zu niedrig angesetzt wird oder die Innenleistungen von vornherein unberücksichtigt bleiben.

Die divisionale Organisationsstruktur grenzüberschreitend tätiger Kreditinstitute offenbart das Verzerrungspotential des KERT-Konzeptes. Werden bestimmte „aktive Risikoentscheider" bei zentraler Stelle angesiedelt, wird die einseitig begünstigende Wirkung deutlich sichtbar. Dies gilt beispielhaft für die Aktivitäten der kapitalmarktorientierten Risikosteuerung. Werden diese institutsweit zusammengefasst, kann der KERT-Ansatz dazu führen, dass der Vertragsstaat, in dessen Hoheitsgebiet die Zentralstelle belegen ist, bei der Allokation des Steueraufkommens bevorzugt wird. Da Unternehmen dazu neigen, Risikoentscheidungen besonderer Tragweite dem Personal des Stammhauses zu übertragen, entfaltet sich die begünstigende Wirkung des KERT-Modells tendenziell in Richtung des Ansässigkeitsstaates[666].

Die Wirkungen des KERT-Konzeptes kollidieren mit dem nutzentheoretisch fundierten Zurechnungsprinzip nach Art. 7 Abs. 1 Satz 2 OECD-MA[667] und dem Desiderat zwischenstaatlicher Gerechtigkeit. Die einseitig begünstigende Allokationskraft widerspricht der in Art. 7 Abs. 2 OECD-MA angelegten Gleichordnung der Unternehmensteile[668]. Schließlich gefährdet das Konzept der KERT-Funktionen auch das ökonomische Postulat der Entscheidungsneutralität. Es schafft vielfältige Anreize zu Verhaltensänderungen im Hinblick auf die Ausgestaltung der operativen Organisationsstruktur.

---

666 So auch *Edgar/Holland*, TNI 2005, 525 (526, 533); *Black*, JOIT 2010, 53 (56 f.); *Schön*, TNI 2007, 1059 (1062).

667 Kritik an den Wirkungen des KERT-Konzeptes übt auch *Black*, JOIT 2010, 53 (57 f.).

668 Die abkommensrechtliche Gleichordnung der Unternehmensteile betont *Nowotny*, Betriebstättengewinnermittlung, S. 144.

V. Risikoorientierte Gewinnabgrenzung im Lichte des Nutzenprinzips

In dem Denkmodell des *„functionally separate entity approachs"* ist die gewillkürte Zuordnung von Risiken innerhalb des grenzüberschreitenden Kreditinstituts theoretisch konsequent. Allein aus dem „inneren System" des AOA lässt sich aber nicht ableiten, ob sich eine risikoorientierte Gewinnabgrenzung mit dem Leitgedanken des Nutzenprinzips vereinbaren lässt.

Das Nutzenprinzip beruht auf dem Gedanken, dass ein Staat in steigendem Maße an dem Unternehmenserfolg partizipiert, je stärker er an der wirtschaftlichen Aktivität des Unternehmens beteiligt ist[669]. Ausschlaggebend sind Maß und Qualität der zur Verfügung gestellten öffentlichen Güter und Leistungen[670]. Daraus rührt das Erfordernis, öffentliche Ressourcen zu bemessen, die ein grenzüberschreitend tätiges Unternehmen durch die einzelnen Betriebsteile in Anspruch nimmt. Während dies für Infrastrukturleistungen zumindest abstrakt-typisierend denkbar ist, sind die aus der unternehmerischen Tätigkeit folgenden (Verlust-)Risiken der Idee eines „Synallagmas" zwischen staatlicher Leistung und staatlicher Teilhabe von vornherein entzogen[671]. Ökonomische Risiken sind als solche ressourcenneutral. Die einem Unternehmen oder einem Betriebsteil zugeordneten Risiken beeinflussen als solche nicht das Maß des konsumierten Staatsnutzens und bieten deshalb keinen tauglichen Anknüpfungspunkt für die zwischenstaatliche Zurechnung von Steuersubstrat. Dies wird dadurch belegt, dass ein Unternehmen im Verlustfall, das heißt wenn Risiken schlagend geworden sind, gleichermaßen öffentliche Güter in Anspruch nimmt[672]. Im Lichte des Nutzenprinzips lässt sich nicht darauf schließen, dass dem Quellenstaat respektive dem Ansässigkeitsstaat infolge einer erhöhten Risikoübernahme des dort domizilierten Unternehmensteils ein größerer Teil des Steuersubstrats gebührt. Risikoübernahme und Staatsnutzen entbehren einer unmittelbaren Korrelation.

---

669 Vgl. bereits Teil 1, A. V. 2. der Arbeit.

670 *Zuber*, Anknüpfungsmerkmale, S. 109; *Reimer*, Ort des Unterlassens, S. 334.

671 Siehe nur *Kane*, Virginia Law Review 92 (2006), 867 (905).

672 Treffend *Schön*, WTJ 2009, 63 (76).

Übertragen auf den *„functionally separate entity approach"* sind institutsinterne Risikoabsprachen nutzentheoretisch nicht „greifbar"[673]. Für Zwecke der geografischen Zurechnung von Steuerquellen können lediglich die innerbetriebliche Zuweisung von Personal und der Aufbau sachlicher Infrastruktur in Bezug genommen werden[674]. Die Übernahme von Risiken und die daraus resultierende Risikoverteilung sind das Ergebnis der Tätigkeit von Personen und des Einsatzes von Anlagen. Bei Kreditinstituten wird das Bild komplexer, weil Risiken für sie genuine Produktionsfaktoren darstellen. Auf der einen Seite nehmen Banken Risiken in ihre Bücher. Auf der anderen Seite externalisieren sie Risiken über die Finanz- und Kapitalmärkte. Risiken sind nutzentheoretisch nur insoweit „greifbar", als sie von Personen bewirtschaftet und über die Finanzmärkte gesteuert werden. Da das mit der Risikobewältigung betraute Personal staatliche Ressourcen in Anspruch nimmt, stellt sich zwar eine mittelbare Verknüpfung zwischen Risiko und konsumiertem Staatsnutzen ein. Die Ausübung des Bankgeschäfts beruht jedoch wesentlich auf dem Einsatz von Buchgeld und Informationstechnologie. Die Bewältigung steigender Risikokonzentrationen erfordert nicht notwendig einen entsprechend vergrößerten personellen und sachlichen Unterbau. In der Konsequenz führt eine ansteigende Risikoübernahme auch nicht zu einer wachsenden Inanspruchnahme öffentlicher Leistungen im Quellenstaat[675].

VI. Unternehmensinterne Isolierung von Finanzwirtschaftsgut und Risiko

Das Kreditrisiko ist der bestimmende wertbildende Faktor einer Darlehensforderung und originär mit dem Wirtschaftsgut verbunden. Bei direkter Gewinnabgrenzung im Einheitsunternehmen folgt das Risiko dem Wirtschaftsgut[676]. Wird das Wirtschaftsgut intern überführt, geht das anhaftende Kreditrisiko mit. Das in dem Kreditrisiko verkörperte Abschreibungspotential ist dem das Wirtschaftsgut

---

673 Deutlich *Schön*, in Lüdicke, Besteuerung im Wandel, S. 71 (103).

674 *Ditz*, in W/A/D, Betriebsstätten-Hdb, Rz. 4.41 sieht die von einem Unternehmensteil ausgeübten Funktionen als „Äquivalent" für den zuzuordnenden Gewinn.

675 Allgemein *Tipke*, Steuerrechtsordnung, Bd. I², S. 523 f.; *Schön*, WTJ 2009, 63 (77 f.).

676 *Hofmann*, IWB v. 10.3.1984, F. 3 Gr. 1, 867 (878) spricht von einem „Grundsatz der Nichttrennbarkeit".

empfangenden Unternehmensteil zuzurechnen. Dies gilt sowohl bei einschränkender Interpretation der Selbständigkeitsfiktion als auch unter dem AOA.

Der Bedeutungszuwachs des operativen (Kredit-)Risikomanagements durch aktive Risikosteuerung wirft die Frage auf, ob und inwieweit es möglich ist, die originäre Verbindung von Kreditwirtschaftsgut und Risiko institutsintern zu trennen. Mit anderen Worten: Sind bankinterne Absprachen über das mit einem ausgereichten Darlehen verbundene Kreditrisiko im Rahmen der steuerlichen Gewinnabgrenzung zu berücksichtigen? Diese Frage betrifft die konzeptionelle Ausgestaltung der direkten Methode und ist insoweit zunächst unabhängig von dem voranstehenden Befund, dass die institutsinterne Risikoverteilung nutzentheoretisch nicht sinnvoll abzubilden ist.

1. Möglichkeit der Isolierung

Die direkte Methode löst – als abgrenzungstechnische „Denkhilfe“[677] – die Gewinnabgrenzung von der zivilrechtlichen Einheit des Unternehmens und blickt auf die einzelnen Betriebsteile. Abhängig von dem Grad der fiktiven Verselbständigung der Betriebsstätte sind Vereinbarungen zwischen den Unternehmensteilen steuerlich zu berücksichtigen. Soweit die Selbständigkeitsfiktion reicht, schlagen zivilrechtliche Einwendungen gegen interne Absprachen nicht durch[678]. Diesem Gedanken folgend ist es bei umfassender Isolierung der Betriebsstätte möglich, das Kreditrisiko künstlich von der zugrunde liegenden Forderung zu trennen. Dies geschieht im Wege einer quasi-vertraglichen Absprache nach dem Vorbild der im Geschäftsverkehr zwischen fremden Dritten eingesetzten Instrumente der Risikomobilisierung.

Die Isolierung von Kreditrisiko und Wirtschaftsgut durch institutsinterne Vereinbarung kommt insbesondere bei absoluter Steuerselbständigkeit der Betriebsstätte im Sinne des *„functionally separate entity approachs“* in Betracht[679]. Aber auch bei

---

677 Plastisch *Hofmann*, IWB v. 10.3.1984, F. 3 Gr. 1, 867 (869).

678 Deutlich auch *van Raad*, Intertax 2000, 162 (165).

679 Vgl. OECD, Betriebsstättenbericht 2010, Part II Tz. 173, 179. Die Anerkennung des einzelgeschäftsbezogenen Risikotransfers ist von abstrakten internen Garantieversprechen des Stammhauses gegenüber der Betriebsstätte zu unterscheiden. Der OECD-

einschränkender Interpretation der fiktiven Verselbständigung der Betriebsstätte ist die Anerkennung interner Risikovereinbarungen nicht von vornherein verwehrt. Die Übernahme und Bewirtschaftung der vielfältigen Erfolgsrisiken des Kreditgeschäfts ist Kernkompetenz von Kreditinstituten[680]. Banken agieren als Finanzintermediär zwischen Kapitalgebern und Kapitalnachfragern und bringen neben den unterschiedlichen Kapitalanlage- und Kapitalaufnahmebedürfnissen auch deren gegenläufige Risikoneigung zum Ausgleich[681]. Sie gewährleisten den reibungslosen Ablauf der Finanz- und Risikotransformation[682], indem sie Risiken bewerten, überwachen und gegebenenfalls auf Dritte abwälzen. Darüber hinaus erbringen Banken genuine Risikogeschäfte und sichern Risiken fremder Dritter ab. Ein Ausschnitt des Risikogeschäfts von Kreditinstituten ist „die Übernahme von Bürgschaften, Garantien und sonstigen Gewährleistungen für andere" (vgl. § 1 Abs. 1 Satz 2 Nr. 8 KWG).

Bezogen auf die steuerliche Anerkennung unternehmensinterner Darlehen sehen der OECD-Bericht 1984 wie auch die BS-VwG 1999 eine Ausnahme von der eingeschränkten Selbständigkeitsfiktion der Betriebsstätte vor[683]. Der OECD-Steuerausschuss hebt hervor, dass die Vergabe von Darlehen Hauptgeschäftstätigkeit von Banken ist[684]. Aus diesem Grunde seien auch institutsinterne Geldströme steuerlich zu berücksichtigen und fremdüblich zu vergüten. Die wachsende Bedeutung der kapitalmarktorientierten Risikosteuerung lässt Zweifel daran entstehen, ob der Argumentationstopos der gewöhnlichen Geschäftstätigkeit auf das Kreditgeschäft beschränkt werden kann. Je mehr sich die Risikobewältigung zu einem eigenständigen, das Kreditgeschäft komplementierenden Geschäftsfeld von Kreditinstituten entwickelt, desto weniger überzeugt die Restriktion der Haupttätigkeitsregel auf „Innendarlehen". Demzufolge sind auch bei eingeschränkter Selbständigkeitsfiktion der Betriebsstätte interne Vereinbarungen über das Tragen von

---

Steuerausschuss versagt *„internal guarantees"* die steuerliche Anerkennung (vgl. OECD, Betriebsstättenbericht 2010, Part I Tz. 33, Part II Tz. 82, 170).

680 *Bröder*, Risikomanagement im internationalen Bankgeschäft, S. 177; *Vögele/Borck*, IStR 2002, 176.

681 *Büschgen*, Bankbetriebslehre, S. 742.

682 Dazu *Bank*, in Gerke/Steiner, HWF, Sp. 838 f.

683 Siehe bereits Teil 3, A. II. 1. a) der Arbeit; BMF-Schreiben vom 24.12.1999, BStBl. I 1999, 1076 (1093 [Tz. 4.1.4]).

684 OECD, Bericht 1984, Teil 2 Tz. 48 f.

(Kredit-)Risiken steuerlich grundsätzlich anzuerkennen[685]. Voraussetzung ist, dass das Institut kapitalmarktorientierte Risikosteuerung im Außenverkehr betreibt und Aktivitäten der Risikobewältigung mithin zu der gewöhnlichen Geschäftstätigkeit zählen. Für die Durchbrechung der eingeschränkten Selbständigkeitsfiktion bezüglich interner Risikoabsprachen bei Kreditinstituten spricht auch das abkommensrechtliche „Dealing at arm's length"-Prinzip[686]. Selbständige und unabhängige Unternehmen der Geld- und Kreditwirtschaft praktizieren den Risikotransfer durch Abschluss marktfähiger Kreditderivate im gewöhnlichen Geschäftsgang. Im Ergebnis zeigt sich, dass der in den BS-VwG 1999 vorgesehene Ausschluss des internen Risikotransfers nach Kreditausreichung keine Zustimmung verdient.

2. Folgen der Isolierung

Über die Auswirkungen des institutsinternen Risikotransfers auf die Gewinnabgrenzung bestimmt neben der Reichweite der steuerlichen Selbständigkeitsfiktion der Betriebsstätte der konkrete Inhalt der zwischen den Unternehmensteilen getroffenen Vereinbarung. Der interne Risikotransfer kann auf die abweichende Zurechnung des wirtschaftsgutbezogenen Wertberichtigungsaufwandes gerichtet sein. Ebenso kann eine Ausgleichszahlung bei Eintritt eines bestimmten Kreditereignisses vereinbart werden. In diesem Fall wird der das Risiko absichernde Unternehmensteil die Zahlung einer Prämie verlangen.

Das erstgenannte Beispiel des Transfers des Abschreibungspotentials steht in Bezug zu der eingeschränkten Selbständigkeitsfiktion. Ein Unternehmensteil übernimmt gegen fremdübliche Vergütung das Kreditrisiko einer einem anderen Unternehmensteil zugeordneten Buchposition[687]. Nach dem Grundsatz wirtschaftlicher Zugehörigkeit führt dies zu einer geänderten Zurechnung des (potentiellen) Wertberichtigungsaufwandes. Dagegen berücksichtigt der *„functionally separate entity approach"* des OECD-Berichts 2010 die Vereinbarung interner Risikoabsprachen wie unter fremden Dritten. Dies eröffnet den Unternehmensteilen die Möglichkeit,

---

685 Ebenso *Arndt*, Geschäftstätigkeit deutscher Banken, S. 111; *Erb*, IStR 2008, 608 (612). Ablehnend *Förster/Naumann*, DB 2004, 2337 (2339).

686 So auch *Dehnen*, CDFI 81a (1996), 401 (416); *ders.*, DB 1997, 1431 (1432); zustimmend *Ammelung*, in Grotherr, Hdb Steuerplanung², S. 851 (865).

687 Vgl. nur BMF-Schreiben vom 24.12.1999, BStBl. I 1999, 1076 (1092 [Tz. 4.1.2]).

„Quasi-Kreditausfall-Swaps" abzuschließen. Sie können festlegen, ob bei Eintritt des definierten Kreditereignisses ein Barausgleich zu erfolgen hat („*cash settlement*"), oder ob die Verbindlichkeiten des Referenzschuldners übertragen werden („*physical settlement*")[688]. Unabhängig von der jeweiligen Abwicklungsart zahlt der sich absichernde Unternehmensteil eine einmalige oder periodische Prämie an den anderen Betriebsteil. Die Ausgestaltungsvielfalt der Kreditderivate schafft erhebliches Gestaltungspotential für die steuerliche Gewinnabgrenzung. Das gibt Anlass zu fragen, welche – einschränkenden – Anforderungen an die steuerwirksame Isolierung von Wirtschaftsgut und Risiko zu stellen sind.

3. Voraussetzungen der Isolierung dem Grunde nach

Die institutsinterne Isolierung von Wirtschaftsgut und Risiko aktiviert den Fremdvergleichsgrundsatz in seiner Ausprägung als objektivierender Maßstab der Gewinnabgrenzung dem Grunde nach. Demzufolge sind Risiken zwischen Unternehmensteilen so zu verteilen, wie sie zwischen selbständigen und unabhängigen Unternehmen mit vergleichbarer Funktionsstruktur verteilt werden würden[689]. Gedanklicher Ausgangspunkt für die Zuordnung von Risiken ist die Tatsache, dass Maschinen originär keine Risiken übernehmen[690]. Ungeachtet des technologischen Fortschritts reagieren menschliche Entscheidungsträger auf Risiken, indem sie – automatisierte – Überwachungsprozesse programmieren und steuern[691]. Daraus folgt, dass Risiken einem Betriebsteil nur dann steuerwirksam zugewiesen werden können, wenn dieser über eine hinreichende personelle und sachliche Infrastruktur verfügt, um die übernommenen Risiken zu überwachen und auf diese steuernd Einfluss zu nehmen[692].

---

688 Zu den Abwicklungsmethoden von CDS *Litten/Bell*, ZIP 2011, 1109 (1114).

689 Siehe nur *Ditz*, Gewinnabgrenzung, S. 308.

690 Deutlich *Sprague/Hersey*, TNI 2002, 629 (644): „*Machines can't take risks*"; ebenso *Schön*, BTR 2010, 554 (560).

691 Treffend *Ditz*, Gewinnabgrenzung, S. 307 f. Ebenso *Gleißner*, Grundlagen des Risikomanagements², S. 246.

692 So auch OECD, Betriebsstättenbericht 2010, Part II Tz. 179. Siehe auch *Baumhoff*, in F/W/B, AStR, § 1 AStG Anm. 316 (Nov. 1999); *Pijl*, ET 2006, 29 (31); im Lichte des „E-Commerce" *Ackerman/Danziger/Faiferlick/Lim/Wood*, TNI 2001, 1465 (1468).

Das Erfordernis personeller und technologischer Ausstattung rührt aus der dem (hypothetischen) Fremdvergleichsgrundsatz zugrunde liegenden Rechtsfigur des ordentlichen und gewissenhaften Geschäftsleiters[693]. Ein idealisierter Geschäftsleiter würde bei vorsichtiger kaufmännischer Prognose ein Geschäft nur eingehen, wenn er daraus innerhalb eines überschaubaren Zeitraumes einen angemessenen Gesamtgewinn erwarten kann[694]. Diesem Gedanken folgend würde ein ordentlicher und gewissenhafter Bankgeschäftsleiter ein Kreditrisiko nur eingehen, wenn er im Zeitpunkt der Übernahme davon ausgehen kann, dass ein Kreditereignis nicht oder nur mit einer bestimmten geringen Wahrscheinlichkeit eintreten wird. Der das Risiko übernehmende Unternehmensteil muss demnach über die erforderlichen personellen und sachlichen Mittel verfügen, um die gebotene kaufmännische Ex-ante-Prognose vornehmen und das Risiko nach Übernahme bewirtschaften zu können[695]. Aus dem Fremdvergleichsgrundsatz folgt jedoch nicht, dass Risiken nur dem Unternehmensteil zugeordnet werden können, der diese am besten kontrollieren kann. Ebenso steht der interne Transfer nicht unter der Bedingung, dass Risiken dort verortet werden, wo sie unter ökonomischen Gesichtspunkten am effizientesten kontrolliert oder bewirtschaftet werden[696]. Der Fremdvergleich stellt lediglich sicher, dass der Risikokäufer über die nötige Infrastruktur verfügt, und dass er seine Entscheidung zur Risikoübernahme auf Grundlage seiner tatsächlichen betrieblichen Kapazitäten fällt.

Im Ergebnis ist die gewillkürte Zuordnung von Risiken innerhalb des Einheitsunternehmens möglich, soweit eine hinreichende personelle und sachliche Basis für den Umgang mit diesen existiert[697]. Zu Unsicherheit führt insoweit der in dem OECD-Bericht 2010 verankerte Leitsatz *„risks follow functions"*. Dieses Axiom darf nicht in dem Sinne verstanden werden, dass das Risiko an dieselbe(n) Funktion(en) gebunden ist. Vielmehr bedarf es einer „funktionalen Einbettung" des Risikos. Es

---

693 Der BFH übernahm die im Handels- und Gesellschaftsrecht entwickelte Rechtsfigur des ordentlichen und gewissenhaften Geschäftsleiters mit Urteil vom 16.3.1967, BStBl. III 1967, 626 (627) in das Steuerrecht (vgl. *Borstell*, in Vögele/Borstell/Engler, Hdb Verrechnungspreise[3], Kap. C Rz. 71, 77 f.).

694 BFH, Urteil vom 17.2.1993, BStBl. II 1993, 457 (458); vgl. auch BFH, Urteil vom 17.5.1995, BStBl. II 1996, 204 (205).

695 In diesem Sinne auch *Andresen*, in W/A/D, Betriebsstätten-Hdb, Rz. 10.89 (S. 476).

696 *Schön*, WTJ 2009, 67 (113) prägt den Begriff des *„cheapest risk avoider"*.

697 So auch *Friese*, Rechtsformwahlfreiheit, S. 248.

gilt der Leitgedanke *„risk needs function"*. Nur soweit es in dem das Risiko empfangenden Unternehmensteil an personellen Leistungsträgern und informationstechnologischer Infrastruktur fehlt, bedingt der Risikotransfer den Übergang oder die Einrichtung der entsprechenden Funktion(en).

Einen praktisch bedeutsamen Anhaltspunkt für die Anerkennung eines institutsinternen Risikotransfers liefern die Regelwerke der „International Swaps and Derivatives Association (ISDA)". Das „ISDA Master Agreement" bildet das im Geschäftsverkehr zwischen fremden Dritten gebräuchlichste Muster für die inhaltliche Ausgestaltung der generell frei verhandelbaren CDS-Absprachen[698]. Die standardisierten Rahmenbedingungen der ISDA können Aufschluss darüber geben, ob die internen Risikoabsprachen den Vereinbarungen zwischen fremden Dritten entsprechen[699]. Die Einhaltung der im Geschäfts- und Rechtsverkehr etablierten ISDA-Regeln indiziert die Fremdüblichkeit einer in der Gestalt eines „Quasi-Kreditausfall-Swaps" getroffenen internen Risikoabsprache und somit deren steuerliche Berücksichtigung dem Grunde nach.

4. Grenzen der Isolierung auf Ebene der Gewinnabgrenzung der Höhe nach

Unter den voranstehend skizzierten Anforderungen ist die Isolierung von Finanzwirtschaftsgut und Risiko konsequente Folge der direkten Gewinnabgrenzung bei Bankbetriebsstätten. Die Anerkennung dem Grunde nach sagt allerdings noch nichts darüber aus, ob es ebenso möglich ist, interne Risikovereinbarungen auch auf Ebene der Gewinnabgrenzung der Höhe nach sachgerecht abzubilden. Die steuerliche Berücksichtigung interner Risikovereinbarungen beruht entscheidend auf der Bemessung fremdüblicher Entgelte. Voraussetzung dafür sind aussagekräftige Referenztransaktionen zwischen fremden Dritten.

Belastbare Referenzdaten für den internen Risikotransfer in Form von „Quasi-Kreditausfall-Swaps" stehen nur eingeschränkt zur Verfügung. Für CDS existiert

---

[698] Zu den verschiedenen Versionen des ISDA Master Agreements *Schwarze*, BKR 2010, 42 (42). Zu dem Aufbau der ISDA-Dokumentation *von Sachsen-Altenburg*, in Zerey, Hdb Finanzderivate³, § 7 Rn. 11 ff.

[699] Ebenso *Andresen*, in W/A/D, Betriebsstätten-Hdb, Rz. 10.89 (S. 477).

weithin kein börslich organisierter Markt[700]. Der Abschluss und Handel der Kontrakte erfolgt vornehmlich im bilateralen Direkthandel (sog. OTC-Handel)[701]. Aussagekräftige Vergleichsdaten sind deshalb nur eingeschränkt öffentlich zugänglich und das in der Regel auch nur für kapitalmarktfähige Unternehmen und für Staaten[702]. Marktübliche Entgelte sind jedenfalls dann nicht sinnvoll feststellbar, wenn interne Kreditausfall-Swaps für individuell aggregierte Forderungsmehrheiten vereinbart werden.

Die CDS-Prämie richtet sich nach dem Kreditrisiko des Referenzaktivums und somit nach der Ausfallwahrscheinlichkeit des Referenzschuldners[703]. Die für Referenzschuldner vergleichbarer Bonitätsstufen gezahlten Risikoprämien liefern zwar einen Anhaltspunkt für den institutsinternen Transfer des Kreditrisikos ausgereichter Darlehen. Ein solcher Ansatz entfernt sich aber von dem Ziel des OECD-Steuerausschusses, den Fremdvergleichspreis auf Grundlage tatsächlicher Marktentgelte zu bemessen. Das Fehlen belastbarer Marktwerte kann schließlich auch nicht unter Rekurs auf das Basel-II-Rahmenwerk ausgeglichen werden[704]. Kreditderivate mindern unter bestimmten Voraussetzungen das vorzuhaltende regulatorische Eigenkapital[705]. Das Bankaufsichtsrecht bietet indes keinen Vergleichsmaßstab für die Bemessung der an den Risikokäufer (*„protection seller"*) zu zahlenden Prämie. Insgesamt erweist sich die fremdübliche Vergütung als entscheidendes Hindernis für die steuerliche Berücksichtigung interner Risikoabsprachen.

---

700 *Bösch*, Derivate², S. 254.

701 Das Kürzel OTC steht für *„over the counter"*. Die Europäische Kommission strebt die Einrichtung sogenannter zentraler Gegenparteien („Central Counterparties") an (siehe „Vorschlag für eine Verordnung des Europäischen Parlaments und des Rates über OTC-Derivate, zentrale Gegenparteien und Transaktionsregister" vom 15. September 2010 [KOM(2010) 484 endgültig]).

702 Anhaltspunkte für besonders liquide Adressen können CDS-Indizes – namentlich DJ iTraxx und DJ CDX – liefern (dazu *Rudolph/Hofmann/Schaber/Schäfer*, Kreditrisikotransfer², S. 103 f.).

703 Siehe nur *Berg*, Kreditderivate, S. 301 f.; *Reiner/Schacht*, WM 2010, 385 (391); siehe auch *Hull*, Risikomanagement², S. 353.

704 In diesem Sinne indes *Andresen*, in W/A/D, Betriebsstätten-Hdb, Rz. 10.89 (S. 477).

705 Im Standardansatz führen anerkennungsfähige Kreditderivate dazu, dass dem abgesicherten Teil der Transaktion das niedrigere Risikogewicht des Sicherungsgebers zugeordnet wird (siehe BCBS, Basel II, Tz. 196).

VII. Ergebnis

Institutsinterne Risikoabsprachen sind – dem Grunde nach – sowohl bei umfassender als auch bei eingeschränkter fiktiver Verselbständigung der Bankbetriebsstätte im Rahmen der steuerlichen Gewinnabgrenzung zu berücksichtigen. Dies entspricht der bankbetrieblichen Realität, weil Risiken „Handelsware" von Kreditinstituten sind und ist das Ergebnis der konsequenten Umsetzung der sogenannten Haupttätigkeitsregelung. Zweifel entstehen, weil Risiken nutzentheoretisch nicht „greifbar" sind und die Verrechnung marktüblicher Entgelte für den Binnenrisikotransfer mit erheblicher Unsicherheit verbunden ist.

D. Konsequenzen für die Gewinnabgrenzung dem Grunde nach

Das operative Risikomanagement durch aktive Risikosteuerung beeinflusst nicht nur den betrieblichen Erfolg im Kreditgeschäft, sondern gleichsam die steuerliche Allokation der geschaffenen Kreditwirtschaftsgüter. Bei der Analyse dieser Auswirkungen ist zwischen der Vermögensabgrenzung bei Leistungserstellung und der nachträglichen Änderung der initialen Zuordnung zu unterscheiden.

I. Die initiale Zuordnung von Kreditforderungen

Maßstab der abkommensrechtlichen Vermögensabgrenzung ist das Prinzip der wirtschaftlichen Zugehörigkeit[706]. Konkretisierend fordern einzelne Autoren den Nachweis eines funktionalen Zusammenhangs zwischen Wirtschaftsgut und Betriebsstätte[707]. Auch der neugefasste Art. 7 Abs. 2 OECD-MA 2010 knüpft die Gewinnabgrenzung ausdrücklich an die von der Betriebsstätte „ausgeübten Funktionen" (*„functions performed"*). Ob das Kriterium eines funktionalen Konnexes dazu dienen kann, das deutungsoffene Prinzip der wirtschaftlichen Zugehörigkeit zu präzisieren, ist im Folgenden zu untersuchen.

---

[706] Vgl. Teil 1, C. II. 1. a) aa) der Arbeit.

[707] Dazu bereits Teil 1, C. II. 1. a) cc) der Arbeit.

1. Das Kriterium des funktionalen Zusammenhangs

Grundlage und Ausgangspunkt einer funktionalen Vermögenszuordnung ist der Begriff der Funktion. Nur soweit es gelingt, diesen deutungsoffenen Begriff inhaltlich zu konkretisieren, gewinnt auch das Postulat eines funktionalen Zusammenhangs an Kontur.

a) Der Begriff der Funktion im Abkommensrecht

In dem neugefassten Art. 7 Abs. 2 OECD-MA 2010 wird der Begriff der Funktion erstmals in dem Abkommenstext verankert. Weder Art. 7 noch die allgemeinen Begriffsbestimmungen des Art. 3 Abs. 1 OECD-MA enthalten allerdings eine Definition des Funktionsbegriffes im Kontext der abkommensrechtlichen Gewinnabgrenzung. Der Versuch einer inhaltlichen Beschreibung setzt bei der Rechtsnatur der DBA an. Die Abkommen formen als völkerrechtliche Verträge einen eigenen Rechtskreis mit eigener Terminologie[708]. Die Auslegung der in einem DBA verwendeten Rechtsbegriffe erfolgt deshalb aus dem Abkommen heraus, ohne Rückgriff auf Begriffsprägungen des nationalen Rechts[709].

Anhaltspunkte für eine inhaltliche Bestimmung des Funktionsbegriffes im Sinne des Art. 7 OECD-MA 2010 lassen sich weder aus den übrigen Verteilungsnormen noch aus dem Abkommenszusammenhang gewinnen. Dies lenkt den Blick auf die Erläuterungen des OECD-Musterkommentars und – über den darin enthaltenen Verweis[710] – auf den OECD-Betriebsstättenbericht 2010. Beide Veröffentlichungen heben das Instrument der „Funktions- und Sachverhaltsanalyse" hervor[711], enthalten aber keine allgemeingültige Definition der Funktion. Ohne Ergebnis bleibt auch der Verweis des OECD-Musterkommentars auf die OECD-Verrechnungspreisgrundsätze[712], denen lediglich eine beispielhafte Aufzählung typischer Funktionen – von Industrie- und Handelsunternehmen – zu entnehmen ist[713].

---

708 *Wassermeyer*, in Debatin/Wassermeyer, Art. 3 MA Rz. 76, 71a (Okt. 2009).

709 *Debatin*, Beihefter zu DStR 23/1992, 1 (6); *Lang*, Doppelbesteuerungsabkommen², Rz. 86, 91; m.w.N. *Schaumburg*, Internationales Steuerrecht³, Rz. 16.52.

710 Vgl. OECD-MK 2010, Art. 7 MA Tz. 9.

711 Vgl. OECD-MK 2010, Art. 7 MA Tz. 21; OECD, Betriebsstättenbericht 2010, Part I Tz. 10.

712 OECD-MK 2010, Art. 7 MA Tz. 22.

713 Die OECD-Guidelines 2010, Tz. 1.43 nennen beispielhaft: Design, Herstellung, Montage, Forschung und Entwicklung, Service, Einkauf, Vertrieb, Marketing, Werbung, Trans-

Soweit das Abkommen einzelne Termini nicht definiert, stellt sich die Frage, ob ein Rückgriff auf das innerstaatliche Recht des jeweiligen Vertragsstaates in Betracht kommt (vgl. Art. 3 Abs. 2 OECD-MA)[714]. Das deutsche innerstaatliche Recht verwendet den Begriff Funktion insbesondere im Rahmen der Besteuerung von Funktionsverlagerungen (§ 1 Abs. 3 Satz 9 AStG)[715]. Fraglich ist, ob die nationale Begriffsprägung Rückschlüsse für die abkommensrechtliche Gewinnabgrenzung erlaubt. Dies setzt voraus, dass sich die jeweiligen Regelungszwecke entsprechen.

Das Regime der Funktionsverlagerung richtet sich gegen die Verlagerung von Steuersubstrat zwischen grenzüberschreitend verbundenen Unternehmen[716]. Der Gesetzgeber zielt darauf, „die Besteuerung in Deutschland geschaffener Werte sicherzustellen“[717]. Regelungsgegenstand ist die konzerninterne Übertragung von „Gewinnpotenzialen“[718] durch grenzüberschreitenden Transfer von Funktionen. Das AStG selbst enthält keine Legaldefinition des Funktionsbegriffes. Eine terminologische Beschreibung liefert die Funktionsverlagerungsverordnung (FVerlV)[719]. Eine Funktion ist danach „eine Geschäftstätigkeit, die aus einer Zusammenfassung gleichartiger betrieblicher Aufgaben besteht, die von bestimmten Stellen oder Abteilungen eines Unternehmens erledigt werden“ (§ 1 Abs. 1 Satz 1 FVerlV). Einer solchen Zusammenfassung betrieblicher Aufgaben kommt nur dann Funktionsqualität zu, wenn es sich um einen „organischen Teil eines Unternehmens“ handelt[720]. Eine Funktion im Sinne des AStG ist demnach ein verlagerungsfähiges

---

port, Finanzierung, Management. Weitere Beispiele bei *Baumhoff,* in F/W/B, AStR, § 1 AStG Anm. 309 (Nov. 1999). Kritik an der beispielhaften Auflistung einzelner Funktionen übt *Eisele,* Funktionsverlagerung, S. 11 f.

714 Streitig ist, wann ein Ausdruck im Sinne des Art. 3 Abs. 2 OECD-MA „nicht definiert“ ist (dazu *Wassermeyer,* in Debatin/Wassermeyer, Art. 3 MA Rz. 74, 82 [Okt. 2009]).

715 Eingeführt durch das Unternehmensteuerreformgesetz 2008 v. 14.8.2007 (BGBl. I 2007, 1912).

716 *Kraft,* in Kraft, AStG, § 1 Rz. 10.

717 BT-Drs. 16/4841, S. 84.

718 Vgl. § 1 Abs. 1 Satz 6 AStG.

719 „Verordnung zur Anwendung des Fremdvergleichsgrundsatzes nach § 1 Abs. 1 des Außensteuergesetzes in Fällen grenzüberschreitender Funktionsverlagerungen“ v. 12.8.2008 (BGBl. I 2008, 1680). Konkretisiert durch die VwG-Funktionsverlagerung, BMF-Schreiben vom 13.10.2010, BStBl. I 2010, 774.

720 § 1 Abs. 1 Satz 2 FVerlV; vgl. auch BT-Drs. 16/4841, 86.

Aufgabenbündel, das eine „gewisse betriebswirtschaftliche Eigenständigkeit"[721] aufweist. Der in Art. 7 Abs. 2 OECD-MA 2010 verankerte Funktionsbegriff ist demgegenüber Instrument der fiktiven Verselbständigung der Betriebsstätte.

Der Vergleich zwischen außensteuerrechtlicher Funktionsverlagerung und abkommensrechtlicher Gewinnabgrenzung offenbart die abweichende Zielsetzung der beiden Regelungsmaterien. Das AStG betrachtet die grenzüberschreitende Verlagerung bestimmter Ausschnitte der Unternehmenstätigkeit im Kontext betrieblicher Restrukturierungen. Im Gegensatz dazu blickt das Abkommensrecht auf das Unternehmensgefüge in seiner Gesamtheit und versucht, einen operativen Teil des Unternehmens fiktiv aus diesem auszugliedern und als selbständiges Unternehmen zu konstruieren. Es zeigt sich, dass das Abkommensrecht und das nationale Recht insoweit unterschiedlichen Regelungszwecken folgen. Die Begriffsprägung nach nationalem Recht bietet folglich keinen Bezugspunkt für die abkommensrechtliche Gewinnabgrenzung. Die Tatsache, dass Art. 7 Abs. 2 OECD-MA 2010 an die „wirtschaftlichen Grundlagen der Betriebsstättentätigkeit"[722] anknüpft, rückt den Begriff der Funktion im betriebswirtschaftlichen Sinne in den Blickpunkt.

b) Die Funktion in der betriebswirtschaftlichen Organisationstheorie

Der organisationstheoretische Funktionsbegriff ist aus dem allgemeinen Erkenntnisinteresse der Betriebswirtschaftslehre zu entwickeln. Dieses gilt der bestmöglichen Erfüllung der betrieblichen Formalziele – Produktivität, Wirtschaftlichkeit und Rentabilität – durch Koordination der betrieblichen Teilaufgaben[723]. Davon ausgehend dient der Funktionsbegriff als Instrument, um die betrieblichen Organisationsstrukturen zu beschreiben und ökonomisch effizient auszurichten. Er beschreibt die Zuteilung von Aufgaben zu einer betrieblichen Stelle und deren Erfüllung im Lichte des angestrebten Unternehmensziels[724]. In den verschiedenen

---

721 BMF-Schreiben vom 13.10.2010, BStBl. I 2010, 774 (779, Rn. 18). *Borstell/Schäperclaus*, IStR 2008, 275 (281) fordern die „Lebensfähigkeit an einem Markt".

722 So anschaulich die Kapitalüberschrift bei *Jacobs*, Internationale Unternehmensbesteuerung[7], S. 680. Vgl. auch *Oosterhoff*, ITPJ 2008, 68 (73).

723 *Jung*, Betriebswirtschftslehre[11], S. 258, 30 f.

724 *Hruschka*, in Schaumburg/Piltz, Funktionsverlagerungen, S. 1 (2); *Eisele*, Funktionsverlagerung, S. 15.

Funktionen kommt die arbeitsteilige Wertschöpfung innerhalb eines Unternehmens zum Ausdruck[725].

In der betriebswirtschaftlichen Organisationstheorie beschreibt der Funktionsbegriff einen Teilbereich betrieblicher Aufgaben, der nach bestimmten Kriterien aus der Gesamtaufgabe des Unternehmens herausgelöst wird[726]. Es existieren weder einheitliche Kriterien für die Analyse der Aufgaben noch für die anschließende Zuweisung einzelner Aufgaben zu den ausführenden Stellen. Aus diesem Grunde hat sich in der Organisationstheorie kein einheitliches Verständnis des Funktionsbegriffes verfestigt[727]. Einzelne verallgemeinerungsfähige Merkmale treten jedoch besonders hervor[728]. Eine Funktion umfasst grundsätzlich mehrere Einzelaufgaben, die von dem Gesamtziel der Unternehmung abhängig sind[729]. Die verschiedenen betrieblichen Funktionen sind wechselseitig miteinander verknüpft oder bauen aufeinander auf. Die resultierende Unselbständigkeit einzelner Funktionen verwehrt die Unterscheidung zwischen Hauptfunktionen und untergeordneten Neben- oder Hilfsfunktionen[730].

Einer einheitlichen Definition des Funktionsbegriffes steht in erster Linie die unternehmensspezifische Ausgestaltung der Organisationsstruktur entgegen. Im Falle der Bündelung von Aufgaben gleicher Verrichtung bei einem Unternehmensteil – sogenannte Funktionalorganisation – entstehen verschiedene Funktionsbereiche, die typischerweise eine Wertschöpfungsstufe umfassen, zum Beispiel Produktion, Vertrieb oder Beschaffung[731]. In einem grenzüberschreitenden Unternehmen können die einzelnen Verrichtungen auf verschiedene operative Einheiten verteilt werden. Folgt die Aufbauorganisation hingegen dem Objektprinzip, das heißt der Ausrichtung nach gleichartigen Produkten, Kundengruppen oder regionalen

---

725 *Ditz*, in W/A/D, Betriebsstätten-Hdb, Rz. 4.2.

726 *Borstell/Schäperclaus*, IStR 2008, 275 (276); *Kraft*, in Kraft, AStG, § 1 Rz. 360; *Greil*, IWB 2011, 209 (214).

727 *Borstell/Wehnert*, in Vögele/Borstell/Engler, Hdb Verrechnungspreise[3], Kap. Q Rz. 14; *Eisele*, Funktionsverlagerung, S. 11.

728 Anschaulich *Eisele*, Funktionsverlagerung, S. 22 ff.

729 Vgl. *Ditz*, in W/A/D, Betriebsstätten-Hdb, Rz. 4.2.

730 *Vögele/Freytag*, RIW 2001, 172 (173 f.); *Eisele*, Funktionsverlagerung, S. 25 f., 15; *Ditz*, in W/A/D, Betriebsstätten-Hdb, Rz. 4.2.

731 *Picot/Dietl/Franck/Fiedler/Royer*, Organisation[6], S. 369.

Zuständigkeitsbereichen (sog. Spartenorganisation)[732], treten die einzelnen Teilprozesse der Wertschöpfung hervor[733]. Bei grenzüberschreitenden Unternehmen kann die Abfolge der einzelnen Prozesse der Leistungserstellung innerhalb einer Sparte auf mehrere Unternehmensteile verteilt werden. Diese aufbauorganisatorischen Besonderheiten stehen einem einheitlichen Verständnis des Funktionsbegriffes entgegen[734].

c) Quintessenz und Konsequenzen für die Vermögensabgrenzung bei Bankbetriebsstätten

Der Funktionsbegriff wird abhängig von dem jeweiligen Erkenntnisinteresse unterschiedlich „dimensioniert"[735]. Während das Institut der Funktionsverlagerung einzelne betriebliche Aufgaben zu einem lebensfähigen „organischen Teil eines Unternehmens" aggregiert[736], zielt die Betriebswirtschaftslehre auf die ökonomisch effiziente Koordination der einzelnen Aufgaben. Demgegenüber ist die abkommensrechtliche Gewinnabgrenzung darauf gerichtet, der als selbständiges Unternehmen gedachten Betriebsstätte den Gewinn zuzurechnen, der ihrem Anteil an der Leistung des Gesamtunternehmens entspricht[737]. Die Gewinnabgrenzung knüpft an die betriebliche Realität an. Dies entspricht der Natur des Steuerrechts, das auf Teilhabe des Staates am wirtschaftlichen Erfolg der einzelnen Wirtschaftssubjekte gerichtet ist[738]. Die Besteuerung regelt nicht den zugrunde liegenden Lebenssachverhalt und blendet das „Wie" der Erwirtschaftung von Einkünften aus[739]. Die interne Zuweisung der Aufgaben ist als originärer Organisationsakt Ausdruck unternehmerischer Handlungsfreiheit und steht allein zur Disposition

---

[732] *Schulte-Zurhausen*, Organisation[5], S. 266; *Frese/Graumann/Theuvsen*, Organisation[10], S. 436 f.; *Eisele*, Funktionsverlagerung, S. 20.

[733] Vgl. *Picot/Dietl/Franck/Fiedler/Royer*, Organisation[6], S. 375.

[734] In diesem Sinne auch *Greil*, IWB 2011, 209 (216).

[735] So auch *Borstell/Wehnert*, in Vögele/Borstell/Engler, Hdb Verrechnungspreise[3], Kap. Q Rz. 14.

[736] Vgl. § 1 Abs. 1 FVerlV.

[737] So *Hemmelrath*, in Vogel/Lehner, DBA[5], Art. 7 Rz. 102. Der AOA nimmt die einzelnen Unternehmensteile in den Blick.

[738] Pars pro toto *Kirchhof*, in Isensee/Kirchhof, HStR, Bd. V[3], § 118 Rn. 86.

[739] *Flume*, StbJb 1967/1968, 63 (64); *Drüen*, in Tipke/Kruse, AO/FGO, § 4 Tz. 277 (Okt. 2011); *Hey*, Festschrift Herzig, S. 7 (13).

der Geschäftsleitung[740]. Das gilt besonders im Falle der grenzüberschreitenden Leistungserstellung durch mehrere operative Betriebseinheiten. Die dem Prinzip der wirtschaftlichen Zugehörigkeit folgende Vermögensabgrenzung fragt demzufolge nicht, wie viele und welche Aufgaben eine Funktion bilden. Maßgeblich ist vielmehr die tatsächliche operative Zuweisung der einzelnen Tätigkeiten innerhalb des Einheitsunternehmens. Die Zuordnung der geschaffenen (Kredit-)Wirtschaftsgüter wird durch die transnationale Wertschöpfungskette bestimmt, in der sämtliche Aufgaben, die zur Herstellung und zum Vertrieb eines Produktes benötigt werden, zusammengefasst sind[741]. Der Blick richtet sich demnach auf die der arbeitsteiligen Leistungserstellung zugrunde liegenden Einzeltätigkeiten. Bezogen auf die Zuordnung der Wirtschaftsgüter des Kreditgeschäfts konkretisiert sich das Kriterium des funktionalen Zusammenhangs zu einer (einzel-)tätigkeitsbezogenen Betrachtungsweise[742].

Dieses Ergebnis wird durch die bankbetriebliche Organisation des grenzüberschreitenden Kreditgeschäfts bekräftigt. Multinationale Banken weisen die Leistungserstellung innerhalb der einzelnen Sparten nicht einer bestimmten Einheit zu, sondern beteiligen mehrere – geografisch getrennte – Stellen. Dementsprechend übernehmen auch Auslandsfilialen nur einen Ausschnitt des Wertschöpfungsprozesses. Die dem sogenannten Objektprinzip folgende Binnenorganisation hindert deshalb eine funktionale Betrachtungsweise in Form der Anknüpfung an bestimmte Aufgabenbündel. Den einzelnen Unternehmensteilen kann eine Vielzahl unterschiedlicher Aufgaben zugewiesen sein[743]. Zugleich erfolgt die Erstellung von Dienstleistungen unter Einsatz moderner Informationstechnologie nicht mehr notwendig an einem Ort[744], sondern als nahtloser Prozess zwischen mehreren Unternehmensteilen. Die einzelne Betriebsstätte verfügt weder über die notwen-

---

[740] *Blumers*, DB 2008, 1765 (1768); *Ditz*, Gewinnabgrenzung, S. 223 f.; *Kroppen*, in G/K/G, DBA, Art. 7 OECD-MA Rn. 73 (10. Lfg. 2002); vgl. auch *Nowotny*, Betriebstättengewinnermittlung, S. 101 f., 104.

[741] Siehe nur *Koch*, Wertschöpfungstiefe im Bankensektor, S. 17.

[742] Vgl. auch BFH, Urteil vom 18.12.2001, BFH/NV 2003, 964 (966). *Buciek*, in F/W/K, DBA-CH, Art. 7 Anm. 397 (Juli 2003) stellt auf die „Betätigung des betreffenden Unternehmensteils" ab.

[743] So auch *Nowotny*, Betriebstättengewinnermittlung, S. 151.

[744] Vgl. *Maleri/Frietzsche*, Dienstleistungsproduktion, S. 53; *Arndt*, Geschäftstätigkeit deutscher Banken, S. 104.

digen betrieblichen Kompetenzen[745] noch über die Ressourcen, um das Kreditgeschäft eigenständig zu betreiben. An erforderlicher Operationalität gewinnt das Kriterium der funktionalen Zusammenhangs mithin nur, wenn sich der Blick von bestimmten Aufgabenbündeln löst und auf Einzelprozesse richtet.

Die tätigkeitsbezogene Zuordnung von Kreditwirtschaftsgütern ist sowohl in dem OECD-Bericht 1984 als auch den BS-VwG 1999 angelegt[746]. In dem Betriebsstättenbericht 2010 blickt der OECD-Steuerausschuss – bei der Identifikation der KERT-Funktionen – hingegen auf bestimmte beispielhaft umrissene Aufgabenbündel[747]. Dieser Ansatz entspricht der Anwendung der OECD-Verrechnungspreisgrundsätze auf den Betriebsstättensachverhalt. Das weite Verständnis des Funktionsbegriffes im Sinne der Verrechnungspreisgrundsätze[748] erweist sich im Lichte der integrierten Organisationsstruktur grenzüberschreitender Kreditinstitute als nicht zielführend. Auch der OECD-Bericht räumt Schwierigkeiten bei der Qualifikation der einzelnen Funktionen ein. Hilfsweise soll die Funktionsanalyse im ersten Schritt des AOA dahingehend modifiziert werden, dass die Ausübung von Funktionen mit einzelnen Tätigkeiten („*activities*") gleichgesetzt wird[749].

2. Gewichtung der Wertschöpfungstätigkeiten im Kreditgeschäft

Der Blick auf die zu einer Wertschöpfungskette verbundenen Einzeltätigkeiten ermöglicht noch keine sachgerechte Zuordnung der Wirtschaftsgüter. Erforderlich ist es vielmehr, die verschiedenen Leistungsbeiträge gegeneinander abzugrenzen und zu gewichten.

---

[745] Nach den MaRisk setzt eine Kreditentscheidung positive Voten der Bereiche Markt und Marktfolge voraus (BaFin, MaRisk, Modul BTO 1.1 Tz. 2).

[746] OECD, Bericht 1984, Teil 2 Tz. 86; BS-VwG 1999, BMF-Schreiben vom 24.12.1999, BStBl. I 1999, 1076 (1092 [Tz. 4.1.2]). Auch *Hidien*, in K/S/M, EStG, § 49 Rn. D 2725 (Mai 2007) knüpft die Zuordnung von Forderungen an die Tätigkeit der Betriebsstätte.

[747] Vgl. OECD, Betriebsstättenbericht 2010, Teil 2 Tz. 6 f.; siehe auch Teil 3, C. III. 3.

[748] Siehe nur die beispielhafte Auflistung einzelner Funktionen in den OECD-Guidelines 2010, Tz. 1.43.

[749] OECD, Betriebsstättenbericht 2010, Part I Tz. 57.

a) Formale Betrachtung

Die BS-VwG 1999 richten die steuerliche Zuordnung der Kreditaktiva – in Anlehnung an den OECD-Bericht 1984 – an dem formalen Ablauf der Leistungserstellung aus[750]. Die Verwaltungsanweisungen betrachten die einzelnen Tätigkeiten in ihrer üblichen ablauforganisatorischen Reihenfolge und zeichnen auf dieser Grundlage ein typisierendes Phasenschema des gesamten Wertschöpfungsprozesses. Dieser formal organisationsbezogene Ansatz gewährleistet im Falle einer geografisch aufgespaltenen Wertschöpfungskette keine eindeutige Allokationsentscheidung. Die BS-VwG 1999 ergänzen die formale Betrachtung deshalb um ein normatives Element und fragen, welcher Unternehmensteil die einzelnen Haupttätigkeiten „überwiegend erbracht hat“[751]. Ausreichend für die Zuordnung kann somit bereits ein zahlenmäßiges Überwiegen der in einem Unternehmensteil erbrachten Tätigkeiten sein[752]. Auch der OECD-Bericht 1984 verzichtet auf eine eingehende relative Gewichtung der einzelnen Tätigkeiten und weist lediglich darauf hin, dass den Tätigkeiten im Vorfeld des Vertragsschlusses die „entscheidende wirtschaftliche Bedeutung“ zukommen soll[753].

b) Materielle Betrachtung

Die Gegenauffassung zu der formalen Betrachtung der Einzeltätigkeiten rekurriert auf die abstrakte Leistungserstellung von Kreditinstituten. Ausgangspunkt der Zuordnung der Kreditwirtschaftsgüter ist die volkswirtschaftliche Funktion von Banken als Finanzintermediär zwischen Wirtschaftssubjekten. Die Vermögensallokation soll sich danach richten, welcher Unternehmensteil die Transformationsleistung in Gestalt der Schaffung der „Kapitaldispositionsmöglichkeit“ erbringt[754]. Maßgeblich ist der „materielle“ Schwerpunkt der abstrakten Vermittlungsleistung. Unklar bleibt, welche Wertschöpfungsbeiträge nach diesem Ansatz als abgren-

750 BMF-Schreiben vom 24.12.1999, BStBl. I 1999, 1076 (1092 [Tz. 4.1.2]); vgl. OECD, Bericht 1984, Teil 2 Tz. 86.

751 BMF-Schreiben vom 24.12.1999, BStBl. I 1999, 1076 (1092 [Tz. 4.1.2]).

752 Vgl. Teil 3, I. A. 3 b) der Arbeit.

753 OECD, Bericht 1984, Teil 2 Tz. 86.

754 So *Arndt*, Geschäftstätigkeit deutscher Banken, S. 105.

zungserheblich zu qualifizieren sind[755]. Mehrere Autoren erachten die Fähigkeit und Bereitschaft der Bereitstellung ausleihungsfähiger Finanzmittel als Grundlage der Kreditvergabe[756]. Entscheidendes Abgrenzungskriterium ist demnach die Herkunft der ausgereichten Finanzmittel. Nach anderer Auffassung bilden die Übernahme und das Tragen des Risikos das maßgebliche Allokationskriterium[757]. Vermittelnd sprechen andere Autoren der Übernahme der Refinanzierung und der Risikotragung entscheidende Bedeutung zu[758]. Schließlich heben einzelne Autoren die Akquisition des Kreditnehmers[759] und die Prüfung der Kreditwürdigkeit hervor[760]. Wieder andere Stimmen stellen darauf ab, welcher Unternehmensteil die „Funktion des Geschäftsherrn"[761] übernimmt. In diesem Falle soll sich die Zuordnung danach richten, welchen Betriebsteil der Kunde als seinen Geschäftspartner ansieht[762].

c) Stellungnahme und eigener Ansatz

Das wesentliche Defizit der formalen Betrachtung nach dem OECD-Bericht 1984 wie auch nach den BS-VwG 1999 besteht darin, dass beide Ansätze das Aushandeln und den Abschluss des Kreditgeschäfts in den Mittelpunkt rücken. Sie berücksichtigen (noch) nicht hinreichend, dass sich die Leistungserstellung in zwei Phasen gliedert. Auf die Vorbereitung und den Vertragsschluss folgen die subsequenten Prozesse der passiven Verwaltung und der aktiven Risikobewältigung. Die Unter-

---

755 *Arndt*, Geschäftstätigkeit deutscher Banken, S. 105 unterscheidet drei Bereiche der Transformationsleistung: Den liquiditätsmäßig-finanziellen Bereich, den geschäftspolitischen Bereich und den technisch-organisatorischen Bereich.

756 *Hofmann*, IWB v. 10.3.1984, F. 3 Gr. 1, 867 (873 f.); *Arndt*, Geschäftstätigkeit deutscher Banken, S. 105, 107; *Gramlich*, Operatives Auslandsgeschäft, S. 122 f.; *Dehnen*, CDFI 81a (1996), 401 (413); ähnlich *Edgar/Holland*, TNI 2005, 525 (536); vgl. auch *Athanas*, CDFI 81a (1996), 21 (37). *Gramlich*, Operatives Auslandsgeschäft, S. 123 spricht von einer „Sensorfunktion".

757 *Klinger/Schmitt*, in Vögele/Borstell/Engler, Hdb Verrechnungspreise, Kap. M Rz. 104; *Weitbrecht*, IStR 2006, 548 (549); *Hofmann*, IWB v. 10.10.1986, F. 10 Gr. 2, 581 (587). Ablehnend *Diehl*, Zweigniederlassungen ausländischer Banken, S. 36; ähnlich *Burgers*, Branches of International Banks, S. 469.

758 *Ammelung*, IStR 1998, 713 (718); *Hidien*, in K/S/M, EStG, § 49 Rn. D 3462 (Mai 2007).

759 So *Andresen*, in W/A/D, Betriebsstätten-Hdb, Rz. 10.64.

760 *Diehl*, Zweigniederlassungen ausländischer Banken, S. 35.

761 So *Hofmann*, IWB v. 10.10.1986, F. 10 Gr. 2, 581 (594).

762 Ähnlich *Buciek*, in F/W/K, DBA-CH, Art. 7 Anm. 398, 324 (Juli 2003).

scheidung zwischen Kreditvergabe und „Bestandsphase"[763] korrespondiert mit der aufsichtsrechtlichen Trennung zwischen Markt und Marktfolge[764]. Der Wertschöpfungsprozess endet nicht mit Valutierung des Darlehens. Die Marktfolgeaktivitäten bestimmen maßgeblich über den operativen Erfolg des Geschäfts und wirken auf die primäre Leistungserstellung zurück. Auf die zweigliedrige Wertschöpfung im Kreditgeschäft weist nunmehr auch der OECD-Steuerausschuss in dem Betriebsstättenbericht 2010 hin[765]. Die formale Betrachtung sämtlicher Einzeltätigkeiten erscheint schließlich auch insoweit zweifelhaft, als die einzelnen (Teil-)Aufgaben in der transnationalen Wertschöpfungskette nahtlos miteinander verflochten und aus diesem Grunde nur eingeschränkt aufzuspüren sind.

Gegen die (materielle) Betrachtung der „Schaffung der Kapitaldispositionsmöglichkeit" spricht die bereits an dem elastischen und vieldeutigen Funktionsbegriff geübte Kritik[766]. Je weiter der Begriff der Funktion gefasst wird, desto größer ist die Wahrscheinlichkeit, dass sich eine Funktion auf mehrere Unternehmensteile erstreckt und somit nur verminderten Erkenntniswert für die Vermögensabgrenzung entfaltet. Dementsprechend ermöglicht der Blick auf die abstrakte Transformationsleistung keine aussagekräftige Allokation der Kreditwirtschaftsgüter. Dies gelingt erst durch Anknüpfung an bestimmte Einzeltätigkeiten. Insoweit liegt dem Konzept der KERT-Funktionen des OECD-Berichts 2010 zwar prima vista ein einleuchtender Gedankengang zugrunde. Das KERT-Konzept weist allerdings nicht nur erhebliche konzeptionelle Schwächen auf[767]. Der OECD-Bericht liefert überdies keine tragfähigen Anhaltspunkte für die relative Gewichtung bei Existenz mehrerer KERT-Funktionen.

Weder die formale noch die materielle Sichtweise ist als grundlegend unzutreffend zurückzuweisen. Das gilt schon deshalb, weil beide Ansätze nicht beziehungslos nebeneinander stehen, sondern sich sichtbar überschneiden. Die Lösung des „Allokationsproblems" liegt zwischen beiden Ansätzen. Aus der Vielzahl der Einzeltätigkeiten sind diejenigen zu extrahieren, die bei wertender Betrachtung

---

763 So *Ehlerding*, Relevanz der Kreditorganisation, S. 282.

764 Siehe BaFin, MaRisk, Modul BTO 1.1 Tz. 1.

765 Vgl. OECD, Betriebsstättenbericht 2010, Part II Tz. 8, 20.

766 Vgl. Teil 3, D. I. 1. c) der Arbeit.

767 Ausführlich Teil 3, C. IV der Arbeit.

maßgeblich über den operativen Erfolg bestimmen. Die innerhalb der Wertschöpfungskette verbundenen Einzeltätigkeiten sind zwar wechselseitig aufeinander bezogen. Dies ändert jedoch nichts daran, dass der Markterfolg des Unternehmens in besonderem Maße auf einzelnen Tätigkeiten beruht[768]. Die Ausrichtung der Vermögensabgrenzung auf die erfolgskritischen Tätigkeiten korrespondiert mit dem Regelungsziel des Art. 7 OECD-MA: der Zurechnung von Unternehmensgewinnen. Dementsprechend ist bereits auf Ebene der Vermögensallokation zu fragen, welche Tätigkeiten der transnationalen Wertschöpfungskette das operative Ergebnis entscheidend beeinflussen.

aa) Erfolgskritische Tätigkeiten

Kreditgeschäft ist Zinsmargengeschäft. Der Erfolg resultiert aus der Differenz zwischen dem Darlehenszins (Aktivzins) und dem zu zahlenden Refinanzierungszins (Passivzins)[769]. Über den Zinsertrag entscheiden drei Bereiche der Leistungserstellung.

An erster Stelle stehen die Bonitätsbewertung des Kreditnehmers und die Bemessung der Risikoprämie[770]. Der zu zahlende Aktivzins ist – abhängig von Laufzeit und Volumen des Kredites sowie den gestellten Sicherheiten – so zu bemessen, dass der statistisch zu erwartende Verlust kompensiert wird[771]. Die Bewertung des Kreditrisikos, die Bemessung der adäquaten Risikoprämie und deren Durchsetzung in den Vertragsverhandlungen sind maßgebend für den späteren Markterfolg. Das individuelle Risikoprofil bildet nicht nur die Grundlage für die Entscheidung über die Kreditvergabe, sondern auch für die subsequenten Aktivitäten der Marktfolge. Dies gilt besonders im individualisierten Kreditgeschäft mit Firmenkunden.

---

768 Ebenso *Ditz,* in W/A/D, Betriebsstätten-Hdb, Rz. 4.2. OECD, Betriebsstättenbericht 2010, Part II Tz. 8.

769 Statt vieler *Raab/Wolf,* in Löwenstein/Looks, Betriebsstättenbesteuerung[1], Rz. 1099.

770 Kundenakquisition und Geschäftsanbahnung zählen nicht zu den erfolgskritischen Tätigkeiten der Leistungserstellung. Die Akquisition ist keine für den Markterfolg besonders sensible Aktivität, sondern lediglich dessen Auslöser. Ähnlich *Arndt,* Geschäftstätigkeit deutscher Banken, S. 157; *Hofmann,* IWB v. 10.3.1984, F. 3 Gr. 1, 867 (872). A.A. *Andresen,* in W/A/D, Betriebsstätten-Hdb, Rz. 10.64.

771 *Kirmße/Schierenbeck/Tegeder,* in Schierenbeck/Kirmße, Banksteuerung, S. 3 (16 f., 24). Siehe auch Teil 3, C. II. 2. der Arbeit.

Wesentlichen Einfluss auf den zu erzielenden Zinsertrag üben weiterhin die Kosten der auszureichenden Finanzmittel. Auf die für das einzelne Kreditengagement tatsächlich entstehenden Zinskosten kann die Auslandsfiliale nur einwirken, sofern sie das Geschäft selbst refinanziert. Die vornehmlich im Firmenkundengeschäft tätigen Auslandseinheiten verfügen gewöhnlich über keine signifikante Einlagenbasis[772] und sind zudem grundsätzlich vom Geldmarktgeschäft im Interbankenhandel ausgeschlossen[773]. Sie sind insoweit von der Finanzierung durch das Stammhaus abhängig.

Dritte erfolgskritische Tätigkeit ist schließlich die Bewirtschaftung des eingegangenen Risikos durch Maßnahmen der aktiven Risikosteuerung. Die sich an die Ausreichung des Darlehens anschließenden Marktfolgeprozesse bestimmen den Ertrag des Einzelgeschäfts und zugleich die Fähigkeit zu weiterem Neugeschäft. Im Fokus der Aktivitäten der Marktfolge steht die Bewältigung des formalen Risikos, das heißt die Realisierung unerwarteter Verluste. Die aktive Risikosteuerung gewährleistet die betriebswirtschaftliche Risikotragfähigkeit[774] und die Ertragsziele des Instituts. Risiken werden limitiert oder reduziert und das aufsichtsrechtlich vorzuhaltende Eigenkapital optimiert. Darüber hinaus zielt die Risikosteuerung auf die Erwirtschaftung eines Mehrerlöses („*risk premium*") hinsichtlich des akzeptierten Risikos[775]. Die Aktivitäten der Risikobewältigung ergänzen die Prüfung der Kreditwürdigkeit und wirken sich auf die gesamte Leistungserstellung aus[776]. So kann der ökonomische Erfolg der Risikosteuerung beispielsweise über ein künftiges Votum des Kreditkomitees entscheiden.

Das schlichte Tragen des (Kredit-)Risikos innerhalb des Einheitsunternehmens stellt keinen erfolgsbestimmenden Faktor dar und dient deshalb nicht als Kriterium der steuerlichen Vermögensabgrenzung[777]. Das Kreditrisiko haftet dem Wirtschaftsgut

---

772 In Australien ist es den Filialen ausländischer Banken sogar gesetzlich verwehrt, Einlagen im Massengeschäft („*retail deposits*") hereinzunehmen (vgl. *International Banks and Securities Association of Australia*, Public Comments 2001, Tz. 1.3).

773 *Büschgen*, Bankbetriebslehre, S. 619.

774 Vgl. § 25a Abs. 1 Satz 3 KWG i.V.m. BaFin, MaRisk, Modul AT 4.1.

775 Vgl. nur *Edgar/Holland*, TNI 2005, 525 (536).

776 Einschränkend *Edgar/Holland*, TNI 2005, 525 (536).

777 Vgl. auch BFH, Urteil vom 16.2.1996, BStBl. II 1997, 128 (130) bezogen auf das Tragen des Währungsrisikos. A.A. BS-VwG 1999, BMF-Schreiben vom 24.12.1999, BStBl. I 1999, 1076

an. Diese originäre Verbindung kann lediglich unter Einsatz spezieller Risikotransferinstrumente gelöst werden. Eine synthetische Trennung von Wirtschaftsgut und Kreditrisiko kommt – wie gezeigt – unter bestimmten Voraussetzungen auch innerhalb des Einheitsunternehmens in Betracht[778]. Dies bedeutet aber nicht, dass die interne Risikoübernahme als erfolgskritisches Kriterium im Sinne der tätigkeitsbezogenen Vermögensabgrenzung zu qualifizieren ist. Die Bonitätsbewertung, die Refinanzierung und die aktive Risikobewirtschaftung nehmen unmittelbaren Einfluss auf den Markterfolg des Einheitsunternehmens. Sie sind geeignet, den wirtschaftlichen Ertrag sicherzustellen oder gar zu steigern. Eine solche erfolgskritische Bedeutung kommt dem Tragen des Kreditrisikos nicht zu. Das verdeutlicht der Blick auf das Gesamtunternehmen. Die interne Verlagerung von Risiken lässt den Gewinn der Unternehmensgesamtheit unberührt. Das schlichte Tragen wirtschaftsgutbezogener Risiken innerhalb des Einheitsunternehmens ist kein originärer Teil der Wertschöpfung. Als solcher ist lediglich die aktive Risikosteuerung im Außenverkehr einzustufen[779]. Auch das abkommensrechtliche „Dealing at arm's length"-Prinzip unterstreicht, dass das Tragen des Risikos nicht als Parameter der steuerlichen Vermögensabgrenzung dient. Selbständige und unabhängige Unternehmen übernehmen Risiken nur gegen Entgelt. Gerade für Banken ist das Eingehen von Risiken originäre Unternehmenstätigkeit und erfolgt deshalb nicht unentgeltlich. Mit anderen Worten: ohne Risikoprämie keine Risikoübernahme. Der Fremdvergleichsgrundsatz schließt es aus, die Tragen des Risikos als freiwilligen Vorgang innerhalb des Einheitsunternehmens zu begreifen, der über die steuerliche Zuordnung der Wirtschaftsgüter bestimmt. Vielmehr folgt das Tragen des Risikos der Zuordnung des Wirtschaftsgutes. Diese Verbindung kann nur durch eine als Kreditausfall-Swap konditionierte Innenvereinbarung („Quasi-CDS") aufgehoben werden. Voraussetzung der steuerlichen Anerkennung ist deren marktübliche Vergütung[780].

Im Ergebnis bestimmen drei Tätigkeitsbündel über den Erfolg des Kreditgeschäfts: das Bemessen und Bepreisen des Risikos, die Konditionen der Refinanzierung und

---

(1092 [Tz. 4.1.2]); *Raab/Wolf*, in Löwenstein/Looks, Betriebsstättenbesteuerung[1], Rz. 1150, 1152; *Schmitt*, in Vögele/Borstell/Engler, Hdb Verrechnungspreise[3], Kap. K Rz. 136.

[778] Siehe dazu die Ausführungen in Teil 3, C. VI. 3. der Arbeit.

[779] Ähnlich auch OECD, Betriebsstättenbericht 2010, Part II Tz. 22.

[780] Zu den Grenzen der „Isolierung der Höhe nach" Teil 3, C. VI. 4.

die Maßnahmen der aktiven Risikobewältigung. Diese Tätigkeiten sind Bezugspunkte der steuerlichen Allokation der Darlehensforderungen und im Folgenden näher zu analysieren.

bb) Verortung der erfolgskritischen Tätigkeiten im Einheitsunternehmen

Bei dem Versuch, die erfolgskritischen Tätigkeiten innerhalb des grenzüberschreitenden Einheitsunternehmens zu verorten, zeigen sich vielfältige unternehmensspezifische Besonderheiten. So erfolgt die Bonitätsprüfung des Kreditnehmers zwar typischerweise bei dezentraler Stelle, das heißt durch den Mitarbeiterstab der den Kredit ausreichenden Auslandsfiliale. Sie kann aber ebenso einem übergeordneten Kreditsekretariat zugewiesen sein[781].

Die Refinanzierung des Kredits stellt dagegen üblicherweise keine eigenständige Aufgabe der Auslandseinheit dar. In praxi wird die Liquiditätssteuerung bei einer spezialisierten Finanzierungseinheit (Treasury) gebündelt. Diese synchronisiert die Finanzierungsnachfrage der einzelnen Betriebseinheiten und dient so der Erzielung komparativer Vorteile[782]. Die tatsächlichen Konditionen der Refinanzierung sind der Einflussnahme der Auslandsfiliale somit generell entzogen.
Institutsspezifischen Anforderungen folgt auch die Organisation der aktiven Risikosteuerung durch eine zentrale Einheit[783]. Diese kann entweder als bloße Koordinationsstelle oder als eigenverantwortlich agierendes Profit-Center mit Ergebnisverantwortung tätig werden[784]. In erstgenanntem Fall koordiniert und initiiert die zentrale Stelle die dezentral umzusetzenden Steuerungsmaßnahmen. Es werden insoweit keine weiteren internen Geschäftsvorfälle ausgelöst. Demgegenüber erfolgt im Modell der zentralen Durchführung der Steuerungsmaßnahmen ein interner Transfer der Kreditaktiva oder der Kreditrisiken von den Marktbereichen zu der Steuerungseinheit. Die Zentraleinheit realisiert sämtliche Maßnahmen eigenverantwortlich nach Maßgabe der institutsweiten Risikostrategie.

---

[781] Siehe *Russ*, Kapitalmarktorientiertes Kreditrisikomanagement, S. 136.

[782] *Berger*, Aufrechnungsvertrag, S. 42; *Kleineidam*, Festschrift Flick, S. 857 (860).

[783] Siehe Teil 2, B. II. 1. b) der Arbeit.

[784] *Rinker/Schweizer*, in Schierenbeck/Kirmße, Banksteuerung, S. 231 (236, 237 f.).

Es zeigt sich, dass die interne Verortung der erfolgskritischen Tätigkeiten entscheidend von der betrieblichen Organisationsstruktur im Einzelfall abhängt.

cc) Variabilität der erfolgskritischen Tätigkeiten

Die voranstehend vorgenommene Qualifikation der erfolgskritischen Tätigkeiten beruht auf einer typisierenden Betrachtung der Wertschöpfung im grenzüberschreitenden Kreditgeschäft. Dessen unterschiedliche Abwicklungsmodalitäten zeigen, dass die Einstufung nicht abschließend ist, sondern im Einzelfall abweichen kann. Die Gewichtung der Einzeltätigkeiten wird vor allem dadurch beeinflusst, in welchem Unternehmensteil das Kreditgeschäft initiiert worden ist und ob es sich bei dem Kreditnehmer um einen Bestands- oder Neukunden handelt[785]. Die variable Gewichtung der Leistungsbeiträge illustrieren die zwei folgenden Beispiele der Ausreichung eines Darlehens durch eine Auslandsfiliale.

Begibt eine Auslandsfiliale ein Darlehen an einen Bestandskunden des inländischen Stammhauses, verlieren die initiale Bonitätsanalyse und die Bemessung der Risikoprämie an Bedeutung, soweit das Stammhaus bereits ein Kunden- und Risikoprofil führt[786]. Der Tätigkeitsbeitrag der Betriebsstätte wird weiter eingeschränkt, wenn die Refinanzierung durch eine zentrale Stelle gesteuert wird und schließlich auch die Risikosteuerung durch eine zentrale – bei dem Stammhaus angesiedelte – Einheit erfolgt. In diesem Fall gehen bei tätigkeitsbezogener Betrachtung die wesentlichen Wertschöpfungsbeiträge von dem Stammhaus aus. Das Darlehen ist ungeachtet der formalen Ausreichung durch die Auslandseinheit dem Stammhaus zuzuordnen.

In einem zweiten Beispiel initiiert die Auslandseinheit ein Kreditgeschäft mit einem Neukunden im Aufnahmestaat der Zweigstelle. Gelangt sie anhand der durchgeführten Bonitätsprüfung sowie der Bemessung der Risikoprämie zu einer positiven Vergabeentscheidung, ist die Forderung grundsätzlich bei der Betriebsstätte zu allozieren. Die Kreditwürdigkeitsprüfung bestimmt im individualisierten

---

785 *Schmitt*, in Vögele/Borstell/Engler, Hdb Verrechnungspreise[3], Kap. K Rz. 136 konstatiert, dass sich die relative Bedeutung „im Zeitablauf oder im Konjunkturzyklus ändern" kann.

786 Dies ist unter anderem dann anzunehmen, wenn ein Kunde in dem Betriebsstättenstaat Finanzmittel aus einer zuvor durch das Stammhaus bewilligten Kreditlinie abruft.

Firmenkundengeschäft maßgeblich über den Geschäftsschluss. Das gilt auch dann, wenn die Auslandsfiliale aufgrund bestehender Entscheidungshierarchien für den Abschluss des Geschäfts ein Votum des Kreditkomitees einholen muss. Zu berücksichtigen bleiben die Refinanzierung und die Marktfolge. Ob diese Aktivitäten einer Zuordnung zu der Betriebsstätte entgegenstehen, ist nach ihrer Bedeutung im konkreten Einzelfall zu beurteilen.

Insgesamt nimmt die Tatsache, ob es sich bei dem Kreditnehmer um einen Bestands- oder Neukunden handelt, wesentlichen Einfluss auf die steuerliche Zuordnung der geschaffenen Kreditaktiva. Die im Einzelfall variable Gewichtung der Tätigkeitsbeiträge verdeutlicht die Unschärfen der Vermögensabgrenzung. Im Vergleich zu der wertenden Gesamtbetrachtung zwischen üblicherweise zwei KERT-Funktionen nach Maßgabe des AOA wird die Zuordnung bei Anknüpfung an drei erfolgskritische Aktivitäten faktisch erleichtert.

d) Ergebnis

Die Zuordnung der Kreditwirtschaftsgüter richtet sich nach den Tätigkeiten, die über den operativen Erfolg des Kreditgeschäfts bestimmen. Die Qualifikation einzelner erfolgskritischer Aktivitäten sagt noch nichts darüber aus, wo diese innerhalb des transnationalen Einheitsunternehmens zu verorten sind. Das Wechselspiel zwischen dezentraler und zentraler Organisation grenzüberschreitender Kreditinstitute erschwert nicht nur die Verortung der erfolgskritischen Einzeltätigkeiten, sondern beeinflusst auch deren relative Bedeutung. Die typisierende Gewichtung der Aktivitäten ist im konkreten Einzelfall zu überprüfen.

3. Anteilige Zuordnung von Kreditforderungen

Die voranstehende Untersuchung der Allokation der Kreditaktiva beruht auf der Annahme, dass die Wirtschaftsgüter einem Unternehmensteil zuzuordnen sind. Die aufgezeigten praktischen Schwierigkeiten der relativen Gewichtung der erfolgskritischen Tätigkeiten leiten über zu der Frage, ob und unter welchen Voraussetzungen abkommensrechtlich eine anteilige Zuordnung von Darlehensforderungen in Betracht kommt.

a) Branchenübergreifende Vorgaben für die anteilige Zuordnung von Wirtschaftsgütern

aa) Art. 7 OECD-MA „vor 2010"

Das Erfordernis der Vermögensabgrenzung findet sich in den Fassungen des Art. 7 OECD-MA „vor 2010" nicht im Abkommenstext angelegt, sondern ergibt sich aus dem Zusammenspiel der Verteilungsnormen[787]. Die Zuordnung der Wirtschaftsgüter folgt dem allgemeinen Zurechnungsprinzip in seiner Ausprägung durch das Prinzip der wirtschaftlichen Zugehörigkeit[788]. Die Frage nach der Zulässigkeit einer anteiligen Vermögensabgrenzung geht zunächst von dem Wortlaut des Art. 7 OECD-MA aus. Nach Abs. 1 Satz 2 der Norm besteuert der Betriebsstättenstaat die Unternehmensgewinne „nur insoweit, als sie dieser Betriebsstätte zugerechnet werden können"[789]. Bezogen auf die Vermögensabgrenzung ist aus der Formulierung „nur insoweit" zu schließen, dass es grundsätzlich möglich ist, nicht nur die Ergebniswirkungen anteilig zuzurechnen, sondern auch die diesen zugrunde liegenden Wirtschaftsgüter buchmäßig aufzuteilen. Für dieses Verständnis spricht, dass die anteilige Zuordnung eines Wirtschaftsgutes dem Prinzip der wirtschaftlichen Zugehörigkeit in besonderem Maße Rechnung trägt.

Die anteilige Vermögensabgrenzung muss sich am Grundsatz des „Dealing at arm's length" nach Art. 7 Abs. 2 OECD-MA „vor 2010" messen lassen. Fraglich erscheint, ob die Aufteilung eines Wirtschaftsgutes auch unter fremden Dritten üblich ist. Einzelne Autoren argumentieren, dass ein selbständiges Unternehmen Wirtschaftsgüter „grundsätzlich immer nur zur Gänze" in seinem Betriebsvermögen ausweist[790]. Dagegen spricht schon, dass selbständige und unabhängige Unternehmen Wirtschaftsgüter in bestimmten Situationen gemeinsam anschaffen und

---

787 Siehe dazu die Ausführungen in Teil 1, C. II. 1 a) der Arbeit.

788 Vgl. dazu Teil 1, C. II. a) aa) der Arbeit.

789 In der englischen Originalfassung des Art. 7 Abs. 1 Satz 2 OECD-MA „vor 2010" heißt es *„...but only so much of them as is attributable to...".*

790 So *Schaumburg*, in Lüdicke, Zurechnung von Wirtschaftsgütern, S. 53 (80); *Haiß*, Gewinnabgrenzung, S. 175; siehe auch *Strunk/Kaminski*, in Strunk/Kaminski/Köhler, AStG/DBA, Art. 7 OECD-MA Rz. 90 (Sept. 2012).

nach wirtschaftlichen Maßstäben aufteilen[791]. Sie nehmen dabei zwar keine unmittelbare quotale Bilanzierung vor, sondern nutzen ein Akquisitionsvehikel – gewöhnlich eine Gesellschaft bürgerlichen Rechts (§ 705 BGB) – und nehmen die Beteiligung daran in ihre Bücher. Da ein solches Modell innerhalb des rechtlich einheitlichen Unternehmens ausgeschlossen ist[792], erfolgt insoweit eine vermögensmäßig anteilige Zuordnung der Wirtschaftsgüter[793]. Im Ergebnis wird die anteilige Vermögenszuordnung zwischen den Unternehmensteilen von dem Leitgedanken des „Dealing at arm's length"-Prinzips getragen. Im konkreten Einzelfall ist zu prüfen, ob eine buchmäßige Aufteilung des jeweiligen Wirtschaftsgutes als fremdüblich anzusehen ist.

bb) Art. 7 OECD-MA 2010

Der neugefasste Art. 7 Abs. 2 OECD-MA 2010 knüpft die Gewinnabgrenzung der Höhe nach erstmals ausdrücklich an die eingesetzten Wirtschaftsgüter („*assets used*") und bringt damit das Erfordernis der Vermögensabgrenzung zum Ausdruck. Einen dem früheren Abkommenstext entsprechenden Hinweis auf die Zulässigkeit der anteiligen Vermögensabgrenzung enthält der geänderte Wortlaut indes nicht. Art. 7 Abs. 1 OCED-MA 2010 verweist lediglich auf Absatz 2 der Norm. Der Passus „nur insoweit, als sie dieser Betriebsstätte zugerechnet werden können" wurde gestrichen. Aus dem Terminus der „eingesetzten Wirtschaftsgüter" lässt sich nicht ableiten, ob eine anteilige Vermögenszuordnung abkommensrechtlich in Betracht kommt. Maßgeblich ist mithin das in Art. 7 Abs. 2 OECD-MA 2010 niedergelegte „Dealing at arm's length"-Prinzip.

Anhaltspunkte für die Zulässigkeit der anteiligen Vermögenszuordnung liefert der über den OECD-Musterkommentar 2010 in Bezug genommene Betriebsstättenbericht 2010. In dem branchenübergreifenden Teil I des Berichts hebt der Steuerausschuss hervor, dass sich die Zuordnung der Wirtschaftsgüter nach den im Rahmen der Funktions- und Sachverhaltsanalyse aufgespürten „bedeutsamen

---

791 *Nowotny*, Betriebstättengewinnermittlung, S. 179; ebenso *Wassermeyer*, in Debatin/Wassermeyer, Art. 7 MA Rz. 241 (Jan. 2009); *Ziehr*, Einkünftezurechnung, S. 193; *Hemmelrath*, in Vogel/Lehner, DBA[5], Art. 7 Rz. 115.

792 Treffend *Ditz*, Gewinnabgrenzung, S. 297 f.; *Nowotny*, Betriebstättengewinnermittlung, S. 181 f.

793 A.A. *Raab/Looks*, in Löwenstein/Looks, Betriebsstättenbesteuerung[1], Rz. 776.

Personalfunktionen" richtet[794]. Dabei ist herauszuarbeiten, ob ein Unternehmensteil ein Wirtschaftsgut als alleiniger oder anteiliger wirtschaftlicher Eigentümer („*joint or sole owner*") nutzt[795]. Der OECD-Bericht geht demnach – ohne nähere Begründung – von einer anteiligen Zuordnung der Wirtschaftsgüter respektive des „wirtschaftlichen Eigentums" aus[796].

Diese Grundsätze der anteiligen Zuordnung gelten auch für die Wirtschaftsgüter des Kreditgeschäfts. Der OECD-Steuerausschuss knüpft die Allokation der Kreditaktiva an die sogenannten KERT-Funktionen und geht davon aus, dass typischerweise wenigstens zwei derartige Funktionen existieren: eine auf Seiten der initialen Leistungserstellung („*creating a loan*") und eine auf Seiten der Marktfolge („*managing a loan*")[797]. Führt die Funktionsanalyse nicht zu einer aussagekräftigen Gewichtung der KERT-Funktionen[798], sind die geschaffenen Kreditwirtschaftsgüter anteilig zuzuordnen („*joint ownership*")[799].

b) Die Aufteilung von Kreditforderungen im Lichte des „Dealing at arm's length"-Prinzips

Die Frage nach der Zulässigkeit einer Aufteilung von Kreditwirtschaftsgütern steht in Zusammenhang mit der „dezentral-zentralen" Organisationsstruktur multinationaler Banken. Werden der Geschäftsschluss, die anschließende Überwachung und (aktive) Bewältigung der Risikoposition sowie die Refinanzierung von mehreren Institutsteilen verantwortet[800], schafft die anteilige Zuordnung der Aktiva die Grundlage für eine anteilige Zurechnung der wirtschaftsgutbezogenen Ergebnis-

---

[794] OECD, Betriebsstättenbericht 2010, Part I Tz. 72: „*Economic ownership of an asset is determined by a functional and factual analysis and in particular rests upon performance of the significant people functions relevant to ownership of the asset*".

[795] OECD, Betriebsstättenbericht 2010, Part I Tz. 72.

[796] Besondere Aufmerksamkeit widmet der OECD-Bericht dem anteiligen „wirtschaftlichen Eigentum" an selbstgeschaffenen immateriellen Wirtschaftsgütern (vgl. OECD, Betriebsstättenbericht 2010, Part I Tz. 83, 90, 200 f.).

[797] OECD, Betriebsstättenbericht 2010, Part II Tz. 8. Dazu Teil 3, C. III. 2 der Arbeit.

[798] OECD, Betriebsstättenbericht 2010, Part II Tz. 67, 73, 75, 137. Der Bericht spricht in diesem Fall von einem „*split function business*".

[799] OECD, Betriebsstättenbericht 2010, Part II Tz. 75: „*...the asset can be considered as owned jointly.*"; Part II Tz. 77: „*...might be treated as jointly owned by...*"; Part II Tz. 137: „*...might exceptionally be treated as being "owned" jointly...*".

[800] Vgl. auch OECD, Betriebsstättenbericht 2010, Part II Tz. 20, 173.

wirkungen. Gegen eine anteilige Allokation von Kreditforderungen wenden sich nicht nur zahlreiche Autoren[801], sondern auch mehrere Bankenverbände[802]. In den Verlautbarungen treten zwei Argumentationsstränge hervor: die Steuerselbständigkeit der Betriebsstätte nach der direkten Methode und administrative Lasten der buchmäßigen Aufteilung von Wirtschaftsgütern. Bei näherer Betrachtung verdienen beide Argumente keine Zustimmung.

Die abgrenzungstechnische Fiktion der Selbständigkeit und Unabhängigkeit der Betriebsstätte steht einer anteiligen Zuordnung von Kreditwirtschaftsgütern nicht entgegen. Vielmehr indiziert das „Dealing at arm's length"-Prinzip die Aufteilung von Kreditaktiva. Dies zeigt die große praktische Bedeutung des Konsortialgeschäfts. Selbständige und unabhängige Kreditinstitute schließen sich zusammen und ermöglichen durch unterschiedliche Einzelbeiträge die Realisierung großvolumiger Kreditgeschäfte[803]. Über das „Dealing at arm's length"-Prinzip wirkt die Geschäftspraxis der Kreditsyndizierung in den Betriebsstättensachverhalt hinein und streitet für die Möglichkeit der buchmäßigen Aufteilung von Kreditpositionen. Dagegen lässt sich nicht einwenden, dass die Vergabe syndizierter Kredite in praxi durch eine Gesellschaft des bürgerlichen Rechts realisiert wird[804]. Dieser Einwand greift zu kurz, weil zwischen rechtlich unselbständigen Unternehmensteilen die Gründung einer BGB-Gesellschaft verwehrt ist[805]. Bezogen auf das Einheitsunternehmen stellt die anteilige Verbuchung der Kreditaktiva das Äquivalent eines Kreditkonsortiums dar. Sie führt zu dem gleichen Ergebnis wie eine entsprechende

---

801 *Mascarello*, ITPJ 2006, 54 (70); *Henkes-Wabro*, Gewinnabgrenzung bei Bankbetriebstätten, S. 170; *Edgar/Holland*, TNI 2005, 525 (536). *Hofmann*, IWB v. 10.3.1984, F. 3 Gr. 1, 867 (878) spricht von einem „Grundsatz der Nichttrennbarkeit".

802 *Japanese Bankers Association*, Public Comments 2001, Tz. 13 f.; *Australian Bankers' Association*, Public Comments 2001, Tz. 53; *Canadian Bankers Association*, Public Comments 2001, Tz. 8; *European Banking Federation*, Public Comments 2001, Tz. 13; *Institute of International Bankers*, Public Comments 2001, Tz. 9.

803 Siehe Teil 3, C. II. 4. a) bb) der Arbeit.

804 Die Konsorten gründen eine Gesellschaft und nehmen die Beteiligung an dieser – nicht hingegen den Anteil an dem Aktivum – in die Bücher. Zu der Qualifikation des Kreditkonsortiums als BGB-Gesellschaft *Arndt*, Geschäftstätigkeit deutscher Banken, S. 148 ff.; *Büschgen*, Bankbetriebslehre, S. 338.

805 M.w.N. Teil 3, D. I. 3. a) aa) der Arbeit.

fiktive institutsinterne Gesellschaftsabrede[806]. Die künstliche Sphärentrennung nach der direkten Methode hindert demnach nicht die anteilige Allokation der geschaffenen Kreditaktiva[807], sondern lässt die arbeitsteilige Leistungserstellung im grenzüberschreitenden Kreditgeschäft als „unechtes" Konsortialgeschäft erscheinen. Die Institutsteile arbeiten zusammen, weil sie die Leistungserstellung nicht allein bewältigen können.

Die anteilige Zuordnung wird von zahlreichen Stimmen unter Hinweis auf administrative Schwierigkeiten und hohe Kosten für die Einrichtung der buchungstechnischen Infrastruktur abgelehnt[808]. Diesem Einwand sind die Vorteile der institutsinternen Aufteilung von Wirtschaftsgütern entgegenzuhalten. Sie erleichtert die Zuordnung der Aktiva, wenn ein materielles Überwiegen der Leistungsbeiträge eines Unternehmensteils nicht feststellbar ist und effektuiert somit den Gleichlauf zwischen der Vermögensabgrenzung und der eigentlichen Gewinnabgrenzung. Die anteilige Zuordnung schafft die Grundlage für eine symmetrische Zurechnung der wirtschaftsgutbezogenen Erfolgsposten und fördert so die Rechtssicherheit der Gewinnabgrenzung. Dies gilt beispielhaft für die Zurechnung von potentiellem Wertberichtigungsaufwand. Schließlich erzeugt die Aufteilung der Wirtschaftsgüter einen abstrakten nutzentheoretischen Bezugspunkt für die Allokation des Steuersubstrats zwischen den beteiligten Fiskalhoheiten. Die bei der Betriebsstätte – anteilig – verbuchten Kreditaktiva spiegeln die dort erbrachten Wertschöpfungsbeiträge wieder. Das Verhältnis der bei den einzelnen Unternehmensteilen verbuchten Kreditaktiva bietet schließlich einen – wenn auch nur typisierenden – Anhaltspunkt für die zwischenstaatliche Verteilung des Steueraufkommens. Nach alledem verdient die Feststellung, dass dem verwaltungstechnischen Aufwand „kein zusätzlicher Gewinn"[809] gegenüberstehe, keine Zustimmung.

---

806 Vgl. auch *Schön*, in Lüdicke, Besteuerung im Wandel, S. 71 (105), der im Falle der gemeinsamen Nutzung von Wirtschaftsgütern durch die Unternehmensteile von einer „gesellschaftsähnlichen Kostenteilungsabrede" spricht.

807 So auch BFH, Urteil vom 20.3.2002, BFH/NV 2002, 1017 (1018).

808 Siehe nur *Japanese Bankers Association*, Public Comments 2001, Tz. 14; *Australian Bankers' Association*, Public Comments 2001, Tz. 53; *European Banking Federation*, Public Comments 2001, Tz. 13.

809 So *Henkes-Wabro*, Gewinnabgrenzung bei Bankbetriebstätten, S. 170.

Die anteilige Allokation von Wirtschaftsgütern widerspricht schließlich auch nicht den bestehenden Vorschriften des deutschen innerstaatlichen Rechts der Gewinnermittlung. Die Finanzverwaltung und zahlreiche Autoren betonen, dass Wirtschaftsgüter einem Unternehmensteil nur in toto zugeordnet werden können[810]. Sie gehen dabei von dem Grundsatz aus, dass Wirtschaftsgüter nach deutschem Gewinnermittlungsrecht nur einheitlich dem Betriebs- oder dem Privatvermögen zuzuordnen sind[811]. Daraus lässt sich nicht ableiten, dass das nationale Recht einer anteiligen Zuordnung von Wirtschaftsgütern im Einheitsunternehmen entgegensteht. Die Zuordnung der Wirtschaftsgüter zwischen den unselbständigen Unternehmensteilen vollzieht sich innerhalb des einheitlichen Betriebsvermögens des Gesamtunternehmens. Das deutsche innerstaatliche Steuerbilanzrecht statuiert kein Aufteilungsverbot innerhalb der Vermögenssphäre des Einheitsunternehmens[812]. Vielmehr gewährleistet eine Aufteilung objektiv teilbarer Wirtschaftsgüter die konsequente Verwirklichung des Veranlassungsprinzips[813].

Im Ergebnis sprechen die besseren Argumente für eine buchmäßig anteilige Zuordnung der geschaffenen Kreditwirtschaftsgüter[814]. Kreditinstitute sind Dienstleistungsunternehmen, deren Hauptproduktionsfaktor Kapital in Form von Buch-

---

810 BMF-Schreiben vom 24.12.1999, BStBl. I 1999, 1076 (1085 [Tz. 2.4]), bestätigt durch BMF-Schreiben vom 25.8.2009, BStBl. I 2009, 888 (889 [Tz. „2.4]). *Schmidt*, in Piltz/Schaumburg, Aufwand und Verluste, S. 53 (59); *Hruschka/Lüdemann*, IStR 2005, S. 76 (79 f.); *Strunk/Kaminski*, in Strunk/Kaminski/Köhler, AStG/DBA, Art. 7 OECD-MA Rz. 90 (Sept. 2012); *Raab/Looks*, in Löwenstein/Looks, Betriebsstättenbesteuerung[1], Rz. 776; *Roth*, in H/H/R, § 49 EStG Anm. 260 (Juli 2009); *Strunk*, in Mössner, Steuerrecht international tätiger Unternehmen[4], Rz. 4.77. Differenzierend bei zahlenmäßiger Aufteilbarkeit eines Wirtschaftsgutes Blümich/*Wied*, § 49 EStG Rz. 80 (Feb. 2012).

811 Vgl. BFH, Urteil vom 11.9.1969, BStBl. II 1970, 317 (318); Schmidt/*Heinicke*, EStG[32], § 4 Rz. 206; *Bode*, in Kirchhof, EStG[12], § 4 Rn. 67.

812 Deutlich *Wassermeyer*, in Kessler/Kröner/Köhler, Konzernsteuerrecht[2], § 7 Rz. 304; *ders.*, IStR 2005, 84 (86 f.); *Hidien*, in K/S/M, EStG, § 49 Rn. D 1423 (April 2007).

813 In diesem Sinne auch Schmidt/*Heinicke*, EStG[32], § 4 Rz. 207; *Andresen*, in W/A/D, Betriebsstätten-Hdb, Rz. 2.47.

814 Für eine anteilige Vermögensallokation auch *Andresen*, in W/A/D, Betriebsstätten-Hdb, Rz. 10.64; *Wassermeyer*, in Debatin/Wassermeyer, Art. 7 MA Rz. 242 (Jan. 2009); *Buciek*, in F/W/K, DBA-CH, Art. 7 Anm. 399 (Juli 2003); *Hemmelrath*, in Vogel/Lehner, DBA[5], Art. 7 Rz. 115; bei „funktionsanteiliger Nutzung" *Jacobs*, Internationale Unternehmensbesteuerung[7], S. 688; ausnahmsweise auch *Hidien*, in K/S/M, EStG, § 49 Rn. D 2723 (Mai 2007).

geld ist. Kreditaktiva sind im Gegensatz zu gegenständlichen Wirtschaftsgütern nicht aufgrund „der normativen Kraft des Faktischen“[815] unteilbar[816]. Aus der Zulässigkeit der buchmäßigen Aufteilung von Kreditforderungen folgt nicht, dass diese ohne Restriktionen auskommt. Die anteilige Zuordnung ist vor allem an dem abkommensrechtlichen Hauptziel der Vermeidung der Doppelbesteuerung zu messen.

c) Voraussetzungen der anteiligen Zuordnung

Eine Aufteilung der Kreditaktiva nach Maßgabe der vielfältigen Wertschöpfungsbeiträge der Unternehmensteile birgt die Gefahr einer „Zersplitterung“ der Wirtschaftsgüter innerhalb des Einheitsunternehmens. Dies gefährdet den angestrebten Zugewinn an Rechtssicherheit für die Zurechnung der wirtschaftsgutbezogenen Erfolgswirkungen und begünstigt Doppelbesteuerungen. Aus diesem Grunde ist die institutsinterne Aufteilung an bestimmte Voraussetzungen zu knüpfen. Dies herauszuarbeiten versäumt der OECD-Steuerausschuss in seinem Betriebsstättenbericht 2010.

Eine Restriktion der anteiligen Zuordnung von Kreditaktiva ist unter verschiedenen Gesichtspunkten zu erwägen. Denkbar ist eine Beschränkung der Höhe nach, so dass eine Aufteilung erst ab bestimmten Forderungsvolumina zulässig ist. Ebenso besteht die Möglichkeit, ein Wirtschaftsgut nur in „qualifizierte“ Teile aufzuspalten. Als Untergrenze kann beispielsweise ein Viertel des Forderungsbetrages angesetzt werden. Einschränkungen sind auch in zeitlicher Hinsicht zu erwägen. So kann die Aufteilung einer Kreditforderung an bestimmte Mindestlaufzeiten geknüpft werden oder an die Bedingung, dass es sich um „dauerhafte“ Forderungen des Bankbuches handelt. Eine anteilige Allokation scheidet aus, wenn ein Forderungsverkauf oder ein Transfer der Forderung – durch Verbriefung – in das Handelsbuch in Aussicht steht[817]. Diese Voraussetzungen tragen dazu bei,

---

815 So *Hruschka/Lüdemann*, IStR 2005, 76 (80), die eine Aufteilung zurückweisen.

816 Treffend *Andresen*, in W/A/D, Betriebsstätten-Hdb, Rz. 10.64; ebenso Blümich/*Wied*, § 49 EStG Rz. 80 (Feb. 2012).

817 Zu der Praxis, das klassische Kreditgeschäft aus den hohen regulatorischen Anforderungen des Anlagebuches „herauszugestalten“ *Erlebach/Grasshoff/Berg*, Die Bank 10/2010, 54 (57 f.); *Hartmann-Wendels/Hellwig/Jäger-Ambrozewicz*, Arbeitsweise der Bankenaufsicht, S. 129 f.

die Vorteile der anteiligen Vermögensallokation zu sichern und mindern zugleich die Gefahr der Doppelbesteuerung.

d) Durchführung der anteiligen Zuordnung

Die Aufteilung der im grenzüberschreitenden Kreditgeschäft geschaffenen Darlehensforderungen richtet sich nach dem Prinzip der wirtschaftlichen Zugehörigkeit. Inhaltlich konkretisiert wird dieser Aufteilungsmaßstab unter Rekurs auf die Tätigkeitsbeiträge der an der Leistungserstellung beteiligten Betriebseinheiten[818]. Im Fokus stehen die erfolgskritischen Einzeltätigkeiten – namentlich die Bonitätsprüfung, Refinanzierung und aktive Risikosteuerung. Die typisierende Gewichtung der Leistungsbeiträge kann entsprechend den individuellen Abwicklungsmodalitäten des Geschäfts variieren und ist deshalb im konkreten Einzelfall zu überprüfen[819]. Das führt zu der Frage, inwieweit das „Dealing at arm's length"-Prinzip als objektivierender Prüfmaßstab der anteiligen Zuordnung der Kreditaktiva dienen kann.

Der Fremdvergleich fragt danach, wie sich fremde Dritte unter vergleichbaren Bedingungen an dem Wirtschaftsgut beteiligt hätten. Einzelne Autoren erkennen den aus dem Wirtschaftsgut gezogenen Nutzen als tauglichen Aufteilungsschlüssel[820]. Eine Aufteilung nach Nutzenaspekten gewinnt allerdings nur für die der Produktion zugrunde liegenden, nicht hingegen für die produzierten Wirtschaftsgüter an erforderlicher Aussagekraft. Auch aus den Modalitäten der Ausreichung syndizierter Kredite lassen sich nur eingeschränkt Rückschlüsse für die institutsinterne Aufteilung ziehen. Im Konsortium richtet sich die quotale Aufteilung des begebenen Kredits in erster Linie nach der Höhe der von den Konsorten gewährten Finanzmittel oder nach dem Umfang der übernommenen Risiken[821]. Im Einheitsunternehmen erfolgt die Refinanzierung dagegen üblicherweise durch einen Unternehmensteil, sei es durch die Betriebsstätte selbst oder eine bei dem Stammhaus angesiedelte Zentraleinheit. Auch eine Aufteilung nach

---

[818] Ähnlich auch *Buciek*, in F/W/K, DBA-CH, Art. 7 Anm. 377 (Juli 2003), danach fragt, „zu welchem Anteil das betreffende Wirtschaftsgut von den einzelnen Unternehmensteilen geschaffen worden ist". Vgl. Teil 3, D. I. 1. c) der Arbeit.

[819] Siehe nur Teil 3, D. I. 2. c) cc) der Arbeit.

[820] *Ziehr*, Einkünftezurechnung, S. 196; *Ditz*, Gewinnabgrenzung, S. 328 f.

[821] Vgl. Teil 3, C. II. 4. a) bb) der Arbeit.

Risikoaspekten erweist sich innerhalb des Einheitsunternehmens als nicht zielführend. Insgesamt zeigt sich, dass der Fremdvergleich mangels aussagekräftiger Vergleichstatbestände nur eingeschränkt als objektivierender Prüfmaßstab der buchmäßigen Aufteilung von Kreditaktiva dient. Die Aufteilung ist an den erbrachten Leistungsbeiträgen der Unternehmensteile auszurichten. Sie befreit mithin nicht von dem Erfordernis, die wesentlichen erfolgskritischen Wertschöpfungsbeiträge herauszuarbeiten[822], erleichtert jedoch die Zuordnung in (Zweifels-)Fällen gleichgewichtiger Tätigkeitsbeiträge.

Keine tragfähigen Anhaltspunkte für die Durchführung der anteiligen Zuordnung liefert der OECD-Bericht 2010. Im Falle geografisch aufgespaltener KERT-Funktionen stellt der Bericht auf den „relativen Nutzen" („*relative value*") der Funktionen ab[823]. Weitergehende Ausführungen dazu, wie die (Wertschöpfungs-) Beiträge zu bemessen sind, enthält der Bericht nicht. Stattdessen verweist er auf die OECD-Verrechnungspreisgrundsätze[824]. Die in Bezug genommene Passage liefert kein weiterführendes Aufteilungskriterium, sondern deutet lediglich an, dass Gegenstand der Aufteilung nicht nur Einzelpositionen, sondern auch Forderungsmehrheiten sein können[825]. Die Aufteilung eines Forderungsportfolios bewirkt zwar, dass eine anteilige Zuordnung in einer geringeren Zahl von Fällen vorzunehmen ist. Die angestrebte Zuordnung entsprechend den tatsächlichen Wertschöpfungsbeiträgen der Unternehmensteile wird jedoch weitgehend aufgehoben.

II. Die nachträgliche Änderung der Zuordnung von Kreditforderungen

Darlehen sind Dauerschuldverhältnisse. Über die Laufzeit hinweg kann die ursprünglich getroffene Vereinbarung modifiziert werden. Zudem unterliegen die Bonität des Kreditnehmers wie auch die gesamtwirtschaftlichen und regula-

---

822 Abweichend *Andresen*, in W/A/D, Betriebsstätten-Hdb, Rz. 10.64.

823 OECD, Betriebsstättenbericht 2010, Part II Tz. 75.

824 OECD, Betriebsstättenbericht 2010, Part II Tz. 76; OECD-Verrechnungspreisgrundsätze 2010, Tz. 3.9 ff.

825 OECD, Betriebsstättenbericht 2010, Part II Tz. 76.

torischen Rahmenbedingungen steter Veränderung[826]. Das wirft die Frage auf, ob und unter welchen Voraussetzungen Art. 7 OECD-MA eine nachträgliche Abweichung von der initialen Zuordnung gestattet[827].

1. Voraussetzungen der Zuordnungsänderung

Ausgangspunkt ist wiederum das Prinzip der wirtschaftlichen Zugehörigkeit in seiner Ausprägung durch eine tätigkeitsbezogene Betrachtungsweise[828]. Dieser Zuordnungsmaßstab beschränkt sich nicht auf die initiale Zuordnung bei Ausreichung des Kredits, sondern gilt während der gesamten Kreditlaufzeit. Mit Abschluss der primären Leistungserstellung rücken die fortlaufende Bonitätsüberwachung, die Kreditverwaltung und -abwicklung sowie die aktive Risikosteuerung in den Mittelpunkt. Das ändert jedoch nichts daran, dass sich die Zuordnung nach den erfolgskritischen Tätigkeiten der gesamten Wertschöpfungskette richtet.

Zu unterscheiden sind zwei Fallgruppen der subsequenten Zuordnungsänderung. Auf der einen Seite können Eingriffe der Unternehmensleitung in das Organisationsgefüge zu strukturellen Änderungen in der internen Verteilung der erfolgskritischen Wertschöpfungstätigkeiten führen. Ein Anschauungsbeispiel für einen solchen „Funktionswandel"[829] innerhalb der grenzüberschreitenden Wertschöpfungskette bietet die Umstrukturierung der Tätigkeiten des aktiven Risikomanage-

---

826 *Arndt*, Geschäftstätigkeit deutscher Banken, S. 109; *Hofmann*, IWB v. 10.3.1984, F. 3 Gr. 1, 867 (875); *Athanas*, CDFI 81a (1996), 21 (49 f.).

827 Davon zu trennen sind die Rechtsfolgen der Überführung von Wirtschaftsgütern nach innerstaatlichem Steuerrecht. Das abkommensrechtliche „Dealing at arm's length"-Prinzip gestattet den Vertragsstaaten die Einführung von Gewinnrealisationstatbeständen (*Wassermeyer*, in F/W/B, AStR, § 1 AStG Anm. 107.1 [Okt. 2002]). Nur soweit das nationale Steuerrecht Realisationstatbestände bereithält, kommt es bei der grenzüberschreitenden Überführung von Wirtschaftsgütern innerhalb des Einheitsunternehmens zu einer Entstrickung stiller Reserven. Einen solchen Realisationstatbestand statuiert § 4 Abs. 1 Satz 3 EStG. Diese Regelung umfasst – wie durch das JStG 2010 (BGBl. I 2010, 1768) expressis verbis in § 4 Abs. 1 Satz 4 EStG geregelt – die geänderte Zuordnung eines Wirtschaftsgutes von einer inländischen zu einer ausländischen Betriebsstätte (dazu *Musil*, FR 2011, 545 [545, 548]).

828 Siehe Teil 3, D. I. 1. c) der Arbeit.

829 So anschaulich BFH, Urteil vom 29.7.1992, BStBl. II 1993, 63 (66); vgl. auch *Hidien*, in K/S/M, EStG, § 49 Rn. D 2726 (Mai 2007).

ments. Da die steuerliche Vermögensabgrenzung der modifizierten Funktions- und Aufgabenverteilung folgt[830], kann ein grundlegender Funktionswandel zu einer abweichenden steuerlichen Vermögensallokation führen. Auf der anderen Seite kann die Zuordnungsänderung durch rein unternehmerisch gewillkürte Umbuchung[831] erfolgen. Dieser Vorgang ist an dem objektivierenden Prüfmaßstab des „Dealing at arm's length"-Prinzips zu messen. Selbständige und unabhängige Banken veräußern und erwerben Finanzwirtschaftsgüter, um Risiken zu reduzieren oder zu diversifizieren und auf diese Weise aufsichtsrechtlich gebundenes Eigenkapital freizusetzen. Die Tatsache, dass die Veräußerung von Forderungen – auch im Zusammenhang mit Verbriefungstransaktionen – einen gewöhnlichen Geschäftsvorgang darstellt, schafft die (Argumentations-)Grundlage für die steuerliche Berücksichtigung des institutsinternen Transfers von Wirtschaftsgütern. Betreibt ein Kreditinstitut eine zentrale Risikosteuerungseinheit, kann die interne Übertragung von Forderungen zu vergleichbaren Zwecken wie zwischen fremden Dritten erfolgen. Die dezentralen Stellen leiten die ausgereichten Kredite an die spezialisierte Risikosteuerungseinheit weiter[832]. Diese fügt die Einzelpositionen zum Zwecke der anschließenden kapitalmarktorientierten Risikobewältigung nach bestimmten Kriterien in Portfolios zusammen. Stellt der gewillkürte Transfer von Kreditaktiva im Einheitsunternehmen einen dem Grunde nach fremdüblichen Vorgang dar, ist dieser bei der steuerlichen Gewinnabgrenzung zu beachten[833]. Abzulehnen ist deshalb die in den BS-VwG 1999 vertretene Auffassung, dass ein wirtschaftlich beachtlicher Grund für den Transfer von Wirtschaftsgütern nur bei „Änderung der wesentlichen Funktionsbeiträge" anzunehmen sei[834]. Dieses Erfordernis schließt den gewillkürten Transfer von Kreditaktiva weithin aus und widerspricht damit nicht nur den – teilweise aufsichtsrechtlich determinierten –

830 Ebenso *Andresen*, in W/A/D, Betriebsstätten-Hdb, Rz. 10.62.

831 So treffend *Hidien*, in K/S/M, EStG, § 49 Rn. D 2726 (Mai 2007).

832 Praktisches Anschauungsbeispiel ist das von *Raab/Wolf*, in Löwenstein/Looks, Betriebsstättenbesteuerung[1], Rz. 1150 skizzierte „Leitfilialensystem". Danach ordnen grenzüberschreitend tätige Banken jeden „Key Client" einer bestimmten Filiale zu. Fällt dieser mit Rückzahlung des Darlehens aus oder wird der Ausfall erkennbar, überträgt die Filiale die betroffenen Kreditforderungen an das Stammhaus.

833 So auch *Hofmann*, IWB v. 10.3.1984, F. 3 Gr. 1, 867 (877); *Pijl*, ET 2006, 29 (34); *Buciek*, in F/W/K, DBA-CH, Art. 7 Anm. 409 (Juli 2003).

834 BMF-Schreiben vom 24.12.1999, BStBl. I 1999, 1076 (1092 [Tz. 4.1.2]).

Geschäftsabläufen grenzüberschreitender Banken, sondern tritt auch in Konflikt mit dem „Dealing at arm's length"-Prinzip.

Die vorstehenden Überlegungen zeigen, dass der Fremdvergleich für die Frage, ob eine bestimmte Innenvereinbarung als dem Grunde nach drittüblich einzustufen ist, nur eingeschränkte Bedeutung erlangt. In den Vordergrund rückt stattdessen der Leitsatz, dass ein ordentlicher und gewissenhafter Geschäftsleiter nur solche Kreditpositionen akzeptieren wird, deren Risiken er mit den ihm zur Verfügung stehenden Mitteln überblicken und beherrschen kann. Insoweit gelten die Anforderungen an den synthetischen Risikotransfer entsprechend[835]. Der interne Transfer von Wirtschaftsgütern hält der Überprüfung am Grundsatz Fremdvergleich nicht stand, wenn es bei dem empfangenden Unternehmensteil an der sachlichen und personellen Infrastruktur fehlt, um diese zu bewirtschaften, das heißt die inhärenten Kreditrisiken zu überwachen und gegebenenfalls abzusichern[836].

Das „Dealing at arm's length"-Prinzip fordert keine bestmögliche Kontrolle und Bewirtschaftung der Kreditaktiva. Dies ist Ausdruck der allgemeinen unternehmerischen Handlungsfreiheit. Die organisatorische Gestaltung des Unternehmensgefüges fällt in den originären Verantwortungsbereich der Geschäftsleitung. Deren Vorgabe ist unter Vorbehalt der Missbräuchlichkeit auf der Ebene des Steuerrechts zu beachten[837]. Abzulehnen ist demnach die These der BS-VwG, eine Forderung könne nicht ohne die korrespondierenden Haupt- und Nebenleistungsfunktionen übertragen werden[838]. Die interne Aufgabenzuweisung gehört als Organisationsakt zum Kernbereich unternehmerischer Dispositionsfreiheit. Eine „funktionale Akzessorietät" des Transfers von Wirtschaftsgütern im Sinne der BS-VwG ist daher abzulehnen[839]. Das Spannungsverhältnis zwischen unternehmerischer Handlungsfreiheit und dem Grundsatz des Fremdvergleichs gibt Anlass zu der Frage, wie weit dessen objektivierende Kraft reicht.

---

835 Dazu Teil 3, C. VI. 3. der Arbeit.

836 In diesem Sinne auch *Ditz*, Gewinnabgrenzung, S. 307; OECD-Guidelines 2010, Tz. 1.49; *Baumhoff*, in F/W/B, AStR, § 1 AStG Anm. 316 (Nov. 1999).

837 Eingehend *Drüen*, StuW 2008, 154 (156 f.).

838 BMF-Schreiben vom 24.12.1999, BStBl. I 1999, 1076 (1092 [Tz. 4.2.1]).

839 Kritisch auch *Raab/Wolf*, in Löwenstein/Looks, Betriebsstättenbesteuerung[1], Rz. 1156.

2. Grenzen des „Dealing at arm's length"-Prinzips als Prüfmaßstab der Zuordnungsänderung

Die Unternehmensleitung kann durch Eingriffe in die organisatorische Betriebsstruktur gezielt Einfluss auf die steuerliche Allokation der Kreditwirtschaftsgüter nehmen. Gestaltungspotential bietet vor allem der Transfer notleidender Forderungen. Die nähere Betrachtung der bankbetrieblichen Realität zeigt, dass der Prüfmaßstab des „Dealing at arm's length"-Prinzips gerade bei multinationalen Instituten an Grenzen stößt.

In seiner Ausprägung als Prüfmaßstab dem Grunde nach fragt der Grundsatz des Fremdvergleichs danach, ob fremde Dritte eine der jeweiligen Innenvereinbarung vergleichbare Absprache im gewöhnlichen Geschäftsverkehr treffen würden. Das Aufkommen von Sekundärmärkten für den Verkauf von Kreditforderungen führt dazu, dass die korrigierende Wirkung des Fremdvergleichs weitgehend entkräftet wird. Das gilt auch für die Übertragung ausfallbedrohter Kreditaktiva. Selbständige und unabhängige Unternehmen der Geld- und Kreditwirtschaft erwerben und veräußern „verlustgezeichnete" Kreditforderungen („*non-performing loans*") im gewöhnlichen Geschäftsgang, um Risiken zu reduzieren oder zu diversifizieren. Bei konsequenter Anwendung des Fremdvergleichsgrundsatzes ist der interne Transfer von Kreditpositionen demnach nicht unter Hinweis auf die Qualität der Forderung verwehrt[840].

Die korrigierende Wirkung des Fremdvergleichs verlagert sich zu der Frage, ob der empfangende Unternehmensteil über die erforderliche sachliche und personelle Ausstattung verfügt, um die Risikopositionen angemessen zu kontrollieren. Auch in dieser Hinsicht stößt der Fremdvergleich an Grenzen. Art und Umfang des Risikomanagements stehen im unternehmerischen Ermessen (vgl. § 25a Abs. 1 Satz 4 KWG). Das qualitative Bankaufsichtsrecht statuiert zwar die organisatorische Trennung von Markt und Marktfolge sowie Handel[841]. Dessen ungeachtet räumen die MaRisk den Instituten ein hohes Maß an Gestaltungsfreiheit und Eigenverant-

---

840 A.A. aus branchenübergreifender Sicht *Buciek*, in F/W/K, DBA-CH, Art. 7 Anm. 409 (Juli 2003); *Nowotny*, Betriebstättengewinnermittlung, S. 159.

841 Vgl. BaFin, MaRisk, Modul BTO Tz. 3 ff.

wortung bei der Einrichtung des Risikomanagements ein[842]. Der Nachweis der Missbräuchlichkeit des Binnentransfers ist letztlich nur zu erbringen, wenn der empfangende Unternehmensteil offensichtlich über unzureichende sachliche und personelle Mittel verfügt. Weist dieser hingegen eine infrastrukturelle Grundausstattung auf, ist ein missbräuchliches Verhalten praktisch kaum nachweisbar. Das hat seinen Grund darin, dass gegenständliche Betriebsmittel für die Produktion immaterieller Bankdienstleistungen eine nur untergeordnete Rolle spielen[843]. Im Mittelpunkt steht der von Menschen gesteuerte und örtlich ungebundene Einsatz informationstechnologischer Systeme. Die Anzahl menschlicher Entscheidungsträger erlaubt keine unmittelbaren Rückschlüsse auf die Qualität der Risikobewältigung. Darüber hinaus steht es dem risikoübernehmenden Unternehmensteil offen, Produkte und Leistungen der Risikoabsicherung am Markt oder bei anderen Betriebsteilen nachzufragen.

Die Grenzen des Fremdvergleichs als Korrektiv des Binnentransfers von Kreditaktiva lenken den Blick auf die Ebene der Gewinnabgrenzung der Höhe nach. Hier ist zu prüfen, ob für die dem Grunde nach zu berücksichtigenden Innenvereinbarungen drittübliche Entgelte angesetzt worden sind. Dabei ist zu beachten, dass ein ordentlicher und gewissenhafter Geschäftsleiter bestrebt sein wird, erhöhte Risiken durch einen entsprechenden Kaufpreisabschlag abzugelten[844].

E. Konsequenzen für die Gewinnabgrenzung der Höhe nach

Der „*functionally separate entity approach*" rückt die fremdübliche Vergütung der unternehmensinternen Leistungsbeziehungen in den Mittelpunkt der Gewinnabgrenzung der Höhe nach. Aber auch bei einschränkender Interpretation der Selbständigkeitsfiktion führt die konsequente Anwendung des Argumentations-

---

842 *Langen*, in Schwennicke/Auerbach, KWG[2], § 25a Rn. 37 f.; *Bitterwolf*, in Reischauer/Kleinhans, KWG, § 25a Anm. 2 (Erg.-Lfg. 1/13).

843 *Büschgen*, Bankbetriebslehre, S. 311, 316; *Eilenberger*, Bankbetriebswirtschaftslehre[8], S. 174.

844 Vgl. nur *Schmid*, DStR 2010, 145 (146).

topos der gewöhnlichen Geschäftstätigkeit zu einer Berücksichtigung interner „Darlehen" sowie risikobezogener Innenleistungen[845].

I. Fremdübliche Zinsen für Innendarlehen

Mitchell B. Carroll widmete sich in seiner Auftragsuntersuchung für den Völkerbund bereits im Jahre 1933 der fremdüblichen Vergütung institutsinterner Geldströme[846]. Infolge der bankbetrieblichen Liquiditätssteuerung durch spezialisierte Zentralstellen hat dieses Problem seither nicht an Bedeutung verloren. Der OECD-Steuerausschuss orientiert die Preissetzung im Innenverhältnis grundsätzlich an vergleichbaren Transaktionen zwischen fremden Dritten (tatsächlicher Fremdvergleich). Dies leitet über zu den preisbildenden Faktoren der Geldleihe.

Der Darlehenszins richtet sich primär nach der Bonität des Kreditnehmers. In der bankbetriebswirtschaftlichen Kreditkalkulation kompensiert der Zins das statistisch messbare Risiko, dass der Kreditnehmer seinen künftigen Zahlungsverpflichtungen nicht nachkommen wird (*„expected loss"*)[847]. Erhöhte Unsicherheit führt zu einer erhöhten Risikoprämie. Zwischen den operativen Unternehmensteilen eines rechtlich einheitlichen Wirtschaftssubjekts existiert kein preisbildendes Ausfallrisiko[848]. Das Denkmodell der direkten Gewinnabgrenzung eröffnet zwar die Möglichkeit, einzelne Wirtschaftsgüter oder das diesen inhärente Risiko innerhalb des Einheitsunternehmens steuerwirksam zu transferieren[849]. Dies ermöglicht es allerdings nicht, der Betriebsstätte eine individualisierte Bonitätsnote beizulegen[850]. Die Kreditwürdigkeit eines Unternehmens beruht auf vielfältigen Parametern und erschöpft sich nicht in der Summe einzelner Risikopositionen. Die maßgeblichen Faktoren reichen von der Kapitalausstattung bis hin zu der Qualität der Unter-

---

845 Siehe Teil 3, C. VI. 1. der Arbeit.

846 *Carroll*, Methods of Allocating Taxable Income, Tz. 734, 737 (1).

847 Dazu Teil 3, C. II. 2. der Arbeit.

848 So auch OECD, Betriebsstättenbericht 2010, Part II Tz. 167; *Schaus*, in Löwenstein/Looks/Heinsen, Betriebsstättenbesteuerung^2, Rz. 1271.

849 Ausführlich Teil 3, D. II. und Teil 3, C. VI. der Arbeit.

850 Ebenso OECD, Betriebsstättenbericht 2010, Part II Tz. 31; *Institute of International Bankers*, TNI 2001, 477 (488 f.); *West/Janukowicz/Jie*, ITR 2001, 31 (35); *Mascarello*, ITPJ 2006, 54 (68). *Diehl*, Zweigniederlassungen ausländischer Banken, S. 17 bekräftigt: „Nur die Kapitalausstattung des Gesamtunternehmens kann für die Bonität maßgebend sein".

nehmensführung[851]. Daraus folgt zweierlei: Die operative Verzahnung der Betriebsstätte mit dem Einheitsunternehmen verwehrt ein objektives Bonitätsurteil über deren Zahlungsfähigkeit im Sinne eines „Als ob"-Ratings[852]. Das Fehlen eines Bonitätsgefälles innerhalb des Einheitsunternehmens hindert die Ermittlung marktüblicher Zinsen für „Innendarlehen". Beleg dafür ist auch die Tatsache, dass für fiktive Innendarlehen kein aufsichtsrechtliches Eigenkapital vorzuhalten ist[853]. Bei Geschäften mit fremden Dritten sind die regulatorischen Eigenkapitalkosten ein wesentlicher Faktor für die Bemessung der Risikoprämie.

Der OECD-Bericht 2010 überwindet das Fehlen einer originären Kreditwürdigkeit der Betriebsstätte unter Hinweis auf Transaktionen, die Bonitätsunterschiede ausblenden[854]. Taugliche Referenzwerte für die Vergütung der „Innendarlehen" sollen die Zinssätze von Geldleihgeschäften auf dem Interbankenmarkt bieten[855]. Angesprochen sind damit in erster Linie die Interbankenzinssätze LIBOR und EURIBOR[856]. Der Rekurs auf den Interbankenmarkt ist nicht neu. Schon *Mitchell B. Carroll* verwies auf die Interbankzinssätze (*„inter-bank lending rate"*) im Betriebsstättenstaat[857]. Diesem folgend nimmt auch der OECD-Bericht 1984 auf „Geldausleihungen zwischen unabhängigen Banken" Bezug[858]. Der Ansatz von Interbankzinsen stellt indes eine bloße Hilfslösung dar. Interbankensätze gelten expressis verbis nur für Banken, nicht für unselbständige Institutsteile. Die niedrigen Risikoprämien für kurzfristige Ausleihungen im Interbankenhandel

---

851 Weitere wichtige Kriterien benennt *Haiß*, Gewinnabgrenzung, S. 118.

852 So *Vögele/Borck*, IStR 2002, 176 (178); siehe bereits Teil 3, B. I. 4. c) der Arbeit.

853 So auch *Brüninghaus*, in Vögele/Borstell/Engler, Verrechnungspreise³, Kap. O Rz. 54.

854 OECD, Betriebsstättenbericht 2010, Part II Tz. 167: *„The answer (…) is to use transactions where there is no credit differential as comparables…"*.

855 OECD, Betriebsstättenbericht 2010, Part II Tz. 169. Ebenso *Diehl*, Zweigniederlassungen ausländischer Banken, S. 53; *Henkes-Wabro*, Gewinnabgrenzung bei Bankbetriebstätten, S. 186 f.

856 Siehe nur *Brüninghaus*, in Vögele/Borstell/Engler, Verrechnungspreise³, Kap. O Rz. 85; *Kobetsky*, BIFD 2005, 48 (52). Die LIBOR-Sätze der British Bankers' Association sind abrufbar unter: http://www.bbalibor.com/rates/historical. Die European Banking Federation stellt unter http://euribor-ebf.eu Echtzeit-Indikationen der verschiedenen EURIBOR-Sätze zur Verfügung.

857 *Carroll*, Methods of Allocating Taxable Income, Tz. 734: *„…the inter-bank lending rate should be acknowledged as an appropriate basis for advances or loans between branches which are treated in so far as possible as independent banks."*.

858 OECD, Bericht 1984, Teil 2 Tz. 72 i.V.m. Tz. 36.

werden nur aufgrund der rechtlichen und wirtschaftlichen Einheit des Gesamtinstituts akzeptiert. Sie spiegeln keine fremdüblichen Entgelte für die Refinanzierung einer fiktiv verselbständigten Betriebsstätte wider.

Zweifel bestehen auch im Hinblick auf die – neben der Bonität – zweite wesentliche Determinante der Geldleihe: die Laufzeit des Darlehens[859]. Bei (Re-)Finanzierung am Kapitalmarkt erhöht sich die zu entrichtende Risikoprämie mit steigender Laufzeit des Finanzierungsgeschäfts. Innerhalb des Einheitsunternehmens fehlt die disziplinierende Wirkung des Marktmechanismus. Stattdessen bestimmt die Finanzierungseinheit (Treasury) – nach Maßgabe der strategischen Vorgaben der Geschäftsleitung – über den Zeithorizont der internen Liquiditätsausstattung. Die Laufzeit der „Innendarlehen" und der beizulegende Interbankenzins sind mithin frei gestaltbar. In praxi betreibt die nach dem Profit-Center-Konzept gesteuerte Treasury-Einheit eine fristeninkongruente Refinanzierung der Auslandsbetriebsstätte(n), um auf diese Weise Zinsvorteile zu erwirtschaften[860]. Dies hat zur Folge, dass der preisbildende Faktor der Kreditlaufzeit bezogen auf die fremdübliche Vergütung interner Finanzierungsgeschäfte an Aussagekraft verliert. Darüber hinaus steht die bankpraktische Abwicklung der Betriebsstättenfinanzierung in Konflikt mit der steuerlichen Selbständigkeitsfiktion. Die Geldleihe im Interbankenverhältnis erfolgt zu kurzen Laufzeiten von einer Woche bis zu 12 Monaten. Bei internen „Darlehen" liegt nicht notwendig eine vergleichbare Situation der kurzfristigen Aufnahme oder des kurzfristigen Parkens von Liquidität vor. Wird die Betriebsstätte steuerlich als selbständiges Unternehmen gedacht, richtet sich der Blick auf den Grundsatz der fristenkongruenten Refinanzierung. Selbständige Institute orientieren die Refinanzierung grundsätzlich an der Laufzeit des korrespondierenden Aktivgeschäfts. Diese „Goldene Bankregel"[861] ist nicht im Sinne der vollständigen Kongruenz zwischen Aktiv- und Passivgeschäft zu verstehen. Banken betreiben im gesamtwirtschaftlichen Interesse Fristentransformation durch

---

859 Vgl. OECD, Bericht 1979, Tz. 199; siehe auch *Brüninghaus*, in Vögele/Borstell/Engler, Verrechnungspreise³, Kap. O Rz. 40.

860 *Schaus*, in Löwenstein/Looks/Heinsen, Betriebsstättenbesteuerung², Rz. 1271.

861 Diese Dispositionsregel geht auf eine Abhandlung *Otto Hübners* aus dem Jahre 1854 zurück (siehe nur *Körnert*, ZHR 176 (2012), 96 (98 f.); *Büschgen*, Bankbetriebslehre, S. 907).

fristeninkongruente Refinanzierung[862]. Der Grundsatz der Fristenkongruenz ist jedoch allgemeiner Leitgedanke der Bankenfinanzierung und liegt den aufsichtsrechtlichen Liquiditätsvorschriften zugrunde[863]. Im Einheitsunternehmen ist dieser Gedanke schon deshalb rein hypothetischer Natur, weil in der institutsinternen Sphäre kein Ausfallrisiko besteht. Nach alledem verdeutlicht der preisbildende Faktor der Kreditlaufzeit, dass die Ermittlung echter Marktzinsen für „Innendarlehen" ausgeschlossen ist.

Der Ansatz von Interbankenzinssätzen ist schließlich auch deshalb in Zweifel zu ziehen, weil nicht ein bestimmter Interbankenzins zur Verfügung steht, sondern eine Bandbreite schwankender Zinssätze[864]. Infolge der großen Volumina der institutsinternen Geldströme bergen bereits geringe Abweichungen der angesetzten Zinssätze erhebliches Verzerrungspotential für die steuerliche Gewinnabgrenzung. Dies kann dem grenzüberschreitenden Kreditinstitut zum Vorteil gereichen oder vice versa zu Doppelbesteuerung führen.

II. Fremdübliche Vergütung der Innenleistungen des Risikomanagements und des Transfers von Kreditaktiva

Der AOA erstreckt das Erfordernis fremdüblicher Vergütung des Innenverkehrs auf die Leistungen des Risikomanagements. Dies folgt aus dem KERT-Konzept[865]. Danach sind sämtliche Innenleistungen, die die KERT-Funktion – respektive der diese Funktion ausübende Institutsteil – empfangen hat, marktüblich zu entgelten[866]. Im Fokus stehen dabei die Kreditverwaltung und -überwachung sowie die Tätigkeiten der aktiven Risikosteuerung durch internen Transfer von Risiken und Wirtschaftsgütern. Der fremdüblichen Vergütung der risikobezogenen Innenvorgänge bedarf es nicht nur bei absoluter Selbständigkeitsfiktion der Bankbetriebsstätte. Dem Argumentationstopos der „gewöhnlichen Geschäftstätigkeit" („*ordinary business*") folgend, ist auch bei eingeschränkter Selbständigkeit solchen

862 *Fischer*, in Schimansky/Bunte/Lwowski, Bankrechts-Hdb, Bd. II[4], § 129 Rn. 7; *Körnert*, ZHR 176 (2012), 96 (99); *Büschgen*, Bankbetriebslehre, S. 907.

863 Zu der Strukturierung der aufsichtsrechtlichen Liquiditätsnormen nach dem Gedanken der Fristenkongruenz *Büschgen*, Bankbetriebslehre, S. 1101 f.

864 Nachdrücklich betont dies *Kobetsky*, BIFD 2005, 48 (52).

865 Dazu Teil 3, B. I. 1. und C. IV. der Arbeit.

866 Vgl. OECD-Betriebsstättenbericht 2010, Part II Tz. 68, 74, 143.

Innendienstleistungen eine marktübliche Vergütung beizumessen, die das Institut gewöhnlich gegenüber fremden Dritten erbringt. Dazu zählen insbesondere Dienstleistungen des Risikotransfers[867].

Art und Umfang der internen Leistungen des Risikomanagements richten sich nach der aufbauorganisatorischen Struktur des Instituts. Dies gilt beispielhaft für die Tätigkeiten der aktiven Risikosteuerung. Steuern die einzelnen Auslandseinheiten „ihre" Risikopositionen selbst und schließen dazu Sicherungsgeschäfte über die Finanzmärkte ab[868], resultieren insoweit keine abgrenzungserheblichen Innendienstleistungen. In der bankpraktischen Realität multinationaler Institute wird die Steuerung und Abwicklung der Absicherungsmaßnahmen hingegen regelmäßig einer organisatorisch exponierten Zentraleinheit übertragen. Bei zentralisierter Risikosteuerung betreut die Zentraleinheit ein Risikoportfolio, in das die verschiedenen Institutsteile ihre Positionen einbringen. Die Zentraleinheit übernimmt die Ergebnisverantwortung für die übertragenen (Kredit-)Risikopositionen und deren Bewältigung[869]. Der Risikotransfer kann dabei sowohl durch schlichte Innenvereinbarung (synthetischer Risikotransfer) als auch durch Übertragung der Kreditaktiva erfolgen.

Die fremdübliche Vergütung der internen Leistungsbeziehungen bedingt die Existenz von Vergleichstransaktionen am offenen Markt. Bereits zu Beginn des 20. Jahrhunderts wies *Eugen Schmalenbach* aus betriebswirtschaftlicher Sicht darauf hin, dass der Marktpreis als Verrechnungspreis nur dort anwendbar ist, „wo die von Unterbetrieb zu Unterbetrieb gelieferte Ware auch Marktware ist, und wo die Preise dieser Ware bekannt sind"[870]. Die Bemessung tatsächlicher Fremdpreise für die internen Maßnahmen der Risikobewältigung hängt mithin von dem Bestehen liquider und zugleich öffentlich zugänglicher „Risikomärkte" ab. Belastbare Vergleichsdaten stehen jedoch weder für den synthetischen Risikotransfer durch

---

867 Siehe Teil 3, C. VI. 1. der Arbeit.

868 Vgl. nur *Widmayer*, Risikomanagement mit Derivaten, S. 173 f. Siehe auch *Frese/Graumann/Theuvsen*, Organisation[10], S. 469 f.

869 *Hartschuh/Grimm/Haider*, in Schierenbeck/Kirmße, Banksteuerung, S. 245 (250); *Rinker/Schweizer*, in Schierenbeck/Kirmße, Banksteuerung, S. 231 (236 f.); vgl. auch *Kirmße/Schierenbeck/Tegeder*, in Schierenbeck/Kirmße, Banksteuerung, S. 3 (9).

870 *Schmalenbach*, ZfhF (3) 1908/1909, 165 (175).

„Quasi-Kreditausfall-Swaps" noch für die interne Überführung der Kreditaktiva im Wege des „Forderungsverkaufs" zur Verfügung. Wie dargelegt, fehlt es an tragfähigen Referenzwerten für die Bepreisung intern vereinbarter CDS[871]. Diese Unsicherheit setzt sich mit Blick auf den Binnentransfer von Kreditaktiva fort. Auch insoweit fehlen öffentlich zugängliche und aussagekräftige Markt- oder Börsenwerte[872]. Für den Verkauf von – notleidenden – Kreditforderungen bestehen zwar spezielle Handelsplattformen[873]. Überwiegend erfolgt der Kreditverkauf aber im bilateralen Direktverkehr. Gegenstand sind in der Regel individuell aggregierte Kreditportfolios. Zudem wird der Kaufpreis entscheidend durch „weiche" Faktoren, wie das gesamtwirtschaftliche Umfeld, bestimmt. Insgesamt zeigt sich, dass belastbare Referenzwerte für die Ermittlung marktüblicher Entgelte weder für Einzelpositionen noch für individualisierte Forderungsportfolios verfügbar sind.

Fremdvergleichswerte fehlen überdies für sonstige Innnen(dienst)leistungen des Risikomanagements. Bei den Prozessen der Risikoanalyse und Bewertung sowie der Kreditüberwachung handelt es sich um institutsspezifisch „maßgeschneiderte" Teilleistungen, die nicht artgleich an den offenen Märkten angeboten werden. Interne Vereinbarungen, die Betriebs- und Geschäftsgeheimnisse betreffen, sind von vornherein nicht marktfähig[874]. Die Ermittlung tatsächlicher Fremdvergleichspreise ist demnach grundsätzlich verwehrt[875].

Hilfsweise besteht die Möglichkeit, Marktpreise durch hypothetischen Fremdvergleich zu simulieren[876]. Bezogen auf die fremdübliche Vergütung risikobezogener Dienstleistungen erscheint dies fragwürdig. Bei risikobehafteten Wirtschaftsgütern beruht der Preisbildungsprozess entscheidend auf der asymmetrischen Informationsverteilung zwischen Angebots- und Nachfrageseite. Inner-

---

871 Siehe Teil 3, C. VI. 4. der Arbeit.

872 *Wohlmannstetter/Eckert/Maifarth/Wolfgarten*, WPg. 2009, 531 (533).

873 Siehe Teil 3, C. II. 4. b) aa) der Arbeit.

874 Ähnlich *Eigelshoven*, in Vogel/Lehner, DBA[5], Art. 9 Rz. 61; vgl. auch *Edgar/Holland*, TNI 2005, 525 (526).

875 Kritisch auch *Sadiq*, BIFD 2004, 67 (76); aus branchenübergreifender Sicht *Rödder*, Festschrift Lang, S. 1147 (1157); *Halfar*, IWB v. 11.10.1993, F. 3 Gr. 1, 1393 (1407). Grundlegende Kritik übt *Schneider*, DB 2003, 53 (54).

876 *Eigelshoven*, in Vogel/Lehner, DBA[5], Art. 9 Rz. 22; *Scheffler*, Internationale Steuerlehre[3], S. 462; *Schneider*, DB 2003, 53 (54).

halb der Unternehmensgesamtheit fehlt ein solches Informationsgefälle[877]. Das einheitliche Informationsniveau innerhalb des Unternehmens verhindert nicht nur einen echten Preiswettbewerb zwischen den Betriebseinheiten, sondern auch eine hypothetische Preisbildung. Dies lenkt den Blick auf die kostenbasierten Verrechnungspreismethoden, namentlich die Kostenaufschlagsmethode („*cost plus method*")[878]. Deren Einsatz setzt voraus, dass die tatsächlich mit der Leistungserstellung verbundenen direkten und indirekten Kosten bekannt sind[879]. Im Gegensatz zu der ressourcenintensiven Produktion von Industriegütern stehen bei Dienstleistungen die Personalkosten im Mittelpunkt. Innerhalb des Einheitsunternehmens sind allerdings grundsätzlich nur die Gesamtkosten für Personal und Infrastruktur einzelner Abteilungen bekannt[880]. Diese können nicht sachgerecht auf die einzelnen, internen Geschäftsvorfälle umgelegt werden. Kostenbasierte Verrechnungspreise entfernen sich weitgehend von der Leitidee eines tatsächlichen Fremdvergleichs.

III. Bankbetriebliche Verrechnungspreissysteme als Bezugspunkt des Fremdvergleichs?

Der OECD-Bericht 2010 knüpft die Gewinnabgrenzung eng an die betriebswirtschaftliche Realität. Zentrales Instrument ist dabei die Funktions- und Sachverhaltsanalyse. Bezüglich der Vergütung der institutsinternen Geldströme rekurriert der Bericht darüber hinaus auf die von multinationalen Banken eingesetzten Transferpreissysteme der internen Liquiditätssteuerung („*internal funds transfer pricing system*"). Die ökonomischen Verrechnungspreise sollen am „Dealing at arm's length"-Prinzip gemessen und so für Zwecke der steuerlichen Gewinnabgrenzung fruchtbar gemacht werden[881].

---

877 Bezogen auf den Konzernverbund *Brüninghaus,* in Vögele/Borstell/Engler, Verrechnungspreise[3], Kap. O Rz. 55; vgl. auch *Schneider,* DB 2003, 53 (54).

878 So auch die BS-VwG 1999, BMF-Schreiben vom 24.12.1999, BStBl. I 1999, 1076 (1090 [Tz. 3.1.2]); *Brüninghaus,* in Vögele/Borstell/Engler, Verrechnungspreise[3], Kap. K Rz. 125.

879 *Engler,* in Vögele/Borstell/Engler, Verrechnungspreise[3], Kap. M Rz. 230.

880 Deutliche Kritik an der Kostenaufschlagsmethode übt *Kaminski,* in Strunk/Kaminski/Köhler, AStG/DBA, § 1 AStG Rz. 551 (Okt. 2010); *Kahle,* ZfCM 2007, 96 (99). Zu der Unbestimmtheit des Kostenbegriffes *Vögele/Raab,* in Vögele/Borstell/Engler, Verrechnungspreise[3], Kap. D Rz. 167 ff.

881 OECD, Betriebsstättenbericht 2010, Part II Tz. 164.

Unternehmensinterne Verrechnungspreissysteme erfüllen unterschiedliche Zwecke. Primär dienen sie als Managementinstrumente, wenn „der Betrieb auseinandergezogen ist in eine lange Kette von Unterbetrieben mit ziemlich großer Selbständigkeit"[882]. In grenzüberschreitenden Unternehmen werden Entscheidungskompetenzen geografisch getrennten Stellen zugewiesen. Es entstehen sogenannte Prinzipal-Agent-Beziehungen, in denen die Unternehmensführung den Aktionsraum und das Handeln der Bereichsleiter nicht unmittelbar überblicken kann[883]. In diesem Falle setzt die Geschäftsleitung betriebliche Transferpreissysteme als Instrumente der Koordination und Verhaltenslenkung ein[884]. Die Verrechnungspreise entkoppeln die einzelnen Unternehmenseinheiten und erzeugen ein künstliches Wettbewerbsumfeld[885]. Damit ermöglichen die Transferpreise zugleich die Ermittlung und Bewertung des betrieblichen Erfolges[886]. Die Vergütung der internen Lieferungs- und Leistungsbeziehungen lässt den Ergebnisbeitrag einzelner Transaktionen und einzelner operativer Betriebseinheiten sichtbar werden[887]. Transferpreisverfahren multinationaler Banken zielen auf die Bemessung und Steuerung von Zins-, Kredit- und Liquiditätsrisiken[888] und dienen der Allokation des ökonomischen Risikokapitals[889]. Intern zu leistende Zahlungen sind Entgelt für die regulatorischen Eigenkapitalkosten der einzelnen Risikopositionen. Die

---

882 Plastisch *Schmalenbach*, ZfhF (3) 1908/1909, 165 (169). *Theurl/Meyer*, Festschrift Grob, S. 147 (173); *Baumhoff*, in F/W/B, AStR, § 1 AStG Anm. 271 (Okt. 2002).

883 Zu der Prinzipal-Agent-Theorie *Pahl-Schönbein*, Konzerninterne Dienstleister, S. 88.

884 Siehe nur *Martini*, Verrechnungspreise, 10.

885 *Neus*, DBW 57 (1997), 38 (39); *Theurl/Meyer*, Festschrift Grob, S. 147 (167); *Baumhoff*, in F/W/B, AStR, § 1 AStG Anm. 272 (Okt. 2002) spricht von einem „erfolgsrechnerischen Separierungseffekt".

886 *Pahl-Schönbein*, Konzerninterne Dienstleister, S. 107; *Martini*, Verrechnungspreise, S. 11.

887 *Schmalenbach*, ZfhF (3) 1908/1909, 165 (170) spricht anschaulich von einer „rechnerischen Verselbständigung" der Betriebseinheiten.

888 Die am 14.12.2012 von der BaFin veröffentlichte Neufassung der MaRisk sieht in Modul BTR 3.1 Tz. 6 vor, dass große Institute mit komplexen Geschäftsaktivitäten ein Liquiditätstransferpreissystem zur verursachungsgerechten internen Verrechnung der jeweiligen Liquiditätskosten, -nutzen und -risiken zu etablieren haben (dazu *Schulte-Mattler*, Die Bank 3/2103, 31 [34]).

889 *Gebhardt/Reichardt*, Festschrift Rudolph, S. 421 (423); *Heidorn/Schmaltz*, Kreditwesen 2010, 140 (140); *Rinker/Schweizer*, in Schierenbeck/Kirmße, Banksteuerung, S. 231 (240); siehe auch *Menzel*, in Raupach, Verrechnungspreissysteme, S. 179 f.

Abbildung ökonomischer Risikokosten schafft eine Kalkulationsgrundlage für (Kredit-)Neugeschäft[890].

Die ökonomischen Verrechnungspreise entstehen nicht im freien Spiel von Angebot und Nachfrage. Es handelt sich um intern fixierte Wertansätze[891], die Leistungsanreize für die einzelnen Betriebseinheiten entfalten. Demgegenüber zielt die steuerliche Gewinnabgrenzung darauf, das grenzüberschreitend generierte Steueraufkommen auf die tangierten Fisci zu verteilen. Die marktübliche Vergütung der unternehmensinternen Geschäftsvorfälle soll den Ergebnisbeitrag der einzelnen Betriebsstätte feststellen und eine missbräuchliche Verlagerung von Besteuerungssubstrat zwischen den beteiligten Fiskalhoheiten verhindern[892]. Erwägungen (bank-)betrieblicher Unternehmenslenkung durch Entwicklung eines Anreizsystems[893] sind dem steuerlichen „Dealing at arm's length"-Prinzip vorgelagert. Die operativen Transferpreise können zwar „Ausgangsbasis"[894] für die Bemessung steuerlicher Verrechnungspreise sein[895]. Sie entfalten aber bloße Indizwirkung und sind auf ihre Fremdüblichkeit hin zu überprüfen[896]. Mangels belastbarer Referenzwerte bleibt eine solche Überprüfung mit erheblicher Unsicherheit belastet[897].

IV. Ergebnis

Die praktische Verwirklichung des AOA beruht entscheidend auf der Bemessung fremdüblicher Entgelte für die institutsinternen Geschäftsvorfälle. Dagegen steht die betriebliche Realität multinationaler Kreditinstitute. Die operativen Betriebs-

---

890 Siehe *Gebhardt/Reichardt*, Festschrift Rudolph, S. 421 (424 f.).

891 *Theurl/Meyer*, Festschrift Grob, S. 147 (165, 168).

892 Im Lichte des Konzernsachverhalts *Scheffler*, Internationale Steuerlehre[3], S. 453; *Kaminski*, in Strunk/Kaminski/Köhler, AStG/DBA, Art. 9 OECD-MA Rz. 2 (Juni 2013).

893 Dazu anschaulich *Martini*, Verrechnungspreise, S. 10.

894 *Menzel*, in Raupach, Verrechnungspreissysteme, S. 180.

895 Im Falle der Organisation eines Unternehmensverbundes nach der Profit-Center-Konzeption spricht die deutsche Finanzverwaltung „eine gewisse Vermutung" für die Richtigkeit der ökonomischen Verrechnungspreise aus (m.w.N. *Baumhoff*, in F/W/B, AStR, § 1 AStG Anm. 290 [Nov. 1999]).

896 So auch OECD, Betriebsstättenbericht 2010, Part II Tz. 164; *Henkes-Wabro*, Gewinnabgrenzung bei Bankbetriebstätten, S. 186.

897 Der Betriebsstättenbericht 2010 weist lediglich darauf hin, dass die betrieblichen Transferpreise eingehend zu analysieren sind (vgl. OECD, Betriebsstättenbericht 2010, Part II Tz. 164).

einheiten tauschen vielfältige individualisierte Leistungen aus, die nicht artgleich an offenen Märkten angeboten werden. Der angestrebten transaktionsbezogenen Verrechnung drittüblicher Entgelte sind mithin faktische Grenzen gesetzt. Das gilt ebenso für die marktübliche Vergütung von „Innendarlehen". Der Verweis des OECD-Berichts auf die Zinssätze des Interbankenmarktes erweist sich als bloße Hilfslösung und offenbart die Grenzen der umfassenden Steuerselbständigkeit von Bankbetriebsstätten. Über die Defizite der Ermittlung tatsächlicher Marktpreise hilft schließlich auch nicht der Rückgriff auf institutseigene Transferpreissysteme hinweg.

Teil 4: Das steuerliche Dotationskapital von Bankbetriebsstätten

Eigenkapital ist entscheidender Produktionsfaktor von Kreditinstituten[898]. Es bildet nicht nur ein Risikopolster für Verluste aus dem laufenden Geschäft[899]. Über die Normen des Bankaufsichtsrechts bestimmt es zudem den Spielraum für Kreditneugeschäft und somit den operativen Erfolg[900]. Dies führt zu der Frage, ob und wie das Eigenkapital des Bankeinheitsunternehmens bei direkter Gewinnabgrenzung auf die einzelnen Unternehmensteile zu verteilen ist. Eine ausdrückliche Regelung enthält weder Art. 7 OECD-MA noch das deutsche innerstaatliche Recht[901].

A. Grundlagen der Betriebsstättendotation

Eine Betriebsstätte verfügt als rechtlich unselbständiger Teil des Einheitsunternehmens nicht über Eigenkapital, sondern partizipiert an der Kapitalausstattung der Unternehmensgesamtheit[902]. In dem Denkmodell der direkten Methode wird die Betriebsstätte für Zwecke der steuerlichen Gewinnabgrenzung als selbständiges Unternehmen fingiert. Daraus resultiert das Erfordernis, der rechtlich unselbständigen Betriebsstätte ein der operativen Geschäftstätigkeit entsprechendes

---

898 *Erlebach/Grasshoff/Berg*, Die Bank 10/2010, 54. Siehe auch *Büschgen/Börner*, Bankbetriebslehre^4, S. 31 f.

899 Zu den Funktionen des Eigenkapitals bei Kreditinstituten *Fischer*, in Schimansky/Bunte/Lwowski, Bankrechts-Hdb, Bd. II^4, § 129 Rn. 1.

900 Zu der sog. Bremsfunktion des Eigenkapitals *Rudolph*, ZHR 175 (2011), 284 (292 f.); *Herfurth*, Basel II, S. 13.

901 Durch das AmtshilfeRLUmsG vom 26.6.2013 (Nachweise in Fn. 268) regelt der Gesetzgeber erstmals ausdrücklich, dass der Betriebsstätte „ein angemessenes Eigenkapital (Dotationskapital)" zuzuordnen ist (§ 1 Abs. 5 Satz 3 Nr. 4 AStG). Eine inhaltliche Präzisierung erfolgt durch den am 5.8.2013 veröffentlichten Entwurf einer Betriebsstättengewinnaufteilungsverordnung (BsGaV). Siehe zu dem Verordnungsentwurf Teil 7, A. II. der Arbeit.

902 Deutlich *Debatin*, DB 1989, 1739 (1740). Vgl. auch *Becker*, DB 1989, 10; *Ritter*, JbFSt 1976/77, 288 (303).

„Eigenkapital" zuzuweisen[903]. In dem als Dotationskapital bezeichneten „Kapitalstock"[904] artikuliert sich die steuerliche Selbständigkeit der Betriebsstätte[905]. Besonders deutlich wird dies, wenn ein selbständiges Unternehmen von Gesetzes wegen bestimmte branchenspezifische Kapitalanforderungen erfüllen muss[906]. Bevor die Besonderheiten der Dotation von Bankbetriebsstätten zu untersuchen sind, werden im folgenden Abschnitt die branchenübergreifenden Grundlagen der steuerlichen Kapitalausstattung dargestellt.

I. Dotationskapital und Zuordnung der aktiven Wirtschaftsgüter

Der Kapitalbedarf einer Betriebsstätte bestimmt sich nach dem dieser zuzuordnenden Aktivvermögen[907]. Zwischen den aktiven Wirtschaftsgütern und der angemessenen Betriebsstättendotation besteht allerdings keine unmittelbare Verbindung. Die Aktivseite der Betriebsstättenbilanz liefert keinen Hinweis darüber, ob die einzelnen Wirtschaftsgüter eigen-, fremd- oder gemischtfinanziert sind[908].

Für die Bestimmung des Dotationskapitals stehen zwei Ansätze zur Verfügung[909]. Zahlreiche Autoren erkennen die „Eigenkapitalbasis" der Betriebsstätte als eine rein rechnerische Saldogröße[910]. Wird der nach Zuordnung der (aktiven) Wirtschaftsgüter verbleibende Passivsaldo um die Fremdverbindlichkeiten vermindert, tritt das „Eigenkapital" der Betriebsstätte als Restgröße hervor[911]. Das Dotations-

---

903 *Runge*, in Piltz/Schaumburg, Betriebsstättenbesteuerung, S. 131 (136); *Kaminski*, RIW 1997, 970; *Buciek*, in F/W/K, DBA-CH, Art. 7 Anm. 433.1 (Juli 2003); BMF-Schreiben vom 24.12.1999, BStBl. I 1999, 1076 (1085 [Tz. 2.5.1]). Kritisch *Lüdicke*, StbKongrRep 1994, 214 (238 f.).

904 So RFH, Urteil vom 25.4.1933, RStBl. 1933, 1017 (1019).

905 So plastisch *Schaumburg*, Internationales Steuerrecht[3], Rz. 18.38.

906 Vgl. BFH, Urteil vom 25.6.1986, BStBl. II 1986, 785 (787).

907 *Jacobs*, Internationale Unternehmensbesteuerung[7], S. 694; *Andresen*, in W/A/D, Betriebsstätten-Hdb, Rz. 2.115; *Mutscher*, Kapitalstruktur von Betriebsstätten, S. 44.

908 *Kleineidam*, IStR 1993, 349 (350).

909 Anschaulich dazu *Friese*, Rechtsformneutralität, S. 252 f.

910 So *Hidien*, in K/S/M, EStG, § 49 Rn. D 2809 (Mai 2007); *Buciek*, in F/W/K, DBA-CH, Art. 7 Anm. 433 (Juli 2003); *Roth*, in Lüdicke, Zurechnung von Wirtschaftsgütern, S. 87 (95); *ders.*, in H/H/R, § 49 EStG Anm. 282 (Juli 2009); *Hruschka/Lüdemann*, IStR 2005, 76 (80).

911 So *Maier*, in Löwenstein/Looks, Betriebsstättenbesteuerung[1], Rz. 709.

kapital ist als rechnerisches Residuum kein eigenständiges Wirtschaftsgut und mithin auch nicht Gegenstand der Zuordnung[912]. Die Gegenauffassung betont unter Hinweis auf die unternehmerische Dispositionsfreiheit, dass die Ausstattung der Betriebsstätte mit einem angemessenen Dotationskapital im Ermessen der Geschäftsleitung steht[913]. Das durch einseitigen Widmungsakt zugewiesene „Eigenkapital" offenbart die Fremdverbindlichkeiten als Restgröße[914].

Dem erstgenannten Ansatz der Bestimmung des Dotationskapitals als „Residualgröße"[915] liegt ein prima vista einleuchtender Gedankengang zugrunde. Dies gilt jedenfalls bei eingeschränkter Selbständigkeitsfiktion der Betriebsstätte, weil es insoweit lediglich der Zurechnung der tatsächlichen Fremdverbindlichkeiten gegenüber fremden Dritten bedarf. Ein anderes Bild entsteht hingegen bei umfassender Verselbständigung der Betriebsstätte oder bei Durchbrechung der eingeschränkten Selbständigkeitsfiktion unter Hinweis auf den Topos der „gewöhnlichen Geschäftstätigkeit" von Banken[916]. In diesem Fall stößt die Bestimmung des Dotationskapitals als „Restgröße" an Grenzen, weil zu den Außenverbindlichkeiten die vielfältigen fiktiven „Innendarlehen" treten. Die Ermittlung des Dotationskapitals durch Saldierung setzt demnach neben der Zurechnung der „echten" Fremdmittel die Identifikation und fremdübliche Vergütung der internen „Darlehen" voraus. Eine abschließende Zurechnung der Passivposten unter Berücksichtigung der institutsinternen Geldströme ist praktisch verwehrt[917]. Die Grenzen der Bestimmung des Dotationskapitals von Bankbetriebsstätten durch

---

912 *Hruschka*, IStR 2008, 499 (501); *Hruschka/Lüdemann*, IStR 2005, 76 (80).

913 *Lüdicke*, in Fischer, Besteuerung wirtschaftlicher Aktivitäten von Ausländern, S. 35 (51); *Storck*, Ausländische Betriebsstätten, S. 324; *Scheffler*, Internationale Steuerlehre³, S. 519, 521; *Andresen*, in W/A/D, Betriebsstätten-Hdb, Rz. 2.116.

914 *Looks*, in Löwenstein/Looks/Heinsen, Betriebsstättenbesteuerung², Rz. 805.

915 *Andresen*, in W/A/D, Betriebsstätten-Hdb, Rz. 2.115; *Hruschka*, IStR 2008, 499 (501); siehe auch Fn. 911.

916 Siehe OECD-MK 2005, Art. 7 MA Tz. 19; siehe auch Teil 3, A. II. 1 a) und Teil 3, A. III. der Arbeit.

917 Siehe nur *Lüdicke*, StbKongrRep 1994, 214 (237); *Schröder/Strunk*, in Mössner, Steuerrecht international tätiger Unternehmen³, Rz. C 92; kritisch auch *Kobetsky*, BIFD 2005, 48 (56). Vgl. auch *Halfar*, IWB v. 11.10.1993, F. 3 Gr. 1, 1393 (1410); *Strunk/Kaminski*, IStR 2000, 33 (36); *Ziehr*, Einkünftezurechnung, S. 217.

rechnerische Saldierung[918] leiten über zu der unternehmerischen Finanzierungsfreiheit.

II. Unternehmerische Finanzierungsfreiheit

Die allgemeine Handlungsfreiheit (Art. 2 Abs. 1 GG) gewährleistet Unternehmerinitiative und Handlungsfreiheit des Einzelnen auf wirtschaftlichem Gebiet[919]. Die unternehmerische Betätigungsfreiheit erstreckt sich auf die innerbetriebliche Organisation und verbürgt die freie Entscheidung über die Zuweisung einzelner Tätigkeiten und Aufgaben innerhalb des Unternehmens[920]. Im unternehmerischen Ermessen steht auch die Finanzierungsentscheidung. Die gewählte Tätigkeitszuweisung indiziert den Finanzbedarf der Höhe nach. Über das „Wie" der Finanzierung entscheidet – abseits gesellschaftsrechtlicher Bindungen – ausschließlich der Unternehmer. Das gilt nicht nur für die Strukturierung des Kapitals des Gesamtunternehmens, sondern ebenso für die unselbständigen Betriebsteile[921]. Der Vorrang der unternehmerischen Entscheidung manifestiert sich darin, dass die Betriebswirtschaftslehre keine ökonomisch „richtige" Kapitalstruktur innerhalb des Konzernverbundes oder des Einheitsunternehmens kennt[922]. Diese Tatsache steht in Zusammenhang mit der finanztheoretischen Erkenntnis, dass in einem funktionierenden Kapitalmarkt der Marktwert eines (Bank-)Unternehmens von dessen Kapitalstruktur unabhängig ist[923]. Theoretische Aussagen über die Finanzierung

---

918 Nachdrücklich auch *Lüdicke*, in Fischer, Besteuerung wirtschaftlicher Aktivitäten von Ausländern, S. 35 (50 f.).

919 Siehe BVerfG, Urteil vom 29.7.1959, BVerfGE 10, 89 (99); Beschluss vom 19.12.1967, BVerfGE 23, 12 (30); Urteil vom 1.3.1979, BVerfGE 50, 290 (366); Beschluss vom 12.10.1994, BVerfGE 91, 207 (221); *Drüen*, StuW 2008, 154 (155 f.); *Di Fabio*, in Maunz/Dürig, Grundgesetz, Art. 2 Abs. 1 Rn. 77 (Juli 2001).

920 Siehe nur *Blumers*, DStR 2010, 17 (18); *Ditz*, Gewinnabgrenzung, S. 223 f.

921 BFH, Urteil vom 25.6.1986, BStBl. II 1986, 785 (786, 787); Urteil vom 29.7.1992, BStBl. II 1993, 63 (67); *Weber/Werra*, Festschrift Ritter, S. 285 (289); nachdrücklich *Beiser*, IStR 1992, 7 (10 f.).

922 *Scheffler*, Internationale Steuerlehre[3], S. 519; *Jacobs*, Internationale Unternehmensbesteuerung[7], S. 693; *Schulte-Mattler/Gaumert*, in Becker/Gehrmann/Schulte-Mattler, Hdb ökonomisches Kapital, S. 25 (31); *Becker*, Festschrift Debatin, S. 25 (27); *Wassermeyer*, in Debatin/Wassermeyer, Art. 7 MA Rz. 291 (Jan. 2009); *Ditz*, Gewinnabgrenzung, S. 366; *Hemmelrath*, Ermittlung des Betriebsstättengewinns, S. 196.

923 Eingehend *Schulte-Mattler*, Die Bank 7/2008, 18 (19); siehe auch *Rudolph*, ZHR 175 (2011), 284 (301).

einer Betriebsstätte müssen letztlich schon daran scheitern, dass sich die steuerliche Selbständigkeitsfiktion bewusst von der ökonomischen Realität der Unternehmenseinheit löst[924].

Die Finanzierungsmodalitäten einer Investition sind auf Ebene des Steuerrechts grundsätzlich zu respektieren[925]. Mit Blick auf die Finanzierung von Betriebsstätten hebt der BFH hervor, dass es dem Unternehmen steuerrechtlich freisteht, „mit welchem Dotationskapital es seine inländische Betriebsstätte versieht“[926]. Dies gilt auch bei weit überwiegender Fremdfinanzierung[927]. Die privatautonome Gestaltung ist jedoch stets nur Ausgangspunkt der steuerlichen Qualifikation[928]. Es ist deshalb nicht von vornherein ausgeschlossen, der Betriebsstätte für Zwecke der steuerlichen Gewinnabgrenzung – auch entgegen der ausgewiesenen Finanzierungsstruktur – einen Teil des Eigenkapitals des Gesamtunternehmens zuzurechnen. Ein solcher „Kapitalstock“ entspricht – besonders im Falle branchenspezifischer Eigenkapitalvorschriften – der fiktiven Steuerselbständigkeit der Betriebsstätte. Voraussetzung einer Korrektur der unternehmerischen Vorgabe ist ein freiheitsschonender und international konsensfähiger Prüfmaßstab für die Angemessenheit der Betriebsstättendotation[929].

Die Freiheit unternehmerischer Disposition findet ihre Grenze in dem Vorwurf missbräuchlicher Gestaltung[930]. Bezogen auf die steuerliche Dotation von Betriebsstätten wird die praktische Notwendigkeit einer solchen Missbrauchskontrolle

---

924 Ähnlich *Kleineidam*, IStR 1993, 349 (350 f.).

925 BFH, Urteil vom 24.4.1997, BStBl. II 1999, 342 (34); Beschluss vom 8.12.1997, BStBl. II 1998, 193 (197); Urteil vom 29.7.1992, BStBl. II 1993, 63 (67); *Prinz*, FR 2009, 593 (595 f.); *Andresen*, in W/A/D, Betriebsstätten-Hdb, Rz. 2.116.

926 BFH, Urteil vom 29.7.1992, BStBl. II 1993, 63 (67).

927 *Thimmel*, DB 1980, 2058; *Lechner*, in Gassner/Lang/Lechner, Betriebstätte, S. 179 (195); siehe auch OECD, Betriebsstättenbericht 2010, Part I Tz. 115; einschränkend *Burmester*, Festschrift Flick, S. 659 (664).

928 *Drüen*, StuW 2008, 154 (156).

929 Ähnlich *Roth*, in H/H/R, § 49 EStG Anm. 282 (Juli 2009).

930 BFH, Urteil vom 1.4.1987, BStBl. II 1987, 550 (551); FG München, Urteil vom 11.10.1995, EFG 1996, 244 (245); BMF-Schreiben vom 24.12.1999, BStBl. I 1999, 1076 (1085 [Tz. 2.5.1]); *Institut der Wirtschaftsprüfer*, DB 1988, 309 (312); *Kleineidam*, IStR 1993, 349 (351); m.w.N. *Buciek*, in F/W/K, DBA-CH, Art. 7 Anm. 435.2 (Juli 2003); *Scheffler*, Internationale Steuerlehre[3], S. 521.

besonders deutlich. Das Verhältnis von Eigen- und Fremdfinanzierung ist Ansatzpunkt steuerplanerischer Gestaltung. Während Zinszahlungen für Fremdverbindlichkeiten der Betriebsstätte als Aufwandsposten deren steuerlichen Gewinn mindern, resultiert aus der internen Ausstattung mit „Eigenkapital" durch das Stammhaus kein berücksichtigungsfähiger Zinsaufwand[931]. Die Überlassung von Dotationskapital erfolgt entgeltfrei. Der OECD-Bericht 2010 verdeutlicht dies durch den Begriff *„free capital"*[932]. Die Höhe des Dotationskapitals beeinflusst maßgeblich die zwischenstaatliche Allokation von Steuersubstrat[933]. Je mehr unverzinsliches Dotationskapital der Betriebsstätte zugewiesen wird, desto größer ist deren steuerbares Ergebnis[934]. Gestaltungspotential besteht besonders bei Betriebsstätten von Kreditinstituten. Die steuerliche Berücksichtigung fremdüblicher Zinsen für „Innendarlehen" schafft Raum für eine manipulative Verlagerung von Steuersubstrat[935]. Dies erfordert es, die unbestimmte Grenze der Missbräuchlichkeit inhaltlich zu konkretisieren.

B. Grundlagen der Dotation von Bankbetriebsstätten

Kreditinstitute stehen aufgrund ihrer exponierten volkswirtschaftlichen Stellung unter staatlicher Aufsicht[936]. Das Gesetz über das Kreditwesen (KWG) statuiert

---

931 BFH, Urteil vom 27.6.1965, BStBl. III 1966, 24 (27); Urteil vom 25.6.1986, BStBl. II 1986, 785 (786); Urteil vom 23.8.2000, BStBl. II 2002, 207 (209); OECD, Bericht 1984, Teil 2 Tz. 77; *Carroll,* Methods of Allocating Taxable Income, Tz. 736, 737 (2); *Diehl,* Zweigniederlassungen ausländischer Banken, S. 43; *Kumpf,* Besteuerung inländischer Betriebsstätten, S. 151; *Beiser,* IStR 1992, 7 (10).

932 OECD, Betriebsstättenbericht 2010, Part I Tz. 105, Part II Tz. 42. Der OECD-Report 1984, Part 2 Tz. 76 spricht noch von *„alloted capital"*.

933 OECD, Betriebsstättenbericht 2010, Part II Tz. 122: *"The attribution of capital among parts of an enterprise involved in a banking business is a pivotal step in the process of attributing profit to a bank PE"*.

934 Siehe nur *Jacobs,* Internationale Unternehmensbesteuerung[7], S. 690; *Carr/Moetell,* TMIJ 2004, 291. Vgl. auch *Roth,* in Oestreicher, Internationale Verrechnungspreise, S. 163 (176).

935 Siehe nur BFH, Urteil vom 27.6.1965, BStBl. III 1966, 24 (27).

936 *Di Fabio,* Wpg 2012, 583 bringt diese Sonderstellung pointiert zum Ausdruck: Der Handel mit Geld erlaubt „gleichsam Zeit- und Raumsprünge". Der Kredit befähigt den Empfänger bereits im Zeitpunkt der Valutierung zu einem Handeln, für das die erforderlichen Mittel erst später zu erwirtschaften sind.

„Besondere organisatorische Pflichten"[937] und unterwirft die Kapitalstruktur von Kreditinstituten spezifischen Bindungen[938]. Sowohl die Empfehlungen des OECD-Steuerausschusses als auch die Anweisungen der deutschen Finanzverwaltung greifen die Vorgaben des quantitativen Aufsichtsrechts für Zwecke der steuerlichen Dotation von Bankbetriebsstätten auf. Diese Verlautbarungen sind im Folgenden näher zu untersuchen. Zuvor ist die Ausgestaltung der Aufsicht über Inlandszweigstellen ausländischer Institute aufzuzeigen.

I. Zweigstellen von Kreditinstituten als Objekte staatlicher Aufsicht

Nimmt ein im Ausland ansässiges Kreditinstitut die Geschäftstätigkeit durch eine im Inland belegene rechtlich unselbständige Zweigstelle[939] auf, gelten neben dem Erlaubnisvorbehalt[940] besondere Regelungen der laufenden Aufsicht. Zu unterscheiden ist zwischen Inlandszweigstellen von EU/EWR-Instituten und von Instituten mit Sitz in einem Drittstaat.

1. Die aufsichtsrechtliche Selbständigkeitsfiktion und Kapitalisierung inländischer Zweigstellen

Die grenzüberschreitende Tätigkeit von Banken steht im Gegensatz zu dem nationalen Fokus der Aufsichtsbehörden[941]. Das KWG ist auf Kredit- und Finanzinstitute zugeschnitten, die Bankgeschäfte im Inland erbringen[942]. Anknüpfungspunkt des KWG ist der Ort, an dem sich die Hauptverwaltung des Unternehmens befindet

---

937 So die Gesetzesüberschrift zu § 25a KWG. Siehe bereits Teil 2, B. II. 2. der Arbeit.

938 Sedes materiae sind §§ 10, 10a KWG; *Liedtke*, DB 1968, 1727 (1728).

939 Die Begriffe Zweigstelle und Zweigniederlassung sind inhaltlich identisch und bezeichnen einen rechtlich unselbständigen Teil eines grenzüberschreitenden Instituts, der im Aufnahmestaat Bankgeschäfte betreibt (so *Ohler*, WM 2002, 162 [164]).

940 Vgl. § 32 KWG. Eine Sonderregelung für Unternehmen mit Sitz in einem anderen Staat des Europäischen Wirtschaftsraums trifft § 53b Abs. 7 KWG.

941 Deutlich *Ohler*, WM 2002, 162 (164). Zum 1. Januar 2011 wurde auf EU-Ebene die European Banking Authority (EBA) geschaffen (Verordnung [EU] Nr. 1093/2010 des Europäischen Parlaments und des Rates vom 24. November 2010 [ABl. L 331/12 v. 15.12.2010]).

942 *Vahldiek*, in Boos/Fischer/Schulte-Mattler, KWG[4], § 53 KWG Rn. 1.

(Sitztheorie)[943]. Im Inland ansässige Institute unterliegen ungeachtet ihrer grenzüberschreitenden Tätigkeit vollumfänglich der Aufsicht durch die BaFin[944]. Besonderheiten gelten für ausländische Kreditinstitute, die das Bankgeschäft im Inland durch rechtlich unselbständige Zweigstellen betreiben. Mangels Ansässigkeit im Inland finden die Regelungen des KWG keine Anwendung. Um eine unkontrollierte Tätigkeit von Inlandszweigstellen zu verhindern[945], wird der Anwendungsbereich des deutschen Aufsichtsrechts mittels einer Fiktion ausgedehnt. Betreibt eine Zweigstelle Bankgeschäfte im Inland, gilt sie als Kreditinstitut im Sinne des KWG (§ 53 Abs. 1 Satz 1 KWG) und wird somit der deutschen Bankaufsicht unterstellt. Die Institutsfiktion greift nicht über die Anwendung des KWG hinaus[946], bewirkt jedoch die Anwendung sämtlicher Normen des KWG, insbesondere der Kapitalvorschriften[947].

Zweigstellen sind rechtlich unselbständige Ableger der Zentrale und verfügen deshalb nicht über haftendes Eigenkapital im zivilrechtlichen Sinne[948]. Da das haftende Eigenkapital zentraler Bestandteil der aufsichtsrechtlichen Eigenmittel ist (§ 10 Abs. 2 Satz 2 KWG), kann die Zweigstelle nicht über echte regulatorische Eigenmittel verfügen[949]. Diese Lücke schließt das KWG durch eine weitere Fiktion. Die Summe des zur Verfügung gestellten Betriebskapitals und der belassenen Betriebsüberschüsse gelten als Eigenmittel der Zweigstelle (§ 53 Abs. 2 Nr. 4 Satz 1 KWG). Zu berücksichtigen sind nur solche Kapitalbestandteile, die der Zweigstelle dauerhaft zur Verfügung stehen. Außer Ansatz bleibt ein etwaiger aktiver Verrechnungssaldo der Zweigstelle gegenüber der Zentrale[950].

---

943 *Ohler*, WM 2002, 162 (164).

944 *Auerbach*, in Schwennicke/Auerbach, KWG², § 53 Rn. 1.

945 Der Baseler Ausschuss für Bankenaufsicht (BCBS) begründet die Aufsicht der Zweigstelle im Aufnahmestaat mit dem Erfordernis der wirksamen Lokalisierung der Risiken aus Bankgeschäften („*ring fencing*") (dazu *Vahldiek*, in Boos/Fischer/Schulte-Mattler, KWG⁴, § 53 KWG Rn. 27 f.).

946 *Vahldiek*, in Boos/Fischer/Schulte-Mattler, KWG⁴, § 53 KWG Rn. 40; *Hanten*, in Beck/Samm/Kokemoor, KWG, § 53 Rn. 12 (Juni 2007).

947 *Vahldiek*, in Boos/Fischer/Schulte-Mattler, KWG⁴, § 53 Rn. 41.

948 Deutlich *Thimmel*, DB 1980, 2058.

949 *Albert*, in Reischauer/Kleinhans, KWG, § 53 Anm. 56 (Erg.-Lfg. 5/13); *Auerbach*, in Schwennicke/Auerbach, KWG², § 53 Rn. 45.

950 Der Verrechnungssaldo ergibt sich aus der Saldierung aller wirtschaftlichen „Forderungen" und „Verbindlichkeiten" der Zweigstelle gegenüber den anderen Unter-

Die Hauptniederlassung weist der Zweigstelle das Betriebskapital durch einseitigen internen Widmungsakt zu[951]. Die Ausstattung der Zweigstelle mit Betriebskapital ist der Höhe nach nicht gesetzlich fixiert. Lediglich bei Errichtung der Zweigstelle ist ein Mindestkapital nachzuweisen[952]. Im Kreditgeschäft tätige Zweigstellen müssen über ein anfängliches Betriebskapital von mindestens fünf Millionen Euro verfügen (§ 33 Abs. 1 Satz 1 Nr. 1d KWG)[953]. Dieser Betrag darf zwar nicht unterschritten werden[954], das deutsche Aufsichtsrecht regelt aber nicht, wo das Kapital zu investieren ist. Die korrespondierenden Vermögenswerte müssen nicht im Zweigstellenstaat verfügbar sein[955]. Aus diesem Grunde sagt das Betriebskapital noch nichts darüber aus, ob die Kapitalisierung der Zweigstelle in angemessenem Verhältnis zu dem tatsächlichen Umfang des laufenden Geschäftsbetriebes steht[956].

2. Herkunftslandprinzip und Europäischer Pass

Die aufsichtsrechtliche Institutsfiktion der Inlandszweigstelle führt dazu, dass das grenzüberschreitende Kreditinstitut der Einzelaufsicht durch die BaFin und zugleich als Gesamtinstitut der Aufsicht im Ansässigkeitsstaat unterliegt[957]. Werden Kreditinstitute mit Sitz in der EU oder dem EWR innerhalb der EU oder dem EWR durch eine Zweigstelle tätig, kollidieren die simultane Aufsicht und die damit verbundene Verdoppelung der Mitwirkungspflichten mit der unionsrechtlichen Gewährleistung der freien Niederlassung (Art. 49 AEUV) und des freien Dienst-

---

nehmensteilen (dazu *Albert*, in Reischauer/Kleinhans, KWG, § 53 Anm. 62 f. [Erg.-Lfg. 5/13]).

951 *Diehl*, Zweigniederlassungen ausländischer Banken, S. 16; *Albert*, in Reischauer/Kleinhans, KWG, § 53 Anm. 47 (Erg.-Lfg. 5/13); *Hanten*, in Beck/Samm/Kokemoor, KWG, § 53 Rn. 41 (Juni 2007).

952 Dazu *Albert*, in Reischauer/Kleinhans, KWG, § 53 Anm. 45 (Erg.-Lfg. 5/13); *Hanten*, in Beck/Samm/Kokemoor, KWG, § 53 Rn. 43 (Juni 2007).

953 Siehe auch *Brocker*, in Schwennicke/Auerbach, KWG², § 53c Rn. 9.

954 Bei Unterschreiten des Anfangskapitals droht die Aufhebung der Erlaubnis (§ 35 Abs. 2 Nr. 3 KWG).

955 M.w.N. *Möschel*, Bankenrecht im Wandel, S. 113 f.; siehe auch *Albert*, in Reischauer/Kleinhans, KWG, § 53 Anm. 47 (Erg.-Lfg. 5/13).

956 Missverständlich ist deshalb die Aussage, dass „es eine Unterkapitalisierung bei einer Bankbetriebstätte gar nicht geben" könne (so *Henkes-Wabro*, Gewinnabgrenzung bei Bankbetriebstätten, S. 121).

957 *Vahldiek*, in Boos/Fischer/Schulte-Mattler, KWG⁴, § 53 KWG Rn. 4.

leistungsverkehrs (Art. 56 AEUV)[958]. Dagegen wandte sich der Rat mit der Zweiten Bankrechtskoordinierungsrichtlinie vom 15. Dezember 1989[959]. Danach gilt eine Ausnahme von der Einzelaufsicht im Zweigstellenstaat, wenn sich der Sitz der Hauptniederlassung in einem EU- oder EWR-Staat befindet[960]. Das sogenannte Herkunftslandprinzip basiert auf einem reziproken Vertrauensmechanismus[961]. Der Herkunftsstaat gewährleistet die effektive Kontrolle des Gesamtinstituts. Im Gegenzug erkennt der Aufnahmestaat der Zweigstelle die Aufsichtsmaßnahmen an und verzichtet auf eigene Kontrollen. Die in der EU respektive dem EWR ansässigen Institute benötigen nur eine behördliche Zulassung zum Bankgeschäft („*single licence principle*"). Diese wirkt für ihre grenzüberschreitende Tätigkeit innerhalb der EU respektive dem EWR als sogenannter Europäischer Pass. Das Konzept der Heimatlandkontrolle wurde durch bilaterale Abkommen auf Institute mit Sitz in den Vereinigten Staaten, Japan und Australien ausgeweitet[962].

Die Inlandszweigstellen von EU/EWR-Instituten sind von den Anforderungen des § 53 KWG, insbesondere den speziellen Eigenmittelvorschriften für Zweigstellen, entbunden (§ 53b Abs. 1 Satz 3 KWG)[963]. Überdies entfällt die Pflicht, eine jährliche Vermögensübersicht mit einer Aufwands- und Ertragsrechnung zu erstellen (§ 53 Abs. 2 Nr. 3 Satz 1 KWG)[964]. Sie sind schließlich auch nicht zur Erstellung und Offenlegung eines handelsrechtlichen Abschlusses über die eigene Geschäftstätigkeit nach den besonderen Vorschriften der RechKredV[965] verpflichtet (vgl. § 340

---

958 Vgl. dazu *Ohler*, in Derleder/Bamberger/Knops, Hdb Bankrecht², § 76 Rn. 5 f., 32 f.; *Brocker*, in Schwennicke/Auerbach, KWG², § 53b Rn. 1.

959 Rl. 89/646/EWG (ABl. L 386/1 v. 30.12.1989). In Deutschland umgesetzt durch das Vierte KWG-Änderungsgesetz v. 21.12.1992 (BGBl. I 1992, 2211).

960 Vgl. § 53b Abs. 1 KWG. Die Regelung erstreckt sich auf die EWR-Staaten, die das entsprechende Regelwerk eingeführt haben, namentlich Island und Norwegen.

961 Eingehend *v. Bar/Mankowski*, IPR, Bd. I², § 4 Rn. 73. Vgl. auch EG-Bankenrichtlinie, Erwägungsgrund 7 (Rl. 2006/48/EG [ABl. L 177/1 v. 30.6.2006]).

962 Dazu *Becker*, in Reischauer/Kleinhans, KWG, § 53c Anm. 4 (Erg.-Lfg. 2/13).

963 Zu den Besonderheiten der einzelnen Rechtsverordnungen für inländische Zweigstellen US-amerikanischer, japanischer und australischer Institute *Vahldiek*, in Boos/Fischer/Schulte-Mattler, KWG⁴, § 53c KWG Rn. 8.

964 *Becker*, in Reischauer/Kleinhans, KWG, § 53b Anm. 5 (Erg.-Lfg. 2/13).

965 „Verordnung über die Rechnungslegung der Kreditinstitute und Finanzdienstleistungsinstitute" (BGBl. I 1998, 3658).

Abs. 1 Satz 1 HGB)[966]. Unberührt bleiben die allgemeinen handelsrechtlichen Buchführungspflichten und die Pflicht zur Erstellung eines Jahresabschlusses[967].

II. Verlautbarungen der OECD und Anweisungen der deutschen Finanzverwaltung

1. Der OECD-Bericht 1984

Der im Juni 1984 freigegebene Bericht über die Besteuerung multinational tätiger Banken erkennt das der Betriebsstätte zuzuweisende Dotationskapital als eines von vier zentralen Problemen der Besteuerung von Bankbetriebsstätten[968]. Die Ausführungen des OECD-Steuerausschusses beschränken sich aber im Wesentlichen auf die Feststellung, dass das der Betriebsstätte zugewiesene Dotationskapital zinslos überlassen wird[969]. Der Bericht enthält keine konkreten Anhaltspunkte zu der Frage, wie das „Eigenkapital" der Höhe nach zu bemessen ist[970].

Der OECD-Steuerausschuss weist darauf hin, dass ein bank(aufsichts)rechtlich vorgesehenes Dotationskapital auch steuerrechtlich zu beachten ist[971]. Zugleich hebt er die nationalen Unterkapitalsierungsvorschriften („*thin capitalisation*") als mögliche Bezugspunkte der Betriebsstättendotation hervor[972]. Konkrete Ausführungen dazu unterbleiben. Der Bericht stellt stattdessen fest, dass das Verhältnis zwischen dem Dotationskapital und den Aktiva einer Betriebsstätte „relativ klein sein wird". Das fiktive Eigenkapital der Betriebsstätte habe „in etwa dieselbe Größenordnung

---

966 Der Anwendungsbereich der RechKredV umfasst nur diejenigen Zweigstellen, auf die die handelsrechtlichen Offenlegungspflichten des Vierten Abschnitts des Dritten Buches des HGB (§§ 340 bis 341p HGB) anzuwenden sind (§ 1 Satz 1 RechKredV) (vgl. auch *Vahldiek*, in Boos/Fischer/Schulte-Mattler, KWG[4], § 53b KWG Rn. 192). Die Beschränkung der Offenlegungspflichten auf die Jahresabschlussunterlagen des Gesamtinstituts geht auf die Rl. 89/117/EWG des Rates vom 13.2.1989 (ABl. L 44/40 v. 16.2.1989) zurück.

967 Eingehend *Häuselmann*, WM 1994, 1693 (1700); vgl. auch *Vahldiek*, in Boos/Fischer/Schulte-Mattler, KWG[4], § 53b KWG Rn. 191.

968 Vgl. OECD, Bericht 1984, Teil 2 Tz. 40b.

969 OECD, Bericht 1984, Teil 2 Tz. 77, 81.

970 Deutliche Kritik übt *Hofmann*, IWB v. 10.10.1986, F. 10 Gr. 2, 581 (592): „Überhaupt gibt dieser Berichtsteil (...) für die Praxis einer multinationalen Bank nicht viel her".

971 OECD, Bericht 1984, Teil 2 Tz. 78, 80.

972 OECD, Bericht 1984, Teil 2 Tz. 82.

(...) wie das entsprechende Verhältnis für die Bank als Ganzes“[973]. Die Zuweisung eines „festgesetzten Prozentsatzes des gesamten Weltkapitals“ des Kreditinstituts an die Betriebsstätte lehnt der Bericht ab[974]. Im Hinblick auf das abkommensrechtliche Hauptziel der Vermeidung der Doppelbesteuerung bleiben die Ausführungen des OECD-Berichts 1984 weitgehend inhaltsleer.

2. Die Anweisungen der deutschen Finanzverwaltung

Die aufsichtsrechtliche Liberalisierung durch Verankerung des Prinzips der Herkunftslandkontrolle für Zweigstellen von EU/EWR-Instituten in § 53b KWG[975] führte einerseits zu einem Anstieg der Inlandszweigstellen ausländischer Institute in Deutschland[976]. Andererseits entfielen die aufsichtsrechtlichen Eigenmittel der Zweigstelle als Bezugsgröße des steuerlichen Dotationskapitals. Auf diese Entwicklungen reagierte die Oberfinanzdirektion Frankfurt am Main mit Verfügung vom 17. März 1993. Die sogenannte Hessische Lösung war das Ergebnis von Verhandlungen zwischen Finanzverwaltung und Vertretern der Auslandsbanken in Deutschland[977]. In ihrer Verfügung fixierte die OFD Frankfurt am Main konkrete Richtwerte für das steuerliche Dotationskapital der Inlandsbetriebsstätten von EU/EWR-Instituten[978]. Als Referenzgröße für die Bemessung des Dotationskapitals diente die durchschnittliche Bilanzsumme der Zweigstelle[979]. Für Betriebsstätten von Instituten aus Drittstaaten war steuerlich weiterhin das aufsichtsrechtliche „Eigenkapital“ anzusetzen.

Die Nichtbeanstandungsgrenzen der „Hessischen Tabelle“ fanden später inhaltlich unverändert Eingang in ein BMF-Schreiben vom 29. November 1996[980] und wurden schließlich in die BS-VwG 1999 übernommen[981]. Ihr Anwendungsbereich war auf

---

973 OECD, Bericht 1984, Teil 2 Tz. 83.

974 In der englischen Originalfassung heißt es *„fixed percentage of the bank's total worldwide capital“* (OECD-Report 1984, Part 2 Tz. 83).

975 Eingeführt durch das Vierte KWG-Änderungsgesetz vom 21.12.1992 (BGBl. I 1992, 2211).

976 Anschaulich *Erb*, IStR 2005, 328 (329 f.).

977 Dazu *Erb*, IStR 2005, 328 (330); *Lüdicke*, in Fischer, Besteuerung wirtschaftlicher Aktivitäten von Ausländern, S. 35 (55) spricht von einem „Gentleman's Agreement“.

978 Eingehend *Pachmann/Pilny*, DB 1997, 546 (547).

979 *Neyer*, IStR 1994, 6 (7).

980 BMF-Schreiben vom 29.11.1996, BStBl. I 1997, 136.

981 BMF-Schreiben vom 24.12.1999, BStBl. I 1999, 1076 (1092 [Tz. 4.1.3]).

die Dotation der Inlandsbetriebsstätten beschränkt. Bezüglich der Dotation der Auslandszweigstellen von Instituten mit Sitz im Inland verwiesen die BS-VwG 1999 auf den Fremdvergleichsgrundsatz[982]. Dies veranschaulicht die gegenläufigen Fiskalinteressen. Auf der einen Seite richten sich die Verwaltungsgrundsätze gegen eine Unterdotierung von Inlandszweigstellen[983]. Auf der anderen Seite tritt die Verwaltung unter Anwendung des Fremdvergleichsgrundsatzes der Überdotierung von Auslandszweigstellen entgegen.

Mit Veröffentlichung der „Grundsätze der Verwaltung zur Bestimmung des Dotationskapitals bei Betriebsstätten international tätiger Kreditinstitute (Verwaltungsgrundsätze-Dotationskapital)"[984] am 29. September 2004 nahm die Finanzverwaltung Abstand von dem Konzept fester Nichtbeanstandungsgrenzen für Inlandsbetriebsstätten. Die VwG-DK 2004 sehen stattdessen grundsätzlich eine risikoorientierte Bemessung des Dotationskapitals vor. Die Finanzverwaltung rezipiert damit bereits zu einem frühen Zeitpunkt die Empfehlungen des im Jahre 2004 lediglich als Entwurf vorliegenden OECD-Betriebsstättenberichts.

3. Der OECD-Betriebsstättenbericht 2010

Die Dotation der Betriebsstätte ist Teilaspekt des ersten Schrittes des AOA[985]. Die als selbständiges Unternehmen zu konstruierende Betriebsstätte muss über ausreichendes „Eigenkapital" verfügen, um die ausgeübten Funktionen und die eingesetzten Wirtschaftsgüter zu finanzieren und die übernommenen Risiken abzusichern[986]. Dem entspricht der Leitsatz des OECD-Berichts 2010, dass Kapital und Risiko im Einheitsunternehmen untrennbar verknüpft sind (*„capital follows risks"*)[987].

---

982 BMF-Schreiben vom 24.12.1999, BStBl. I 1999, 1076 (1093 [Tz. 4.1.3]).

983 *Runge*, in Piltz/Schaumburg, Betriebsstättenbesteuerung, S. 131 (137) bekennt offen: „Besteht eine Überdotierung (der Inlandszweigstelle; Ergänzung des Verfassers) ist das zunächst nicht unser Problem".

984 BMF-Schreiben vom 29.9.2004, BStBl. I 2004, 917.

985 Zu dem ersten Schritt des AOA Teil 3, B. I. der Arbeit.

986 OECD, Betriebsstättenbericht 2010, Part I Tz. 28, 107, Part II Tz. 84. Vgl. *Wolff*, in Debatin/Wassermeyer, Art. 7 USA Rz. 233 (Mai 2009).

987 OECD, Betriebsstättenbericht 2010, Part I Tz. 26, 29, 104, Part II Tz. 66: *„capital and risks are not segregated from each other within the single legal entity"*.

Das erforderliche Dotationskapital ist in einem zweistufigen Ansatz zu bemessen[988]. Zunächst sind die der Betriebsstätte zuzuordnenden Risiken zu bewerten („*stage 1*"). Bei Bankbetriebsstätten sollen die in den Rahmenvereinbarungen des Baseler Ausschusses für Bankenaufsicht entwickelten Ansätze der Risikogewichtung Anwendung finden[989]. Der OECD-Bericht empfiehlt den sogenannten Standardansatz nach Basel II als geeignetes Instrument der Risikobemessung, weist aber sogleich darauf hin, dass es sich bei der Risikobewertung um einen komplexen Vorgang handelt, der ausreichende Flexibilität erfordert[990]. Aus diesem Grunde sollen verschiedene aufsichtsrechtliche Bemessungsansätze zulässig sein[991]. In einem zweiten Schritt erfolgt auf Grundlage der gewichteten Risiken die Ermittlung des steuerlichen Dotationskapitals („*stage 2*")[992]. Auch dafür stehen unterschiedliche Ansätze zur Verfügung[993]. Diese sind im Folgenden darzustellen und auf ihre Tragfähigkeit hin zu untersuchen. Zuvor sind die in der deutschen höchstrichterlichen Rechtsprechung entwickelten Leitlinien der Dotation von (Bank-)Betriebsstätten zu skizzieren.

III. Leitlinien für die Dotation von (Bank-)Betriebsstätten in der Rechtsprechung des Bundesfinanzhofs

Der Rechtsprechung des BFH sind mehrere Grundaussagen zu der Frage der steuerlichen Dotation von Inlandsbetriebsstätten ausländischer (Bank-)Unternehmen zu entnehmen. Zunächst stellt der BFH fest, dass das Erfordernis der Betriebsstättendotation aus der Selbständigkeitsfiktion der direkten Methode der Gewinnabgrenzung folgt[994]. Dies gilt auch für eine Inlandszweigstelle eines EU/EWR-Kreditinstituts, die aufsichtsrechtlich kein Eigenkapital vorzuhalten hat[995].

---

[988] OECD, Betriebsstättenbericht 2010, Part I Tz. 107.

[989] OECD, Betriebsstättenbericht 2010, Part II Tz. 91.

[990] OECD, Betriebsstättenbericht 2010, Part II Tz. 90: „*Measuring risks is difficult and flexibility is required.*".

[991] OECD, Betriebsstättenbericht 2010, Part II Tz. 94 f.

[992] OECD, Betriebsstättenbericht 2010, Part I Tz. 108.

[993] OECD, Betriebsstättenbericht 2010, Part II Tz. 97.

[994] BFH, Urteil vom 27.6.1965, BStBl. III 1966, 24 (27); Urteil vom 25.6.1986, BStBl. II 1986, 785 (786); Beschluss vom 22.8.2011, BFH/NV 2011, 2119 (2121).

[995] Deutlich BFH, Beschluss vom 22.8.2011, BFH/NV 2011, 2119 (2120).

Weiterhin bekräftigt der BFH, dass die verschiedenen Unternehmensteile keine übereinstimmende Finanzierungsstruktur aufweisen müssen[996]. Auch dies ist Ausdruck der steuerlichen Selbständigkeitsfiktion. Maßgebliche Bedeutung bei der Kapitalisierung der Betriebsstätte erwächst der Entscheidung der Geschäftsleitung. Das Steuerrecht schreibt dem Unternehmer nicht vor, mit welchem Eigenkapital er sein Unternehmen ausstattet und dementsprechend auch nicht, wie er seine Betriebsstätte kapitalisiert[997]. Das Verhältnis von Eigen- und Fremdkapital bei dem Einheitsunternehmen kann deshalb nicht auf die Betriebsstätte gespiegelt werden. Dieser – als Kapitalspiegelmethode[998] bezeichnete – Ansatz widerspricht sowohl der direkten Gewinnabgrenzung als auch der grundsätzlich freien unternehmerischen Finanzierungsentscheidung[999].

„Leitbild der Abgrenzungsaufgabe" soll ein äußerer Fremdvergleich mit einem selbständigen Unternehmen sein[1000]. Bei Inlandsbetriebsstätten ausländischer Kreditinstitute erkennt der BFH das bankaufsichtsrechtlich vorgeschriebene Eigenkapital als Bezugspunkt des Fremdvergleichs nach der direkten Methode an[1001]. Der Rekurs auf das Aufsichtsrecht darf jedoch nicht dazu führen, dass der (inländischen) Betriebsstätte ein teilweise fiktives Eigenkapital zugeordnet wird[1002]. Das „tatsächlich vorhandene Eigenkapital" bildet die Obergrenze der Kapitalallokation zwischen den einzelnen Unternehmensteilen[1003].

---

996 BFH, Urteil vom 25.6.1986, BStBl. II 1986, 785 (787); Hessisches FG, Urteil vom 27.1.1983, EFG 1983, 440 (441).

997 BFH, Urteil vom 25.6.1986, BStBl. II 1986, 785 (786); Urteil vom 29.7.1992, BStBl. II 1993, 63 (67).

998 Die sog. Kapitalspiegelmethode geht zurück auf FG Freiburg, Urteil vom 30.5.1962, EFG 1963, 28 (29). Zu der Idee eines Kapitalspiegels bereits *Mitchell B. Carroll*, Methods of Allocating Taxable Income, Tz. 736.

999 BFH, Urteil vom 25.6.1986, BStBl. II 1986, 785 (786 f.); Urteil vom 12.1.1994, BFH/NV 1994, 690 (692). Ebenso Nds. FG, Urteil vom 10.11.1987, EFG 1988, 221; FG München, Urteil vom 11.10.1995, EFG 1996, 244 (245).

1000 BFH, Beschluss vom 22.8.2011, BFH/NV 2011, 2119 (2121); Urteil vom 27.6.1965, BStBl. III 1966, 24 (27); Urteil vom 12.1.1994, BFH/NV 1994, 690 (692).

1001 BFH, Urteil vom 25.6.1986, BStBl. II 1986, 785 (787); Urteil vom 23.8.2000, BStBl. II 2002, 207 (209). Vgl. auch Hessisches FG, Urteil vom 10.12.2002, EFG 2003, 1191 (1192).

1002 BFH, Urteil vom 23.8.2000, BStBl. II 2002, 207 (210).

1003 BFH, Urteil vom 23.8.2000, BStBl. II 2002, 207 (209).

C. Die Methoden der Bemessung des Dotationskapitals von Bankbetriebsstätten

Das in der Betriebsstättenbilanz ausgewiesene „Eigenkapital" ist nur Ausgangspunkt der steuerlichen Qualifikation. Der OECD-Betriebsstättenbericht 2010 und die VwG-DK 2004 enthalten verschiedene Ansätze für eine objektivierende Angemessenheitsprüfung des Bilanzausweises.

I. Der OECD-Betriebsstättenbericht 2010 - Teil II

In seinem aktuellen Bericht erkennt der OECD-Steuerausschuss zwei methodisch unterschiedlichen Dotationskonzepten den Status *„authorised OECD approach"* zu.

1. „Capital allocation approaches"

Die sogenannten *„capital allocation approaches"* gehen von dem bei dem Einheitsunternehmen tatsächlich vorhandenen Eigenkapital aus und weisen der Betriebsstätte ein ihrer fiktiven Risikostruktur entsprechendes Dotationskapital zu[1004]. Abhängig davon, wie die Risiken der steuertechnischen Einheiten zu bemessen sind, unterscheidet der OECD-Bericht zwei Ausprägungen der Kapitalallokationsmethode.

a) „BIS ratio approach"

Nach dem *„BIS ratio approach"* ist das bei dem Gesamtinstitut tatsächlich vorhandene Eigenkapital unter Rekurs auf die Rahmenvereinbarungen des Baseler Ausschusses für Bankenaufsicht (BCBS) aufzuteilen[1005]. Die Aufteilung erfolgt im Verhältnis der gewichteten Risikoaktiva der einzelnen Betriebsstätte zu der Gesamtrisikoposition des Einheitsunternehmens[1006]. Das Aufsichtsrecht ist Richtschnur für die Ermittlung der institutsspezifischen „Risikoquote". Das individuelle Aufteilungsverhältnis ist durch die Gewichtung der den Unternehmensteilen

---

[1004] OECD, Betriebsstättenbericht 2010, Part I Tz. 121, Part II Tz. 98.

[1005] Die Begriffsprägung *„BIS ratio approach"* erklärt sich daraus, dass der BCBS bei der Bank für Internationalen Zahlungsausgleich – Bank for International Settlements (BIS) – in Basel zusammentritt und dort ein ständiges Sekretariat unterhält.

[1006] Ein Rechenbeispiel liefert OECD, Betriebsstättenbericht 2010, Part II Tz. 98.

zuzuordnenden Risikogüter zu bestimmen. Die angemessene Betriebsstättendotation ergibt sich durch Anwendung der „Risikoquote" auf das Gesamteigenkapital.

Die inhaltliche Ausgestaltung des *„BIS ratio approachs"* ist ebenso vielgestaltig wie die Rahmenvereinbarungen des BCBS. Ein Anschauungsbeispiel bieten die Methoden der Risikogewichtung. Basel II sieht für die Risikogewichtung sowohl einen Standardansatz als auch einen besonderen „Auf internen Ratings basierenden Ansatz" (IRBA) vor[1007]. Inhaltlichen Gestaltungsspielraum eröffnet der *„BIS ratio approach"* auch bezüglich der Ermittlung des tatsächlichen Eigenkapitals des Einheitsunternehmens. Das Basel-II-Rahmenwerk unterteilt die regulatorischen Eigenmittel abhängig von deren Haftungsqualität in drei Klassen: das Kernkapital (*„core capital"* – Tier 1)[1008], das Ergänzungskapital (*„supplementary capital"* – Tier 2)[1009] und die Drittrangmittel zur Unterlegung der Marktrisikopositionen (Tier 3)[1010]. In seinem Bericht weist der OECD-Steuerausschuss darauf hin, dass der *„BIS ratio approach"* auf Ebene des Gesamtinstituts unterschiedliche Kapitalbestandteile in Bezug nehmen kann. So ist es denkbar, das vorhandene Kern- und Ergänzungskapital oder nur das Kernkapital aufzuteilen (*„pure" approach*)[1011]. Abweichungen können sich auch dahingehend ergeben, ob aus dem Gesamteigenkapital sogenannte hybride Kapitalbestandteile, die sowohl Eigen- als auch Fremdkapitalmerkmale aufweisen, auszuscheiden sind (*„cleansed" approach*)[1012].

Der OECD-Steuerausschuss betont, dass die Baseler Empfehlungen einen international akzeptierten Rahmen für die aufsichtsrechtliche Risikomessung schaffen und deshalb tauglicher Maßstab für die Zuweisung des steuerlichen Dotations-

---

1007 Vgl. OECD, Betriebsstättenbericht 2010, Part II Tz. 98, 90; *Schmitt*, in Vögele/Borstell/Engler, Verrechnungspreise[3], Kap. K Rz. 156.

1008 BCBS, Basel II 2006, Tz. 49(i).

1009 BCBS, Basel II 2006, Tz. 49(iv).

1010 *„Short-term subordinated debt covering market risk"* (BCBS, Basel II, Tz. 49[xiii]). Zu der Regelung der Drittrangmittel in § 10 Abs. 2c KWG *Mielk*, in Reischauer/Kleinhans, KWG, § 10 Anm. 4 (Erg.-Lfg. 4/10).

1011 OECD, Betriebsstättenbericht 2010, Annex – BIS ratio approaches, Tz. 1; vgl. *Carr/Moetell*, TMIJ 2004, 291 (298).

1012 OECD, Betriebsstättenbericht 2010, Annex – BIS ratio approaches, Tz. 4 f.

kapitals sein können[1013]. Von der im Erstentwurf des Betriebsstättenberichts aus dem Jahre 2001 ausgesprochenen Empfehlung des *„BIS ratio approachs"* nimmt der Steuerausschuss in der finalen Fassung allerdings Abstand[1014].

b) „Economic capital allocation approach"

Nach dem sogenannten *„economic capital allocation approach"* bemisst sich die institutsinterne Kapitalrelation nicht auf Grundlage der aufsichtsrechtlichen Verfahren der Risikogewichtung. Anknüpfungspunkt sind vielmehr die unternehmenseigenen ökonomischen Risikomodelle. Die Zuweisung des steuerlichen Dotationskapitals erfolgt proportional zu der unternehmensinternen Verteilung des ökonomischen (Risiko-)Kapitals[1015]. Der OECD-Steuerausschuss weist darauf hin, dass international tätige Kreditinstitute über fortgeschrittene Modelle der internen Risikomessung und -steuerung verfügen. Diese berücksichtigen im Gegensatz zu den aufsichtsrechtlichen Konzepten sämtliche Risiken, die Einfluss auf die Profitabilität des Instituts nehmen. Der Steuerausschuss erachtet die bankeigenen Modelle zwar als geeignete Bezugspunkte für die steuerliche Aufteilung des Eigenkapitals. Er stellt die Anwendung des *„economic capital allocation approachs"* gegenwärtig allerdings in Frage, weil die bankinternen Verfahren der Risikomessung noch nicht hinreichend entwickelt seien[1016].

2. „Thin capitalisation approach"

Der *„thin capitalisation approach"* bemisst die Betriebsstättendotation durch tatsächlichen äußeren Fremdvergleich. Referenzobjekt soll ein im Aufnahmestaat der Betriebsstätte tätiges, rechtlich selbständiges Bankunternehmen sein, das gleiche oder ähnliche Tätigkeiten unter vergleichbaren Bedingungen ausführt[1017]. Zentrales Erfordernis ist danach das Auffinden eines tauglichen Vergleichsunternehmens. Insoweit gesteht der OECD-Bericht ein, dass einem schlichten Größenvergleich

---

1013 OECD, Betriebsstättenbericht 2010, Part II Tz. 91.

1014 Deutlich noch OECD-Discussion Draft 2001, Part II Tz. 87: *„...a BIS ratio approach (...) is the most appropriate approach currently available to attribute the capital of a bank to a PE in accordance with the arm's length principle."*.

1015 OECD, Betriebsstättenbericht 2010, Part II Tz. 106.

1016 OECD, Betriebsstättenbericht 2010, Part II Tz. 106, Part I Tz. 128.

1017 OECD, Betriebsstättenbericht 2010, Part II Tz. 107.

anhand der Bilanzsumme nur eingeschränkte Aussagekraft zukommt. Eine als selbständig und unabhängig fingierte Betriebsstätte kann nicht notwendig einem selbständigen Kreditinstitut ähnlicher Größe gleichgestellt werden[1018]. Die Vergleichbarkeitsanalyse soll sich aus diesem Grunde vor allem an drei Parametern orientieren: der Kapitalstruktur des Gesamtinstituts, dem aufsichtsrechtlichen Mindestkapital eines selbständigen Kreditinstituts im Aufnahmestaat und der tatsächlich üblichen Eigenkapitalbandbreite von Kreditinstituten im Aufnahmestaat[1019]. Hilfsweise sieht der OECD-Bericht eine einzelfallorientierte Anpassung nach Maßgabe der OECD-Verrechnungspreisgrundsätze vor[1020]. Dieser Hinweis offenbart die praktischen Schwierigkeiten, ein taugliches Vergleichsunternehmen aufzuspüren.

3. „Quasi thin capitalisation approach"

Ausnahmsweise soll von der Angemessenheit des Dotationskapitals der Bankbetriebsstätte auszugehen sein, wenn es betragsmäßig dem aufsichtsrechtlichen Mindesteigenkapital eines selbständigen Bankunternehmens im Betriebsstättenstaat entspricht[1021]. Der OECD-Bericht bezeichnet diesen Ansatz als *„quasi thin capitalisation approach"* oder auch *„regulatory minimum capital approach"*. Er hebt hervor, dass es sich dabei nicht um einen autorisierten OECD-Ansatz handelt, weil unberücksichtigt bleibt, dass die Betriebsstätte die Kreditwürdigkeit des Gesamtunternehmens teilt[1022]. Der *„quasi thin capitalisation approach"* soll deshalb lediglich als Nichtbeanstandungsgrenze (*„safe harbour"*) dienen. Dabei muss es dem Steuerpflichtigen möglich sein, die Angemessenheit einer geringeren Dotation der Betriebsstätte nachzuweisen[1023].

[1018] OECD, Betriebsstättenbericht 2010, Part II Tz. 108. Diese Argumentation gegen einen Vergleich der Bankbetriebsstätte mit einem selbständigen Kreditinstitut ähnlicher Größe geht auf die Rechtssache National Westminster Bank, PLC v. The United States („NatWest II") aus dem Jahre 2003 zurück, vgl. *Carr/Moetell*, TMIJ 2004, 291 (293 f.).

[1019] OECD, Betriebsstättenbericht 2010, Part II Tz. 109; vgl. dazu *Henkes-Wabro*, Gewinnabgrenzung bei Bankbetriebstätten, S. 154; *Schmitt*, in Vögele/Borstell/Engler, Verrechnungspreise[3], Kap. K Rz. 158.

[1020] OECD, Betriebsstättenbericht 2010, Part II Tz. 109.

[1021] OECD, Betriebsstättenbericht 2010, Part II Tz. 112.

[1022] OECD, Betriebsstättenbericht 2010, Part II Tz. 113.

[1023] OECD, Betriebsstättenbericht 2010, Part II Tz. 114.

II. Die Verwaltungsgrundsätze-Dotationskapital 2004

Am 29. September 2004 veröffentlichte das BMF die „Grundsätze der Verwaltung zur Bestimmung des Dotationskapitals bei Betriebsstätten international tätiger Kreditinstitute (Verwaltungsgrundsätze-Dotationskapital)"[1024]. Die VwG-DK 2004 ersetzen die in den BS-VwG 1999[1025] enthaltenen Ausführungen über die Dotation von Bankbetriebsstätten und sehen zwei alternative Dotationskonzepte vor.

1. Die funktions- und risikobezogene Kapitalaufteilungsmethode

Nach Vorbild des *„capital allocation approachs"* entwerfen die VwG-DK die funktions- und risikobezogene Kapitalaufteilungsmethode als Normalmethode für die Dotation der Inlandsbetriebsstätten von EU/EWR-Instituten[1026], die nach dem Prinzip der Herkunftslandkontrolle keine aufsichtsrechtlichen Eigenmittel vorzuhalten haben.

Die Kapitalaufteilungsmethode knüpft die Allokation des Eigenkapitals des Gesamtunternehmens an die bei der einzelnen Betriebsstätte „nach den jeweils geltenden bankaufsichtsrechtlichen Grundsätzen" ermittelten Risikoaktiva an[1027]. Der Betriebsstätte ist ein steuerliches Dotationskapital zuzuordnen, das ihrem Anteil an der Gesamtrisikoposition des Einheitsunternehmens entspricht. Der vorzunehmende „innere Fremdvergleich" erfolgt in einem mehrstufigen Prozess[1028]. Zunächst sind die Risikoaktiva und Marktrisikopositionen den Unternehmensteilen entsprechend den übernommenen Funktionen zuzuordnen. In einem zweiten Schritt sind die Risikopositionen der Betriebsstätte um die unternehmensinternen „Forderungen" gegenüber dem Stammhaus zu vermindern[1029]. Der ermittelte

---

1024 BStBl. I 2004, 917.

1025 BMF-Schreiben vom 24.12.1999, BStBl. I 1999, 1076 (1092 f. [Tz. 4.1.3]). Die VwG-DK schließen zugleich die Lücke durch das Auslaufen der auf den 31.12.2000 befristeten Regelung der Dotation der „Inländischen Betriebsstätten von EU-Kreditinstituten".

1026 BMF-Schreiben vom 29.9.2004, BStBl. I 2004, 917 (918 [Tz. 2.1.1]).

1027 BMF-Schreiben vom 29.9.2004, BStBl. I 2004, 917 (919 [Tz. 2.1.2]).

1028 Anschaulich die Darstellung bei *Erb*, IStR 2005, 328 (333); siehe auch *Henkes-Wabro*, Gewinnabgrenzung bei Bankbetriebstätten, S. 134 ff.

1029 Berücksichtigung finden nur die „Intragroup-Positionen" (vgl. *Schmitt*, in Vögele/Borstell/Engler, Verrechnungspreise[3], Kap. K Rz. 139).

Betrag ist nach den Grundsätzen des deutschen Aufsichtsrechts zu bewerten und schließlich in Relation zu der Gesamtrisikoposition des Einheitsunternehmens zu setzen. Die resultierende Quote bildet die Grundlage für die Zuweisung des steuerlichen Eigenkapitals.

Sofern die Anwendung der Kapitalaufteilungsmethode zu wirtschaftlich unangemessenen Ergebnissen führt, steht es dem Steuerpflichtigen frei, ein den tatsächlichen Verhältnissen entsprechendes Dotationskapital nachzuweisen[1030]. Maßstab sind die übernommenen Funktionen und Risiken sowie die eingesetzten Wirtschaftsgüter. Hilfsweise gilt die nach der Mindestkapitalausstattungsmethode zu bemessende Kapitaluntergrenze[1031].

Kern der Kapitalaufteilungsmethode ist der dynamische Verweis auf die „jeweils geltenden Grundsätze des deutschen Aufsichtsrechts"[1032]. Bei Veröffentlichung der VwG-DK im September 2004 wurden die Eigenmittelvorschriften der §§ 10, 10a KWG durch den „Grundsatz I über die Eigenmittel der Institute"[1033] konkretisiert. Über den Verweis der VwG-DK bestimmte die in dem Grundsatz I enthaltene Definition der „Risikoaktiva" und „Marktrisikopositionen" die Bemessung des Gesamteigenkapitals des Einheitsunternehmens. Im Zuge der Umsetzung der Bankenrichtlinie[1034] und der Kapitaladäquanzrichtlinie[1035] wurde der Grundsatz I

1030 BMF-Schreiben vom 29.9.2004, BStBl. I 2004, 917 (918 [Tz. 2.1.2 a.E.]).

1031 Dazu sogleich Teil 4, C. II. 2. der Arbeit.

1032 BMF-Schreiben vom 29.9.2004, BStBl. I 2004, 917 (918 [Tz. 2.1.2 lit. b]).

1033 BAKred, Bekanntmachung vom 29.10.1997 (BAnz. Nr. 210 v. 29.10.1997, S. 13555), zuletzt geändert durch Bekanntmachung vom 20.7.2000 (BAnz. Nr. 160 v. 25.8.2000, S. 17077) (abrufbar unter: http://www.bafin.de/SharedDocs/Veroeffentlichungen/DE/Merkblatt/BA/mb_000720_bekanntmachung_gs1.html). *Mielk*, in Reischauer/Kleinhans, KWG, § 10 Anm. 18 (Erg.-Lfg. 4/10) bezeichnet den Grundsatz I als „eine bekanntgemachte Orientierungshilfe in Form von Leitsätzen".

1034 Richtlinie 2006/48/EG des Europäischen Parlaments und des Rates vom 14. Juni 2006 über die Aufnahme und Ausübung der Tätigkeit der Kreditinstitute (ABl. L 177/1 v. 30.6.2006).

1035 Richtlinie 2006/49/EG des Europäischen Parlaments und des Rates vom 14. Juni 2006 über die angemessene Eigenkapitalausstattung von Wertpapierfirmen und Kreditinstituten (ABl. L 177/201 v. 30.6.2006).

zum 1. Januar 2007 durch die Solvabilitätsverordnung (SolvV)[1036] ersetzt[1037]. Diese enthält neben einer modifizierten Definition der Risikopositionen[1038] besondere Verfahren der Risikogewichtung. Für die Bewertung der Risikopositionen steht neben dem Kreditrisiko-Standardansatz[1039] der „Auf internen Ratings basierende Ansatz" (IRBA) zur Verfügung[1040].

Aufsichtsrechtliche Risikogewichtung bedeutet Ermittlung des anrechnungspflichtigen Betrages der einzelnen Risikopositionen, das heißt des Betrages, der mit regulatorischen Eigenmitteln zu unterlegen ist[1041]. Der Anrechnungsbetrag (sog. Kreditäquivalent) einzelner Risikopositionen folgt aus der Anwendung des Bonitätsgewichtungsfaktors (sog. Konversionsfaktor) auf die Bemessungsgrundlage[1042]. In der Summe ergibt sich der Gesamtanrechnungsbetrag für Adressrisiken[1043]. Über den dynamischen Verweis der VwG-DK wirken diese Vorgaben der SolvV in den Bereich der steuerlichen Kapitalaufteilung hinein. Das gilt sowohl für die Bestimmung der relevanten Risikopositionen als auch für deren Gewichtung.

2. Die Mindestkapitalausstattungsmethode

Nach der Mindestkapitalausstattungsmethode bildet das aufsichtsrechtliche Mindestkapital, das ein „eigenständiges Kreditinstitut unter gleichen oder ähnlichen Voraussetzungen wie die Betriebsstätte (...) vorhalten müsste", die Untergrenze der Beteiligung einer Inlandsbetriebsstätte am Eigenkapital des Gesamtunternehmens[1044]. Konzeptionell vereint dieser Ansatz Elemente des *„quasi*

1036 „Verordnung über die angemessene Eigenmittelausstattung von Instituten, Institutsgruppen und Finanzholding-Gruppen" v. 14.12.2006 (BGBl. I 2006, 2926).

1037 Die VwG-DK weisen bereits darauf hin, dass der Eigenmittelgrundsatz künftig durch Rechtsverordnung geregelt wird; BMF-Schreiben vom 29.9.2004, BStBl. I 2004, 917 (919 [Note 4, 5]).

1038 Vgl. §§ 9 ff. SolvV.

1039 Siehe Kapitel 3 der SolvV (§§ 24 bis 54).

1040 Siehe Kapitel 4 der SolvV (§§ 55 bis 153).

1041 Vgl. dazu *Schulte-Mattler*, in Boos/Fischer/Schulte-Mattler, KWG^4, § 2 SolvV Rn. 20.

1042 Vgl. § 48 SolvV. Siehe auch *Gerhardt*, Basel II, S. 41; *Büschgen*, Bankbetriebslehre, S. 1124 f.

1043 Vgl. § 2 Abs. 2 SolvV.

1044 BMF-Schreiben vom 29.9.2004, BStBl. I 2004, 917 (919 [Tz. 2.1.3]).

thin capitalisation approachs" und der *„capital allocation approaches"* des OECD-Betriebsstättenberichts. Nach der Mindestkapitalausstattungsmethode sind die der Betriebsstätte zuzuordnenden Risikoaktiva aufsichtsrechtlich zu gewichten. Das vorzuhaltende Dotationskapital bemisst sich sodann als fester Prozentsatz der Summe der gewichteten Risikopositionen. Maßgeblich ist die aufsichtsrechtliche Mindestkapitalquote. Demzufolge entfällt das Erfordernis, ein institutsspezifisches Verhältnis zwischen den Risikopositionen der einzelnen Unternehmensteile und der Gesamtrisikoposition des Einheitsunternehmens zu ermitteln.

Nach Maßgabe des Baseler Eigenkapital-Akkords aus dem Jahre 1988 („Basel I") und den entsprechenden Vorgaben des nationalen Aufsichtsrechts fordern die VwG-DK ein Mindestdotationskapital von 8 Prozent der gewichteten Risikogeschäfte der Betriebsstätte. Dieser Sockelbetrag wird um einen Zuschlag von 0,5 Prozent erhöht, weil selbständige Kreditinstitute gewöhnlich nicht unmittelbar an der Kapitaluntergrenze agieren[1045]. Abhängig von der Zusammensetzung der aufsichtsrechtlichen Eigenmittel kann sich der Sockelbetrag auf 4 Prozent verringern[1046]. Dahinter steht die Regelung, dass das Eigenkapital „erster Güte" – Kernkapital (Tier 1) – wenigstens 50 Prozent der regulatorischen Eigenkapitalbasis betragen muss (§ 10 Abs. 2 Satz 3 KWG)[1047]. Das Mindesteigenkapital der Betriebsstätte bewegt sich im Ergebnis in einer Bandbreite zwischen 4,5 und 8,5 Prozent der maßgeblichen Risikoaktiva.

3. Inlandsbetriebsstätte versus Auslandsbetriebsstätte

Die VwG-DK 2004 wenden sich einerseits gegen eine Unterdotierung der Inlandsbetriebsstätten ausländischer Kreditinstitute und andererseits gegen einen überhöhten „Eigenkapitalausweis" ausländischer Betriebsstätten der im Inland ansässigen Institute[1048]. Diese gegenläufige Zielsetzung spiegelt sich darin wider, dass abhängig von der Ansässigkeit des grenzüberschreitend tätigen Kreditinstituts unterschiedliche Dotationsmethoden Anwendung finden sollen.

[1045] BMF-Schreiben vom 29.9.2004, BStBl. I 2004, 917 (920 [Tz. 2.1.3 lit. b]). Siehe auch *European Banking Federation*, Public Comments 2001, Tz. 27.

[1046] Siehe dazu auch *Erb*, IStR 2005, 328 (334 f.).

[1047] Diese Regelung geht auf den Basel-I-Akkord zurück; vgl. BCBS, Basel I, Tz. 14.

[1048] Vgl. bereits *Runge*, IStR 2002, 825 (827).

Für die Dotation der Inlandsbetriebsstätte eines Instituts mit Sitz in der EU, dem EWR oder einem gleichgestellten Staat gilt die Kapitalaufteilungsmethode. Nur hilfsweise kommt die Ermittlung der Kapitaluntergrenze nach der Mindestkapitalausstattungsmethode in Betracht. Besonderheiten gelten für Institute mit Sitz in den Vereinigten Staaten, Japan und Australien. Diese müssen über eine steuerliche Mindestdotation von fünf Millionen Euro verfügen[1049]. Bei Inlandsbetriebsstätten von Drittstaaten-Instituten, die nicht von den Eigenmittelvorschriften des KWG entbunden sind, ist grundsätzlich das tatsächliche aufsichtsrechtliche Kernkapital der Inlandsbetriebsstätte als steuerliches Dotationskapital anzusetzen. Das Dotationskapital muss mindestens 8 Prozent der Summe der aufsichtsrechtlich gewichteten Risikoaktiva und Marktrisikopositionen der Betriebsstätte betragen[1050]. Es besteht die Möglichkeit, ein nach Maßgabe der Kapitalaufteilungsmethode niedrigeres Dotationskapital nachzuweisen. Untergrenze ist die aufsichtsrechtliche Mindestdotation.

Demgegenüber zielen die VwG-DK bei der Dotation der Auslandsbetriebsstätten inländischer Institute darauf, Höchstgrenzen für das steuerliche „Eigenkapital" zu fixieren. Sie geben allgemein vor, dass die Auslandsbetriebsstätte ein Dotationskapital benötigt, das der Eigenart der ausgeführten Geschäfte Rechnung trägt[1051]. Maßstab ist die Mindestkapitalausstattungsmethode. Das Dotationskapital der Auslandsbetriebsstätte darf die nach deutschem Aufsichtsrecht zu bemessende anteilige Mindesteigenkapitalausstattung nicht überschreiten[1052]. Die Angemessenheit eines höheren Kapitalausweises muss im Einzelfall anhand der Kapitalaufteilungsmethode dargelegt werden[1053].

Die unterschiedlichen Sachverhaltskonstellationen illustrieren die abweichenden Anforderungen an das Dotationskapital der Inlandsbetriebsstätten ausländischer Institute. Für Betriebsstätten von EU/EWR-Instituten gelten tendenziell niedrigere Kapitalanforderungen als für Institute aus Drittstaaten. Diese Abweichung resultiert aus der Anbindung der Betriebsstättendotation an das Bankaufsichtsrecht und

---

1049 BMF-Schreiben vom 29.9.2004, BStBl. I 2004, 917 (920 [Tz. 2.2]).

1050 BMF-Schreiben vom 29.9.2004, BStBl. I 2004, 917 (920 [Tz. 2.3]).

1051 BMF-Schreiben vom 29.9.2004, BStBl. I 2004, 917 (921 [Tz. 3]).

1052 BMF-Schreiben vom 29.9.2004, BStBl. I 2004, 917 (921 [Tz. 3.1]).

1053 BMF-Schreiben vom 29.9.2004, BStBl. I 2004, 917 (921 [Tz. 3.2]).

wird teilweise ausdrücklich damit gerechtfertigt, dass den aufsichtsrechtlichen Erleichterungen für EU/EWR-Institute steuerlich Rechnung zu tragen sei[1054]. Eine solche aufsichtsrechtlich vermittelte Privilegierung der EU/EWR-Institute im Rahmen der Gewinnabgrenzung ist dem Abkommensrecht nicht zu entnehmen[1055]. Das Erfordernis der Betriebsstättendotation folgt aus der steuerlichen Selbständigkeitsfiktion der direkten Methode. Eine Unterscheidung nach Herkunft der Institute ist in dieser Fiktion nicht angelegt.

D. Bezugspunkte des Fremdvergleichs als Maßstab der Dotation von Bankbetriebsstätten

Nach Maßgabe des abkommensrechtlichen „Dealing at arm's length"-Prinzips muss die Betriebsstätte über ein steuerliches „Eigenkapital" verfügen, das ein vergleichbares selbständiges und unabhängiges Unternehmen aufweisen würde[1056]. Das Kernproblem des vorzunehmenden „Ist-Soll-Vergleichs"[1057] besteht in der Definition des Soll-Zustands. Zwar folgt aus dem Fremdvergleich, dass die Betriebsstätte mit Dotationskapital auszustatten ist. Die Entscheidung über Höhe und Art der Finanzierung der Betriebsstätte obliegt indes der weiten Einschätzungsprärogative der Geschäftsleitung und wird lediglich durch den Vorwurf missbräuchlicher Gestaltung begrenzt[1058]. Entspricht die Dotation drittüblichen Werten, kommt ein Missbrauchsvorwurf nicht in Betracht. Der Fremdvergleich begrenzt die Kapitalforderung nach oben und nach unten[1059]. Aus dem inhaltlich „unbestimmten Beurteilungsmaßstab"[1060] lässt sich allerdings nicht unmittelbar ableiten, wie hoch die Kapitalforderung tatsächlich anzusetzen ist. Diese Frage ist erst unter Bezugnahme auf einen konkreten Referenzwert zu beantworten. Im Folgenden ist zu untersuchen, ob es möglich ist, den Fremdvergleichsgrundsatz für die Dotation von Bankbetriebsstätten inhaltlich hinreichen zu konkretisieren und im Einzelfall anwendbar zu machen.

1054 So Hessisches FG, Urteil vom 10.12.2002, EFG 2003, 1191 (1193 f.).

1055 Deutlich BFH, Beschluss vom 22.8.2011, BFH/NV 2011, 2119 (2120).

1056 Siehe nur *Buciek*, in F/W/K, DBA-CH, Art. 7 Anm. 434 (Juli 2003).

1057 So *Baumhoff*, in F/W/K, DBA-CH, Art. 9 Anm. 54 (April 2006).

1058 Vgl. Teil 4, A. II. der Arbeit.

1059 So auch *Haiß*, Gewinnabgrenzung, S. 72; *Ziehr*, Einkünftezurechnung, S. 219 f.

1060 *Jacobs*, Internationale Unternehmensbesteuerung[7], S. 560.

I. Konkrete(s) Vergleichsunternehmen

Der externe Fremdvergleich knüpft an markt- und branchenübliche Bedingungen an, die bei vergleichbarer Unternehmenstätigkeit zwischen selbständigen Dritten gelten[1061]. Ein solcher äußerer Vergleich ist nicht zu führen, soweit unternehmerische Aktivitäten in Rede stehen, die zu dem betrieblichen Kernbereich zählen und deshalb keinen Marktbezug aufweisen[1062]. Einzelne Autoren lehnen unter Hinweis auf die unternehmerische Finanzierungsfreiheit eine Überprüfung der Betriebsstättendotation am Maßstab der Fremdüblichkeit ab[1063]. Dagegen spricht, dass die steuerliche Anerkennung der unternehmerischen Disposition unter dem Vorbehalt willkürfreier Ausübung des unternehmerischen Ermessens steht. Es bedarf deshalb eines objektivierenden Prüfmaßstabes, der eine unzureichende oder überschießende Betriebsstättendotation sichtbar werden lässt. Ein konkreter externer Fremdvergleich des steuerlichen Dotationskapitals ist nicht von vornherein verwehrt. Allerdings ist zuzugeben, dass mangels einer betriebswirtschaftlich „richtigen" Eigenkapitalquote nicht ein bestimmter Dotationswert, sondern lediglich eine Bandbreite angemessener Werte festzustellen ist. Bewegt sich der unternehmerisch vorgegebene Ist-Wert innerhalb dieses Rahmens, kommt der Vorwurf der Missbräuchlichkeit nicht in Betracht. Dies leitet über zu der Frage, ob tragfähige Vergleichstatbestände für eine Korrektur des ausgewiesenen Dotationskapitals existieren.

1. Grenzen des externen Fremdvergleichs mit einem selbständigen Bankunternehmen

Der im Betriebsstättenbericht 2010 entworfene *„thin capitalisation approach"* bestimmt das Dotationskapital der Betriebsstätte durch Fremdvergleich mit unabhängigen Bankunternehmen im Aufnahmestaat der Betriebsstätte. Dieser

---

[1061] *Kußmaul/Ruiner*, IStR 2010, 497 (499).

[1062] *Wassermeyer*, in F/W/B, AStR, § 1 AStG Anm. 108 (Okt. 2004) nennt beispielhaft die Gründung und Liquidation einer Gesellschaft. Ein externer Fremdvergleich bleibt auch dann ohne Ergebnis, wenn völlig unterschiedliche Handlungsalternativen bestehen (treffend *Lechner*, in Gassner/Lang/Lechner, Betriebstätte, S. 179 [194]).

[1063] So *Ditz*, Gewinnabgrenzung, S. 364 f., 366; ähnlich *Lechner*, in Gassner/Lang/Lechner, Betriebstätte, S. 179 (195, Note 60); kritisch auch *Buciek*, in F/W/K, DBA-CH, Art. 7 Anm. 439 (Juli 2003); *Weber/Werra*, Festschrift Ritter, S. 285 (289); *Kraft*, StbJb 2000/2001, 205 (219).

Ansatz entspricht nur prima vista der umfassenden Selbständigkeitsfiktion der Betriebsstätte im Sinne des *„functionally separate entity approachs"*. Bei eingehender Betrachtung sprechen sowohl die rechtliche Einheit des Unternehmens als auch die bankbetriebliche Realität gegen einen Vergleich der Bankbetriebsstätte mit einem selbständigen Institut[1064].

Die steuerliche Selbständigkeitsfiktion der Betriebsstätte beschränkt sich auf die Durchführung der Gewinnabgrenzung[1065]. Sie nimmt keinen Einfluss auf die an das Gesamtinstitut gerichteten aufsichtsrechtlichen Eigenmittelvorschriften. Das Aufsichtsrecht trägt dem zivilrechtlichen Haftungsverband des Einheitsunternehmens in besonderem Maße Rechnung. Ein grenzüberschreitend durch Zweigstellen tätiges Kreditinstitut benötigt ein geringeres regulatorisches Eigenkapital als ein multinationaler Verbund rechtlich selbständiger Institute[1066]. Knüpft der steuerliche Fremdvergleich für Zwecke der Dotation der Betriebsstätte an die Kapitalstruktur selbständiger Institute im Betriebsstättenstaat an, bleiben die aufsichtsrechtlichen Größenvorteile des Einheitsunternehmens unberücksichtigt. Dies kann dazu führen, dass das steuerliche Eigenkapital in der Summe das bei dem Gesamtinstitut vorhandene Kapital übersteigt[1067].

Gegen den *„thin capitalisation approach"* spricht weiterhin, dass die selbständig gedachte Betriebsstätte einem unabhängigen Bankunternehmen auch in operativer Hinsicht nicht vergleichbar ist. Der externe Fremdvergleich fragt, was betriebswirtschaftlich vernünftig ist und orientiert sich dabei an der (bank-)betrieblichen Realität[1068]. Gerade die operative Tätigkeit einer Betriebsstätte entspricht nur eingeschränkt der eines eigenständigen Bankunternehmens. Die Betriebsstätte

---

1064 Im Ergebnis ebenso *Hidien*, in K/S/M, EStG, § 49 Rn. D 2928 (Mai 2007). *Schuch*, Festschrift Loukota, S. 465 (474) stellt hingegen fest, dass der *„thin capitalisation approach"* die ökonomische Realität am ehesten wiedergibt.

1065 So auch OECD, Betriebsstättenbericht 2010, Part I Tz. 11.

1066 Deutlich *Australian Bankers' Association*, Public Comments 2001, Tz. 13 f.: *„...a global bank operating as a single entity will invariably require less capital (...) than a series of separately capitalised entities operating in the same jurisdictions."*.

1067 Konstatierend OECD, Betriebsstättenbericht 2010, Part II Tz. 111. Kritisch *Australian Bankers' Association*, Public Comments 2001, Tz. 13. Gegen eine Fiktion von Eigenkapital auch BFH, Urteil vom 23.8.2000, BStBl. II 2002, 207 (209 f.).

1068 Vgl. *Kraft*, StbJb 2000/2001, 205 (219).

bleibt ungeachtet der fiktiven Isolierung Teil eines Großunternehmens. Sie betreibt die Geschäfte eines Großinstituts und erbringt nach Art und Risikogehalt andere Leistungen an andere Kundengruppen als ein selbständiges Institut vergleichbarer Größe. Die eingeschränkte Vergleichbarkeit kommt unter anderem dadurch zum Ausdruck[1069], dass die Betriebsstätte eines Auslandsinstituts im (Kredit-)Geschäft mit Auslandskunden nicht über das „Standing" und den Marktzugang eines inländischen Instituts verfügt. Angesichts der Austauschbarkeit von Bankprodukten kann dies zu besonderen Geschäftsstrategien der Auslandseinheit führen. Dies gilt beispielhaft, wenn die Filiale im Kreditgeschäft günstige Risikoprämien gewährt und somit erhöhte Risiken eingeht, um Neugeschäft mit Auslandskunden zu akquirieren.

Auch der OECD-Bericht räumt ein, dass die Auslandseinheit einer multinationalen Großbank nicht notwendig mit einem entsprechend der Bilanzsumme ähnlich „großen" selbständigen Institut im Betriebsstättenstaat vergleichbar ist, weil beide gänzlich andere Tätigkeiten ausüben können[1070]. Er weist deshalb darauf hin, dass im Zuge der Vergeichbarkeitsanalyse Anpassungen an den Referenzwerten vorgenommen werden können[1071]. Da solche individuellen Anpassungen jedoch eine hinreichende Vergleichsdatenbasis voraussetzen, entstehen Zweifel, ob allein eine Modifizierung der Vergleichsdaten die Defizite des *„thin capitalisation approachs"* aufzuwiegen vermag.

2. Grenzen des externen Fremdvergleichs mit Inlandsbetriebsstätten von Auslandskreditinstituten

Die aufgezeigten Grenzen des Fremdvergleichs mit einem selbständigen Kreditinstitut geben Anlass zu der Frage, ob der Fremdvergleich statt auf ein inländisches (Gesamt-)Institut auf Inlandsbetriebsstätten ausländischer Banken gerichtet werden kann[1072]. Nach dieser Überlegung ist zu prüfen, wie ein selbständiges Kreditinstitut seine Inlandsbetriebsstätte bei vergleichbarer Geschäftstätigkeit dotieren würde.

[1069] Allgemein *Wassermeyer*, in Debatin/Wassermeyer, Art. 9 MA Rz. 125 (Mai 2004).
[1070] OECD, Betriebsstättenbericht 2010, Part II Tz. 108.
[1071] OECD, Betriebsstättenbericht 2010, Part II Tz. 109.
[1072] Vgl. FG München, Urteil vom 11.10.1995, EFG 1996, 244 (245). Streitgegenstand ist die Dotation der Auslandsbetriebsstätte eines in Deutschland ansässigen Rückversicherers.

Auch dieser modifizierte Ansatz hilft nicht darüber hinweg, dass die Anwendung des Fremdvergleichs die Existenz aussagekräftiger Referenzwerte voraussetzt. Vergleichsdaten über den Kapitalausweis inländischer Bankbetriebsstätten sind jedoch nur eingeschränkt verfügbar.

Inländische Zweigniederlassungen von Instituten mit Sitz in der EU, dem EWR oder einem gleichgestellten Staat sind von den besonderen aufsichtsrechtlichen Kapitalvorschriften befreit[1073]. Ebenso trifft sie keine handelsrechtliche Offenlegungspflicht für Rechnungslegungsunterlagen über ihre eigene Geschäftstätigkeit[1074]. Offenzulegen sind lediglich die nach dem Recht des Herkunftsstaates erstellten Jahresabschlussunterlagen des Gesamtinstituts (§ 340l Abs. 2 Satz 1 HGB)[1075]. Für Inlandszweigstellen von Instituten mit Sitz in einem Drittstaat gelten zwar die besonderen handelsrechtlichen Buchführungs- und Offenlegungspflichten[1076]. Der Kapitalausweis beschränkt sich allerdings grundsätzlich auf das aufsichtsrechtliche Minimum von fünf Millionen Euro[1077]. Diese aufsichtsrechtlichen Anforderungen entfernen sich von dem angestrebten Abgleich der unternehmerischen Vorgabe mit den Verhältnissen eines selbständigen und unabhängigen Unternehmens. Die regulatorische Mindestkapitalbasis spiegelt nicht den Kapitalausweis eines selbständigen Unternehmens mit vergleichbarer Geschäftstätigkeit wider. Dass es sich bei dem Betriebskapital um eine „gegriffene Größe" handelt, wird vor allem dadurch deutlich, dass die korrespondierenden Vermögenswerte nicht im Aufnahmestaat der Zweigstelle verfügbar sein müssen[1078].

1073 Dazu Teil 4, B. I. 2. der Arbeit.

1074 Damit entfällt auch die handelsrechtliche Buchführungspflicht nach der RechKredV. Der Anwendungsbereich der RechKredV umfasst lediglich diejenigen Zweigstellen, für die die handelsrechtlichen Offenlegungspflichten nach § 340 Abs. 1 Satz 1 und Abs. 4 Satz 1 gelten (vgl. § 1 RechKredV).

1075 Vgl. *Böcking/Becker/Helke*, in MünchKommHGB, Bd. 4³, § 340l Rn. 3, 14.

1076 Die Pflicht zur Offenlegung gesonderter Rechnungslegungsunterlagen über die eigene Geschäftstätigkeit entfällt, wenn die Unterlagen nach einem an die EG-Bilanz-Richtlinie (86/635/EG) angepassten Recht aufgestellt und geprüft worden sind (§ 340l Abs. 2 Satz 4 HGB); siehe dazu *Böcking/Becker/Helke*, in MünchKommHGB, Bd. 4³, § 340l Rn. 17.

1077 Vgl. § 33 Abs. 1 Satz 1 Nr. 1d KWG. Siehe auch *Brocker*, in Schwennicke/Auerbach, KWG², § 53c Rn. 9.

1078 Vgl. Teil 4, B. I. 1. der Arbeit.

Das Fehlen aussagekräftiger Vergleichsdaten kann auch nicht unter Rekurs auf die bankaufsichtsrechtlichen Anzeige- und Meldepflichten kompensiert werden. Inlandszweigstellen unterliegen kraft der Institutsfiktion nach § 53 KWG den aufsichtsrechtlichen Meldepflichten (§ 25 Abs. 1 KWG)[1079]. Der bei der Deutschen Bundesbank einzureichende Monatsausweis beinhaltet eine monatliche Bilanzstatistik, die unter anderem Auskunft über den Stand der Aktiva und Passiva gibt[1080]. Die statistischen Angaben ermöglichen einen kontinuierlichen Einblick der Aufsichtsbehörden in die geschäftliche Entwicklung der Institute und Zweigstellen[1081]. Die Bundesbank erhebt statistische Daten ausschließlich „zur Erfüllung ihrer Aufgaben" (§ 18 Satz 1 BBankG). Zugriff auf die erhobenen Daten erhält lediglich die BaFin (§ 25 Abs. 1 Satz 2 KWG)[1082]. Eine Weitergabe von Einzeldaten aus der monatlichen Bilanzstatistik an andere Behörden ist ausgeschlossen[1083]. Dementsprechend kommt eine Nutzung der erhobenen Daten als Grundlage des steuerlichen Fremdvergleichs nicht in Betracht.

3. Ergebnis

Die Möglichkeit der Überprüfung der steuerlichen Dotation von Bankbetriebsstätten durch konkreten äußeren Fremdvergleich besteht nur in engen Grenzen[1084]. In der Regel fehlt es an geeigneten Vergleichsobjekten und der notwendigen Datenbasis über das tatsächliche Dotationskapital der Inlandszweigstellen. Mangels hinreichender Vergleichbarkeit kommt insbesondere ein externer Fremdvergleich mit einem selbständigen Kreditinstitut im Aufnahmestaat der Betriebsstätte nicht in Betracht.

[1079] *Braun*, in Boos/Fischer/Schulte-Mattler, KWG^4, § 25 KWG Rn. 9; *Auerbach/Adelt*, in Schwennicke/Auerbach, KWG^2, § 25 Rn. 9, 20.

[1080] § 2 i.V.m. Anlage 2 Monatsausweisverordnung (MonAwV); siehe auch *Braun*, in Boos/Fischer/Schulte-Mattler, KWG^4, § 25 KWG Rn. 22.

[1081] M.w.N. *Reischauer/Kleinhans*, KWG, § 25 Anm. 1 (Erg.-Lfg. 1/09).

[1082] Dazu *Hartmann-Wendels/Hellwig/Jäger-Ambrozewicz*, Arbeitsweise der Bankenaufsicht, S. 50.

[1083] Vgl. § 18 Satz 4 BBankG. *Samm*, in Beck/Samm/Kokemoor, KWG, § 25 Rn. 15 f. (Jan. 2009).

[1084] *Wolff*, in Debatin/Wassermeyer, Art. 7 USA Rz. 234 (Mai 2009) erachtet die Undurchführbarkeit des äußeren Fremdvergleichs als „praktische Regel".

II. Das quantitative Bankaufsichtsrecht

Betreibt ein ausländisches Kreditinstitut durch eine Zweigstelle gewerbsmäßig das Bankgeschäft im Inland, ist der Ausweis der „zum Geschäftsbetrieb erforderlichen Mittel" Voraussetzung der anfänglichen und fortdauernden Geschäftserlaubnis (§§ 32 Abs. 1 Nr. 1, 33 Abs. 1 Nr. 1 KWG) und somit Geschäftsgrundlage. Dies wirft die Frage auf, ob die Normen des quantitativen Bankaufsichtsrechts als Referenztatbestände des steuerlichen Fremdvergleichs in Bezug genommen werden können. Die Rechtsprechung, die Finanzverwaltung und zahlreiche Autoren erkennen die aufsichtsrechtlichen Vorschriften als – natürlichen[1085] – Anknüpfungspunkt für die Bemessung des steuerlichen Dotationskapitals von Bankbetriebsstätten[1086]. Die Ausführungen beschränken sich im Wesentlichen auf die Feststellung, dass gesetzliche Vorschriften über die Mindestausstattung mit haftendem Eigenkapital auf der Ebene des Steuerrechts „zu beachten" sind[1087]. Eine eingehende Analyse der beiden Rechtsgebiete sowie der steuerlichen Bezugnahme auf das Aufsichtsrecht unterbleibt. Dies ist schon deshalb zweifelhaft, weil das Bankaufsichtsrecht seit der Veröffentlichung des Baseler Eigenkapital-Akkords im Jahre 1988 stetem Wandel unterliegt. Im folgenden Abschnitt sind zunächst die Zielsetzungen von Steuer- und Aufsichtsrecht näher zu untersuchen. Auf Grundlage der gewonnenen Erkenntnisse richtet sich der Blick auf die in dem OECD-Bericht 2010 sowie den VwG-DK 2004 entworfenen aufsichtsrechtlich fundierten Methoden der Betriebsstättendotation.

1. Zweckdivergenz von Steuerrecht und Bankaufsichtsrecht

Die Bankenaufsicht nach dem Gesetz über das Kreditwesen (KWG) ist eine besondere Form der Gewerbeaufsicht[1088]. Der Staat erhält die Möglichkeit – gegebe-

---

1085 So *Schaus*, in Löwenstein/Looks/Heinsen, Betriebsstättenbesteuerung², Rz. 1242.

1086 Vgl. BFH, Urteil vom 25.6.1986, BStBl. II 1986, 785 (786); Urteil vom 23.8.2000, BStBl. II 2002, 207 (209); Urteil vom 18.9.1996, IStR 1997, 145 (146); Hessisches FG, Urteil vom 10.12.2002, EFG 2003, 1191 (1192); *Runge*, IWB v. 10.7.1986, F. 10 Gr. 2, 567 (574); *ders.*, in Piltz/Schaumburg, Betriebsstättenbesteuerung, S. 131 (137); *Weber/Werra*, Festschrift Ritter, S. 285 (289).

1087 *Roth*, in H/H/R, § 49 EStG Anm. 282 (Juli 2009); *Wassermeyer*, in Debatin/Wassermeyer, Art. 7 MA Rz. 292 (Jan. 2009); *Buciek*, in F/W/K, DBA-CH, Art. 7 Anm. 435 (Juli 2003); Blümich/*Wied*, § 49 EStG Rz. 84 (Feb. 2012).

1088 Siehe nur *Reiter/Geerlings*, DÖV 2002, 562 (564).

nenfalls durch Zwang –, auf die unternehmerische Tätigkeit einzuwirken[1089]. Das Bankaufsichtsrecht ist wie das Steuerrecht klassisches Eingriffsrecht[1090]. Davon abgesehen verfolgen beide Rechtsbereiche grundlegend verschiedene Ziele. Das Bankaufsichtsrecht gewährleistet „allgemeine Ordnung im Kreditwesen" durch staatliche Abwehr drohender Gefahren für das „reibungslose Arbeiten des Kreditapparates"[1091]. Das KWG schützt die Funktionsfähigkeit des Finanzapparates (Systemstabilität). Diese abstrakte Zielsetzung der Gefahrenabwehr umfasst mittelbar die Sicherheit der anvertrauten Vermögenswerte (vgl. § 6 Abs. 2 KWG) und den Schutz der Kunden als Gläubiger eines Kreditinstituts[1092].

Im Unterschied zu der präventiv lenkenden Natur der Bankenaufsicht[1093] dient die Steuer mit den Worten *Otto Mayers* „schlechterhin zur Vermehrung der Staatseinkünfte"[1094]. Die Steuergesetze regeln nicht den Lebenssachverhalt, sondern zielen darauf, die aufzubringenden Lasten den Steuerpflichtigen zuzuteilen[1095]. Das Steuerrecht knüpft an die unternehmerische Entscheidung an. Es lässt den zu besteuernden Sachverhalt, das „Wie" der Erwirtschaftung von Einkünften[1096], unberührt[1097]. Steuerliche Lenkungszwecknormen, die ein wirtschafts- oder sozialpolitisches Ordnungsziel verfolgen, bedürfen besonderer Begründung[1098].

1089 Kritisch zu dem Verständnis der Bankenaufsicht als Gewerbepolizei *Niethammer*, Ziele der Bankenaufsicht, S. 87 ff.

1090 M.w.N. für die Bankenaufsicht *Brocker*, in Derleder/Bamberger/Knops, Hdb Bankrecht², § 65 Rn. 1. Aus Perspektive des Steuerrechts *Kruse*, Lehrbuch des Steuerrechts, Bd. I, S. 18.

1091 Gesetzesbegründung „Entwurf eines Gesetzes über das Kreditwesen", BT-Drs. 3/1114, S. 19. Siehe auch *Reiter/Geerlings*, DÖV 2002, 562 (563).

1092 Siehe nur *Beck/Samm/Kokemoor*, KWG, § 6 Rn. 24 ff. (Nov. 1998). Zu dem Streit um das Verhältnis der Schutzzwecke *Herfurth*, Basel II, S. 8 f.

1093 Vgl. *Niethammer*, Ziele der Bankenaufsicht, S. 76 f.; *Eilenberger*, Bankbetriebswirtschaftslehre⁸, S. 69.

1094 *Otto Mayer*, Deutsches Verwaltungsrecht, Bd. I³, S. 316.

1095 Eingehend *Drüen*, in Tipke/Kruse, AO/FGO, § 4 AO Tz. 277 (Okt. 2011); *Kruse*, Lehrbuch des Steuerrechts, Bd. I, S. 26.

1096 *Hey*, Festschrift Herzig, S. 7 (13).

1097 *Kruse*, Lehrbuch des Steuerrechts, Bd. I, S. 47.

1098 *Hey*, in Tipke/Lang²¹, § 19 Rz. 75 ff. Zu der gleichheitsrechtlichen Rechtfertigung von Lenkungsnormen *Wernsmann*, Verhaltenslenkung, S. 221 ff., 242 ff.

Die Zuteilung der Steuerlasten richtet sich nach dem Grundsatz der Gleichmäßigkeit der Besteuerung als Ausprägung des allgemeinen Gleichheitssatzes (Art. 3 Abs. 1 GG). Anwendbar wird der Gleichheitssatz durch das Prinzip der gleichmäßigen Besteuerung nach der wirtschaftlichen Leistungsfähigkeit[1099]. Das rechtsträgerbezogene Leistungsfähigkeitsprinzip blickt auf den einzelnen Steuerpflichtigen[1100]. Auch in dieser Hinsicht unterscheiden sich Steuer- und Aufsichtsrecht. Im Steuerstaat erfolgt die Finanzierung der staatlichen Aufgaben im übergeordneten öffentlichen Interesse. Diesem korrespondiert die an den Grundrechten zu messende Frage, was der einzelne Steuerpflichtige aus seinem Einkommen zu der staatlichen Aufgabenerfüllung beitragen kann[1101]. Im Gegensatz dazu dient das Bankaufsichtsrecht nach dem KWG vorrangig dem öffentlichen Interesse an der Stabilität des Kreditwesens[1102]. Bankaufsichtliche Belange sind gesamtwirtschaftlicher Natur. Das KWG zielt auf die Abwehr von Gefahren, die der Allgemeinheit durch Störungen im Kreditwesen drohen[1103]. Es sichert das Vertrauen der Öffentlichkeit in die Funktionsfähigkeit des Kreditapparates, nicht hingegen den Schutz des einzelnen Gläubigers[1104]. Der Gläubigerschutz kommt lediglich als Mittel der angestrebten Funktionssicherung zur Geltung[1105]. Unmittelbaren Gläubigerschutz leisten allein die Systeme der Einlagensicherung[1106].

Deutlich sichtbar werden die unterschiedlichen Zielsetzungen auf der (Argumentations-)Ebene der internationalen Steuerkoordination. Hier tritt zu der „interpersonellen" Dimension der Gerechtigkeitsidee das Desiderat zwischenstaatlicher

---

1099 Siehe *Kruse*, Lehrbuch des Steuerrechts, Bd. I, S. 50; *Tipke*, Steuerrechtsordnung, Bd. I^2, S. 322 f.

1100 Zu den vielfältigen „Konzepten der Leistungsfähigkeit" *Esser*, Steuerpolitik in der globalisierten Welt, S. 202 ff.

1101 *Tipke*, Steuerrechtsordnung, Bd. I^2, S. 479.

1102 Vgl. BVerfG, Urteil vom 24.7.1962, BVerfGE 14, 197 (198, 216 f.); BT-Drs. 3/1114, S. 19; vgl. auch § 4 Abs. 4 FinDAG; *Niethammer*, Ziele der Bankenaufsicht, S. 87.

1103 BT-Drs. 3/1114, S. 20. Siehe auch *Fischer*, in Boos/Fischer/Schulte-Mattler, KWG^4, Einf KWG Rn.120 f.

1104 *Beck/Samm/Kokemoor*, KWG, § 6 Rn. 30 (Nov. 1998); *Schäfer*, in Boos/Fischer/Schulte-Mattler, KWG^4, § 6 KWG Rn. 2; *Neus*, in Luz/Neus/Schaber/Scharpf/Schneider/Weber, KWG^2, Einführung Tz. 36 f., 177.

1105 *Fest*, Regulierung von Banken, S. 77.

1106 *Waschbusch*, Bankenaufsicht, S. 172.

Gerechtigkeit („*inter-nation equity*")[1107]. Das Abkommensrecht avisiert neben der Vermeidung der Doppelbesteuerung auch die Vermeidung manipulativer Gewinnverlagerungen zwischen den Staaten. Die Gewinnabgrenzung vollzieht sich in der unternehmensinternen Sphäre zwischen den operativen Betriebsteilen eines grenzüberschreitenden (Bank-)Unternehmens[1108]. Demgegenüber blickt das Aufsichtsrecht primär auf das Gesamtinstitut als zivilrechtlichem Haftungsverband. Es hat nicht zur Aufgabe, das regulatorische Gesamtkapital innerhalb des Unternehmens zu verteilen[1109], sondern zielt allein darauf, das Gesamtrisiko des Instituts zu bemessen und mit Eigenkapital zu unterlegen. Zu diesem Zweck projiziert es die Risiken der Unternehmensteile auf die „Mutterbank"[1110]. Die gesamtinstitutsbezogene Sichtweise des Aufsichtsrechts spiegelt sich in dem Prinzip der Herkunftslandkontrolle wider. Der Ansässigkeitsstaat führt die Aufsicht über das Gesamtinstitut, weil sich die Risiken der Auslandsfilialen nicht von dem Gesamtunternehmen fernhalten lassen, sondern unausweichlich auf dieses zurückschlagen[1111]. Der Kapitalisierung der Zweigstelle nach nationalem Aufsichtsrecht im Aufnahmestaat erwächst nur untergeordnete, ergänzende Bedeutung.

Steuer- und Aufsichtsrecht betrachten das Bankunternehmen aus unterschiedlicher Perspektive und stehen nebeneinander[1112]. Daraus allein lässt sich nicht ableiten, dass die Anknüpfung des steuerlichen Fremdvergleichs an das quantitative Aufsichtsrecht von vornherein ausscheidet. Zu fragen ist vielmehr, ob das Aufsichtsrecht einen sachgerechten Bezugspunkt bildet. In den Fokus rücken damit die Eigenmittelvorschriften der nationalen Solvabilitätsaufsicht. Deren Grundlage bilden die Empfehlungen des Baseler Ausschusses für Bankenaufsicht.

1107 Siehe Teil 1, A. III. der Arbeit.

1108 Vgl. Art. 7 Abs. 1 Satz 1 Halbsatz 2 OECD-MA; siehe auch Teil I, A. I. der Arbeit.

1109 Deutlich *Assef/Morris*, DFI 2005, 147 (150): „*Location of that capital is not at issue*".

1110 *Möschel*, Bankenrecht im Wandel, S. 95; BCBS, Basel II, Tz. 22. Basel II zielt letztlich auf den gesamten Konsolidierungskreis (vgl. BCBS, Basel II, Tz. 20).

1111 Für den Konzernsachverhalt *Möschel*, Bankenrecht im Wandel, S. 89.

1112 Ebenso *Schuch*, Festschrift Loukota, S. 465 (479).

2. Das regulatorische Eigenkapital in den Empfehlungen des Baseler Ausschusses für Bankenaufsicht

Der Baseler Ausschuss für Bankenaufsicht (BCBS) trat erstmals im Jahre 1974 zusammen. Ursprünglich setzte sich das Gremium zum Ziel, die Aufgabenteilung zwischen den nationalen Behörden bei der Aufsicht über multinationale Kreditinstitute zu verbessern und eine lückenlose Überwachung der Institute, einschließlich deren Auslandsniederlassungen, sicherzustellen[1113]. Seit den 1980er Jahren widmet sich der BCBS verstärkt der Erarbeitung einheitlicher Standards für das regulatorische Eigenkapital. In den seither beschlossenen Rahmenvereinbarungen befasst sich der Ausschuss in erster Linie mit der Zusammensetzung des regulatorischen Eigenkapitals sowie den Methoden der Risikomessung. Er ist bestrebt, das Verhältnis zwischen Kapital und Risiko zu objektivieren und zu vereinheitlichen[1114].

a) Die Baseler Eigenkapitalvereinbarung 1988 (Basel I)

Im Juli 1988 legte der Baseler Ausschuss seinen ersten Bericht „zur internationalen Angleichung der bankaufsichtlichen Vorschriften über die Eigenkapitalausstattung der internationalen Banken" vor[1115]. Der sogenannte Eigenkapital-Akkord (Basel I)[1116] setzt die Eigenmittel in Relation zu den Kreditrisikopositionen und empfiehlt ein Standardverhältnis von Eigenkapital zu risikogewichteten Aktiva von 8 Prozent (sog. Solvabilitätskoeffizient)[1117]. Grundlage der Berechnung der Kapitalrelationen ist die Definition des regulatorischen Eigenkapitals. Der Baseler Ausschuss unterteilt das Eigenkapital in zwei Klassen: das Kernkapital („*core capital*") und das Ergänzungskapital („*supplementary capital*"). Das Kernkapital ist Schlüsselelement der Eigenmittel. Es umfasst ausschließlich Bestandteile hoher Haftungsqualität, namentlich das Aktienkapital und offen ausgewiesene Reserven

---

1113 *Buchmüller*, Basel II, S. 31; *Neus*, in Luz/Neus/Schaber/Scharpf/Schneider/Weber, KWG², Einführung Tz. 142.

1114 Sinngemäß aus Perspektive des deutschen Aufsichtsrechts *Schulte-Mattler*, in Boos/Fischer/Schulte-Mattler, KWG², Basel II Rn. 3.

1115 BCBS, Basel I, Einleitung Tz. 1.

1116 Offizieller Titel: „Internationale Konvergenz der Eigenkapitalmessung und Eigenkapitalanforderungen".

1117 BCBS, Basel I, Tz. 44.

aus Rücklagen und Gewinnen[1118]. Das Ergänzungskapital setzt sich aus stillen Reserven, Neubewertungsreserven, Rückstellungen für Wertberichtigungen sowie hybriden Finanzinstrumenten und nachrangigen Verbindlichkeiten zusammen[1119].

Im Fokus des Eigenkapital-Akkords steht die Ermittlung der mit Eigenkapital zu unterlegenden „gewogenen Risikoquote" („*weighted risk ratio*")[1120]. Die Eigenkapitalausstattung bestimmt sich nicht durch schlichte Addition der Kreditaktiva, sondern durch Gewichtung der diesen anhaftenden Risiken[1121]. Der Baseler Ausschuss entwirft ein Gewichtungsschema, das zwischen drei Schuldnerklassen unterscheidet: öffentlicher Sektor (Staaten), Banken und Privatsektor (Unternehmen)[1122]. Abhängig von der jeweiligen Risikogruppe ist jeder Risikoposition eines von fünf Risikogewichten zuzuordnen: 0, 10, 20, 50 und 100 Prozent. Die ermittelte Summe der gewichteten Risikoaktiva ist schließlich entsprechend dem Solvabilitätskoeffizienten von 8 Prozent mit Eigenkapital zu unterlegen. Wenigstens die Hälfte der Eigenkapitalbasis muss aus Kernkapital bestehen[1123].

In die Kritik geriet Basel I vor allem wegen des starren Verfahrens der Risikogewichtung. Dieses blendete die tatsächliche Bonität der einzelnen Kreditnehmer weitgehend aus und schuf Anreize für sogenannte Aufsichtsarbitrage[1124]. Auf der einen Seite bot sich den Banken die Möglichkeit, bei gleichem Eigenkapitalverzehr riskantere Geschäfte einzugehen, die höhere Risikoprämien versprachen. Auf der anderen Seite nutzten Banken kapitalmarktorientierte Instrumente des Risiko-

---

1118 BCBS, Basel I, Tz. 12.

1119 BCBS, Basel I, Tz. 15 ff.

1120 BCBS, Basel I, Tz. 28.

1121 Siehe auch *Kolassa*, in Schimansky/Bunte/Lwowski, Bankrechts-Hdb, Bd. II[4], § 137 Rn. 1. Eingehend zu der risikosensitiven Konzeption der aufsichtsrechtlichen Mindesteigenkapitalausstattung *Haug*, in Schimansky/Bunte/Lwowski, Bankrechts-Hdb, Bd. II[4], § 133a Rn. 30 f.

1122 Siehe auch *Schulte-Mattler*, in Boos/Fischer/Schulte-Mattler, KWG[2], Basel II Rn. 16.

1123 BCBS, Basel I, Tz. 14, 44.

1124 *Macht*, Der Baseler Ausschuss und Basel II, S. 64; *Buchmüller*, Basel II, S. 38 f.; *Gerhardt*, Basel II, S. 43, 69.

transfers, namentlich Verbriefungstransaktionen sowie Kreditderivate, um die Unterlegungspflichten zu verringern oder gänzlich zu unterlaufen[1125].

Im Januar 1996 erweiterte der Baseler Ausschuss die Kapitalunterlegungspflicht auf Preisänderungsrisiken im Handelsgeschäft (Marktrisiken)[1126]. Auslöser dafür war nicht nur das wachsende Handelsgeschäft multinationaler Kreditinstitute. Der BCBS wandte sich überdies gegen den – zum Zwecke der Eigenkapitalreduzierung durchgeführten – Transfer von Kreditrisiken in das Handelsbuch im Wege der Forderungsverbriefung[1127]. Die Berücksichtigung der Marktrisiken führte zu zwei wesentlichen Ergänzungen des Basel-I-Akkords. Der Baseler Ausschuss gestattete erstmals den Einsatz bankinterner Risikomodelle für die Bemessung des aufsichtsrechtlichen Eigenkapitals[1128]. Darüber hinaus wurde der Begriff der Eigenmittel um eine dritte Komponente erweitert. Diese umfasst kurzfristige, nachrangige Verbindlichkeiten, die speziell der Unterlegung der Marktrisikopositionen dienen, sogenannte Drittrangmittel[1129]. Die Anerkennung bankeigener Verfahren der Risikomessung gab den Anstoß für die grundlegende Überarbeitung der Eigenkapitalvereinbarung im Jahre 2004.

b) Die überarbeitete Baseler Rahmenvereinbarung 2004 (Basel II)

Im Juni 2004 legte der Baseler Ausschuss die überarbeitete „Internationale Konvergenz der Eigenkapitalmessung und der Eigenkapitalanforderungen" (Basel II) vor. Das neue Rahmenwerk umfasst drei Regelungsbereiche (Drei-Säulen-Konzept)[1130].

1125 Zu der sogenannten Regulierungsarbitrage *Neus*, in Luz/Neus/Schaber/Scharpf/Schneider/Weber, KWG², Einführung Tz. 145; *Hofmann/Pluto*, zfbf Sonderheft 52/05, 241 (244); Deutsche Bundesbank, Monatsbericht April 2001, S. 15 (16).

1126 BCBS, Basel I Überblick über die Änderung 1996, Tz. 2.

1127 Siehe nur *Rudolph*, ZHR 175 (2011), 284 (289).

1128 *Hartmann-Wendels/Hellwig/Jäger-Ambrozewicz*, Arbeitsweise der Bankenaufsicht, S. 128; *Macht*, Der Baseler Ausschuss und Basel II, S. 61; *Sanio*, in Hadding/Hopt/Schimansky, Basel II, S. 3 (5).

1129 BCBS, Basel I Änderung 1996, Tz. 26; *Fischer*, in Schimansky/Bunte/Lwowski, Bankrechts-Hdb, Bd. II⁴, § 129 Rn. 27; *Kokemoor*, in Beck/Samm/Kokemoor, KWG, § 10 Rn. 163, 48a (Dez. 2007).

1130 Gegenstand der vorliegenden Arbeit sind die erste und zweite Säule. Die dritte Säule („Marktdisziplin") statuiert Offenlegungspflichten, die es den Marktteilnehmern ermöglichen sollen, Kerninformationen über das Eigenkapital, die Risikopositionen, die Risiko-

Die erste Säule befasst sich mit den aufsichtsrechtlichen Mindestkapitalanforderungen. Sie übernimmt die in Basel I entwickelte Definition der Kapitalbestandteile und den Leitgedanken der Risikogewichtung[1131]. Auf dieser Grundlage verfolgt der Baseler Ausschuss das Ziel, die Eigenkapitalforderung durch präzisere Verfahren der Risikomessung näher an den individuellen Risikogehalt der einzelnen Positionen heranzuführen. Anstelle der festen Risikogewichte des ersten Baseler Akkords soll den Risikoaktiva ein individualisiertes Bonitätsgewicht zugewiesen werden[1132]. Nach Basel II kann die Risikoeinstufung des Kreditnehmers nicht nur auf Grundlage externer Bonitätsbeurteilungen gewerblicher Ratingagenturen erfolgen (Standardansatz), sondern – unter dem Vorbehalt der Zulassung durch die Aufsichtsbehörden – auch mittels institutseigener Bewertungsmodelle („Auf internen Ratings basierender Ansatz", IRBA)[1133]. Darüber hinaus erweitert und präzisiert Basel II die berücksichtigungsfähigen Techniken der Kreditrisikominderung[1134]. Erfasst werden neben traditionellen Kreditsicherheiten auch Kreditderivate, Nettingvereinbarungen[1135] und Verbriefungstransaktionen[1136].

Kern der ersten Säule von Basel II sind die Methoden der Ermittlung des Solvabilitätskoeffizienten. Während der Standardansatz dem Gewichtungsverfahren nach Basel I folgt und dieses verfeinert, bemisst der „Auf internen Ratings basierende Ansatz" (IRBA) den Eigenkapitalanrechnungsbetrag jeder Kreditforderung anhand von vier individualisierten Parametern: Ausfallwahrscheinlichkeit, Verlustausfallquote, ausstehender Forderungsbetrag bei Ausfall und effektive Restlaufzeit[1137]. Diese Hilfsgrößen sind grundsätzlich institutsintern zu ermitteln und mittels einer aufsichtsrechtlich vorgegebenen Risikogewichtungsfunktion in die

---

messverfahren und die Angemessenheit der Eigenkapitalausstattung einer Bank auswerten zu können (vgl. BCBS, Basel II, Tz. 808 f).

1131 BCBS, Basel II, Tz. 41, 44.

1132 Dazu *Schulte-Mattler*, in Boos/Fischer/Schulte-Mattler, KWG², Basel II Rn. 16, 35.

1133 BCBS, Basel II, Tz. 6; *Hofmann/Pluto*, zfbf Sonderheft 52/05, 241 (246).

1134 Bezogen auf den Standardansatz BCBS, Basel II, Tz. 109 ff.

1135 Dabei handelt es sich um Verfahren, bei denen Forderungen und Verpflichtungen zwischen zwei oder mehr Parteien saldiert werden, um (Adressenausfall-)Risiken zu vermindern oder Transaktionskosten zu senken (vgl. *Berger*, Aufrechnungsvertrag, S. 26, 22). Siehe auch BCBS, Basel II, Tz. 109, 188.

1136 Siehe auch *Ohler*, in Derleder/Bamberger/Knops, Hdb Bankrecht², § 76 Rn. 1 f.; *Schulte-Mattler*, in Boos/Fischer/Schulte-Mattler, KWG², Basel II Rn. 90.

1137 BCBS, Basel II, Tz. 211.

Eigenkapitalforderung umzurechnen[1138]. Aufgrund der hohen Komplexität dieser Berechnung können Kreditinstitute zwischen dem IRB-Basisansatz und dem Fortgeschrittenen-IRBA wählen[1139]. Diese unterscheiden sich darin, welche Risikoparameter das Institut selbst bestimmt und welche von Seiten der Bankaufsicht fest vorgegeben werden. Im IRB-Basisansatz bemisst das Kreditinstitut lediglich die Ausfallwahrscheinlichkeit der Ratingklasse des Kreditnehmers. Bei Anwendung des Fortgeschrittenen-IRBA sind alle vier Parameter Gegenstand institutseigener Berechnungen[1140].

Basel II beruht auf einem „zweigleisigen" Regulierungsansatz. Auf der einen Seite enthält der Standardansatz detaillierte Vorgaben bezüglich der Unterlegung der Kreditrisikoaktiva mit Eigenkapital. Auf der anderen Seite schaffen die IRB-Ansätze Anreize für die Entwicklung bankeigener Risikomodelle, indem sie tendenziell verringerte Kapitalforderungen stellen[1141]. Die unterschiedlichen Regulierungsansätze offenbaren das Fernziel des Baseler Ausschusses. Multinationale Kreditinstitute sollen über die inhaltliche Ausgestaltung der Solvenzvorschriften angehalten werden, die übernommenen Risikopositionen durch unternehmenseigene Verfahren des Risikomanagements eigenständig und effektiv zu überwachen[1142]. Sichtbar wird nicht nur der Wandel von einer regelbasierten hin zu einer prinzipienorientierten Aufsicht[1143], sondern auch das Bemühen, den individuellen Geschäftsstrukturen und Risikoprofilen der Kreditinstitute Rechnung zu tragen[1144].

c) Das Basel-III-Rahmenwerk vom 16. Dezember 2010

In Reaktion auf die im Sommer 2007 am US-amerikanischen Hypothekenmarkt als Subprime-Krise ausgebrochene internationale Banken- und Finanzkrise veröffent-

---

1138 Vgl. BCBS, Basel II, Tz. 244.

1139 Vgl. auch Deutsche Bundesbank, Monatsbericht September 2004, S. 75 (80).

1140 BCBS, Basel II, Tz. 245.

1141 Vgl. *Hofmann/Pluto*, zfbf Sonderheft 52/05, 241 (247, 254); *Hartmann-Wendels/Hellwig/Jäger-Ambrozewicz*, Arbeitsweise der Bankenaufsicht, S. 24 f.

1142 Vgl. BCBS, Basel II, Tz. 720; *Hofmann/Pluto*, zfbf Sonderheft 52/05, 241 (245).

1143 Siehe dazu *Buchmüller*, Basel II, S. 16; *Fest*, Regulierung von Banken, S. 36 f.

1144 *Hartmann-Wendels/Hellwig/Jäger-Ambrozewicz*, Arbeitsweise der Bankenaufsicht, S. 21, 23 f., 129; *Bitterwolf*, in *Reischauer/Kleinhans*, KWG, § 25a Anm. 2 (Erg.-Lfg. 1/13) spricht von einem „liberalen Aufsichtskonzept".

lichte der Baseler Ausschuss am 16. Dezember 2010 den als Basel III bezeichneten neuen Regulierungsrahmen[1145]. Im Fokus steht die Überarbeitung der Kapitalforderungen im Kredit- und Handelsgeschäft[1146]. Ergänzend formuliert der BCBS besondere Transparenzpflichten für die einzelnen Kapitalbestandteile[1147].

Basel III hält an der etablierten Drei-Säulen-Struktur der Bankenaufsicht fest und nimmt gezielte Änderungen und Ergänzungen der Mindesteigenkapitalanforderungen der ersten Säule vor. Auf dem Prüfstand stehen sowohl die Qualität als auch die Quantität der Eigenmittel. Zusätzlich sieht Basel III den Aufbau von ergänzenden Kapitalpuffern vor. Neben einem dauerhaften, konjunkturunabhängigen Kapitalerhaltungspolster („*capital conservation buffer*") soll ein antizyklischer Kapitalpuffer („*countercyclical buffer*") eingeführt werden[1148]. Schließlich enthält Basel III Kennziffern für eine Höchstverschuldungsquote („*leverage ratio*"), die das Fremdkapital in Relation zu der Bilanzsumme des Gesamtinstituts setzt[1149]. Der Baseler Ausschuss strebt eine Verschuldungsobergrenze von 3 Prozent der Bilanzsumme an[1150]. Diese nominale Messgröße komplementiert den weiterhin geltenden Grundsatz risikoorientierter Kapitalausstattung.

Das Basel-III-Rahmenwerk zielt auf eine international abgestimmte Neudefinition der Komponenten des regulatorischen Eigenkapitals und die schrittweise Erhöhung der Eigenmittel ab dem Jahr 2013[1151]. Der Baseler Ausschuss kritisiert in erster Linie die unzureichende Ausstattung der Kreditinstitute mit Eigenkapital von hoher Haftungsqualität und Permanenz. Basel III wendet sich deshalb von der Unterteilung der Eigenmittel in drei Schichten (Tier 1 bis Tier 3) ab und sieht nur noch

---

1145 Der offizielle Titel lautet: „Basel III: Ein globaler Regulierungsrahmen für widerstandsfähigere Banken und Bankensysteme".

1146 Darüber hinaus erarbeitet der Baseler Ausschuss Kennziffern für ein globales Liquiditätsregime; siehe BCBS, Basel III (rev. Juni 2011), Tz. 34 ff.; *Haug*, in Schimansky/Bunte/Lwowski, Bankrechts-Hdb, Bd. II[4], § 133a Rn. 56 ff.

1147 BCBS, Basel III (rev. Juni 2011), Tz. 91.

1148 BCBS, Basel III (rev. Juni 2011), Tz. 122 ff., 136 ff.

1149 BCBS, Basel III (rev. Juni 2011), Tz. 151 ff.

1150 BCBS, Basel III (rev. Juni 2011), Tz. 153. Vom 1. Januar 2013 bis 1. Januar 2017 erfolgt die Berechnung der „*leverage ratio*" zunächst nur probeweise.

1151 BCBS, Basel III (rev. Juni 2011), Tz. 48. Den Stufenplan der Erhöhung der Eigenkapitalforderungen veranschaulicht BCBS, Basel III (rev. Juni 2011), Anhang 4; siehe auch Deutsche Bundesbank, Basel III – Leitfaden, S. 19.

zwei Kapitalkomponenten vor: das Tier-1-Kapital, das laufende Verluste auffangen und so die Fortführung des Geschäftsbetriebes sichern soll („*going-concern capital*"), und das Tier-2-Kapital, das als Haftungsmasse dient, sofern die Überlebensfähigkeit des Instituts nicht mehr sichergestellt ist („*gone-concern capital*")[1152]. Die Eigenkapitalkategorie der Drittrangmittel wird aufgrund ihrer nur eingeschränkten Verlusttragungsfunktion aufgegeben[1153].

Basel III unterteilt das Kernkapital (Tier 1) in das harte Kernkapital (Tier 1a) und das zusätzliche Kernkapital (Tier 1b)[1154]. Für die einzelnen Komponenten fixiert der Baseler Ausschuss feste Quoten[1155]. Danach soll das harte Kernkapital (Tier 1a) ab dem Jahr 2015 wenigstens 4,5 Prozent und das gesamte Kernkapital mindestens 6 Prozent der gewichteten Risikopositionen betragen. In der Summe dürfen beide Eigenkapitalkategorien (Tier 1 und Tier 2) 8 Prozent der Risikopositionen nicht unterschreiten[1156]. Im Vergleich zu Basel II werden die Mindestanforderungen an das echte Kernkapital von 2 Prozent auf 4,5 Prozent mehr als verdoppelt.

3. Fremdvergleichsorientierte Betriebsstättendotation versus quantitatives Bankaufsichtsrecht

Die Prüfung der Angemessenheit des Dotationskapitals am Maßstab des Fremdvergleichs bedarf objektivierbarer Bezugspunkte. Auf den ersten Blick erscheinen diese Voraussetzungen gerade im Hinblick auf die Vorschriften des quantitativen Bankaufsichtsrechts erfüllt. Bei näherer Betrachtung offenbaren sich jedoch vielfältige Divergenzen zwischen den aufsichtsrechtlichen Solvenzvorschriften und der fremdvergleichsorientierten Betriebsstättendotation.

1152 Vgl. BCBS, Basel III (rev. Juni 2011), Tz. 49; *Haug*, in Schimansky/Bunte/Lwowski, Bankrechts-Hdb, Bd. II[4], § 133a Rn. 25 f.

1153 BCBS, Basel III (rev. Juni 2011), Tz. 9; siehe auch *Groß/Küster*, in Hofmann, Basel III und MaRisk, S. 343 (352 f.).

1154 BCBS, Basel III (rev. Juni 2011), Tz. 49, 52, 54.

1155 BCBS, Basel III (rev. Juni 2011), Tz. 50.

1156 Siehe auch die Übersicht über die „Kalibrierung der Eigenkapitalstandards" in BCBS, Basel III (rev. Juni 2011), Anhang 1.

a) Prinzipienorientierte Bankenaufsicht

Dem ursprünglich von den G-10-Staaten gegründeten Baseler Ausschuss gehören heute Vertreter aus 27 Staaten an[1157]. Die Verlautbarungen des Gremiums entfalten nicht nur aufgrund der Zahl der Mitgliedstaaten, sondern auch wegen der besonderen Expertise der Delegierten große faktische Wirkung[1158]. Dessen ungeachtet steht es den Staaten frei, ob und wie sie die Baseler Empfehlungen umsetzen[1159]. Besonderheiten gelten innerhalb der Europäischen Union. Während die Basel-II-Übereinkunft in zwei EU-Richtlinien eingebracht wurde[1160], wird Basel III durch das sogenannte CRD IV-Paket im Wege einer EU-Verordnung und einer EU-Richtlinie umgesetzt[1161]. Von der Art der Rechtssetzung ist das Ermessen der nationalen Aufsichtsbehörden bei der Rechtsanwendung zu unterscheiden[1162].

Im Vergleich zu dem ersten Baseler Akkord zielt Basel II verstärkt auf eine prinzipienorientierte Ausrichtung der Bankenregulierung und erweitert den Handlungsspielraum der nationalen Aufsichtsbehörden[1163]. Diesem Leitgedanken verleiht das Basel-II-Rahmenwerk an verschiedenen Punkten Ausdruck. In der zweiten Säule formuliert der Baseler Ausschuss Grundprinzipien für die Ausgestaltung der institutseigenen Verfahren des Risikomanagements. Bei der Umsetzung dieser Vorgaben besteht ein weiter geschäftspolitischer Entscheidungsspielraum

---

1157 Siehe http://www.bis.org/bcbs/about.htm.

1158 *Macht*, Der Baseler Ausschuss und Basel II, S. 155 f.; *Sanio*, in Hadding/Hopt/Schimansky, Basel II, S. 3 (13, 18).

1159 Ein prominentes Beispiel bieten die Vereinigten Staaten, die sich die Umsetzung des Basel-II-Rahmenwerks bis heute vorbehalten.

1160 Rl. 2006/48/EG (ABl. L 177/1 v. 30.6.2006 [Bankenrichtlinie]) und Rl. 2006/49/EG (ABl. L 177/201 v. 30.6.2006 [Kapitaladäquanzrichtlinie]).

1161 Das CRD IV-Paket, bestehend aus der VO (EU) Nr. 575/2013 (ABl. L 176/1 v. 27.6.2013) und der Rl. 2013/36/EU (ABl. L 176/338 v. 27.6.2013), ist am 17.7.2013 in Kraft getreten. Die neuen Eigenkapitalvorschriften gelten ab dem 1.1.2014. Siehe dazu Deutsche Bundesbank, Monatsbericht Juni 2013, S. 57 (58).

1162 Innerhalb der Europäischen Union zielt die Errichtung eines einheitlichen europäischen Aufsichtsmechanismus für Kreditinstitute („*Single Supervisory Mechanism*") auf eine Vereinheitlichung der Aufsichtsstandards. Zum Verfahrensgang Deutsche Bundesbank, Monatsbericht Juli 2013, S. 15 (17).

1163 Siehe nur *Hofmann/Pluto*, zfbf Sonderheft 52/05, 241 (245); *Sanio*, in Hadding/Hopt/Schimansky, Basel II, S. 3 (11); *Buchmüller*, Basel II, S. 27; *Hartmann-Wendels/Hellwig/Jäger-Ambrozewicz*, Arbeitsweise der Bankenaufsicht, S. 129.

zugunsten der Institute[1164]. Auch die quantitativen Kapitalanforderungen der ersten Säule offenbaren die Abkehr von der streng regelbasierten Aufsicht. Dies zeigt beispielhaft die Berücksichtigung unternehmenseigener Modelle der Risikobewertung. Der Baseler Ausschuss trägt der Tatsache Rechnung, dass die Erstellung interner Ratings von vielfältigen qualitativen Kriterien bestimmt wird, die sich nur eingeschränkt durch standardisierte Verfahren verarbeiten lassen[1165]. Nutzt ein Kreditinstitut den Fortgeschrittenen-IRBA, konzentriert sich die Tätigkeit der Aufsichtsbehörden auf die Prüfung und Zulassung der bankintern entwickelten Risikomodelle. Die bei Anwendung der IRBA eingeräumten Wahlrechte schaffen Gestaltungsspielräume für die Minderung des erforderlichen Eigenkapitals zugunsten der Institute[1166]. Zugleich entstehen Ermessensspielräume auf Seiten der Aufsichtsbehörden, die diese zugunsten nationaler Interessen „ihres" Bankensektors ausüben können[1167].

Die länderspezifische Ausgestaltung und Anwendung der Aufsichtsnormen sowie die einhergehenden Gestaltungsspielräume lassen Zweifel daran entstehen, ob das Aufsichtsrecht als tauglicher Bezugspunkt für den steuerlichen Fremdvergleich dienen kann. Die aufsichtliche Risikogewichtung und Eigenmittelausstattung soll die Geschäftsfortführung des einzelnen Instituts gewährleisten. Weisen verschiedene Institute ein nominal gleich hohes Aufsichtskapital aus, bedeutet dies nicht, dass der Kapitalausweis auch materiell vergleichbar ist. Das Aufsichtsrecht ist in hohem Maße auf das einzelne Institut und dessen individuelle Risikostruktur zugeschnitten. Dem gegenüber steht das steuerliche Ziel, ein fremdübliches Kapital anhand objektiver Referenzwerte zu bemessen. Gehen die beteiligten Fisci auf Grundlage des nationalen Aufsichtsrechts von unterschiedlichen Kapitalforderungen aus, entsteht die Gefahr von Doppelbesteuerungen.

1164 Vgl. BCBS, Basel II, Tz. 720, 728; siehe auch *Bitterwolf*, in *Reischauer/Kleinhans*, KWG, § 25a Anm. 2 (Erg.-Lfg. 1/13).

1165 Zu diesen „qualitativen Rating-Kriterien" zählen die Zahlungsmoral, das Bilanzierungsverhalten, die Qualität des Managements und des Standorts sowie die allgemeine Branchenentwicklung (siehe nur *Füser/Rödel*, DStR 2002, 275 [278 f.]).

1166 Eingehend *Macht*, Der Baseler Ausschuss und Basel II, S. 108 f.

1167 *Macht*, Der Baseler Ausschuss und Basel II, S. 110. *Möschel*, Bankenrecht im Wandel, S. 102 spricht von einem „Regelungsgefälle zwischen unterschiedlichen Aufsichtssystemen".

Dieses Problem bleibt auch unter Basel III bestehen. Die neue Rahmenvereinbarung hält an der risikoorientierten Bemessung der Kapitalausstattung fest[1168]. Der BCBS zielt in erster Linie auf eine verbesserte Qualität des Eigenkapitals und eine Anpassung der Kapitalforderungen der Höhe nach. Die Ermittlung des regulatorischen Eigenkapitals erfolgt weiterhin durch Risikogewichtung der einzelnen Aktiva. Multinationale Kreditinstitute bemessen ihre Risikopositionen auch zukünftig bevorzugt nach den „gestaltungsoffenen" IRBA. Soweit die prinzipien- und risikoorientierte Bankenaufsicht erhalten bleibt, bestehen auch die Zweifel an einem aufsichtsrechtlich fundierten steuerlichen Fremdvergleich fort.

b) Gesamtinstitutsbezogene Sichtweise der Bankenaufsicht

Die Bankenaufsicht sichert die Funktionsfähigkeit des Kreditwesens im öffentlichen Interesse[1169]. Sie blickt auf das Gesamtrisiko des Einzelinstituts und der konsolidierten Bankengruppe[1170]. Demgegenüber fokussiert die abkommensrechtliche Gewinnabgrenzung die einzelnen operativen Teile des transnationalen Bankunternehmens. Die gesamtinstitutsbezogene Ausrichtung des Aufsichtsrechts steht einer Überprüfung des steuerlichen Dotationskapitals am Maßstab des Fremdvergleichs entgegen. Dies veranschaulicht die Gewichtung der Risikoaktiva nach Basel II.

Bei Anwendung der IRBA erfolgt die Risikoeinstufung primär durch Bewertung der einzelnen Risikopositionen. Die Ermittlung des vorzuhaltenden Eigenkapitals wird allerdings um eine Analyse auf Portfolioebene ergänzt. Über die Höhe des vorzuhaltenden Eigenkapitals entscheidet nicht nur der Risikogehalt der Einzelpositionen, sondern auch die individuelle Zusammensetzung des jeweiligen Kreditportfolios. Abhängig von der Diversifikation des Portfolios sinkt das vorzuhaltende Aufsichtskapital. Die Eigenkapitalentlastung ist umso größer, je vielfältiger die enthaltenen Einzelforderungen sind[1171]. Maßgebliche Parameter sind Anzahl und Höhe der Einzelforderungen sowie die Durchmischung des Portfolios (sog. Granularität) hinsichtlich der enthaltenen Kreditadressen, Regionen und

---

1168 Siehe nur *Haug*, in Schimansky/Bunte/Lwowski, Bankrechts-Hdb, Bd. II[4], § 133a Rn. 36; vgl. auch *Suyter*, Die Bank 3/2011, 46 (47).

1169 Pars pro toto *Neus*, in Luz/Neus/Schaber/Scharpf/Schneider/Weber, KWG[2], Einführung Tz. 36 f.; siehe auch Teil 4, D. II. 1. der Arbeit.

1170 BCBS, Basel II, Tz. 20; BCBS, Basel I, Tz. 10; *Assef/Morris*, DFI 2005, 147 (150).

1171 Deutsche Bundesbank, Monatsbericht April 2001, S. 15 (26); BCBS, Basel II, Tz. 612.

Branchen. Das aufsichtliche Instrument der Portfolioanalyse beruht auf der Erkenntnis, dass das Gesamtrisiko eines Portfolios nicht der Summe der enthaltenen Einzelrisiken entspricht[1172].

Aus bankaufsichtsrechtlicher Perspektive liegt der Gewähr von Eigenkapitalnachlässen abhängig von der Diversifizierung eines Forderungsportfolios ein einleuchtender Gedanke zugrunde. Bei steigender Granularität können sogenannte Klumpenrisiken auf Gesamtinstitutsebene vermieden werden. Die portfoliobasierte Risikoanalyse steht jedoch im Gegensatz zu der Bemessung des steuerlichen Dotationskapitals einzelner Betriebsstätten. Individuell aggregierte Forderungsportfolios beschränken sich nicht notwendig auf die Risikoaktiva einzelner Unternehmensteile, sondern können Positionen verschiedener Betriebsteile enthalten. Portfoliobezogene Kapitalerleichterungen oder -zuschläge können bei Überprüfung der Angemessenheit der Betriebsstättendotation eines Unternehmensteils nicht sachgerecht abgebildet werden. Die Kapitalentlastung ist Ausdruck des spezifischen Forderungsportfolios und kann nicht sachgerecht auf einzelne Forderungen des Portfolios umgelegt werden.

Die gesamtinstitutsbezogene Perspektive des Aufsichtsrechts spiegelt sich auch in den aufsichtsrechtlichen Techniken der Risikominderung wider. Im Vergleich zu dem Basel-I-Akkord berücksichtigt Basel II ein größeres Spektrum risikomindernder Verfahren, durch deren Einsatz die regulatorische Eigenkapitalforderung gesenkt werden kann[1173]. Instrumente der Risikominderung entsprechen der aufsichtsrechtlichen Zielsetzung, die Eigenkapitalbasis eng an dem tatsächlichen Risikogehalt der Kreditaktiva zu orientieren[1174]. Je präziser das individuelle Risikopotential des einzelnen Instituts erfasst wird, desto geringer ist der Anreiz, die Regulierung durch Ausweichreaktionen zu unterlaufen. Das Aufsichtsrecht betrachtet dabei „jede Stufe innerhalb einer Bankengruppe"[1175], nicht jedoch die rechtlich unselbständigen Betriebseinheiten der einzelnen Institute. Institutsinterne Risikoverlagerungen nehmen keinen Einfluss auf das regulatorische Eigenkapital. Dies verdeutlicht die Berücksichtigung von Garantien und Kreditderivaten im

1172 Siehe nur *Carstens/Schmidt*, ZfgK 2010, 74 (75).
1173 BCBS, Basel II, Tz. 110.
1174 *Hofmann/Pluto*, zfbf Sonderheft 52/05, 241 (243).
1175 BCBS, Basel II, Tz. 22.

Standardansatz. Die Vereinbarung einer Garantie oder eines Kreditderivats hat zur Folge, dass sich der Risikogewichtungsfaktor nicht mehr nach dem Bonitätsgewicht des Kreditschuldners, sondern dem des Garantiegebers respektive des „Protection Sellers" eines CDS bemisst (Substitutionsansatz)[1176]. Eine eigenkapitalmindernde Wirkung tritt nur ein, wenn der Sicherungsgeber ein niedrigeres Risikogewicht aufweist als der Schuldner, das heißt über ein besseres Bonitätsrating verfügt[1177]. Besonderheiten gelten für die risikomindernden Verfahren nach den IRBA. Das Basel-II-Rahmenwerk gibt insoweit nur „Mindestanforderungen"[1178] für die Bemessung der Effekte von Garantien und Kreditderivaten vor und belässt den Instituten weiten Entscheidungsspielraum.

Nach alledem tritt der Konflikt zwischen dem gesamtinstitutsbezogenen Aufsichtsrecht und der für Zwecke der direkten Gewinnabgrenzung fiktiv verselbständigten Betriebsstätte deutlich hervor. Die aufsichtsrechtliche Institutsfiktion der Inlandszweigstellen ausländischer Banken (§ 53 Abs. 1 Satz 1 KWG) dient ausschließlich dazu, die Zweigstelle der Einzelaufsicht im Aufnahmestaat zu unterstellen. Davon unberührt bleibt die Aufsicht über das Gesamtinstitut im Ansässigkeitsstaat. Die Techniken der Risikominderung gelten ungeachtet der Institutsfiktion der Zweigstelle nicht innerhalb des grenzüberschreitenden Kreditinstituts. Eine Risikominderung kann nur durch Absprachen zwischen rechtlich selbständigen Unternehmen bewirkt werden. Ein anderes gilt unter dem *„functionally separate entity approach"*. Bei umfassender Steuerselbständigkeit der Betriebsstätte können die Betriebsteile quasi-vertragliche Risikoabsprachen treffen und Risiken unternehmensintern transferieren. Dies gilt namentlich für den Abschluss interner Vereinbarungen in Form von „Quasi-Kreditausfall-Swaps"[1179]. Lediglich abstrakte institutsinterne Garantien bleiben steuerlich unberücksichtigt[1180]. Soweit die Betriebsstättendotation den Vorgaben des risikoorientierten Basel-II-Regimes folgt, bietet sich grenzüberschreitenden Instituten grundsätzlich die Möglichkeit, durch interne Risikoabsprachen gezielt auf das steuerlich vorzuhaltende Dotationskapital einzuwirken.

[1176] BCBS, Basel II, Tz. 141; vgl. *Schulte-Mattler*, in Boos/Fischer/Schulte-Mattler, KWG², Basel II Rn. 96.

[1177] BCBS, Basel II, Tz. 195, 141.

[1178] So die Kapitelüberschrift zu Teil 2, III. H. 7. ix) von Basel II (BCBS, Basel II, S. 92).

[1179] Dazu Teil 3, C. VI. 1. der Arbeit.

[1180] Siehe bereits Teil 3, B. I. 4. c) der Arbeit.

Eine solche institutsinterne Risikominderung sieht das Aufsichtsrecht gerade nicht vor. Nach dem aufsichtsrechtlichen Substitutionsansatz kommt die kapitalreduzierende Wirkung der Risikominderungstechniken nur zum Tragen, wenn Schuldner und Sicherungsgeber eine abweichende Bonität aufweisen[1181]. Innerhalb des Einheitsunternehmens fehlt ein solches Bonitätsgefälle. Die Divergenz von Aufsichts- und Steuerrecht lässt Zweifel an einer überschneidungfreien Kapitalzuordnung zwischen den Vertragsstaaten entstehen.

c) Aufsichtsrechtliche Eigenkapitalunterlegung operationeller Risiken

Das Basel-II-Rahmenwerk fordert erstmals eine Eigenkapitalunterlegung operationeller Risiken. Mit dem Begriff des operationellen Risikos beschreibt der Baseler Ausschuss „die Gefahr von Verlusten, die infolge einer Unzulänglichkeit oder des Versagens von internen Verfahren, Menschen und Systemen oder infolge externer Ereignisse eintreten"[1182]. Außer Betracht bleiben strategische Risiken sowie Reputationsrisiken. Operationelle Risiken bilden eine eigenständige Risikokategorie, die neben den wesentlichen Erfolgsrisiken – Kredit- und Marktrisiken – steht und sich nicht auf einzelne Geschäftsbereiche beschränkt[1183].

Die Kapitalanrechnungsbeträge operationeller Risiken können sowohl anhand aufsichtsrechtlich vorgegebener als auch bankeigener Modelle ermittelt werden[1184]. Von international tätigen Banken erwartet der Baseler Ausschuss die Anwendung eines fortgeschrittenen Messansatzes[1185]. Dieser bankintern determinierte Ansatz gesteht den Banken erhebliche Flexibilität bei der Entwicklung der Mess- und Managementsysteme zu[1186]. Spiegelbildlich besteht ein weites Ermessen der nationalen Aufsichtsbehörden bezüglich der Anerkennung institutseigener Modelle[1187]. Aus aufsichtsrechtlicher Perspektive sollen die Handlungs- und Ermessens-

---

[1181] Vgl. BCBS, Basel II, Tz. 141, 195.

[1182] BCBS, Basel II Tz. 644. Vgl. § 296 Abs. 1 SolvV.

[1183] Der BCBS führt im Anhang der Basel-II-Übereinkunft beispielhaft einzelne Verlustereignisse auf; vgl. BCBS, Basel II, Anhang 7 (S. 210-212). Operationelle Risiken bestehen in erster Linie im Handelsbereich (so auch OECD, Betriebsstättenbericht 2010, Part III Tz. 101).

[1184] BCBS, Basel II, Tz. 645 ff. Anschaulich *Buchmüller*, Basel II, S. 117.

[1185] BCBS, Basel II Tz. 647.

[1186] So ausdrücklich BCBS, Basel II Tz. 668.

[1187] Kritisch dazu *Macht*, Der Baseler Ausschuss und Basel II, S. 110 f.

spielräume bei der Kapitalunterlegung operationeller Risiken die individuellen Bedürfnisse des einzelnen Kreditinstituts möglichst präzise abbilden und zugleich die Funktionsfähigkeit des nationalen Bankenmarktes sicherstellen. Übertragen auf die Ebene des Steuerrechts gefährdet die Eigenkapitalunterlegung operationeller Risiken die mit dem AOA angestrebte erhöhte Rechtssicherheit der Gewinnabgrenzung. Die Ermessensspielräume auf Seiten der Aufsichtsbehörden bergen die Gefahr, dass die Vertragsstaaten abweichende Anforderungen an das regulatorische Eigenkapital der Bankbetriebsstätte stellen.

Das Erfordernis, operationelle Risiken bei den fiktiv verselbständigten Betriebsstätten nach Maßgabe der aufsichtsrechtlichen Solvenzvorschriften zu identifizieren und zu bemessen, führt zu erheblichen Unschärfen der steuerlichen Gewinnabgrenzung. Dieses Defizit sieht auch der OECD-Bericht 2010 und empfiehlt, das operationelle Risiko proportional zu den anderen Erfolgsrisiken zuzurechnen[1188]. Eine solche Hilfslösung verdient keine Zustimmung. Operationelle Risiken stehen nicht in direktem Zusammenhang mit den geschaffenen Finanzwirtschaftsgütern oder den erbrachten Innendienstleistungen. Sie resultieren vielmehr aus dem Tätigkeitsspektrum des Kreditinstituts als Ganzem und beschränken sich nicht auf einzelne Aktivitäten oder Bereiche eines Unternehmens[1189]. Einen abstrakten Anhaltspunkt für ein erhöhtes operationelles Risiko bieten letztlich nur die Zahl der bei einem Unternehmensteil beschäftigten Mitarbeiter und der Umfang der zum Einsatz gebrachten informationstechnologischen Systeme.

Die Bewältigung operationeller Risiken ist ein originär aufsichtsrechtliches Problem. Das Steuerrecht lässt abstrakte künftige Gefahren unberücksichtigt. Exemplarisch zeigt dies das Verbot der Bildung von Rückstellungen für drohende Verluste aus schwebenden Geschäften (§ 5 Abs. 4a EStG). Operationelle Risiken umfassen gerade solche künftigen Verluste, deren Eintritt noch in keiner Weise absehbar ist. Der Umgang mit abstrakten Verlustgefahren ist Ausdruck des auf die Ordnung im Kreditwesen und die Abwehr von Gefahren zielenden Aufsichts-

---

1188 OECD, Betriebsstättenbericht 2010, Part II, Tz. 93, Part III Tz. 103: „*…the authorised OECD approach would permit operational risk to be allocated proportionately to other risks attributable to the PE…*".

1189 *Buchmüller*, Basel II, S. 96; kritisch auch *Erb*, IStR 2008, 608 (614).

rechts[1190]. Die Kapitalunterlegung operationeller Risiken ist ein weiterer Beleg dafür, dass das Aufsichtsrecht für die fremdvergleichsorientierte Prüfung der Angemessenheit des steuerlichen Dotationskapitals keinen sachgerechten Bezugspunkt darstellt.

4. Konsequenzen für die aufsichtsrechtlich fundierten Methoden der Betriebsstättendotation

Auf Grundlage der Erkenntnisse über das Verhältnis von Bankaufsichtsrecht und Steuerrecht sind im Folgenden die in dem OECD-Betriebsstättenbericht 2010 und den VwG-DK 2004 statuierten Methoden der Bemessung des Dotationskapitals auf ihre Tragfähigkeit hin zu untersuchen.

a) Der „BIS ratio approach"

Für den *„BIS ratio approach"* spricht, dass er ausschließlich das tatsächlich bei dem Einheitsunternehmen vorhandene Eigenkapital aufteilt und eine Fiktion steuerlichen Eigenkapitals vermeidet. Auch trägt der Ansatz dem *„functionally separate entity approach"* insoweit Rechnung, als er das Dotationskapital anhand des individuellen Risikoprofils der Betriebsstätte bemisst. Dem *„BIS ratio approach"* kann deshalb nicht entgegengehalten werden, dass er ein einheitliches Verhältnis zwischen Eigen- und Fremdkapital innerhalb des Einheitsunternehmens erzeugt[1191]. Abzulehnen ist der Ansatz vielmehr aufgrund der Tatsache, dass er auf einer Gewichtung der Risikopositionen der Betriebsstätte nach aufsichtsrechtlichen Grundsätzen aufbaut[1192]. Wie voranstehend gezeigt, bergen die Abweichungen zwischen Aufsichtsrecht und steuerlicher Gewinnabgrenzung die Gefahr von Unschärfen bei der Gewichtung der Risikopositionen der Betriebsstätte. Ein Anschauungsbeispiel bietet der Einsatz bankeigener Risikomodelle nach Maßgabe der IRBA. Erkennt ein Vertragsstaat – unter Hinweis auf das nationale Aufsichtsrecht – die angewandten Verfahren der Risikomessung und den entsprechenden

---

1190 Siehe nur *Beck/Samm/Kokemoor*, KWG, § 6 Rn. 4, 17, 24 (Nov. 1998); vgl. auch BT-Drs. 3/1114, S. 19.

1191 So indes *Mascarello*, ITPJ 2006, 54 (69).

1192 Kritisch auch *Carr/Moetell*, TMIJ 2004, 291 (299); deutlich *Australian Bankers' Association*, Public Comments 2001, Tz. 2: *„They* (*the approaches*; Ergänzung des Verfassers) *are "over-engineered" solutions to the problem"*.

Kapitalausweis der Betriebsstätte nicht an, schlägt sich die erhöhte oder verringerte Abzugsfähigkeit von Zinsaufwand für Innendarlehen in Doppel- oder Minderbesteuerungen nieder. Keine sachgerechte Lösung bietet insoweit die Überlegung, den *„BIS ratio approach"* dahingehend anzupassen, dass die Risikogewichtung für Zwecke der steuerlichen Betriebsstättendotation nach dem weitgehend vereinheitlichten Standardansatz zu erfolgen hat. Dagegen spricht nicht zuletzt, dass gerade international tätige Großbanken – wie aufsichtsrechtlich intendiert – die IRBA anwenden und eine zusätzliche Risikogewichtung nach dem Standardansatz mit erheblichem administrativem Aufwand verbunden wäre.

Der OECD-Steuerausschuss erkennt die Gefahr von Abstimmungsschwierigkeiten zwischen Ansässigkeits- und Betriebsstättenstaat und legt in Art. 7 Abs. 3 OECD-MA 2010 einen speziellen Gegenberichtigungsmechanismus nieder[1193]. In der ersten Entwurfsfassung des überarbeiteten Art. 7 OECD-MA richtete sich dieser Mechanismus noch ausschließlich gegen Doppelbesteuerungen infolge der Anwendung unterschiedlicher Dotationsmethoden[1194]. Die Regelung sah vor, dass unter bestimmten Voraussetzungen die im Betriebsstättenstaat angewandte Methode auch im Ansässigkeitsstaat gelten soll[1195]. In der finalen Fassung enthält Art. 7 Abs. 3 OECD-MA 2010 einen – Art. 9 Abs. 2 OECD-MA nachgebildeten – allgemeinen Gegenberichtigungsmechanismus. Danach wird im Falle einer Gewinnanpassung durch einen Vertragsstaat der andere Vertragsstaat an diese Anpassung gebunden[1196]. Angesichts der vielfältigen Unschärfen des bankaufsichtsrechtlich fundierten *„BIS ratio approachs"* gewinnt die Gegenberichtigung nicht nur dann erhebliche praktische Relevanz, wenn die Vertragsstaaten unterschiedliche Dotationsmethoden anwenden, sondern gerade auch dann, wenn sie dem gleichen Ansatz folgen[1197]. Darüber hinaus geben einzelne Autoren zu bedenken, dass die verpflichtende Gegenberichtigung ein „aggressives" Verhalten der Vertragsstaaten

---

1193 OECD-MK 2010, Art. 7 MA Tz. 48 f.; siehe auch *Malherbe/Daenen*, BIT 2010, 359 (365).

1194 Siehe OECD, Discussion draft on a new Article 7, S. 3.

1195 OECD-MK 2008, Art. 7 MA Tz. 48. Vgl. *Frotscher*, in Oestreicher, Unternehmen im Umbruch, S. 110.

1196 Vgl. OECD-MK 2010, Art. 7 MA Tz. 58.

1197 Hilfsweise ist ein Verständigungsverfahren durchzuführen (zu Recht kritisch *Kahle/Mödinger*, IStR 2011, 821 [827]).

provoziert[1198]. Fragwürdig erscheint vor allem die Tatsache, dass der Mechanismus des Art. 7 Abs. 3 OECD-MA 2010 nur im Falle der Gewinnanpassung durch einen Vertragsstaat ausgelöst wird und nicht auf Initiative des Steuerpflichtigen Anwendung findet[1199].

b) Die Kapitalaufteilungsmethode der VwG-DK 2004

Die Kapitalaufteilungsmethode verteilt das Eigenkapital des Einheitsunternehmens – nach Vorbild des „*BIS ratio approachs*" – entsprechend der institutsinternen Quote der Risikoaktiva. Obgleich dieser Ansatz auf den ersten Blick einleuchtend erscheint, zeigt eine nähere Betrachtung Defizite bei der aufsichtsrechtlichen Gewichtung der Risikoaktiva der Betriebsstätte und der Bestimmung des Eigenkapitals des Gesamtunternehmens.

aa) Defizite bei der Zuordnung der Kredit- und Marktrisikopositionen

Probleme entstehen schon dabei, die aufsichtsrechtlichen Risikoaktiva trennscharf den einzelnen Unternehmensteilen zuzuordnen. Der bei Veröffentlichung der VwG-DK 2004 geltende „Grundsatz I über die Eigenmittel der Institute" zählte folgende Posten zu den einem Adressausfallrisiko unterliegenden Risikoaktiva: Bilanzaktiva, außerbilanzielle Geschäfte, Swapgeschäfte sowie Termingeschäfte und Optionsrechte[1200]. Die seit dem 1. Januar 2007 geltende Solvabilitätsverordnung (SolvV) prägt den Begriff Adressenausfallrisikopositionen und fasst darunter bilanzielle, derivative und außerbilanzielle Positionen sowie Vorleistungspositionen[1201]. Probleme bei der Zuordnung der Risikoaktiva nach Maßgabe der Kapitalaufteilungsmethode entstehen besonders hinsichtlich der außerbilanziellen Positi-

---

[1198] *Malherbe/Daenen*, BIT 2010, 359 (365): „*The adjustment procedure (...) may encourage tax administrations to be aggressive in proposing adjustments...*".

[1199] Vgl. OECD-MK 2010, Art. 7 MA Tz. 58: „*...it does not apply unless there is an adjustment by one of the States.*"; kritisch auch *Kahle/Mödinger*, IStR 2011, 821 (825).

[1200] Vgl. § 4 Satz 2 Grundsatz I. Siehe auch *Fischer*, in Schimansky/Bunte/Lwowski, Bankrechts-Hdb, Bd. II[3], § 129 Rn. 36; *Büschgen*, Bankbetriebslehre, S. 1123 f.

[1201] Vgl. § 9 Abs. 1 SolvV.

onen[1202]. Dies zeigt beispielhaft die Zuordnung nicht in Anspruch genommener Kreditzusagen in Gestalt weltweit abrufbarer Kreditlinien[1203].

Die Zuordnung einer Kreditzusage ist von der Allokation der bei Abruf entstehenden Kreditforderung zu unterscheiden. Zum Zeitpunkt der Zusage eines künftig verfügbaren Kredits werden noch keine Finanzmittel mobilisiert. Auch wird üblicherweise der Bereich der nachgelagerten (aktiven) Risikosteuerung nicht involviert. Im Mittelpunkt stehen die Kreditwürdigkeitsprüfung und die Bemessung der Risikoprämie. Das führt zu der Frage, ob sich die Kreditzusage an einen Bestandskunden des Stammhauses oder an einen ausländischen Neukunden richtet. Im erstgenannten Fall nimmt typischerweise das Stammhaus die Bonitätsanalyse vor. Da die weiteren Einzeltätigkeiten zunächst unberücksichtigt bleiben, ist die außerbilanzielle Position dem Stammhaus zuzuordnen[1204].

Zu der Bemessungsgrundlage des Dotationskapitals zählen neben Kreditrisikoaktiva auch Marktrisikopositionen. Nach den VwG-DK sind der Betriebsstätte die Marktrisikopositionen zuzuordnen, „die ihr unter Berücksichtigung der Sicherungsgeschäfte verbleiben"[1205]. Einer solchen „Korrektur" der Marktrisikopositionen steht die bankbetriebliche Ausrichtung der Risikosteuerung entgegen. Multinationale Kreditinstitute gehen – wie gezeigt – zunehmend dazu über, Aktivitäten der kapitalmarktorientierten Risikosteuerung bei zentralen Stellen zu bündeln[1206]. Die institutsweit agierenden Einheiten verfügen neben fachlich geschultem Personal auch über spezielle informationstechnologische Systeme. Aus diesen organisatorischen Besonderheiten resultieren erhebliche Schwierigkeiten für die

---

1202 Zu den außerbilanziellen Posten zählen insbesondere Bürgschaften, Garantien und nicht in Anspruch genommene Kreditzusagen (vgl. § 13 Abs. 1 Nr. 1 SolvV i.V.m. § 19 Abs. 1 Satz 3 KWG).

1203 In der Handelsbilanz sind unwiderrufliche Kreditzusagen als „Andere Verpflichtungen" unter dem Bilanzstrich zu vermerken („Darunter-Positionen"; Bilanzposition U2c) (siehe dazu *Bieg*, Bankbilanzierung², S. 126, 301).

1204 Im Ergebnis ebenso *Erb*, IStR 2008, 608 (610).

1205 BMF-Schreiben vom 29.9.2004, BStBl. I 2004, 917 (919 [Tz. 2.1.2 lit. b]).

1206 Siehe Teil 2, B. II. 1. b) der Arbeit. Siehe auch *Moser/Quast*, in Schierenbeck/Moser, Hdb Bankcontrolling S. 663 (685). Zu dem sog. central booking *Vahldiek*, in Boos/Fischer/Schulte-Mattler, KWG⁴, § 53 KWG Rn. 70.

steuerliche Abbildung von Sicherungsgeschäften[1207]. Ursächlich dafür ist vor allem, dass Sicherungsgeschäfte nicht notwendig für Einzelpositionen, sondern regelmäßig für individuell aggregierte Forderungsportfolios abgeschlossen werden. Bei praktischen Schwierigkeiten der direkten Zuordnung gestatten die VwG-DK hilfsweise die Anwendung eines sachgerechten Aufteilungsschlüssels[1208].

Keine eindeutige Aussage treffen die VwG-DK über die Berücksichtigung interner Sicherungsbeziehungen. Die Verwaltungsgrundsätze stellen lediglich fest, dass „Forderungen" gegenüber dem Stammhaus und den anderen Betriebsstätten bei der Zuordnung der Risikoaktiva und Marktrisikopositionen außer Ansatz bleiben[1209]. Da die VwG-DK nicht zwischen externen und internen Sicherungsbeziehungen unterscheiden, bleibt unklar, ob Sicherungsgeschäfte mit anderen Unternehmensteilen, insbesondere in Form von quasi-vertraglichen Kreditausfall-Swaps, bei der Zuordnung der Risikoaktiva zu beachten sind. Wie dargelegt, können bei konsequenter Umsetzung der sogenannten Haupttätigkeitsregelung institutsinterne Risikoabsprachen in Gestalt von „Quasi-CDS" im Rahmen der direkten Gewinnabgrenzung bei Kreditinstituten grundsätzlich nicht zurückgewiesen werden[1210]. Gegen eine Anerkennung interner Risikotransfers spricht letztlich allein die Gefahr einer missbräuchlichen Gestaltung. Deren Tragweite wird mit Blick auf die Betriebsstättendotation sichtbar. Findet der interne Risikotransfer steuerliche Beachtung, beeinflusst dies das erforderliche Dotationskapital des risikoübertragenden Unternehmensteils. Im Ergebnis führt der Wortlaut der VwG-DK zu Unsicherheiten über die Berücksichtigung interner Sicherungsbeziehungen.

Problematisch erscheint die Anknüpfung an das Aufsichtsrecht auch in zeitlicher Hinsicht. Nach dem ersten Baseler Akkord aus dem Jahre 1988 waren die Eigenmittel anhand des Bilanzausweises zum letzten Bilanzstichtag zu bestimmen. Im Zuge der Änderung von Basel I im Jahre 1996 leitete der Baseler Ausschuss die

---

1207 Kritisch auch *Erb*, IStR 2005, 328 (333).

1208 BMF-Schreiben vom 29.9.2004, BStBl. I 2004, 917 (919 [Tz. 2.1.2 lit. b]).

1209 BMF-Schreiben vom 29.9.2004, BStBl. I 2004, 917 (919 [Tz. 2.1.2 lit. b]).

1210 Siehe Teil 3, C. VI. 1. der Arbeit.

Abkehr von der statischen Ermittlung des Eigenkapitals ein[1211]. Maßgeblich war nunmehr der Zeitpunkt des Zu- oder Abflusses der Eigenmittel[1212]. Unter Basel II wird die dynamische Berechnung der Risikogewichte weiter fortentwickelt. Bei Anwendung der IRBA ist die Risikogewichtung variabel und ändert sich entsprechend der Bonität des Kreditnehmers über die Kreditlaufzeit[1213]. Die Einhaltung der Eigenmittelanforderungen ist täglich zum Geschäftsschluss nachzuweisen (§ 2 Abs. 1 SolvV). Demgegenüber knüpft die Kapitalaufteilungsmethode an den Bestand der Risikoaktiva und Marktrisikopositionen „zum maßgeblichen Bilanzstichtag" an[1214]. Die stichtagsbezogene Bemessung des steuerlichen Dotationskapitals steht im Gegensatz zu der aufsichtsrechtlichen Dynamisierung des Eigenkapitalausweises. Da das Dotationskapital über die Höhe des Zinsabzuges für „Innendarlehen" bestimmt, wirkt sich das zeitliche Moment der Anknüpfung unmittelbar auf die Gewinnabgrenzung aus.

Auch die Finanzverwaltung gesteht ein, dass die stichtagsbezogene Kapitalaufteilungsmethode zu einer objektiv unangemessenen Dotationsforderung führen kann. Die VwG-DK lösen dieses Problem, indem sie dem Steuerpflichtigen den Nachweis der Unangemessenheit des geforderten Dotationskapitals gestatten. Zugleich wird der Finanzverwaltung die Möglichkeit eingeräumt, die Bemessungsgrundlage für das Dotationskapital bei Abweichungen von mehr als 20 Prozent entsprechend zu erhöhen[1215]. Angesichts des großen Einflusses der internen Zinsverrechnung auf die Gewinnabgrenzung bei Bankbetriebsstätten erweist sich diese „Korrekturlösung" zu Lasten des Steuerpflichtigen als zu unbestimmt. Soweit das Aufsichtsrecht keinen objektivierbaren und einheitlichen Bezugspunkt für den unbestimmten Fremdvergleichsgrundsatz bietet, kommt eine Korrektur der unternehmerischen Entscheidung nicht in Betracht. Stattdessen ist nach einem anderen Anknüpfungspunkt oder einem konzeptionell abweichenden Ansatz der Betriebsstättendotation zu fragen.

1211 In Deutschland umgesetzt durch das Sechste KWG-Änderungsgesetz vom 22.10.1997 (BGBl. I 1997, 2518).

1212 Vgl. nur *Schaber*, in Luz/Neus/Schaber/Scharpf/Schneider/Weber, KWG², § 10 KWG Tz. 74.

1213 *Sanio*, in Hadding/Hopt/Schimansky, Basel II, S. 3 (9).

1214 BMF-Schreiben vom 29.9.2004, BStBl. I 2004, 917 (919 [Tz. 2.1.2 lit. a]).

1215 BMF-Schreiben vom 29.9.2004, BStBl. I 2004, 917 (919 [Tz. 2.1.2 lit. c]).

bb) Defizite bei der Bestimmung des steuerlichen Eigenkapitals des Gesamtunternehmens

Neben der Allokation und Gewichtung der Risikopositionen setzt die Kapitalaufteilungsmethode die Ermittlung des aufzuteilenden Eigenkapitals des Gesamtunternehmens voraus. Während die VwG-DK bei der aufsichtsrechtlichen Gewichtung der Kredit- und Marktrisikopositionen ausnahmsweise die Anwendung des Rechts des Ansässigkeitsstaates gestatten, ist das Gesamteigenkapital „entsprechend deutschem Bilanzsteuerrecht" zu bestimmen[1216]. Diese Vorgabe erscheint vor allem deshalb problematisch, weil die VwG DK die Kapitalaufteilungsmethode als Regelmethode für Inlandszweigstellen ausländischer Institute vorsehen. Kreditinstitute mit Sitz im Ausland ermitteln das Eigenkapital des Gesamtunternehmens lediglich nach dem Recht des Ansässigkeitsstaates[1217]. Die Anknüpfung an das deutsche Bilanzsteuerrecht erfordert demnach, dass ein im Inland durch eine Zweigstelle tätiges Institut – allein zum Zwecke der Überprüfung des steuerlichen Dotationskapitals – einen Jahresabschluss nach deutschem Handelsrecht erstellt[1218]. Diese Forderung der VwG-DK verdeutlicht, dass die deutsche Finanzverwaltung von einer weitgehenden Harmonisierung des Aufsichtsrechts ausgeht, im Bereich der Rechnungslegung hingegen wesentliche Abweichungen befürchtet. Wie dargelegt, ist – gerade auch – das Recht der Bankenaufsicht von nationalen Besonderheiten geprägt.

Aus Vereinfachungsgründen verzichten die VwG-DK in bestimmen Fällen auf die Ermittlung des Gesamteigenkapitals nach deutschem Bilanzrecht und legen der Kapitalaufteilungsmethode das in der ausländischen Handelsbilanz ausgewiesene Eigenkapital zugrunde[1219]. Diese Ausnahmeregelung setzt voraus, dass die Eigen-

---

1216 BMF-Schreiben vom 29.9.2004, BStBl. I 2004, 917 (919 [Tz. 2.1.2 lit. e]).

1217 Eingehend *Häuselmann*, WM 1994, 1693 (1700).

1218 Kritisch auch *Andresen*, in W/A/D, Betriebsstätten-Hdb, Rz. 10.71 (S. 463 f.); *Kobetsky*, BIFD 2005, 48 (60); *Henkes-Wabro*, Gewinnabgrenzung bei Bankbetriebstätten, S. 148 f.; *Schmitt*, in Vögele/Borstell/Engler, Verrechnungspreise[3], Kap. K Rz. 139. Ähnlich bezogen auf die Ermittlung inländischer Einkünfte aus Land- und Fortwirtschaft BFH, Urteil vom 17.12.1997, BStBl. II 1998, 260 (261): „Es macht keinen Sinn, von einem ausländischen Unternehmen, das über eine relativ kleine Betriebsstätte im Inland verfügt, zu verlangen, daß es für seinen gesamten Betrieb eine Gewinnermittlung nach deutschem Steuerrecht vorlegt.".

1219 Vgl. BMF-Schreiben vom 29.9.2004, BStBl. I 2004, 917 (919 [Tz. 2.1.2 lit. e]).

kapitalgrößen durch Anpassungsrechnungen weitgehend angenähert werden. Sie soll nicht eingreifen, wenn „wesentliche Abweichungen" gegenüber der Ermittlung des Eigenkapitals nach deutschem Steuerrecht bestehen. Beispielhaft führen die VwG-DK Abweichungen bei der Bilanzierung von Pensionsrückstellungen an. Ebenso relevant – in den Verwaltungsgrundsätzen aber nicht benannt – sind Unterschiede infolge bankspezifischer Vorsorgereserven. Die für Kreditinstitute geltenden Sonderregelungen des deutschen Handelsbilanzrechts gestatten neben der Bildung offener Vorsorgereserven in Form eines passivischen „Fonds für allgemeine Bankrisiken" (§ 340g HGB) auch die Bildung stiller Reserven (§ 340f HGB). Beide Vorschriften wurden im Zuge der Umsetzung der EG-Bankbilanzrichtlinie[1220] geschaffen und sind somit innerhalb der EU weitgehend harmonisiert[1221]. Die Kapitalaufteilungsmethode gilt indes auch für inländische Betriebsstätten von Kreditinstituten mit Sitz in einem Drittstaat, die nach § 53c Nr. 2 KWG den EU-Instituten gleichgestellt sind[1222]. Bezogen auf diese Zweigstellen können sich Abweichungen bei der Ermittlung des bilanziellen Gesamteigenkapitals ergeben. Dies zeigt unter anderem die Bildung stiller Reserven[1223]. Die internationalen Rechnungslegungsvorschriften der IFRS/IAS schließen die Bildung stiller Reserven und ebenso die Bildung stiller Vorsorgereserven bei Banken aus[1224]. Daraus können „wesentliche Abweichungen" gegenüber den Vorschriften des deutschen Bilanzrechts resultieren. Entschärfend wirkt lediglich, dass deutsche börsennotierte Großbanken, die (auch) nach IFRS/IAS bilanzieren, zunehmend dazu übergehen, auf die Bildung stiller Reserven zu verzichten[1225]. Verständigen sich die Vertragsstaaten nicht auf die Höhe des aufzuteilenden Gesamteigenkapitals des Einheitsunternehmens, führt die abweichende Dotationsforderung nahezu zwangsläufig zu Doppelbesteuerungen.

1220 Vgl. Art. 37 und 38 EG-Bilanzrichtlinie (Rl. 86/635/EWG des Rates vom 8.12.1986 über den Jahresabschluß und den konsolidierten Abschluß von Banken und anderen Finanzinstituten [ABl. L 372/1 v. 31.12.1986]).

1221 Dazu *Böcking/Groß/Torabian*, in MünchKommHGB, Bd. 4³, Vor § 340f Rn. 1.

1222 Dies gilt für Institute mit Sitz in den Vereinigten Staaten, Japan und Australien (siehe BMF-Schreiben vom 29.9.2004, BStBl. I 2004, 917 [920, Tz. 2.2]).

1223 Siehe auch Deutsche Bundesbank, Monatsbericht Januar 2002, S. 45 f.

1224 IASC Framework, Tz. 37; *Flintrop*, in Bohl/Riese/Schlüter, Beck'sches-IFRS-Hdb³, § 39 Rz. 29.

1225 *Böcking/Groß/Torabian*, in MünchKommHGB, Bd. 4³, Vor § 340f Rn. 3.

5. Ergebnis

Weder der „*BIS ratio approach*" noch die Kapitalaufteilungsmethode ermöglichen eine sachgerechte und vor allem hinreichend bestimmte Überprüfung der Betriebsstättendotation. Eine Einschränkung der unternehmerischen Dispositions- und Finanzierungsfreiheit kommt nur in Betracht, wenn die Anknüpfung an die Vorschriften des Bankaufsichtsrechts eine gleichmäßige Anwendung des Fremdvergleichs gewährleistet. Die aufsichtsrechtlichen Eigenkapitalvorschriften erfüllen diese Voraussetzung nicht. Ursächlich dafür sind neben der gesamtinstitutsbezogenen Ausrichtung des Aufsichtsrechts der Handlungsspielraum der Institute und der Ermessensspielraum der Aufsichtsbehörden bei der Risikogewichtung.

III. Das ökonomische Risikokapital

Ungeachtet der aufsichtsrechtlichen Anforderungen halten Kreditinstitute Eigenkapital im unternehmerischen Eigeninteresse vor, um Verluste auszugleichen, die über den statistisch prognostizierbaren Erwartungswert hinausgehen[1226]. Das ökonomische Risikokapital soll die betriebswirtschaftliche Risikotragfähigkeit des Instituts sichern[1227] und im Vergleich zu dem regulatorischen Kapital sämtliche betriebsrelevanten Geschäftsrisiken abdecken[1228]. Die Höhe der ökonomischen Kapitalreserven richtet sich nach der strategischen Ausrichtung des Gesamtinstituts[1229].

Das ökonomische Risikokapital ist Abbild der betrieblichen Wirklichkeit und der individuellen Bedürfnisse eines Instituts. Es ist begrifflich enger gefasst und somit niedriger als das regulatorische Eigenkapital[1230]. Ein Vergleich der beiden Kapital-

---

1226 *Rudolph*, Festschrift Schierenbeck, S. 545 (555).

1227 *Schulte-Mattler/Gaumert*, in Becker/Gehrmann/Schulte-Mattler, Hdb ökonomisches Kapital, S. 25 (30 f.); *Mielk*, in Reischauer/Kleinhans, KWG, § 10 Anm. 46 (Erg.-Lfg. 4/10).

1228 *Schulte-Mattler/Gaumert*, in Becker/Gehrmann/Schulte-Mattler, Hdb ökonomisches Kapital, S. 25 (35, 31).

1229 Deutsche Bundesbank, Monatsbericht Januar 2002, S. 42; *Schulte-Mattler/Gaumert*, in Becker/Gehrmann/Schulte-Mattler, Hdb ökonomisches Kapital, S. 25 (53).

1230 Deutsche Bundesbank, Monatsbericht Januar 2002, S. 47; *Rudolph*, Festschrift Schierenbeck, S. 545 (556). Das ökonomische und regulatorische Eigenkapital deutscher Großbanken vergleichen *Hartmann-Wendels/Hellwig/Jäger-Ambrozewicz*, Arbeitsweise der Bankenaufsicht, S. 82.

konzepte zeigt, dass das Aufsichtsrecht einzelne Kapitalien als Eigenkapital definiert, die betriebswirtschaftlich solches nicht sein können[1231]. Die Divergenz von regulatorischem und ökonomischem Kapital zeigen exemplarisch der handelsbilanzielle „Sonderposten für allgemeine Geschäftsrisiken" (§ 340g HGB) und die stillen Vorsorgereserven (§ 340f HGB). Das Aufsichtsrecht zählt die offenen Reserven zum Kernkapital und die stillen Reserven zum regulatorischen Ergänzungskapital[1232]. Dies öffnet den Instituten – entgegen der beabsichtigten Vorsorgefunktion – die Möglichkeit, im operativen Geschäft zusätzliche Risiken einzugehen und diese regulatorisch auf die Vorsorgereserven anzurechnen[1233]. Das ökonomische Risikokapital berücksichtigt diesen Wertungswiderspruch und lässt insbesondere stille Vorsorgereserven außer Ansatz[1234].

Kreditinstitute nutzen eigene Risikomodelle, um die betrieblichen Erfolgsrisiken zu bemessen und mit ökonomischem Kapital zu unterlegen. Im Unterschied zu den IRBA nach Basel II bestehen keine inhaltlichen Vorgaben für die Ausgestaltung der bankeigenen Modelle der Risikoquantifizierung. Den Instituten steht es frei, das ökonomische Kapital für individuell aggregierte Risikopositionen oder als Deckungsmasse für das Risikopotential einzelner Geschäftsbereiche zu berechnen[1235]. Da die Höhe des ökonomischen Kapitals der institutsspezifischen Kapitaldefinition und der durch die Bankleitung vorgegebenen Risikoneigung folgt, existiert keine institutsübergreifende Vorgabe für die Höhe des ökonomischen Kapitals[1236]. Aus diesem Grunde eignen sich das ökonomische Kapital und die korrespondierenden bankeigenen Risikomodelle nicht als Bezugspunkte eines konkreten externen Fremdvergleichs. Die individuell bestimmten Methoden der Risikoquantifizierung entziehen sich dem Prüfmaßstab der Drittüblichkeit[1237].

1231 *Eilenberger*, Bankbetriebswirtschaftslehre[7], S. 49.

1232 Vgl. § 10 Abs. 2a Satz 1 Nr. 7 KWG und § 10 Abs. 2b Satz 1 Nr. 1 KWG.

1233 Kritisch *Gerhardt*, Basel II, S. 54.

1234 Siehe nur die grafische Zusammenfassung in Deutsche Bundesbank, Monatsbericht Januar 2002, S. 43.

1235 Vgl. Deutsche Bundesbank, Monatsbericht Januar 2002, S. 48.

1236 So ausdrücklich Deutsche Bundesbank, Monatsbericht Januar 2002, S. 47.

1237 *Förster*, IWB v. 14.2.2007, F. 10 Gr. 2, 1929 (1934) erkennt die wirtschaftlichen Kapitalzuordnungsmethoden „allenfalls als Ausgangspunkt".

Der OECD-Steuerausschuss übergeht den Konflikt zwischen dem institutsintern modellierten ökonomischen Kapital und dem nach außen gerichteten Fremdvergleichsgrundsatz und erkennt dem *„economic capital allocation approach"* grundsätzlich den Status eines autorisierten Ansatzes der Betriebsstättendotation zu. Der Bericht stellt zutreffend fest, dass die bankeigenen Modelle präziser auf die erfolgskritischen Faktoren zugeschnitten sind[1238]. Daraus folgt indes nicht, dass die ökonomischen Modelle für die fremdvergleichsorientierte Überprüfung des unternehmerisch zugewiesenen Dotationskapitals der Betriebsstätte in Bezug zu nehmen sind. Dagegen spricht nicht nur die mangelnde Objektivierbarkeit der ökonomischen Vorgaben, sondern vor allem die Tatsache, dass multinationale Banken das ökonomische Eigenkapital häufig nur für die einzelnen Geschäftssparten bemessen[1239]. Für die einzelnen operativen Einheiten erfolgt nicht notwendig ein gesonderter Kapitalausweis. Insgesamt zeigt sich, dass ökonomische Riskomodelle keinen tragfähigen Bezugspunkt für die steuerliche Dotation von Bankbetriebsstätten bieten. Dieser Befund entspricht im Ergebnis dem OECD-Bericht, der die Anknüpfung an das ökonomische Kapital mit dem Argument einschränkt, dass die internen Modelle noch nicht ausgereift seien[1240].

IV. Ergebnis

Eine fremdvergleichsorientierte Überprüfung der unternehmerisch vorgegebenen Dotation von Bankbetriebsstätten liefert in der Regel keine tragfähigen Ergebnisse. Es fehlt an einem hinreichend objektivierbaren Bezugspunkt für den unbestimmten Beurteilungsmaßstab des Fremdvergleichs. Als solcher dienen weder die Kapitalausstattung eines selbständigen Kreditinstituts im Betriebsstättenstaat noch die Vorgaben des quantitativen Bankaufsichtsrechts oder das anhand institutseigener Modelle bemessene ökonomische Risikokapital.

1238 OECD, Betriebsstättenbericht 2010, Part I Tz. 128.

1239 Vgl. Deutsche Bundesbank, Monatsbericht Januar 2002, S. 48.

1240 OECD, Betriebsstättenbericht 2010, Part II Tz. 106.

E. Typisierung der Dotation von Bankbetriebsstätten durch eine Nichtbeanstandungsgrenze

Aus dem Befund, dass für eine Überprüfung des Dotationskapitals am Maßstab des Fremdvergleichs hinreichend objektivierbare Ankiüpfungspunkte fehlen[1241], ist darauf zu schließen, dass der unternehmerisch vorgegebene Kapitalausweis der Betriebsstätte grundsätzlich steuerlich zu akzeptieren ist[1242]. Die Grenzen des Fremdvergleichs ändern aber nichts an dem Erfordernis, eine missbräuchliche Ausübung der unternehmerischen Dispositionsfreiheit zu verhindern. An die Stelle des Prüfmaßstabes der Fremdüblichkeit tritt eine vom Einzelfall losgelöste typisierte Dotationsforderung in Form einer Nichtbeanstandungsgrenze[1243]. Erreicht oder überschreitet das Dotationskapital eine bestimmte Vorgabe, ist die Kapitalausstattung der Betriebsstätte steuerlich anzuerkennen. Spiegelbildlich wird bei Unterschreiten des Grenzwerts deren Unangemessenheit vermutet.

I. Vorteile und Voraussetzungen einer Nichtbeanstandungslösung

Jedes Nichtbeanstandungskonzept begünstigt einzelne Steuerpflichtige und benachteiligt andere. Die Anwendung steht deshalb unter dem Vorbehalt, eine freiheitsschonende Nichtaufgriffsgrenze („*safe haven*") zu formulieren, die zugleich der Vielgestaltigkeit der Lebenssachverhalte gerecht wird. Bei grenzüberschreitender Unternehmenstätigkeit ist zudem ein möglichst breiter internationaler Konsens über die inhaltliche Ausgestaltung der Nichtbeanstandungslösung anzustreben. Nur soweit sich die Vertragsstaaten über die Parameter der Kapitalgrenze verständigen, können Doppelbesteuerungen effektiv vermieden werden.

Entscheidender Vorteil einer „Safe haven"-Lösung ist die einfache Überprüfbarkeit des ausgewiesenen Dotationskapitals und die daraus resultierende gesteigerte Rechts- und Planungssicherheit auf Seiten der Steuerpflichtigen. Darüber hinaus sichert ein typisierter Missbrauchsvorwurf die Gleichbehandlung der Unterneh-

---

[1241] Im Ergebnis ebenso *Buciek*, in F/W/K, DBA-CH, Art. 7 Anm. 439 (Juli 2003).

[1242] A.A. *Beiser*, IStR 1992, 7 (10).

[1243] Ähnlich *Kobetsky*, Taxation of Permanent Establishments, S. 309: „*A better approach would be to treat a branch as having a fixed amount of equity capital*".

menstätigkeit durch Betriebsstätten im sogenannten Inbound- und Outbound-Sachverhalt. Dies wird bei der Dotation von Bankbetriebsstätten besonders deutlich. Aufsichtsrechtlich werden Zweigstellen von EU/EWR-Instituten gegenüber Zweigstellen von Drittstaaten-Instituten privilegiert[1244]. Knüpft der steuerliche Fremdvergleich an die aufsichtsrechtlichen Solvenzvorschriften, schlägt sich die darin angelegte Differenzierung auch im Rahmen der steuerlichen Gewinnabgrenzung nieder. Anschauungsbeispiel dafür ist die abweichende Ermittlung des Dotationskapitals nach den VwG-DK 2004[1245]. Gegen eine Unterscheidung nach der Ansässigkeit des Instituts spricht die steuerliche Selbständigkeitsfiktion der Betriebsstätte nach Art. 7 Abs. 2 OECD-MA. Die Steuerselbständigkeit gilt unabhängig davon, in welche Richtung sich die unternehmerische Aktivität vollzieht. Das Abkommensrecht isoliert die operative Auslandseinheit künstlich aus dem grenzüberschreitenden Unternehmen und zielt auf eine überschneidungsfreie Zurechnung von Steuersubstrat. Eine abweichende Bemessung des Dotationskapitals, abhängig vom Sitz des Kreditinstituts, lässt sich aus der Selbständigkeitsfiktion nicht ableiten[1246].

Die deutschen VwG-DK ergänzen die funktions- und risikobezogene Kapitalaufteilungsmethode um die subsidiäre Mindestkapitalausstatttungsmethode. Bei diesem – den *„quasi thin capitalisation approach"* der OECD aufgreifenden – Ansatz handelt es sich nicht um eine echte Nichtbeanstandungslösung. Die Analyse liefert jedoch wichtige Erkenntnisse für den Entwurf eines „Safe haven"-Konzeptes.

II. Defizite des „quasi thin capitalisation approachs" und der Mindestkapitalausstattungsmethode

Der *„quasi thin capitalisation approach"* nimmt – im Gegensatz zu dem *„thin capitalisation approach"*[1247] – nicht ein vergleichbares unabhängiges Kreditinstitut, sondern die regulatorische Mindestkapitalausstattung eines selbständigen Instituts im Betriebsstättenstaat in Bezug. Der Hinweis auf das regulatorische Mindestkapital ist

---

1244 Vgl. Teil 4, B. I. 2. der Arbeit.

1245 Siehe oben Teil 4, C. II. 3.

1246 Kritisch auch *Lüdicke,* in Fischer, Besteuerung wirtschaftlicher Aktivitäten von Ausländern, S. 35 (55).

1247 Dazu bereits Teil 4, C. I. 2. der Arbeit.

von der Frage zu unterscheiden, auf welche Bemessungsgrundlage dieses Kapitalminimum anzuwenden ist. Angesichts der vielfältigen Ausgestaltungsmöglichkeiten stellt der OECD-Bericht fest, dass es keinen einheitlichen *„quasi thin capitalisation approach"* gibt. Abweichungen können sich unter anderem daraus ergeben, ob die der Betriebsstätte zuzuordnenden Wirtschaftsgüter aufsichtsrechtlich zu gewichten sind, und ob außerbilanzielle Risikopositionen zu berücksichtigen sind[1248]. Der OECD-Bericht bemüht sich nicht, den nur abstrakt umrissenen Ansatz inhaltlich näher zu beschreiben. Stattdessen betont er, dass dieser vornehmlich als Auffanglösung in Form einer Nichtbeanstandungsgrenze Anwendung findet[1249]. Unsicherheiten bei der Ausgestaltung des Konzeptentwurfs resultieren vor allem daraus, dass die Bemessungsgrundlage für das regulatorische Mindestkapital national abweichend geregelt sein kann[1250]. Es ist deshalb nicht auszuschließen, dass das den Betriebsstätten zuzurechnende Dotationskapital das bei dem Einheitsunternehmen tatsächlich vorhandene Eigenkapital übersteigt[1251].

Die VwG-DK entwerfen nach den konzeptionellen Vorgaben der OECD die sogenannte Mindestkapitalausstattungsmethode[1252]. Im Gegensatz zu der Kapitalaufteilungsmethode ist danach keine individuelle Verteilungsquote zu ermitteln. Anzuwenden ist vielmehr der allgemeine aufsichtsrechtliche Solvabilitätskoeffizient von 8 Prozent. Nach Maßgabe des aufsichtsrechtlichen Grundsatzes, dass wenigstens die Hälfte des Eigenkapitals als Kernkapital vorzuhalten ist[1253], muss das steuerliche Dotationskapital mindestens 4 Prozent der Risikoaktiva und Marktrisikopositionen betragen[1254]. Die Mindestkapitalausstattungsmethode betrachtet ausschließlich die einzelne Betriebsstätte und verzichtet auf eine Bemessung des Eigenkapitals des Gesamtunternehmens. Die vorzunehmende aufsichtsrechtliche Gewichtung der Risikopositionen der Betriebsstätte führt jedoch zu den bereits am Beispiel der Kapitalaufteilungsmethode aufgezeigten Problemen[1255]. Ein weiteres

---

[1248] OECD, Betriebsstättenbericht 2010, Part II Tz. 112.

[1249] OECD, Betriebsstättenbericht 2010, Part II Tz. 113 f.

[1250] Vgl. auch *Mascarello*, ITPJ 2006, 54 (65).

[1251] Kritisch auch *Institute of International Bankers*, TNI 2001, 477 (497 f.); *Schmitt*, in Vögele/Borstell/Engler, Verrechnungspreise[3], Kap. K Rz. 157; *Gazzo*, Intertax 2009, 647 (651).

[1252] Siehe Teil 4, C. II. 2. der Arbeit.

[1253] Vgl. BCBS, Basel I, Tz. 14.

[1254] BMF-Schreiben vom 29.9.2004, BStBl. I 2004, 917 (919 [Tz. 2.1.3]).

[1255] Siehe Teil 4, D. II. 4 b) aa) der Arbeit.

Defizit der Mindestkapitalausstattungsmethode ist die Möglichkeit, das Dotationskapital der Betriebsstätte durch Nachweis einer abweichenden Zusammensetzung der regulatorischen Eigenmittel des Gesamtunternehmens zu reduzieren[1256]. Maßgeblich ist dabei der Anteil des Ergänzungskapitals und der Drittrangmittel an den Eigenmitteln des Gesamtinstituts. Eine solche Korrektur läuft der Idee einer vereinfachten Bemessung der Betriebsstättendotation entgegen und widerspricht der steuerlichen Fiktion der Betriebsstätte als selbständiges und unabhängiges Unternehmen. Überdies ist zu bedenken, dass international abweichende Anforderungen für die verschiedenen Komponenten des Ergänzungskapitals und der Drittrangmittel gelten[1257].

Die Analyse der Mindestkapitalausstattungsmethode zeigt, dass der Rekurs auf die aufsichtsrechtlichen Kapitalquoten infolge nationaler Besonderheiten zu Unschärfen der steuerlichen Dotationsforderung führen kann. Dies illustriert die große Bandbreite der Dotationsquote zwischen 4,5 und 8,5 Prozent der gewichteten Risikoaktiva der Betriebsstätte. Auslöser dieser Unsicherheiten sind in erster Linie die verschiedenen Komponenten des regulatorischen Eigenkapitals. Diese Erkenntnis ist bei dem nachfolgenden Entwurf eines Nichtbeanstandungskonzeptes zu berücksichtigen.

III. Entwurf einer Nichtbeanstandungslösung

Die abkommensrechtlich angestrebte Vermeidung der Doppelbesteuerung verlangt nach einem methodisch einfachen und inhaltlich bestimmten Dotationskonzept, das zudem möglichst breite internationale Zustimmung erfährt. Die Genese des Betriebsstättenberichts 2010 offenbart die Schwierigkeiten, den Problemkreis der Betriebsstättendotation einer international einheitlichen Lösung zuzuführen. Während der OECD-Steuerausschuss in dem im Januar 2001 veröffentlichten Erstenturf des Berichts noch ausdrücklich den *„BIS ratio approach"* präferierte[1258],

1256 BMF-Schreiben vom 29.9.2004, BStBl. I 2004, 917 (920 [Tz. 2.1.3 lit. b]).

1257 Die international abweichende Definition der Kapitalbestandteile war ein wesentliches Motiv für die Neuausrichtung des Baseler Aufsichtsrahmens (vgl. BCBS, Basel III [rev. Juni 2011], Tz. 8).

1258 OECD-Discussion Draft 2001, Tz. 86: *„...the BIS ratio approach is considered capable of providing a valid proxy for the arm's length principle and produce a result that would not differ significantly from the application of a thin capitalisation approach."*.

verzichtet er in der finalen Fassung auf die Empfehlung eines bestimmten Ansatzes. Als Ausgleich dafür soll der in Art. 7 Abs. 3 OECD-MA 2010 verankerte Gegenberichtigungsmechanismus dienen[1259]. Mit Blick auf die Dotation von Bankbetriebsstätten schwächt der Dissens zwischen den OECD-Staaten die angestrebte Vermeidung der Doppelbesteuerung in erheblichem Maße. Nachfolgend steht deshalb der Versuch, den konzeptionellen Rahmen für eine Nichtbeanstandungslösung zu entwerfen. Bezogen auf den Bankensektor besteht dabei der Vorteil, dass mit den Empfehlungen des BCBS international anerkannte Grundlagen der aufsichtsrechtlichen Eigenkapitalausstattung bereitstehen. Zu klären bleibt, wie die Baseler-Vereinbarungen für Zwecke der steuerlichen Betriebsstättendotation sachgerecht in Bezug zu nehmen sind.

1. Konzeptioneller Rahmen

Für die Ausgestaltung einer Nichtbeanstandungsgrenze bieten sich zwei methodisch unterschiedliche Ansätze. Der *„safe haven"* kann als nominale Größe oder – abhängig von einer bestimmten Bezugsgröße – als quotale Grenze fixiert werden. Den auf die „Hessische Tabelle" aus dem Jahre 1993 zurückgehenden BS-VwG 1999 lag ein gemischter Ansatz zugrunde[1260]. Das Dotationskapital wurde teilweise als Nominalbetrag und teilweise als prozentualer Anteil der Bilanzsumme der Betriebsstätte festgesetzt. Die nominelle Mindestdotation ist zwar die einfachste Form der steuerlichen Kapitalisierung von Betriebsstätten. Dieser Ansatz blendet die operativen Besonderheiten der Betriebsstätte jedoch gänzlich aus und tritt in offenen Konflikt mit der unternehmerischen Dispositions- und Finanzierungsfreiheit. Eine betragsmäßige Definition des Dotationskapitals erweist sich deshalb als in hohem Maße streitanfällig. Es verbleibt das Modell einer quotalen Nichtbeanstandungsgrenze, das auf zwei Parametern basiert: der Bemessungsgrundlage und der darauf anzuwendenden Kapitalquote.

a) Bemessungsgrundlage der Nichtbeanstandungsgrenze

Die Defizite der Kapitalaufteilungsmethode liefern wichtige Anhaltspunkte für die Frage, auf welcher Grundlage der *„safe haven"* zu berechnen ist. Wie dargelegt, birgt

---

[1259] Dazu Teil 4, D. II. 4. a) der Arbeit.

[1260] Zu der Hessischen Lösung Teil 4, B. II. 2. der Arbeit.

die Bemessung des Dotationskapitals am Maßstab der risikogewichteten Aktiva die Gefahr von Abstimmungsschwierigkeiten zwischen den Fisci und schafft erheblichen Gestaltungsspielraum zugunsten grenzüberschreitender Institute[1261]. Als Bezugsgröße für die Bestimmung des *„safe havens"* eignet sich deshalb vorrangig die von der regulatorischen Risikogewichtung losgelöste Summe der Bilanzaktiva der Betriebsstätte.

Im Hinblick auf die Ermittlung der Bilanzsumme bestehen Unterschiede abhängig von der Ansässigkeit des Kreditinstituts. Bei inländischen Zweigstellen von Drittstaaten-Instituten erweist sich die Feststellung der Bilanzsumme als unproblematisch, weil für die Inlandszweigstelle ein handelsrechtlicher Abschluss nach den besonderen Vorschriften der §§ 340 ff. HGB und der RechKredV zu erstellen und offenzulegen ist. Demgegenüber sind Zweigstellen von EU/EWR-Instituten nach dem Prinzip der Herkunftslandkontrolle von den besonderen handelsrechtlichen Rechnungslegungspflichten entbunden[1262]. Davon unberührt bleibt die bankaufsichtsrechtliche Pflicht zur Erstellung monatlicher Vermögensausweise. Inlandszweigstellen – auch von EU/EWR-Instituten – unterliegen kraft der aufsichtsrechtlichen Institutsfiktion den bilanzstatistischen Nachweispflichten des deutschen Aufsichtsrechts[1263]. In den bilanzstatistischen Monatsausweisen sind die Aktivpositionen der Zweigstelle aufzulisten und zu einer Bilanzsumme zusammenzuführen[1264]. Die aufsichtsrechtlich ermittelte Summe der Bilanzaktiva kann für Zwecke der Ermittlung der steuerlichen Mindestdotation in Ansatz gebracht werden. Diese Überlegung steht im Einklang mit der Regelung des § 18 Satz 4

[1261] Siehe insbesondere Teil 4, D. II. 3. der Arbeit.

[1262] Die RechKredV gilt nur für Zweigstellen, auf die die Offenlegungspflichten des Vierten Abschnitts des Dritten Buches des HGB anzuwenden sind (§ 1 Satz 1 RechKredV). Diese Voraussetzung ist für Zweigniederlassungen von EU/-EWR-Instituten nicht erfüllt (§ 340 Abs. 1 Satz 1 HGB). Siehe bereits Teil 4, B. I. 2.

[1263] § 25 Abs. 1 Satz 3 KWG i.V.m. § 18 BBankG. Vgl. *Braun*, in Boos/Fischer/Schulte-Mattler, KWG[4], § 25 KWG Rn. 9; *Vahldiek*, in Boos/Fischer/Schulte-Mattler, KWG[4], § 53b KWG Rn. 115; Deutsche Bundesbank, Statistik der Banken und sonstigen Finanzinstitute, Richtlinien, S. 12.

[1264] Für die bilanzstatistischen Meldungen der Aktiva stehen die Formularblätter HV11 und HV12 der Bundesbank bereit (abrufbar unter: http://www.bundesbank.de/Redaktion/DE /Standardartikel/Service/Meldewesen/formulare_zur_monatlichen_bilanzstatistik.html).

BBankG, die lediglich die Veröffentlichung und Weitergabe von Einzeldaten der monatlichen Bilanzstatistik ausschließt.

Auf die bilanzstatistischen Meldungen, sogenannte BISTA-Meldungen, rekurrierten bereits die „Hessische Tabelle" und dieser folgend die BS-VwG 1999[1265]. Da die Meldepflichten für sämtliche Inlandszweigstellen ausländischer Institute gelten, gewährleisten die eingereichten Monatsausweise eine einheitliche Grundlage für die Bemessung des steuerlichen Dotationskapitals. Um Schwankungen zwischen einzelnen Monatsausweisen auszugleichen, kann die Bilanzsumme aus dem arithmetischen Mittel mehrerer Monatsausweise gebildet werden. Die „Hessische Lösung", das BMF-Schreiben vom 29. November 1996 und die BS-VwG 1999 sahen einen Mittelwert der jeweils letzten zwölf Monate vor[1266].

Bilanzstatistische Meldepflichten bestehen auch für die Auslandszweigstellen der im Inland ansässigen Institute[1267]. Inländische Kreditinstitute sind für ihre ausländischen Zweigstellen gesondert berichtspflichtig. Bis November 2013 beschränken sich die Berichtspflichten auf die Auslandsaktiva der Auslandszweigstelle[1268]. Ab dem Berichtsmonat Dezember 2013 sind im monatlichen Auslandsstatus auch die Aktiva gegenüber Deutschland – wie in der monatlichen BISTA-Mitteilung des Gesamtinstituts enthalten – aufzuführen[1269]. Folglich kann auch für die Auslandsfilialen die durchschnittliche Summe der Bilanzaktiva als Bemessungsgrundlage für eine „Safe haven"-Grenze herangezogen werden. Insgesamt wird es möglich, ein einheitliches Dotationskonzept für die unterschiedlichen Richtungen[1270] grenzüberschreitender Geschäftstätigkeit zu entwerfen.

[1265] Vgl. BMF-Schreiben vom 24.12.1999, BStBl. I 1999, 1076 (1092 f. [Tz. 4.1.3]).

[1266] Vgl. *Erb*, IStR 2005, 328 (330); BMF-Schreiben vom 29.11.1996, BStBl. I 1997, 136; BMF-Schreiben vom 24.12.1999, BStBl. I 1999, 1076 (1092 [Tz. 4.1.3]).

[1267] Siehe *Auerbach/Adelt*, in Schwennicke/Auerbach, KWG², § 25 Rn. 16; vgl. Deutsche Bundesbank, Auslandsstatus der Banken (MFIs), Richtlinien (Stand: Juli 2013), S. 2.

[1268] Der monatliche Auslandsstatus ist im Vordruck R11/R12 – Auslandsaktiva zu übermitteln (abrufbar unter: http://www.bundesbank.de/Redaktion/DE/Standardartikel/Service/Meldewesen/formulare_zum_auslandsstatus.html).

[1269] Deutsche Bundesbank, Rundschreiben Nr. 17/2012 vom 14.3.2012 (abrufbar unter: http://www.bundesbank.de/Redaktion/DE/Standardartikel/Service/Meldewesen/rundschreiben_auslandsstatus.html).

[1270] Sogenannter Inbound- und Outbound-Sachverhalt.

Für bilanzstatistische Zwecke werden Inlandszweigstellen ausländischer Institute sowie Auslandszweigstellen deutscher Banken wie rechtlich selbständige Unternehmen behandelt[1271]. Aus diesem Grunde berücksichtigen die BISTA-Meldungen der Inlandszweigstelle auch „Forderungen" gegenüber der im Ausland ansässigen Zentrale sowie gegenüber Schwesterfilialen[1272]. Die ausgewiesene Bilanzsumme erhöht sich um „Innendarlehen". Insoweit besteht eine Parallele zwischen der bankstatistischen Verselbständigung der Inlandszweigstelle und der steuerlichen Selbständigkeitsfiktion der Betriebsstätte in dem Denkmodell der direkten Methode. Steuerlich sind Zinsen für „Innendarlehen" nicht nur bei umfassender Isolierung der Betriebsstätte im Sinne des *„functionally separate entity approachs"*, sondern über die sogenannte Haupttätigkeitsregelung auch bei eingeschränkter Selbständigkeitsfiktion zu verrechnen. Die Berücksichtigung der fiktiven Forderungen in der bankstatistischen Bilanzsumme führt dazu, dass die Nichtbeanstandungslösung insoweit ein Element der direkten Methode aufweist.

Im Ergebnis zeigt sich, dass die aus den bilanzstatistischen Meldungen gewonnene Bilanzsumme der Zweigstelle als Bemessungsgrundlage für ein typisierendes Nichtbeanstandungsmodell der Dotation von Bankbetriebsstätten in Bezug genommen werden kann.

b) Bestimmung der Nichtbeanstandungsquote

Dieser Befund leitet über zu der Frage nach dem auf die Bilanzsumme anzuwendenden Kapitalquotienten. Namentlich *Haiß* stellt sich diesem Problem und schlägt eine branchenübergreifende Mindestkapitalquote von 15 Prozent der Bilanzsumme der Betriebsstätten vor[1273]. Für Bankbetriebsstätten erweist sich diese Vorgabe als zu hoch. Kreditinstitute arbeiten üblicherweise mit einem deutlich geringeren Verhält-

---

1271 Deutsche Bundesbank, Statistik der Banken und sonstigen Finanzinstitute, Richtlinien, S. 26. Ausnahmen von der Selbständigkeitsfiktion gelten lediglich für institutsinterne Treuhandgeschäfte, Pensionsgeschäfte und Leihgeschäfte.

1272 Deutsche Bundesbank, Statistik der Banken und sonstigen Finanzinstitute, Richtlinien, S. 32. Der Ausweis der institutsinternen Buchforderungen erfolgt unter der Position 061 „Buchforderungen an Banken (MFIs)" des BISTA-Meldeformulars HV11 (siehe Fn. 1264).

1273 *Haiß*, Gewinnabgrenzung, S. 134.

nis zwischen Eigen- und Fremdkapital als Handels- und Industrieunternehmen[1274]. Dies zeigen nicht zuletzt die Mindestanforderungen des Bankaufsichtsrechts.

Wie dargelegt, scheiden die aufsichtsrechtlichen Solvenzvorschriften als Bezugspunkt für eine Überprüfung der Betriebsstättendotation am Maßstab des Fremdvergleichs aus[1275]. Dies hindert aber nicht, die regulatorischen Kapitalrelationen für die inhaltliche Ausgestaltung einer Nichtbeanstandungslösung in Bezug zu nehmen. Positiv festgestellt wurde nur, dass die gesamtinstitutsbezogenen Verfahren der aufsichtsrechtlichen Risikogewichtung zu erheblicher Unsicherheit führen und der angestrebten Vermeidung der Doppelbesteuerung entgegenstehen. Bei dem Entwurf einer Nichtbeanstandungslösung wird das Aufsichtsrecht deshalb nicht in seiner Dimension als „Risikogewichtungsrecht" aktiviert. Anknüpfungspunkte sind stattdessen die verschiedenen Komponenten der regulatorischen Eigenmittel und deren relatives Verhältnis. Der Erfolg einer „Safe haven"-Lösung hängt entscheidend davon ab, möglichst breiten internationalen Konsens über die anzusetzende Kapitalquote zu erzielen. Die Baseler Empfehlungen richten sich an die 27 Mitgliedstaaten des Gremiums[1276]. Sie geben einen Rahmen für die aufsichtsrechtliche Kapitalausstattung vor, der – wie gezeigt – Spielräume bei der Umsetzung in nationales Recht bewahrt[1277]. Bezogen auf die Bestimmung der Nichtbeanstandungsquote ist deshalb der Teilbereich der Baseler Empfehlungen in Bezug zu nehmen, der besonders eng gefasst und international weitgehend vereinheitlicht ist. Diese Voraussetzungen erfüllen primär die Vorgaben für das regulatorische Kernkapital.

1274 Siehe nur *Böcking/Groß/Torabian,* in MünchKommHGB, Bd. 4[3], Vor § 340f Rn. 24 f.; OECD, Betriebsstättenbericht 2010, Part I Tz. 106, 120.

1275 Siehe Teil 4, D. der Arbeit.

1276 Die Umsetzung von Basel III schreitet voran. Im Oktober 2013 haben bereits folgende Länder die neuen risikobasierten Eigenkapitalanforderungen umgesetzt: Australien, Brasilien, China, Hongkong, Indien, Japan, Kanada, Mexiko, Saudi-Arabien, Schweiz, Singapur und Südafrika (BCBS, Umsetzung Basel III, S. 4 ff.). Am 17.7.2013 ist auf EU-Ebene das CRD IV-Paket – bestehend aus der VO (EU) Nr. 575/2013 [ABl. L 176/1 v. 27.6.2013] und der Rl. 2013/36/EU [ABl. L 176/338 v. 27.6.2013]) – in Kraft getreten. Die neuen Eigenkapitalvorschriften gelten danach ab dem 1. Januar 2014. Im Juli 2013 haben auch die Vereinigten Staaten die Einführung der Kapitalvorgaben nach Basel III angekündigt (siehe zum „Basel Regulatory Framework": http://www.federalreserve.gov/bankinforeg/basel/default.htm).

1277 Konstatierend auch *Institute of International Bankers,* TNI 2001, 477 (485): *„...the Basel standards are very crude..."*.

Der Baseler Ausschuss hebt das Kernkapital als „Schlüsselelement“[1278] der Eigenmittel hervor. Das Kernkapital umfasst die Kapitalbestandteile mit der höchsten Haftungsqualität und determiniert die Refinanzierungs- und Wettbewerbsfähigkeit des Kreditinstituts[1279]. Im Vergleich zu den übrigen Komponenten des Eigenkapitals enthalten die Baseler Rahmenwerke eine eng gefasste Definition des Kernkapitals. Es besteht aus dem Grundkapital und offen ausgewiesenen Rücklagen[1280]. Die zentrale Bedeutung des Kernkapitals stellt die Verbindung zu der steuerlichen Selbständigkeitsfiktion nach der direkten Methode her. Wird die Betriebsstätte als selbständiges Bankunternehmen gedacht, müsste sie jedenfalls die aufsichtsrechtlich als Kernkapital bezeichneten essentiellen Kapitalien vorhalten. Übertragen auf das zu entwerfende Nichtbeanstandungskonzept führt dies zu der Überlegung, die regulatorischen Vorgaben über das vorzuhaltende Kernkapital als Richtgröße für den *„safe haven“* anzusetzen. Rückhalt findet dieser Ansatz in der Basel-III-Vereinbarung. Das neue Rahmenwerk vereinfacht die Struktur der Eigenmittel, harmonisiert die Definition der Bestandteile des Kernkapitals und fördert so ein international einheitliches Verständnis des Aufsichtskapitals. Um sicherzustellen, dass lediglich Kapital höchster Haftungsqualität als Tier-1a-Kapital erkannt wird[1281], enthält Basel III einen Katalog mit 14 (Konvergenz-)Kriterien. Darüber hinaus formuliert der Baseler Ausschuss klare Regeln über die Höhe der verschiedenen Eigenmittelbestandteile[1282]. Mit Blick auf die steuerliche Betriebsstättendotation begünstigen beide Aspekte den anzustrebenden internationalen Konsens über die Ausgestaltung der „Safe haven“-Lösung. Das aufsichtsrechtlich notwendige harte Eigenkapital ist somit Ausgangspunkt für die Frage nach der konkreten Höhe der steuerlichen Kapitalquote der Betriebsstätte.

Der erste Baseler Akkord und diesem folgend das Basel-II-Rahmenwerk statuieren ein Standardverhältnis zwischen Risikoaktiva und regulatorischen Eigenmitteln von mindestens 8 Prozent. Wenigstens die Hälfte der Eigenkapitalbasis der Bank

---

1278 BCBS, Basel I, Tz. 12.

1279 BCBS, Basel II (2006), Tz. 49(i); ebenso bereits BCBS, Basel I, Tz. 12.

1280 BCBS, Basel II (2006), Tz. 49(i).

1281 BCBS, Basel III (rev. Juni 2011), Tz. 52 f.; siehe auch Deutsche Bundesbank, Basel III – Leitfaden, S. 11.

1282 Siehe nur die Übersicht in BCBS, Basel III (rev. Juni 2011), Annex 4.

muss als Kernkapital vorgehalten werden[1283]. Die andere Hälfte kann durch Ergänzungskapital (Tier 2) abgedeckt werden[1284]. Die geänderte Bankenrichtlinie vom 17. November 2009 (CRD II)[1285] greift eine vom Baseler Ausschuss bereits im Oktober 1998 getroffene Übereinkunft über die Berücksichtigung innovativer Eigenkapitalinstrumente (sog. Sydney-Agreement)[1286] auf und eröffnet weitere Anrechnungsmöglichkeiten auf das Kernkapital. Danach können hybride Finanzinstrumente bis zu der Hälfte des Kernkapitals berücksichtigt werden[1287]. Werden die Grenzen für die Anrechnung von Hybridkapital vollständig ausgeschöpft, ergibt sich eine Untergrenze für das „harte" Kernkapital von 2 Prozent der risikogewichteten Aktiva[1288]. Ab dem Jahr 2013 gelten die grundlegend modifizierten Kapitalrelationen der Basel-III-Vereinbarung. Darin fordert der Baseler Ausschuss ein hartes Kernkapital (*„common equity"* – Tier 1a) von 3,5 Prozent der gewichteten Aktivposten[1289]. Diese Quote steigt im Jahr 2014 auf 4 Prozent und erreicht im Jahr 2015 ihre Zielrelation von 4,5 Prozent[1290]. Mit den steigenden Anforderungen an die Eigenkapitalausstattung multinationaler Kreditinstitute reagiert der BCBS auf die im Jahre 2007 ausgebrochene globale Finanzkrise[1291]. Es stellt sich damit die Frage, ob die aufsichtsrechtliche Quote des harten Kernkapitals einen geeigneten Maßstab für den steuerlichen *„safe haven"* bildet.

Einen ersten Anhaltspunkt für die Höhe der Dotationsquote bieten die in der „Hessischen Tabelle" und den BS-VwG 1999 angesetzten Werte. Diese forderten

---

[1283] BCBS, Basel I, Tz. 14, 44; BCBS, Basel II (2006), Tz. 49(iii). *Fischer*, in Schimansky/Bunte/Lwowski, Bankrechts-Hdb, Bd. II^4, § 129 Rn. 48.

[1284] Zu der Anrechnung des Ergänzungskapitals *Kokemoor*, in Beck/Samm/Kokemoor, KWG, § 10 Rn. 47b, 47d (Dez. 2007).

[1285] Rl. 2009/111/EG (ABl. L 302/97 v. 17.11.2009). In Deutschland umgesetzt durch das „Gesetz zur Umsetzung der geänderten Bankenrichtlinie und der geänderten Kapitaladäquanzrichtlinie" v. 19.11.2010 (BGBl. I 2010, 1592).

[1286] BCBS, Pressemitteilung vom 27.10.1998 „Instruments eligible for inclusion in Tier 1 capital" (abrufbar unter: http://www. bis.org/press/p981027.htm).

[1287] Das KWG spricht von „sonstigem Kapital" (vgl. § 10 Abs. 2 Satz 3 bis 5 i.V.m Abs. 4 KWG). Siehe auch *Kolassa*, in Schimansky/Bunte/Lwowski, Bankrechts-Hdb, Bd. II^4, § 137 Rn. 10. Ein Schaubild zur Anerkennung hybrider Kapitalinstrumente zeigt Deutsche Bundesbank, Monatsbericht September 2009, S. 71.

[1288] Siehe auch *Rudolph*, ZHR 175 (2011), 284 (316 f.).

[1289] BCBS, Basel III (rev. Juni 2011), Annex 4.

[1290] BCBS, Basel III (rev. Juni 2011), Tz. 50.

[1291] Siehe BCBS, Basel III (rev. Juni 2011), Tz. 2 ff.

beispielsweise für Betriebsstätten mit einer Bilanzsumme bis zu 500 Millionen Euro ein Dotationskapital von 2 Prozent und ab einer Bilanzsumme von einer Milliarde ein Dotationskapital von einem Prozent[1292]. Auch den VwG-DK 2004 ist die Bezugnahme auf die Bilanzsumme nicht fremd. Für „kleine" Inlandszweigstellen mit einer Bilanzsumme von bis zu 500 Millionen Euro gestatten die Verwaltungsanweisungen den Ansatz eines Dotationskapitals von 3 Prozent der Bilanzsumme[1293]. Gegenüber den früheren Veröffentlichungen der Finanzverwaltung stellt das eine Erhöhung der Dotationsforderung um einen Prozentpunkt dar. Im Vergleich dazu übersteigt die in Basel III fixierte Quote des harten Kernkapitals von 3,5 Prozent ab dem Jahr 2013 und 4,5 Prozent im Jahr 2015 die früher geltenden Quoten deutlich. Das gilt besonders für Betriebsstätten mit großen Bilanzvolumina. Eine steuerliche Nichtbeanstandungsgrenze in Höhe der harten Kernkapitalquote von Basel III erscheint vor allem deshalb sehr hoch, weil die Quote nicht auf die aufsichtsrechtlich gewichteten Risikoaktiva, sondern auf die Bilanzsumme angewendet wird. Dem Einwand der Unangemessenheit ist jedoch entgegenzuhalten, dass sich die steuerliche Nichtbeanstandungsgrenze nach dem vorliegend skizzierten Konzept auf die Quote des harten Kernkapitals beschränkt. Aufsichtsrechtlich treten zu dem harten Kernkapital die weiteren Kapitalbestandteile. Darüber hinaus ist ein antizyklischer Kapitalpuffer zu bilden (*„countercyclical buffer"*)[1294]. Einschließlich des Kapitalerhaltungspuffers strebt Basel III ein regulatorisches Eigenkapital von 10,5 Prozent der gewichteten Risikoaktiva ab dem Jahr 2019 an[1295]. Dies zeigt, dass das Kernkapital nur einen Ausschnitt des vorzuhaltenden Eigenkapitals bildet. Der Abgleich mit der absoluten aufsichtsrechtlichen Kapitalforderung relativiert die Anwendung der harten Kernkapitalquote auf die Bilanzsumme der Betriebsstätte.

Die auf das aufsichtsrechtliche Kernkapital bezogene Nichtbeanstandungsgrenze von 3,5 Prozent der aktivischen Bilanzsumme ab dem Jahr 2013 ist Ausgangspunkt für das bei der Betriebsstätte anzusetzende steuerliche Dotationskapital. In

---

1292 Vgl. BMF-Schreiben vom 29.11.1996, BStBl. I 1997, 136; BMF-Schreiben vom 24.12.1999, BStBl. I 1999, 1076 (1092 [Tz. 4.1.3]).

1293 BMF-Schreiben vom 29.9.2004, BStBl. I 2004, 917 (920 [Tz. 2.1.5]).

1294 BCBS, Basel III (rev. Juni 2011), Tz. 26, 122 ff.

1295 BCBS, Basel III (rev. Juni 2011), Annex 4; vgl. auch Deutsche Bundesbank, Basel III – Leitfaden, S. 18 f.

Anlehnung an die „Hessische Lösung" kommt bei hohen Bilanzvolumina der Betriebsstätte ein Kapitalabschlag in Betracht. Eine solche Anpassung der steuerlichen Kapitalforderung durch eine degressive Dotationsquote ist schon deshalb angezeigt, weil ein internationaler Konsens über die „Safe haven"-Grenze umso schwieriger zu erzielen ist, je höher die Quote angesetzt wird[1296].

2. Möglichkeit des Gegenbeweises (Öffnungsklausel)

Ein Nichtbeanstandungsmodell steht in natürlichem Konflikt mit der unternehmerischen Finanzierungsfreiheit. Deutlich wird dies nicht zuletzt dadurch, dass die typisierte Betriebsstättendotation das tatsächliche Eigenkapital des Gesamtinstituts übersteigen kann. Daraus resultiert die Frage, wie unbillige Ergebnisse im Einzelfall vermieden werden können[1297]. Naheliegend ist die Öffnung der „Safe haven"-Grenze durch Gegenbeweis[1298]. Demnach obliegt es der Geschäftsleitung, die typisierte Kapitalforderung zu widerlegen.

Schwierigkeiten ergeben sich bezüglich der inhaltlichen Ausgestaltung einer solchen Öffnungsklausel. Einerseits gilt es, die unternehmerische Finanzierungsfreiheit zu gewährleisten. Andererseits dürfen die Zielsetzungen der „Safe haven"-Lösung – Vereinfachung und Rechtssicherheit – nicht durch ein umfangreiches und anspruchsvolles Gegenbeweisverfahren konterkariert werden. In einer Stellungnahme zu dem Erstentwurf des OECD-Betriebsstättenberichts schlägt das *Institute of International Bankers (IIB)* vor, die Allokation des steuerlichen Dotationskapitals an dem institutsinternen Verhältnis der Wirtschaftsgüter (*„ratio of the book assets"*) auszurichten[1299]. Das *IIB* entwickelt dieses Konzept als Alternative zu dem damals auf OECD-Ebene präferierten *„BIS ratio approach"*. Danach soll die vorzunehmende Aufteilung des Gesamteigenkapitals von dem Erfordernis der aufsichtsrechtlichen Gewichtung der einzelnen Aktiva entbunden werden. Der Aufteilungsmaßstab soll

---

1296 Am Beispiel der „Hessischen Lösung" *Pachmann/Pilny*, DB 1997, 546 (547).

1297 Auf „Verwaltungsseite" kommt eine solche Öffnung nicht in Betracht. Der Entschluss für eine Nichtbeanstandungsgrenze steht einer Korrekturmöglichkeit entgegen.

1298 So auch OECD, Betriebsstättenbericht 2010, Part II Tz. 114.

1299 *Institute of International Bankers*, TNI 2001, 477 (498). Ähnlich *European Banking Federation*, Public Comments 2001,Tz. 26. *Halfar*, IWB v. 11.10.1993, F. 3 Gr. 1, 1393 (1411) lenkt den Blick auf das „Verhältnis, nach dem sich die Aktiven zwischen Stammhaus und Betriebsstätte verteilen".

stattdessen aus dem Verhältnis der Wirtschaftsgüter der Betriebsstätte zu denen des Gesamtunternehmens zu entwickeln sein[1300].

Das institutsinterne Verhältnis der Wirtschaftsgüter („*book asset ratio*") kommt als Verprobungsmaßstab für die durch die Nichtbeanstandungsgrenze typisierte Betriebsstättendotation in Betracht. Voraussetzung ist die Zuordnung sämtlicher Wirtschaftsgüter zu den einzelnen Unternehmensteilen. Die Vermögensabgrenzung ist jedenfalls im Hinblick auf die bei zentralen Stellen verbuchten Wirtschaftsgütern des Handelsgeschäfts mit erheblichen Schwierigkeiten verbunden[1301]. Aus diesem Grunde gewinnt der Prüfmaßstab der „*book asset ratio*" in praxi nur dann an hinreichender Aussagekraft, wenn er auf bestimmte Wirtschaftsgüter, namentlich solche des Kreditgeschäfts[1302], beschränkt wird. Ungeachtet einer solchen inhaltlichen Konkretisierung kann das institutsinterne Verhältnis der Kreditwirtschaftsgüter nur als abstrakte Richtschnur für die Allokation des Dotationskapitals dienen. Ein Eingriff in die unternehmerische Finanzierungsfreiheit ist nur im Falle eines evidenten Missverhältnisses zwischen Vermögensallokation und typisierter Betriebsstättendotation anzunehmen. Sicherzustellen ist vor allem, dass das „Eigenkapital" der Betriebsstätten in der Summe nicht das bei dem Institut tatsächlich vorhandene Eigenkapital übersteigt[1303].

Die Öffnung des „*safe havens*" durch Nachweis der Angemessenheit eines niedrigeren Dotationskapitals erweist sich als wesentliche Schwachstelle einer Nichtbeanstandungslösung. Besonderes Augenmerk gilt deshalb der freiheitsschonenden Bemessung der Nichtbeanstandungsquote. Dies geschieht in erster Linie mittels einer degressiven Dotationsquote bei hohen Bilanzsummen[1304]. Der Gegenbeweis

---

1300 *Institute of International Bankers*, TNI 2001, 477 (499).

1301 Siehe nur OECD, Betriebsstättenbericht 2010, Part III Tz. 29; vgl. auch *Sadiq*, JOIT 2011, 46 (49 f.); siehe zu dem sog. central booking auch *Vahldiek*, in Boos/Fischer/Schulte-Mattler, KWG⁴, § 53 KWG Rn. 70.

1302 Insoweit gewinnt die Möglichkeit der anteiligen Vermögensabgrenzung an Bedeutung (dazu Teil 3, D. I. 3. der Arbeit).

1303 Siehe BFH, Urteil vom 23.8.2000, BStBl. II 2002, 207 (210).

1304 In Anlehnung an die früheren Anweisungen der Finanzverwaltung kommen Anpassungen der Quote ab einer Bilanzsumme von einer Milliarde Euro in Betracht (vgl. BMF-Schreiben vom 24.12.1999, BStBl. I 1999, 1076 [1092, Tz. 4.1.3]).

muss die Ausnahme bleiben, weil sonst die Intention der Nichtbeanstandung verloren geht.

IV. Ergebnis

Die steuerliche Betriebsstättendotation offenbart das Spannungsverhältnis zwischen unternehmerischer Dispositionsfreiheit, abkommensrechtlicher Vermeidung der Doppelbesteuerung und den gegenläufigen Fiskalinteressen der Abgabenhoheiten. Diese Rahmenbedingungen stehen einem einheitlichen, freiheitsschonenden und zugleich einfach administrierbaren Dotationskonzept am Maßstab des Fremdvergleichs entgegen[1305]. Das aufgezeigte Nichtbeanstandungsmodell liefert einen ausgleichenden und – gegenüber dem *„BIS ratio approach"* – einfach zu handhabenden Ansatz. Die an der harten Kernkapitalquote ausgerichtete „Safe haven"-Lösung profitiert von dem großen Wirkungsbereich der Baseler Vereinbarungen. Unbilligen Ergebnissen kann eine Öffnungsklausel vorbeugen. Einen typisierenden Anhaltspunkt liefert das institutsinterne Verhältnis der Wirtschaftsgüter (*„book asset ratio"*).

1305 Kritisch auch *Kobetsky*, BIFD 2005, 48 (59): *„It is virtually impossible to develop a method that objectively determines a branch's equity capital because it is a fictional exercise."*.

Teil 5: Differenzierte Betrachtung der direkten Gewinnabgrenzung bei Bankbetriebsstätten

Die Gewinnabgrenzung im grenzüberschreitenden Einheitsunternehmen vollzieht sich in zwei Schritten. Die Abgrenzung dem Grunde nach ordnet die bei der Leistungserstellung eingesetzten und die geschaffenen Wirtschaftsgüter den Unternehmensteilen zu und identifiziert die internen und externen Geschäftsvorfälle. Darauf aufbauend erfolgt die Abgrenzung der Gewinne der Höhe nach. Maßgeblichen Einfluss auf beide Stufen der Gewinnabgrenzung nimmt die Reichweite der fiktiven Verselbständigung der Betriebsstätte. Der OECD-Bericht 2010 und diesem folgend der neugefasste Art. 7 OECD-MA 2010 empfehlen erstmals die umfassende Isolierung der Betriebsstätte. Wie im Folgenden zu zeigen ist, verdient dieser Vorstoß für die Gewinnabgrenzung bei Bankbetriebsstätten nur eingeschränkte Zustimmung.

A. Grenzen der hypothetischen Verselbständigung von Bankbetriebsstätten

Die Idee, die Betriebsstätte zum Zwecke der Gewinnabgrenzung als selbständiges Unternehmen zu fingieren, reicht bis auf den im Jahre 1933 seitens des Völkerbundes veröffentlichten Entwurf eines Musterabkommens zurück[1306]. Dieser Leitgedanke liefert als solcher noch keinen Hinweis auf die Reichweite der steuerlichen Fiktion. Mit dem im Juli 2010 finalisierten Betriebsstättenbericht wendet sich der OECD-Steuerausschuss gegen die international bestehenden Unsicherheiten über die Interpretation der Selbständigkeitsfiktion. Er erklärt den *„functionally separate entity approach"* zum *„authorised OECD approach"* und knüpft die Gewinnabgrenzung bei Betriebsstätten an die für verbundene Unternehmen geltenden

[1306] Art. 3 des Abkommensentwurfs lautet: *„If an enterprise with its fiscal domicile in one Contracting State has permanent establishments in other Contracting States, there shall be attributed to each permanent establishment the net business income which it might be expected to derive if it were an independent enterprise engaged in the same or similar activities under the same or similar conditions."* (siehe *Russo*, BIFD 2004, 472 [473]).

OECD-Verrechnungspreisgrundsätze. Als Instrument der praktischen Umsetzung der Selbständigkeitsfiktion dient eine eingehende Funktions- und Sachverhaltsanalyse („*functional and factual analysis*").

Im zweiten Teil des Betriebsstättenberichts erläutert der OECD-Steuerausschuss die Durchführung der Funktions- und Sachverhaltsanalyse bei Bankbetriebsstätten[1307]. Die entscheidende Vorfrage wird hingegen nicht gestellt: Kann es gelingen, die im Ausland belegene Betriebsstätte eines multinationalen Kreditinstituts fiktiv aus dem Einheitsunternehmen zu isolieren und als völlig selbständiges und unabhängiges Unternehmen zu konstruieren? Damit verbunden ist die Frage, ob die Fiktion des „*functionally separate entity approachs*" in sich konsequent umzusetzen ist. Zweifel entstehen schon deshalb, weil die Auslandseinheiten von Kreditinstituten grundsätzlich kein homogenes Tätigkeitsspektrum übernehmen – das heißt Produktion, Vertrieb oder Forschung und Entwicklung –, sondern unterschiedliche Tätigkeiten der grenzüberschreitenden Wertschöpfungskette ausüben.

I. Einheits- versus Trennbetrachtung

Die fiktive steuerliche Verselbständigung der Betriebsstätte wird maßgeblich durch die Organisationsstruktur des multinationalen Kreditinstituts und die betriebliche Einbindung der Betriebsstätte bestimmt. Keine Anhaltspunkte liefern hingegen die Vorschriften des Bankaufsichtsrechts.

Das deutsche Aufsichtsrecht fingiert die Inlandszweigstelle eines ausländischen Kreditinstituts als selbständiges Institut[1308]. Diese Fiktion dient allein dazu, die rechtlich unselbständige Zweigstelle den Vorschriften des KWG und der Aufsicht durch die BaFin zu unterwerfen. Darauf aufbauend gelten besondere Anforderungen an die Geschäftsleitung der Zweigstelle sowie Pflichten zur Buchführung und Rechnungslegung (§ 53 Abs. 2 Nr. 1 bis 3 KWG). Darüber hinaus ist der Inlandszweigstelle ein bestimmtes Betriebskapital zuzuweisen (§ 53 Abs. 2 Nr. 4 KWG). Diese Vorgaben sind Ausdruck der gesamtwirtschaftlichen Bedeutung der Kreditinstitute und der aufsichtsrechtlich avisierten Funktionssicherung des

---

1307 Zu dem ersten Schritt des AOA Teil 3, B. I. der Arbeit.

1308 Dazu Teil 4, B. I. 1. der Arbeit.

Kreditwesens[1309]. Die aufsichtsrechtliche Institutsfiktion lässt indes keine unmittelbaren Rückschlüsse auf die steuerliche Selbständigkeitsfiktion der Betriebsstätte für Zwecke der abkommensrechtlichen Gewinnabgrenzung zu. Ungeachtet der Teilaufsicht im Zweigstellenstaat führt der Ansässigkeitsstaat die Aufsicht über das Gesamtinstitut. Die Bemessung des regulatorischen Eigenkapitals durch Risikogewichtung erfolgt auf Ebene des Gesamtinstituts und des Konsolidierungskreises[1310]. Das Aufsichtsrecht blickt insoweit auf die im Außenverkehr eingegangenen Risikopositionen. Die steuerliche Selbständigkeitsfiktion nach dem *„functionally separate entity approach"* rückt dagegen die Geschäftsvorfälle zwischen den einzelnen operativen Betriebsteilen des Einheitsunternehmens in den Fokus. Diese gegenläufige Sichtweise verdeutlicht die fehlende Aussagekraft des Aufsichtsrechts für die steuerliche Betrachtung.

Die besondere operative und organisatorische Einbindung der Betriebsstätte in das Gesamtinstitut verhindert eine umfassende Verselbständigung der Bankbetriebsstätte. Infolge der organisatorischen und betrieblichen Integration existiert keine originäre kreditmäßige Beurteilung der rechtlich unselbständigen Betriebsstätte. Die operative Auslandseinheit fördert den wirtschaftlichen Erfolg des Einheitsunternehmens und partizipiert an dessen einheitlicher Bonität[1311]. Dies offenbart die Grenzen einer steuerlichen Fiktion der Bankbetriebsstätte als absolut selbständiges Unternehmen[1312]. Die Kreditwürdigkeit bestimmt über die Kosten der Refinanzierung eines Bankunternehmens und damit über den operativen Erfolg im Zinsmargengeschäft. Betriebsstätte und Stammhaus stehen in einem engen Abhängigkeitsverhältnis. Die vor allem im Firmenkundengeschäft tätigen Auslandseinheiten verfügen über keine relevante Einlagenbasis und sind auf die Zuführung von Kapital angewiesen. Der Kapitalbedarf wird in erster Linie aus den auf Gesamtinstitutsebene aggregierten Finanzmitteln gedeckt[1313]. Finanziert sich die Auslandseinheit direkt über die Kapitalmärkte, ist sie von der Bonität und Reputation des Gesamtinstituts abhängig. Insgesamt zeigt sich, dass die Betriebsstätte ohne

---

1309 Vgl. dazu Teil 4, D. II. 1. der Arbeit.

1310 BCBS, Basel II, Tz. 20 f. Deutlich auch *Assef/Morris*, DFI 2005, 147 (150).

1311 Ähnlich auch *Mascarello*, ITPJ 2006, 54 (68); *Arndt*, Geschäftstätigkeit deutscher Banken, S. 120; siehe auch Teil 3, B. I. 4. c) der Arbeit.

1312 In diesem Sinne auch *Bakker/van Hoey Smith*, ITPJ 2001, 20 (23).

1313 Allgemein *Ledure/Bertrand/van der Breggen/Hardy*, Intertax 2010, 350 (355).

originäres Bonitätsurteil nicht als selbständiges Unternehmen gedacht werden kann[1314].

Obgleich Auslandsfilialen nach dem Profit-Center-Konzept zu einem gewissen Grad operativ verselbständigt sind[1315], können sie nicht ohne Anbindung an die Spitzeneinheit bestehen. Sie sind durch ein Geflecht interner Leistungsbeziehungen an das Stammhaus gebunden. Das *Institute of International Bankers* vergleicht die multinationale Bank mit einem Einzeller, der wechselnde Formen annehmen, aber nicht aufgeteilt werden kann[1316]. Die zunehmende Arbeitsteilung innerhalb des Einheitsunternehmens führt zu einer wechselseitigen Abhängigkeit der einzelnen Betriebseinheiten von den vor- und nachgelagerten Arbeitsschritten[1317]. Die Auslandseinheiten können ohne die vielfältigen Leistungsbeiträge der Unternehmensgesamtheit nicht als selbständige Unternehmen bestehen. Im Kreditgeschäft manifestiert sich dieses Abhängigkeitsverhältnis in den aufsichtsrechtlichen Genehmigungspflichten bei der initialen Leistungserstellung. So setzt der Geschäftsschluss in bestimmten Fällen ein positives Votum eines bei der Zentrale angesiedelten Kreditkomitees voraus[1318]. Schließlich bewirken auch die nachgelagerten Marktfolgeaktivitäten eine besondere operative Verbindung der Unternehmensteile. Dies gilt beispielhaft für die bei zentraler Stelle gebündelten Tätigkeiten der kapitalmarktorientierten Risikosteuerung. Die „enge Verzahnung"[1319] der Institutsteile steht der umfassenden Verselbständigung der Betriebsstätte entgegen.

II. Defizite des „Dealing at arm's-length"-Prinzips

Kern der steuerlichen Gewinnabgrenzung nach dem *„functionally separate entity approach"* ist die Ermittlung fremdüblicher Entgelte für interne Geschäftsvorfälle.

1314 Siehe auch *Institute of International Bankers,* TNI 2001, 477 (485, 489).

1315 Vgl. *Raab/Wolf,* in Löwenstein/Looks, Betriebsstättenbesteuerung[1], Rz. 1151; *Berger,* Aufrechnungsvertrag, S. 433; *Link/Reudelhuber,* ZBB 1993, 153 (154).

1316 Plastisch *Institute of International Bankers,* TNI 2001, 477 (499), das die multinationale Bank mit einem Einzeller vergleicht (*„amoeba-like reality"*).

1317 Treffend *Eisele,* Funktionsverlagerung, S. 24 (Note 55).

1318 Siehe auch Teil 2, B. II. 2. und Teil 2, B. III. der Arbeit.

1319 So ausdrücklich *Commerzbank,* Geschäftsbericht 2009, S. 101 (abrufbar unter: http://www.commerzbank.de/media/aktionaere/service/archive/konzern/2010_2/CBK_2009_Geschaeftsbericht_2.pdf).

Der OECD-Steuerausschuss löst diese Aufgabe durch entsprechende Anwendung der OECD-Verrechnungspreisgrundsätze. Dieser Vorstoß ist schon deshalb erheblichen Zweifeln ausgesetzt, weil das Verrechnungspreisregime in Widerspruch zu der ökonomischen Realität multinationaler Unternehmen steht. Bei Anwendung auf die Gewinnabgrenzung im Einheitsunternehmen und besonders bei multinationalen Kreditinstituten wird das konzeptionelle Defizit zusätzlich verschärft.

1. Ökonomische Defizite des Verrechnungspreisregimes

Das am Grundsatz des „Dealing at arm's length" ausgerichtete steuerliche Verrechnungspreisregime tritt in Konflikt mit grundlegenden Erwägungen ökonomischer Vernunft und steht bereits seit langem in der Kritik[1320]. Unternehmen erfüllen ihre Aufgaben in der betriebsinternen Sphäre, soweit dies der Koordination über den offenen Markt überlegen ist[1321]. Sie versuchen durch interne Abwicklung der Aufgaben, Synergieeffekte zu erzielen, die am Markt nicht erreichbar wären[1322]. Besonders grenzüberschreitend tätige Unternehmen sind bestrebt, den aufgrund asymmetrischer Informationsverteilung verteuernd wirkenden Marktmechanismus auszuschalten[1323]. Sie gehen dazu über, bestimmte Leistungen nicht am Markt zu beschaffen, sondern – insbesondere durch Auslandseinheiten – selbst zu erstellen. Die steuerliche Abrechnung der konzerninternen Transaktionen zu den Bedingungen des offenen Marktes steht im Gegensatz zu dem ökonomischen Streben nach „Kombinationsvorteilen"[1324] im Unternehmensverbund[1325]. Das „Dealing at

---

1320 Mit zahlreichen Nachweisen aus dem internationalen Schrifttum *Schön*, IStR 2011, 777 (778, Note 6); siehe auch *Lebowitz*, TNI 1999, 1201 (1201 f.).

1321 Grundlegend die These von *Alfred D. Chandler*, The Visible Hand, S. 1: *„...modern business enterprise took the place of market mechanisms in coordinating the activities of the economy and allocating its resources. In many sectors of the economy the visible hand of management replaced what Adam Smith referred to as the invisible hand of market forces."*.

1322 *Kahle*, ZfCM 2007, 96 (97); *Vann*, in Arnold/Sasseville/Zolt, Taxation of Business Profits, S. 133 (140); *Avi-Yonah/Clausing/Durst*, Florida Tax Review 2009, 497 (501); *Theurl/Meyer*, Festschrift Grob, S. 147 (167). *Schneider*, DB 2003, 53 (54) spricht von einer „Integrationsrente".

1323 Vgl. *Neus*, DBW 57 (1997), 38 (40, 44); *Kleineidam*, Festschrift Fischer, S. 691 (707); *Schreiber*, Besteuerung der Unternehmen[3], S. 502, 506; *Vincent*, CTJ 2/2005, 409 (414). Deutlich auch *Avi-Yonah*, Texas Law Review 1996, 1301 (1343): *„If a MNE (Multinational Entity;* Ergänzung des Verfassers) *chooses to integrate and still remains profitable, this suggests that there are disadvantages to operating through the market..."*.

1324 So *Schmalenbach*, ZfhF (3) 1908/1909, 165 (176 f.).

arm's length"-Prinzip ebnet die erstrebten Verbundwirkungen ein und kollidiert mit dem ökonomischen Neutralitätspostulat der Besteuerung. Soweit das Steuerrecht wirtschaftliche Vorteile der internen Aufgabenerledigung ausblendet[1326], kann sich der Unternehmer zu Entscheidungen veranlasst sehen, die er verglichen mit dem Zustand ohne Besteuerung nicht treffen würde[1327].

2. Konsequenzen für die Gewinnabgrenzung bei Bankbetriebsstätten

Kreditinstitute koordinieren Kapitalanlage- und Kapitalaufnahmebedürfnisse von Wirtschaftssubjekten[1328]. In ihrer Funktion als Finanzintermediäre stellen sie Kapitalnachfragern mit temporärem Kapitalbedarf Finanzmittel zur Verfügung, refinanzieren sich über die Finanzmärkte und übernehmen die entstehenden Kredit- und Liquiditätsrisiken gegen Zahlung einer angemessenen Risikoprämie. Bedarf an den Intermediationsleistungen von Banken besteht, weil es vielen Wirtschaftssubjekten nicht oder nur unzureichend möglich ist, ihren Kapitalbedarf direkt über den Kapitalmarkt zu befriedigen. Kreditinstitute existieren demnach aufgrund der – partiellen – Unvollkommenheit des freien Kapitalmarkts[1329]. Sie bieten Finanzierungsleistungen an, die für den Nachfrager nicht zu gleichen Konditionen am Kapitalmarkt erreichbar sind. Spezialisierungsvorteile ermöglichen es den Kreditinstituten, die Transferleistung zu niedrigen Transaktionskosten zu erbringen[1330]. Sie profitieren dabei von der personellen und sachlichen Infrastruktur für die Bewertung von Kreditrisiken sowie der optimalen Informationsverteilung innerhalb des Gesamtunternehmens[1331].

1325 Siehe nur *Schön*, IStR 2011, 777 (777 f.).

1326 Vgl. auch *Avi-Yonah/Benshalom*, WTJ 2011, 371 (379): „*Tax authorities require MNEs to report their income in a way that breaks down the cost saving associated with being a MNE...*".

1327 *Neus*, DBW 57 (1997), 38 (39); siehe auch *Schön*, WTJ 2010, 227 (233); *Schneider*, DB 2003, 53 (53). Allgemein Teil 1, A. V. 3. der Arbeit.

1328 Eingehend *Bank*, in Gerke/Steiner, HWF, Sp. 837.

1329 Deutlich *Sadiq*, BIFD 2004, 67 (72); vgl. auch *Neus*, in Luz/Neus/Schaber/Scharpf/Schneider/Weber, KWG², Einführung Tz. 6.

1330 *Bank*, in Gerke/Steiner, HWF, Sp. 838. Vgl. auch *Sadiq*, BIFD 2004, 67 (79).

1331 Branchenübergreifend *Kleineidam*, Festschrift Fischer, S. 691 (707).

Im Gegensatz zu dem Erfolg von Industrie- und Handelsunternehmen basiert der Erfolg im Kreditgeschäft weniger darauf, dass ein Institut von dem branchenüblichen Verhalten abweicht[1332]. Die Leistungen von Kreditinstituten, besonders die des Kreditgeschäfts, kennzeichnet ein geringer produkteigener Imitationsschutz[1333]. Da Kreditleistungen weitgehend austauschbar sind, bildet der Preis das primäre Unterscheidungskriterium. Kreditinstitute sind deshalb in besonderem Maße darauf angewiesen, Spezialisierungs- und Größenvorteile auszunutzen, um wettbewerbsfähige Konditionen anbieten zu können. Besonders im Geschäft mit Groß- und Firmenkunden herrscht ein intensiver Preiswettbewerb, dem die Institute durch interne Spezialisierung und Prozessoptimierung begegnen. Auf die Ausnutzung von Verbundeffekten zielt namentlich die Einrichtung zentralisierter Spezialeinheiten der kapitalmarktorientierten Risikosteuerung und des Liquiditätsmanagements. Bei konsequenter Umsetzung der absoluten Selbständigkeitsfiktion im Sinne des AOA ist es erforderlich, das Betriebsstättenergebnis von sämtlichen Synergieeffekten zu bereinigen[1334]. Da es sich dabei aber um unternehmensbezogene Vorteile handelt, bietet das transaktionsorientierte „Dealing at arm's length"-Prinzip keinen sachgerechten Zurechnungsmaßstab[1335].

Der *„functionally separate entity approach"* steht in offenem Widerspruch zu der betrieblichen Realität multinationaler Banken und der Abwicklung des grenzüberschreitenden Kreditgeschäfts durch Auslandsbetriebsstätten. Trifft die Geschäftsleitung die Entscheidung, bestimmte (Teil-)Leistungen der Wertschöpfung unternehmensintern zu erbringen und damit dem (verteuernden) Preismechanismus des offenen Marktes zu entziehen[1336], ist dieser Entschluss steuerlich zu beachten. Der Unternehmer entscheidet über das „Wie" der Erzielung von Einkünften[1337]. Eine Abweichung von der unternehmerischen Disposition kommt nur in Betracht,

---

1332 Allgemein *Wassermeyer*, in Debatin/Wassermeyer, Art. 9 MA Rz. 125 (Mai 2004).

1333 Vgl. *Büschgen*, Bankbetriebslehre, S. 312.

1334 *Ditz*, Gewinnabgrenzung, S. 214 spricht von einem Zustand der „Unternehmensneutralität". Kritisch im Lichte des Konzernsachverhalts *Baumhoff*, in F/W/K, DBA-CH, Art. 9 Anm. 63 (April 2006).

1335 Siehe nur *Ditz*, Gewinnabgrenzung, S. 390; *Rödder*, Festschrift Lang, S. 1147 (1157 f.); *Kleineidam*, Festschrift Flick, S. 857 (860).

1336 Siehe dazu *Sadiq*, BFID 2004, 67 (72); *Avi-Yonah*, Texas Law Review 1996, 1301 (1343); *Vann*, in Arnold/Sasseville/Zolt, Taxation of Business Profits, S. 133 (140).

1337 *Hey*, Festschrift Herzig, S. 7 (13).

soweit dies zum Zwecke der sachgerechten Gewinnabgrenzung geboten ist, insbesondere um missbräuchliche Gewinnverlagerungen über die Grenze zu verhindern. Angesichts der konzeptionellen Defizite des AOA bestehen erhebliche Zweifel, ob dieser Ansatz als geeigneter „Missbrauchsfilter" dienen kann. Wesentliche Voraussetzung dafür wäre, dass mit hinreichender Sicherheit tatsächliche Fremdpreise für die internen Geschäftsvorfälle zu ermitteln sind. Wie dargelegt, ist das sowohl für interne „Darlehen" als auch für die überwiegende Zahl der institutsinternen Dienstleistungen des Risikomanagements gerade nicht sichergestellt[1338].

III. Ergebnis

Die enge operative Einbindung der Auslandsbetriebsstätte in das multinationale Kreditinstitut steht der konsequenten Umsetzung der absoluten Selbständigkeitsfiktion im Sinne des *„functionally separate entity approachs"* entgegen. Die Betriebsstätte ist von der Bonität und der Refinanzierungsfähigkeit des Gesamtinstituts abhängig. Darüber hinaus steht die marktübliche Vergütung der internen Leistungsbeziehungen nach den OECD-Verrechnungspreisgrundsätzen dem ökonomischen Streben nach Synergieeffekten innerhalb des Einheitsunternehmens entgegen.

B. Die Gewinnabgrenzung dem Grunde nach

Der AOA kombiniert zwei Hypothesen. Zunächst wird die Betriebsstätte als selbständiges Unternehmen gedacht. Darauf aufbauend soll sämtlichen internen Geschäftsvorfällen ein marktübliches Entgelt beigemessen werden. Dieser Ansatz ist mit erheblicher Rechtsunsicherheit behaftet und bietet grenzüberschreitenden Wirtschaftssubjekten vielfältige Möglichkeiten, planmäßigen Einfluss auf die Zurechnung der Gewinne zu nehmen[1339]. Dies gefährdet nicht nur die angestrebte Vermeidung der Doppelbesteuerung, sondern auch das abkommensrechtliche Desiderat der Gerechtigkeit zwischen den Staaten (*„inter-nation equity"*). Fraglich ist deshalb, ob und wie es gelingen kann, die Zurechnung der Ergebniswirkungen im

---

1338 Dazu Teil 3, E. II. der Arbeit.

1339 Kritisch auch *Rödder*, Festschrift Lang, S. 1147 (1155); *Schön*, TNI 2007, 1059 (1063). Deutlich *Frotscher*, in Oestreicher, Unternehmen im Umbruch, S. 95 (101): „Das ist für Wirtschaftsunternehmen und seine Berater natürlich das „Paradies"...".

Rahmen der vorausgehenden Gewinnabgrenzung dem Grunde nach zu objektivieren. Im Kreditgeschäft durch Bankbetriebsstätten kommt dieser Frage aufgrund der fungiblen Produktionsressource Kapital – in Form von Buchgeld – und den immateriellen Kreditwirtschaftsgütern besondere Bedeutung zu.

I. Bezugspunkte der Gewinnabgrenzung dem Grunde nach

Die Gewinnabgrenzung dem Grunde nach prädisponiert die Zurechnung der Ergebniswirkungen[1340]. Anschauungsbeispiel ist die Zurechnung der mit den einzelnen Kreditwirtschaftsgütern korrespondierenden Erfolgsposten. Von der Vermögensabgrenzung geht ein objektivierendes Moment für die eigentliche Gewinnabgrenzung aus. Eine besondere Verknüpfung von Vermögens- und Erfolgsabgrenzung sieht die neugefasste Verteilungsnorm für Unternehmensgewinne vor. Nach Art. 7 Abs. 2 Halbsatz 2 OECD-MA 2010 sind bei der Gewinnabgrenzung die ausgeübten Funktionen, eingesetzten Wirtschaftsgüter und übernommenen Risiken zu berücksichtigen. Bezogen auf Bankbetriebsstätten ist zu klären, inwieweit diese Parameter die Erfolgsabgrenzung zu objektivieren vermögen.

Der AOA knüpft die Gewinnabgrenzung in erster Linie an die wesentlichen Personalfunktionen („*significant people functions*")[1341]. Deren Verortung innerhalb des Einheitsunternehmens determiniert die Zuordnung der Wirtschaftsgüter, der Risiken und schließlich auch des erforderlichen Dotationskapitals[1342]. Dem Rekurs auf die Personalfunktionen liegt ein auf den ersten Blick einleuchtender Gedankengang zugrunde[1343]. Die in den einzelnen Unternehmensteilen tätigen Mitarbeiter stellen im Gegensatz zu den intern ausgetauschten Dienstleistungen „beobachtbare Tatsachen" dar[1344]. Das Erfordernis, die einzelnen Beschäftigten innerhalb des Unternehmens aufzuspüren, bereitet allerdings erhebliche praktische Schwierigkeiten. Die Mitarbeiter sind arbeitsvertraglich an das Gesamtunternehmen gebunden. Sie

---

[1340] Vgl. Teil 1, B. I. der Arbeit.

[1341] OECD, Betriebsstättenbericht 2010, Part I Tz. 15.

[1342] Anschaulich *Edgar/Holland*, TNI 2005, 525 (526).

[1343] So auch *Schön*, in Lüdicke, Besteuerung im Wandel, S. 71 (96).

[1344] *Raupach/Pohl/Töben/Sieker*, Praxis des Internationalen Steuerrechts, S. 203. *Reimpell*, zfbf 32 (1980), 905 (911) konstatiert, dass das internationale Bankgeschäft ein stark personenbezogenes Geschäft ist.

müssen nicht dauerhaft an einem Ort tätig sein, sondern sind infolge des Direktionsrechts des Arbeitgebers unternehmensintern mobil[1345]. Das eigentliche Defizit des AOA besteht darin, dass dieser an die – risikorelevanten – Entscheidungen des Personals anknüpft. Das sogenannte KERT-Konzept setzt nicht nur voraus, die einzelnen Personen innerhalb des Bankeinheitsunternehmens zu verorten. Es ist darüber hinaus festzustellen, welche Mitarbeiter die ausschlaggebenden Entscheidungen bei der Übernahme und Bewältigung von Risiken treffen[1346]. Dies erfordert es, die vielfältigen unternehmerischen „Risikoentscheidungen" zu definieren, gegeneinander zu gewichten und auf bestimmte Personen zurückzuführen[1347]. Gerade bei multinationalen Kreditinstituten reicht der Wirkungsbereich bestimmter Entscheidungen über die einzelnen Betriebseinheiten hinaus. Das zeigt exemplarisch die Einrichtung zentraler Kreditkomitees, deren positives Votum Voraussetzung für die Kreditvergabe der dezentralen Auslandseinheit ist. Nach alledem bieten das Personal und dessen Entscheidungen keine hinreichend bestimmten und „statischen" Bezugspunkte für die Erfolgsabgrenzung.

Auch die von dem Personal ausgeübten Funktionen eignen sich nur eingeschränkt als objektivierende Fixpunkte der Gewinnabgrenzung. Das veranschaulicht der inhaltlich unbestimmte Funktionsbegriff[1348]. Eine Funktion kann zwar verallgemeinernd als ein bestimmte Aufgaben umfassender Tätigkeitsbereich beschrieben werden. Dies gewährleistet jedoch keine überschneidungsfreie Gewinnabgrenzung. Probleme entstehen vor allem dabei, die einzelnen Funktionen innerhalb des Einheitsunternehmens zu identifizieren und einem bestimmten Unternehmensteil zuzuordnen. Einzelne Aufgabenbündel sind nicht notwendig einem Unternehmensteil zugewiesen, sondern können sich auf mehrere Teile erstrecken. Praktisch relevant sind räumlich aufgespaltene Funktionen (*„split functions"*[1349]) gerade bei der divisionalen Leistungserstellung im grenzüberschreitenden Kreditgeschäft. Bankbetriebsstätten übernehmen nicht eine bestimmte Produktionsstufe, sondern erbringen verschiedene Teilleistungen der transnationalen Wertschöpfungskette. Dies veranschaulicht das Zusammenspiel der – aufsichtsrechtlich zu

---

1345 Treffend *Kroppen*, Festschrift Herzig, S. 1071 (1089).

1346 Siehe bereits Teil 3, C. IV. 1.

1347 Kritisch auch *Schön*, TNI 2007, 1059 (1067).

1348 Dazu Teil 3, D. I. 1. a) der Arbeit.

1349 Vgl. OECD, Betriebsstättenbericht 2010, Part II Tz. 67, 159.

trennenden – Bereiche Markt und Marktfolge[1350]. Der Einsatz moderner Informations- und Kommunikationstechnologie führt dazu, dass die einzelnen (Teil-) Prozesse der Leistungserstellung räumlich voneinander getrennt werden[1351]. Dies wirkt sich unmittelbar auf die vorliegend zu untersuchende Objektvierung der steuerlichen Zurechnung der Ergebniswirkungen aus. Betriebliche Funktionsbündel stellen als solche keine hinreichend bestimmten Anknüpfungspunkte der Erfolgsabgrenzung dar. Dieser Befund wird dadurch bestätigt, dass die räumliche Zuordnung der Funktionen zur freien unternehmerischen Disposition steht[1352].

Im Ergebnis kommen vor allem die aus dem Wertschöpfungsprozess hervorgehenden Wirtschaftsgüter als objektivierende Bezugspunkte der Gewinnabgrenzung der Höhe nach in Betracht. Inwieweit die Vermögensabgrenzung geeignet ist, Rechtssicherheit für die Erfolgsabgrenzung bei Bankbetriebsstätten zu schaffen, ist im folgenden Abschnitt zu untersuchen.

II. Vermögensabgrenzung und unternehmerische Dispositionsfreiheit

Die unternehmerische Handlungsfreiheit gewährleistet umfassende Dispositions- und Organisationsfreiheit[1353]. Die Unternehmensleitung gestaltet den Aufbau des Unternehmensgefüges und den Ablauf der internen Prozesse der Leistungserstellung nach freiem Ermessen[1354]. Für Kreditinstitute gelten die besonderen Bindungen der MaRisk, die eine organisatorische Trennung der Tätigkeiten der Bereiche Markt und Marktfolge vorschreiben[1355]. Davon abgesehen steht es der Unternehmensleitung frei, Änderungen an der innerbetrieblichen Zuweisung der Aufgaben und

---

1350 Vgl. § 25a Abs. 1 Satz 3 Nr. 1a KWG; BaFin, MaRisk, Modul BTO 1.1 Tz. 1.

1351 Siehe nur *Büschgen*, Bankbetriebslehre, S. 311 f.

1352 *Blumers*, DB 2008, 1765 (1768); *Ditz*, Gewinnabgrenzung, S. 223 f.; *Kroppen*, in G/K/G, DBA, Art. 7 OECD-MA Rn. 73 (10. Lfg. 2002); vgl. auch *Nowotny*, Betriebstättengewinnermittlung, S. 101 f., 104.

1353 Eingehend *Drüen*, StuW 2008, 154 (155 f.).

1354 Siehe auch *Institut Finanzen und Steuern*, Grüner Brief Nr. 250, S. 24 (Tz. 39); im Hinblick auf die Frage der betrieblichen Veranlassung von Ausgaben Schmidt/*Heinicke*, EStG[32], § 4 Rz. 480: „Der Steuerpflichtige hat es in der Hand, den Betriebsumfang (...) zu bestimmen".

1355 Siehe Teil 2, B. II. 2. der Arbeit.

Mitarbeiter sowie der nötigen Infrastruktur vorzunehmen. Daraus folgt zweierlei: Auf der einen Seite respektiert das Steuerrecht die unternehmerische Entscheidung[1356]. Auf der anderen Seite muss sich die Geschäftsleitung an der getroffenen Entscheidung festhalten lassen. Für die funktional-tätigkeitsbezogene Zuordnung der Kreditaktiva folgt daraus, dass sich die Unternehmensleitung durch ihre organisatorischen „Dispositionsakte" insoweit selbst bindet, als sie die diesen entsprechende steuerliche Allokation der Wirtschaftsgüter akzeptieren muss.

Bindeglied zwischen freier organisatorischer Gestaltung des Unternehmensgefüges und steuerlicher Gewinnabgrenzung ist das „Dealing at arm's length"-Prinzip. Aus der dem (hypothetischen) Fremdvergleich zugrunde liegenden Denkfigur des ordentlichen und gewissenhaften Geschäftsleiters[1357] resultiert der entscheidende Leitsatz für die Allokation der Kreditwirtschaftsgüter. Ein idealisierter Geschäftsleiter würde risikobehaftete Wirtschaftsgüter nur übernehmen, wenn der empfangende Unternehmensteil über die notwendige fachliche Kompetenz und sachliche Infrastruktur verfügt, um die konkreten Risiken zu bewältigen[1358]. Übertragen auf die Vermögensallokation im Einheitsunternehmen folgt daraus, dass der idealisierte Geschäftsleiter Risikoaktiva nur bei einem Unternehmensteil verorten würde, der über hinreichende fachliche und sachliche Ressourcen für den Umgang mit Risikopositionen verfügt. Die Allokation der Kreditwirtschaftsgüter ist demnach an der unternehmerisch vorgegebenen Aufgabenverteilung zu messen. Die tatsächlich vorhandene Unternehmensausstattung ist in Relation zu den übernommenen Risikowirtschaftsgütern zu setzen. Erweist sich die Infrastruktur als unzureichend, führt das „Dealing at arm's length"-Prinzip zu einer abweichenden steuerlichen Zuordnung. Nach diesem Verständnis spürt der Fremdvergleich solche Zuordnungsentscheidungen auf, die nicht im Einklang mit der unternehmerisch bestimmten Betriebsstruktur stehen. Die fremdvergleichsorientierte Vermögensabgrenzung vermittelt zwar ein statisches Moment für die Erfolgsabgrenzung. Der Blick auf das Organisationsgefüge eines multinationalen Kreditinstituts macht aber deutlich, dass diese Wirkung in der bankbetrieblichen Realität weitgehend an Kontur verliert.

1356 *Drüen*, StuW 2008, 154 (156).

1357 Vgl. *Borstell*, in Vögele/Borstell/Engler, Hdb Verrechnungspreise[3], Kap. C Rz. 59.

1358 Vgl. Teil 3, C. VI. 3. der Arbeit.

III. Grenzen der objektivierenden Wirkung der Vermögensabgrenzung bei Bankbetriebsstätten

Im Kreditgeschäft durch Bankbetriebsstäten geht von der Vermögensallokation schon deshalb nur eingeschränkt objektivierende Kraft aus, weil sich die Zuordnung der Wirtschaftsgüter während der Kreditlaufzeit verändern kann. Der Fremdvergleich dient nur begrenzt als Prüfmaßstab der gewillkürten Zuordnungsänderung durch Umbuchung[1359]. Auslandsfilialen von Kreditinstituten sind im Gegensatz zu Produktions- oder Vertriebseinheiten von Industrie- und Handelsunternehmen grundsätzlich dazu befähigt, sämtliche auch im Inland üblichen Geschäfte zu betreiben[1360]. Soweit bei dem das Wirtschaftsgut empfangenden Unternehmensteil eine technische und personelle Grundausstattung vorhanden ist, sind der Überprüfung am Maßstab des Fremdvergleichs Grenzen gesetzt. So ist der interne Transfer von Wirtschaftsgütern auch dann dem Grunde nach als fremdüblich einzustufen, wenn die korrespondierenden Aufgaben der Kreditverwaltung und des Risikomanagements im empfangenden Institutsteil von weniger spezialisiertem Personal erledigt werden. Die Frage der Effektivität der Aufgabenerledigung ist betriebswirtschaftlicher Natur. Insoweit gilt eine weite unternehmerische Einschätzungsprärogative. Unter Hinweis auf den Fremdvergleichsgrundsatz kann nicht gefordert werden, dass die einzelnen Aufgaben, namentlich solche des Risikomanagements, von den fachlich besten Mitarbeitern erbracht werden. Erforderlich ist nur, dass der jeweilige Unternehmensteil sachlich und personell befähigt ist, hinreichenden Einfluss auf die übertragenen Risiken zu nehmen[1361].

Der Befund, dass der interne Transfer von Wirtschaftsgütern in der Regel nicht unter Hinweis auf das „Dealing at arm's length"-Prinzip in Frage gestellt werden kann, wird dadurch bestätigt, dass Kreditinstitute verstärkt dazu übergehen, Kreditrisiken unter Einsatz kapitalmarktorientierter Steuerungsinstrumente von

---

[1359] Siehe bereits Teil 3, D. II. 2. der Arbeit.

[1360] *Büschgen*, Bankbetriebslehre, S. 618.

[1361] *Ledure/Bertrand/van der Breggen/Hardy*, Intertax 2010, 350 (354) fordern ein *„certain level of control"*; siehe auch *Schön*, WTJ 2009, 67 (113). OECD-Guidelines 2010, Tz. 1.49: *„In arm's length transactions it generally makes sense for parties to be allocated a greater share of those risks over which they have relatively more control."*.

dem korrespondierenden Wirtschaftsgut zu lösen und auf fremde Dritte zu verlagern. Insbesondere bei umfassender steuerlicher Selbständigkeit der Betriebsstätte im Sinne des *„functionally separate entity approachs"* ist ein solcher Risikotransfer auch innerhalb des Einheitsunternehmens zu berücksichtigen[1362]. In der Konsequenz verliert die objektivierende Wirkung der Vermögensabgrenzung für die Zurechnung von potentiellem Wertberichtigungsaufwand an Bedeutung, wenn das Ausfallrisiko durch Abschluss eines „Quasi-Kreditausfall-Swaps" auf einen anderen Unternehmensteil übertragen worden ist.

Insgesamt wird die objektivierende Wirkung der Vermögensabgrenzung in der Bankpraxis erheblich abgeschwächt. Dazu trägt besonders die Bündelung der Aktivitäten der aktiven Risikosteuerung an zentraler Stelle bei. Der institutsinterne Transfer von Kreditwirtschaftsgütern ist nur in Ausnahmefällen unter Hinweis auf das Fehlen eines wirtschaftlichen Grundes zurückzuweisen.

C. Die Gewinnabgrenzung der Höhe nach

I. Widerstreitende Konzepte der Gewinnabgrenzung der Höhe nach

Ausgehend von dem inhaltsoffenen Grundgedanken der steuerlichen Verselbständigung der Betriebsstätte stehen sich zwei gegenläufige Konzepte der direkten Gewinnabgrenzung der Höhe nach gegenüber. Auf der einen Seite steht das Aufwandskonzept, das von einer eingeschränkten Steuerselbständigkeit der Betriebsstätte ausgeht[1363]. Gegenstand der Gewinnabgrenzung ist danach die Zurechnung der im Außenverhältnis realisierten Aufwands- und Ertragsposten[1364]. Der Betriebsstättengewinn ergibt sich aus dem „Zusammenklang von Aufwand und Ertrag"[1365]. Der unternehmensinterne Dienstleistungsverkehr bleibt unberücksichtigt. Auf der anderen Seite steht das sogenannte Entgelt- oder Marktpreis-

---

1362 Vgl. Teil 3, C. VI. 1. der Arbeit.

1363 So *Hidien*, in K/S/M, EStG, § 49 Rn. D 3161 (Mai 2007).

1364 Dieser Ansatz entspricht dem von *Debatin* geprägten „Erwirtschaftungsgrundsatz" (dazu Teil 1, C. I. 1. der Arbeit). Der OECD-Steuerausschuss prägt den Begriff *„relevant business activity approach"* (vgl. OECD, Betriebsstättenbericht 2008, Part I Tz. 61 ff.).

1365 So *Schön*, in Lüdicke, Besteuerung im Wandel, S. 71 (97).

konzept[1366], das auf einer umfassenden Selbständigkeitsfiktion basiert. Dieser Ansatz rückt die Vergütung der internen Geschäftsvorfälle in den Fokus der Gewinnabgrenzung der Höhe nach und entspricht damit konzeptionell dem *„functionally separate entity approach"* im Sinne des neugefassten Art. 7 Abs. 2 OECD-MA 2010[1367]. Übertragen auf die Gewinnabgrenzung bei Bankbetriebsstätten werden beide Ansätze nicht in Reinform verwirklicht, sondern in wesentlichen Punkten modifiziert.

1. Extension des Aufwandskonzeptes durch das Kriterium der „gewöhnlichen Geschäftstätigkeit"

Bei Anwendung des Aufwandskonzeptes sollen ausnahmsweise solche unternehmensinternen Dienstleistungen steuerlich zu beachten sein, die zu der Haupttätigkeit (*„main activity"*) der Betriebsstätte zählen[1368]. Dahinter steht der Gedanke, dass solche Innenleistungen, die im regelmäßigen Geschäftsverkehr auch an außenstehende Dritte erbracht werden, für das Gesamtunternehmen erfolgswirksam werden[1369]. Aus diesem Grunde soll die eingeschränkte Selbständigkeitsfiktion durchbrochen und die Betriebsstätte bezüglich dieser „spezifischen"[1370] Innendienstleistungen wie ein völlig selbständiges und unabhängiges Unternehmen mit Gewinnerzielungsabsicht angesehen werden, das Marktpreise verrechnen kann[1371]. Im Hinblick auf die Gewinnabgrenzung bei Bankbetriebsstätten prägt der OECD-Steuerausschuss den Topos der „gewöhnlichen Geschäftstätigkeit" (*„ordinary business"*)[1372]. Da die Kreditvergabe gewöhnliche Geschäftstätigkeit von Kreditinstituten ist, soll die institutsinterne Überlassung von Finanzmitteln als „Quasi-

---

1366 *Hidien*, in K/S/M, EStG, § 49 Rn. D 3174 (Mai 2007); *Buciek*, in F/W/K, DBA-CH, Art. 7 Anm. 503 (Juli 2003).

1367 *Mascarello*, ITPJ 2006, 54 (70) prägt den Begriff *„service fee approach"*.

1368 OECD-MK 2003, Art. 7 MA Tz. 17.6; OECD-MK 2008, Art. 7 MA Tz. 41; BMF-Schreiben vom 24.12.1999, BStBl. I 1999, 1076 (1090 [Tz. 3.1.2]).

1369 *Hemmelrath*, in Vogel/Lehner, DBA[5], Art 7 Rz. 91; *ders.*, Ermittlung des Betriebsstättengewinns, S. 178.

1370 OECD-MK 2005, Art. 7 MA Tz. 17.6; OECD-MK 2008, Art. 7 MA Tz. 41.

1371 Vgl. auch *Vann*, in Arnold/Sasseville/Zolt, Taxation of Business Profits, S. 133 (137).

1372 Siehe OECD-MK 2005, Art. 7 MA Tz. 19.

Darlehen" fremdüblich zu vergüten sein[1373]. In diesem Sinne sprach sich bereits *Mitchell B. Carroll* für eine Ausnahme von der bloßen Aufwandszurechnung aus[1374].

Angesichts des Strukturwandels im Bankensektor und des Bedeutungszuwachses der kapitalmarktorientierten Kreditrisikosteuerung verliert die Argumentation anhand der gewöhnlichen Geschäftstätigkeit an Kontur. Vor allem multinationale Großbanken wenden sich seit Mitte der 1990er Jahre von der tradierten „Buy and hold"-Strategie im Kreditgeschäft ab und gehen dazu über, Darlehensforderungen als solche oder das diesen anhaftende Ausfallrisiko über die Kapitalmärkte zu externalisieren[1375]. Die Aktivitäten der Risikosteuerung durch Kreditausfall-Swaps (CDS), Forderungsverkauf und Forderungsverbriefung komplementieren zunehmend das originäre Kreditgeschäft. Bankunternehmen beschränken sich nicht mehr darauf, Risikopositionen (passiv) in Büchern zu halten, sondern strukturieren die übernommenen Risiken um und veräußern diese über die Finanz- und Kapitalmärkte. Die Prozesse der Risikotransformation bilden ein zentrales Geschäftsfeld von multinationalen Bankunternehmen[1376]. Risiken sind ebenso wie Geld „Handelsware"[1377] und Produktionsfaktor von Kreditinstituten[1378]. Der ursprünglich auf die Darlehensvergabe beschränkte Argumentationstopos der gewöhnlichen Geschäftstätigkeit wird deshalb zunehmend in Frage gestellt. Fragwürdig erscheint dieses Kriterium auch aufgrund seiner inhaltlichen

---

1373 So bereits Art. 4 des Entwurfs eines Musterabkommens des Völkerbundes aus dem Jahre 1933; siehe *Russo,* BIFD 2004, 472 (474). OECD-MK 2005, Art. 7 MA, Tz. 19; OECD-MK 2008, Art. 7 MA, Tz. 41, 49; OECD, Bericht 1984 Tz. 49. Aus deutscher Sicht BFH, Urteil vom 27.7.1965, BStBl. III 1966, 24 (27); BMF-Schreiben vom 24.12.1999, BStBl. I 1999, 1076 (1093 [Tz. 4.1.4]). Siehe auch *Arndt,* Geschäftstätigkeit deutscher Banken, S. 118; *Diehl,* Zweigniederlassungen ausländischer Banken, S. 52. Kritisch *Mutscher,* Kapitalstruktur von Betriebstätten, S. 56 f. Vgl. auch Teil 3, A. II. 1. a) der Arbeit.

1374 *Carroll,* Methods of Allocating Taxable Income, Tz. 733, 737 (1).

1375 Siehe *Ricken,* Kreditrisikotransfer, S. 1; *Hauser,* Kreditderivate, S. 139. Insbesondere der Markt für Kreditausfall-Swaps ist seit den späten 1990er Jahren stark gewachsen (siehe *Hull,* Risikomanagement², S. 352).

1376 *Neus,* in Luz/Neus/Schaber/Scharpf/Schneider/Weber, KWG², Einführung Tz. 15; vgl. auch *Commerzbank,* Geschäftsbericht 2012 (siehe Fn. 352), S. 136.

1377 So BMF-Schreiben vom 24.12.1999, BStBl. I 1999, 1076 (1093 [Tz. 4.1.4]).

1378 Deutlich *Groß/Knippschild,* in Rolfes/Schierenbeck/Schüller, Risikomanagement in Kreditinstituten, S. 69 (107): *„Money is not the raw material of banking, it is risk!"*.

Unbestimmtheit[1379]. Wie hoch der Anteil der „Risikoaktivitäten" an der Gesamtgeschäftigkeit der Betriebsstätte sein muss, um diese als gewöhnliche (Haupt-) Tätigkeit zu qualifizieren, bleibt unklar. Schwierigkeiten entstehen vor allem deshalb, weil die Auslandsbetriebsstätte auf unterschiedliche Weise in die Steuerung der Kreditrisiken eingebunden sein kann[1380].

2. Restriktion des Entgeltkonzeptes

Der OECD-Steuerausschuss schränkt den *„functionally separate entity approach"* bei der Gewinnabgrenzung im grenzüberschreitenden Kreditinstitut an einem wesentlichen Punkt ein. Unter dem AOA verfügt eine Betriebsstätte nicht über eine eigene Bonität, sondern teilt zwangsläufig die Kreditwürdigkeit des Einheitsunternehmens[1381]. Für ein selbständiges und unabhängiges (Bank-)Unternehmen ist die externe Beurteilung der Kreditwürdigkeit indes prägendes Unternehmensmerkmal[1382]. Die Einschränkung der absoluten Selbständigkeitsfiktion ist zwar auch dem Umstand geschuldet, dass für eine – zivilrechtlich unselbständige – operative Betriebseinheit kein originäres Bonitätsurteil existiert. In erster Linie wendet sich der OECD-Steuerausschuss aber gegen eine steuerliche Berücksichtigung abstrakter Garantieabsprachen zwischen den Institutsteilen[1383]. Er begründet die Restriktion des AOA damit, dass Gläubiger und Schuldner das Institut als rechtliche Einheit betrachten[1384].

Das Bemühen um eine Einschränkung des Entgeltprinzips veranschaulicht bereits die auf *Helmut Becker* zurückgehende „These vom Funktionsnutzen". Danach richtet sich die Gewinnabgrenzung nach dem (Teil-)Nutzen der in der Betriebsstätte ausgeübten Funktionen[1385]. Für die Bemessung des Funktionsnutzens rekurriert

---

1379 Kritisch auch *Ziehr*, Einkünftezurechnung, S. 142.

1380 Siehe nur *Hartschuh/Grimm/Haider*, in Schierenbeck/Kirmße, Banksteuerung, S. 245 (250 f.); vgl. auch Teil 2, B. II. 1. b). der Arbeit.

1381 OECD, Betriebsstättenbericht 2010, Part II Tz. 31, 83; vgl. auch Teil 3, B. I. 4. c).

1382 So auch OECD, Betriebsstättenbericht 2010, Part II Tz. 28, 79.

1383 OECD, Betriebsstättenbericht 2010, Part II Tz. 54: *„...there is no scope for the rest of the bank guaranteeing the PE's creditworthiness, or for the PE to guarantee the creditworthiness of the rest of the banking enterprise of which it is a part."*.

1384 OECD, Betriebsstättenbericht 2010, Part II Tz. 54.

1385 *Becker*, DB 1990, 392; zuvor bereits *ders.*, DB 1989, 10 (13).

Becker auf den „Dealing at arm's length"-Grundsatz[1386]. Die steuerliche Berücksichtigung des faktischen Geschäftsverkehrs setzt das Vorliegen eines bewertungsfähigen Funktionsnutzens voraus. Ist ein solcher Nutzen für den die Leistung empfangenden Unternehmensteil nicht feststellbar, scheidet eine fremdübliche Vergütung der Innenleistung aus. Dahinter steht der Gedanke, dass ein selbständig und unabhängig agierender Marktteilnehmer nur solche Leistungen nachfragen wird, die für ihn nützlich sind[1387]. Die Vorfrage nach der Existenz eines Funktionsnutzens führt allerdings nur theoretisch zu einer Restriktion der steuerlichen Berücksichtigung interner Geschäftsvorfälle. Für die Gewinnabgrenzung bei Bankbetriebsstätten eignet sich dieser Ansatz nicht als sachgerechter „Filter" der vielfältigen Innenleistungen. Der Nutzen institutsinterner Leistungen beruht auf individuellen unternehmerischen Erwägungen. Ein abstrakter ökonomischer Vorteil geht von sämtlichen Geschäftsvorfällen aus. Innendarlehen stiften einen „Finanzierungsnutzen"[1388]. Interne Maßnahmen des aktiven Risikomanagements stellen die nach dem Profit-Center-Konzept gesteuerten dezentralen Betriebseinheiten von den eingegangenen Risiken frei und befähigen sie zu Neugeschäft[1389]. *Hemmelrath* fragt aufgrund der inhaltlichen Unbestimmtheit des Nutzen-Kriteriums danach, ob die einzelne Innenleistung zu dem ausschließlichen Nutzen einer bestimmten Betriebsstätte oder des Gesamtunternehmens erbracht wird[1390]. Übertragen auf die in der Bankpraxis zentral koordinierte Risiko- und Liquiditätssteuerung erweist sich auch diese Fragestellung als nicht zielführend. Spezialisierungsvorteile durch zentrale Geschäftssteuerung und daraus erzielte Synergieeffekte kommen nicht einem einzelnen Betriebsteil, sondern dem Gesamtunternehmen zugute.

Wolfgang Schön entwirft einen weiteren Ansatz, um die steuerliche Berücksichtigung der Innenleistungen einzuschränken. Er schlägt vor, nur solche internen Geschäftsvorfälle zu beachten, die darauf zielen, die bei einzelnen Unternehmens-

---

[1386] So auch *Becker*, DB 1990, 392 (392).

[1387] *Hemmelrath*, in Vogel/Lehner, DBA[5], Art. 7 Rz. 91.

[1388] Siehe nur *Becker*, DB 1989, 10 (14).

[1389] Aus bankbetrieblicher Sicht *Rinker/Schweizer*, in Schierenbeck/Kirmße, Banksteuerung, S. 231 (233, 240); *Russ*, Kapitalmarktorientiertes Kreditrisikomanagement, S. 177 f.; siehe auch *Uhlig*, in Schierenbeck/Kirmße, Banksteuerung, S. 35 (36, 43).

[1390] *Hemmelrath*, Ermittlung des Betriebsstättengewinns, S. 264 f., 267 f.

teilen entstandenen realen Aufwendungen anderen Unternehmenseinheiten anzulasten[1391]. Im Wege der internen Leistungsverhältnisse sollen die ausländischen Betriebsteile an „erheblichen Vorabinvestitionen" des Stammhauses beteiligt werden[1392]. Dies gilt beispielhaft für die interne Verrechnung des tatsächlichen Aufwandes für Forschungs- und Entwicklungsvorhaben und den Aufbau von Marken- und Patentrechten. Die steuerliche Berücksichtigung erfolgt demnach als „bloße Kostenumlage"[1393]. Bezogen auf die Gewinnabgrenzung bei Bankbetriebsstätten bewirkt die „These der realen Aufwendungen" keine sachgerechte Restriktion des Innenverkehrs. Da Kosten für Forschung und Entwicklung immaterieller Wirtschaftsgüter im Bankensektor nur eine untergeordnete Rolle spielen, führt die Idee einer Umlage tatsächlich entstandener Kosten letztlich dazu, dass der institutsinterne Leistungsverkehr steuerlich weitgehend ausgeblendet wird. So schließt das Konzept der Kostenumlage eine Berücksichtigung der institutsinternen Geldströme als „Innendarlehen" aus, soweit diese nicht in Bezug zu tatsächlichen (externen) Refinanzierungstransaktionen stehen. Richtet ein multinationales Institut Zentralstellen für die aktive Steuerung von (Kredit-)Risikopositionen und die unternehmensweite Koordinierung der Liquiditätsströme ein, kommt zwar eine Abgrenzung des Aufwandes für Aufbau und Betrieb dieser Einheiten in Betracht. Der interne Transfer von Risiken und Wirtschaftsgütern zu dieser Einheit bleibt jedoch unberücksichtigt, weil tatsächlicher Aufwand erst entsteht, wenn die Zentraleinheit Risiken über die Kapitalmärkte externalisiert. Schwierigkeiten entstehen, weil sich die von der Zentraleinheit eingeleiteten Steuerungsmaßnahmen nicht notwendig auf Einzelpositionen beziehen, sondern vielmehr auf individuell aggregierte (Forderungs-)Portfolios. Für das Problem, wie die im Außenverkehr von einer zentralen Steuerungseinheit gezahlten Absicherungsprämien und vereinnahmten Erträge aufzuteilen sind, bietet die „These der realen Aufwendungen" keine tragfähige Lösung. Dieser Befund gilt entsprechend für die Zurechnung der bei zentraler Stelle entstandenen Kosten der Liquiditätssteuerung

---

1391 *Schön,* in Lüdicke, Besteuerung im Wandel, S. 71 (109).

1392 *Schön,* in Lüdicke, Besteuerung im Wandel, S. 71 (108); ähnlich *Buciek,* in F/W/K, DBA-CH, Art. 7 Anm. 497 (Juli 2003).

1393 *Schön,* in Lüdicke, Besteuerung im Wandel, S. 71 (109).

und Refinanzierung[1394]. Der skizzierte Ansatz führt bei Anwendung auf Bankbetriebsstätten weithin zu den Ergebnissen eines strengen Aufwandskonzeptes.

II. Zielkonflikt zwischen bankbetrieblicher Integration und steuerlicher Selbständigkeitsfiktion der Betriebsstätte

Die Bewältigung der institutsinternen Geschäftsvorfälle auf Ebene der Gewinnabgrenzung der Höhe nach illustriert den Konflikt zwischen Steuerrecht und bankbetrieblicher Realität. Auf der einen Seite steht die Idee der fiktiven Steuerselbständigkeit der Bankbetriebsstätte, auf der anderen Seite die enge betriebliche Einbindung der Auslandseinheit in das Gesamtinstitut.

1. Bankbetriebliche Risikosteuerung und risikoorientierte Gewinnabgrenzung

Der AOA rückt die Allokation der Risiken in den Mittelpunkt der Gewinnabgrenzung bei Bankbetriebsstätten[1395]. Auf den ersten Blick liegt diesem Ansatz ein einleuchtender Gedankengang zugrunde, weil die besondere ökonomische Bedeutung des Faktors Risiko Niederschlag im Rahmen der steuerlichen Gewinnabgrenzung findet. Die nähere Analyse zeigt indes die Schwächen der risikoorientierten Gewinnabgrenzung, vor allem die sich einstellenden Unsicherheiten und Gestaltungsmöglichkeiten. Unter dem AOA folgt die Vergütung interner Geschäftsvorfälle den Vorgaben der OECD-Verrechnungspreisgrundsätze. Diese beruhen auf dem Leitsatz, dass im Rechtsverkehr zwischen fremden Dritten die Übernahme erhöhter Risiken durch Zahlung eines entsprechend erhöhten Entgelts vergütet wird[1396]. Bei entsprechender Anwendung auf die Gewinnabgrenzung im Einheitsunternehmen ist innerhalb des grenzüberschreitenden Kreditinstituts für die Übernahme steigender Risiken eine entsprechend erhöhte Vergütung zu verrechnen. In der Konsequenz führt eine erhöhte Risikoübernahme zu einem erhöhten Gewinnanteil der risikoübernehmenden Betriebseinheit. Eine solche

---

[1394] Dieses Ergebnis deckt sich mit der von *Schön* primär angestrebten Aufteilung anfänglicher Vorabinvestitionen (vgl. *Schön*, in Lüdicke, Besteuerung im Wandel, S. 71 (108 f.).

[1395] OECD, Betriebsstättenbericht 2010, Part I Tz. 27, 186.

[1396] OECD-Guidelines 2010, Tz. 1.45; vgl. *Ditz*, Gewinnabgrenzung, S. 302. *Schön*, WTJ 2009, 63 (113) gibt treffend zu bedenken, dass ein hohes Risiko nicht notwendig zu einem gesteigerten Ertrag führt.

risikoorientierte Gewinnabgrenzung ist schon deshalb fragwürdig, weil aus der Übernahme risikobehafteter Positionen kein gesteigertes Unternehmensrisiko für die einzelne rechtlich unselbständige Auslandseinheit resultiert. Die Betriebsstätte partizipiert an Bonität und „Ansehen" des Gesamtinstituts[1397]. Bei rechtlich selbständigen Unternehmen wirkt das ansteigende Insolvenzrisiko disziplinierend bezüglich der Übernahme weiterer Risiken. Für rechtlich unselbständige Auslandseinheiten fehlt ein solches Korrektiv. Ein erhöhtes Risikopotential führt nicht zu einem gleichsam steigenden Geschäftsrisiko, weil letztlich das Gesamtinstitut als zivilrechtliche Haftungseinheit die Risiken auffängt.

Im Einheitsunternehmen kommen Geschäftsbeziehungen nicht durch Angebot und Nachfrage zustande, sondern sind das Ergebnis interner Machtverteilung[1398]. Die Auslandseinheiten eines Bankunternehmens sind den strategischen Leitlinien der Geschäftsleitung und im Kreditgeschäft den Voten zentraler Entscheidungsgremien unterworfen. Sie werden durch „Autorität" gesteuert („*governed by control*")[1399]. Im Gegensatz zu der Koordination über den offenen Markt werden institutsintern auch solche Geschäfte abgewickelt, die im Außenverkehr nicht geschlossen worden wären. Ein Anschauungsbeispiel bietet die Einrichtung zentraler Risikosteuerungseinheiten. In diesem Falle gelten für den internen Transfer von Wirtschaftsgütern und Risiken an eine zentralisierte Steuerungseinheit spezifische – hierarchisch vorgegebene – Bezugs- und Absatzzwänge[1400]. Infolge dieser Interaktionszwänge werden im Innenverhältnis quasi-vertragliche Absprachen auch dann getroffen, wenn dies am Markt – mangels Nachfrage – nicht (mehr) möglich wäre. So kann ein Unternehmensteil die Zahlung einer hohen Risikoprämie für einen internen Kreditausfall-Swap in Kauf nehmen, wenn es im Gegenzug möglich wird, Risiken und Wertberichtigungsaufwand steuerlich zu verlagern. Die (bank-)betriebliche Realität lässt sich insoweit nicht allein durch die Fiktion von Marktpreisen ausgleichen. Die

---

[1397] Siehe nur *Büschgen*, Bankbetriebslehre, S. 607; *Arndt*, Geschäftstätigkeit deutscher Banken, S. 120.

[1398] Vgl. *Sadiq*, BIFD 2004, 67 (72); allgemein *Pahl-Schönbein*, Konzerninterne Dienstleister, S. 73, 75 f.

[1399] So *Lebowitz*, TNI 1999, 1201 (1203); vgl. auch *Pahl-Schönbein*, Konzerninterne Dienstleister, S. 62 f.; *Buciek*, in F/W/K, DBA-CH, Art. 7 Anm. 302 (Juli 2003).

[1400] *Pahl-Schönbein*, Konzerninterne Dienstleister, S. 75 spricht von einem „beidseitigen Monopol".

Zweifel an einer risikoorientierten Gewinnabgrenzung setzen darin fort, dass sich Innenvereinbarungen ausschließlich in der institutseigenen Dokumentation fixiert finden.

Wie dargelegt, dient der Fremdvergleich nur bedingt als objektivierender Prüfmaßstab der Zuordnung von Risiken und Wirtschaftsgütern bei Kreditinstituten[1401]. Die sich einstellenden Gestaltungsspielräume sieht der OECD-Steuerausschuss durch den Leitsatz begrenzt, dass Risiken nicht von der korrespondierenden Funktion getrennt werden können („*risks follow functions*")[1402]. Dieses Axiom erweist sich in praxi weit weniger aussagekräftig, als im Denkmodell des AOA beschrieben. Richten internationale Kreditinstitute spezialisierte Risikosteuerungseinheiten ein, ist daraus nicht zu schließen, dass andere Betriebseinheiten von vornherein nicht über die nötige personelle und sachliche Infrastruktur verfügen, um Risiken zu bewältigen. Die Frage, ob Risiken effektiv kontrolliert und gesteuert werden, ist betriebswirtschaftlicher Natur und steht im unternehmerischen Ermessen. Steuerrechtlich kann keine größtmögliche Effizienz des Risikomanagements gefordert werden[1403]. Die Mindestanforderungen an das Risikomanagement (MaRisk) gibt das qualitative Bankaufsichtsrecht vor[1404]. Für die übernommenen Risikopositionen ist eine angemessene personelle und sachliche Infrastruktur bereitzuhalten. Es existiert aber kein allgemeiner Grundsatz, dass Risiken untrennbar mit einer bestimmten Funktion verbunden sind[1405].

Gegen eine risikoorientierte Gewinnabgrenzung bei Bankbetriebsstätten spricht schließlich, dass die (Kredit-)Risiken institutsintern nicht trennscharf zu verteilen sind. Einzelforderungen können in einem Portfolio gebündelt, in einen anderen Unternehmensteil überführt und zum Zwecke der Refinanzierung – bei der EZB – verbrieft werden[1406]. Ebenso können Risiken als solche durch den Abschluss von

---

1401 Vgl. Teil 5, B. III. der Arbeit.

1402 OECD, Betriebsstättenbericht 2010, Part I Tz. 70: „*...risk cannot be separated from function under the authorised OECD approach.*"; siehe auch OECD, Betriebsstättenbericht 2010, Part II Tz. 44.

1403 *Schön*, WTJ 2009, 67 (113) prägt den Begriff des „*cheapest risk avoider*".

1404 Dazu Teil 2, B. II. 2. der Arbeit.

1405 Dazu bereits Teil 3, C. VI. 3. der Arbeit.

1406 Eine wesentliche Triebfeder ist die „*ABS Loan-level Initiative*" der EZB (siehe dazu Teil 3, C. II. 4. b) bb) der Arbeit).

„Quasi-Kreditausfall-Swaps" von dem korrespondierenden Wirtschaftsgut isoliert und auf andere Unternehmensteile übertragen werden. Schwierigkeiten bereitet insoweit die Abgrenzung zwischen dem internen Transfer von (Kredit-)Risiken und sonstigen risikobezogenen Innendienstleistungen. Die Unsicherheit wird dadurch verstärkt, dass die Aktivitäten der Risikosteuerung nur in geringem Maße standortgebunden sind[1407]. Die Ausübung der informationstechnologisch gestützten Tätigkeiten kann mit relativ geringem Aufwand geografisch verlagert werden[1408].

Nach alledem treten die Defizite einer risikoorientierten Ausrichtung der Gewinnabgrenzung bei Bankbetriebsstätten deutlich hervor. Das gilt nicht nur für die Zuordnung der Risiken im Einheitsunternehmen, sondern ebenso für die Vergütung der vielfältigen internen Risikoabsprachen und Dienstleistungen. Belastbare Vergleichsparameter fehlen – wie gezeigt – insbesondere für den Transfer von Darlehensforderungen und intern vereinbarten Kreditausfall-Swaps[1409]. Der AOA überträgt das schon im Konzernsachverhalt offenbarte Problem der Gewinnverlagerung durch Risikoabsprachen auf das Einheitsunternehmen[1410], obgleich es an einem wirksamen Korrektiv für die Manipulationsanfälligkeit interner Risikovereinbarungen fehlt. Da risikoorientierte Gewinnzuschläge nicht in Bezug zu den in Anspruch genommenen Staatsleistungen stehen[1411], bleibt auch der Rekurs auf das Nutzenprinzip ohne Ergebnis.

2. Bankbetriebliche Liquiditätssteuerung

Die Gewinnmarge im Kreditgeschäft entspricht – vereinfacht gesprochen – dem Saldo aus vereinnahmtem Darlehenszins (Aktivzins) und den Kosten der Refinanzierung (Passivzins). Im Rahmen der Gewinnabgrenzung im Einheitsunternehmen folgt die Zurechnung des Zinsertrages der Zuordnung der Kreditforderung. Demgegenüber bereitet die Zurechnung der Refinanzierungskosten erhebliche Schwierigkeiten. Praktisch ist es kaum möglich, den Zinsaufwand der Betriebsstätte transaktionsbezogen zu bestimmen.

1407 Vgl. *Ditz*, Gewinnabgrenzung, S. 386.

1408 Siehe nur *Frotscher*, in Oestreicher, Unternehmen im Umbruch, S. 101 f.

1409 Vgl. Teil 3, E. II. der Arbeit.

1410 Kritisch gegenüber der risikoorientierten Ausrichtung des Verrechnungspreisregimes *Avi-Yonah/Clausing/Durst*, Florida Tax Review 2009, 497 (503).

1411 Dazu Teil 3, C. V. der Arbeit.

Die Auslandsfiliale führt grundsätzlich kein relevantes eigenständiges Passivgeschäft, sondern ist in die unternehmensweite Liquiditätssteuerung eingebunden und insoweit den Vorgaben des Stammhauses unterworfen. Die Refinanzierung durch spezialisierte Abteilungen erfolgt üblicherweise nicht einzelgeschäftsbezogen. Die Zentralstelle (Treasury) koordiniert institutsweit die Aufnahme von Finanzmitteln und weist den kapitalnachfragenden Einheiten die benötigten Mittel zu[1412]. Für die Bestimmung der Refinanzierungskosten der Betriebsstätte eines multinationalen Kreditinstituts gilt demnach zweierlei: Die Refinanzierung erfolgt weder fristen- noch betragskongruent[1413]. Zudem bestehen die zentral gebündelten Finanzmittel sowohl aus Eigenkapital als auch aus Fremdkapital[1414].

Das zentrale Liquiditätsmanagement verdeutlicht, dass die fremdübliche Vergütung der „Innendarlehen" nur ein Teilaspekt des Problemkreises der Zurechnung der Refinanzierungskosten ist. Stets ist zu fragen, wie die interne Liquiditätsversorgung konkret abgewickelt wird. Auf der einen Seite können die der Betriebsstätte zugewiesenen Finanzmittel aus einem auf Institutsebene eingerichteten *„cash pool"* stammen[1415]. Dies bietet den Vorteil, dass auf externe Finanzierungsquellen erst zurückgegriffen wird, wenn keine unternehmenseigenen liquiden Mittel zur Verfügung stehen[1416]. In diesem Fall kann dem kapitalnachfragenden Betriebsteil Liquidität durch ein – fremdüblich zu vergütendes – internes „Darlehen" zugeführt werden. Auf der anderen Seite besteht die Möglichkeit, dass die zentrale Finanzierungseinheit die von der Auslandseinheit nachgefragten Finanzmittel über die Kapitalmärkte beschafft und intern weiterleitet. Zusätzlich zu den entstandenen Fremdkapitalkosten wird dem empfangenden Unternehmensteil in diesem Falle ein Dienstleistungsentgelt (*„service fee"*) in Rechnung gestellt.

[1412] *Heidorn/Schmaltz,* ZfgK 2010, 140 (140); *Schaus,* in Löwenstein/Looks/Heinsen, Betriebsstättenbesteuerung², Rz. 1271 führt aus, dass die Treasury faktisch eine „Bank-Funktion" in der Gesamtbank ausüben kann; vgl. auch *Kobetsky,* BIFD 2005, 48 (56).

[1413] *Arndt,* Geschäftstätigkeit deutscher Banken, S. 119; *Schaus,* in Löwenstein/Looks/Heinsen, Betriebsstättenbesteuerung², Rz. 1271; vgl. auch *Diehl,* Zweigniederlassungen ausländischer Banken, S. 53.

[1414] Siehe bereits *Carroll,* Methods of Allocating Taxable Income, Tz. 733.

[1415] Allgemein zu der Zentralisierung der Kassenhaltung (*„cash pooling"*) *Eilers/Ottermann,* in Lüdicke/Sistermann, Unternehmensteuerrecht, § 13 Rn. 33.

[1416] *Ledure/Bertrand/van der Breggen/Hardy,* Intertax 2010, 350 (355).

Der Ursprung der institutsinternen Geldströme kann lediglich anhand der unternehmenseigenen Dokumentation nachvollzogen werden. Eine tatsächliche Überprüfung der Liquiditätsströme „von außen" ist verwehrt. Dies ist Ausdruck der unternehmerischen Finanzierungsfreiheit. Die Art und Weise der Fremdfinanzierung der Betriebsstätte steht im unternehmerischen Ermessen. Der Vorbehalt der Missbräuchlichkeit der Fremdfinanzierung der Betriebsstätte gilt nur bezogen auf die Höhe der Kapitalzuweisung[1417]. Er betrifft nicht die Entscheidung, ob extern aufgenommene Finanzmittel direkt an die Betriebsstätte weitergeleitet werden oder ob die Finanzierung durch die Vergabe von „Innendarlehen" aus dem vorhandenen Mittelbestand („*cash pool*") erfolgt. Die Unternehmensleitung bestimmt über das „Wie" der Ausstattung der Betriebsstätte mit Fremdkapital. Gestaltungsspielraum entsteht insoweit, als sich die Treasury-Einheit im Außenverhältnis zu günstigen Konditionen finanzieren und die Finanzmittel im Innenverhältnis – zu einem späteren Zeitpunkt – als „Innendarlehen" zu höheren Konditionen an die in einem „Hochsteuerland" belegene Betriebsstätte weiterreichen kann. Umgekehrt kann es vorteilhaft sein, die am Kapitalmarkt eingeworbenen Finanzmittel an die Auslandseinheit weiterzuleiten, und dieser dafür ein Service-Entgelt in Rechnung zu stellen. Die Modalitäten der internen Fremdfinanzierung sind Gegenstand der weiten unternehmerischen Einschätzungsprärogative. Das „Dealing at arm's length"-Prinzip beschränkt sich auf die Prüfung der intern verrechneten Zinszahlungen und Dienstleistungsentgelte der Höhe nach. Der Betriebsstättenbericht 2010 nähert sich dem Problem der Abgrenzung zwischen „Darlehen" und Durchleitung mit der Frage, welcher Unternehmensteil als Geschäftsherr der jeweiligen Transaktion anzusehen ist und welcher Teil die wesentlichen Risiken der Transaktion trägt[1418]. Da die zentral koordinierte Refinanzierung weder einzelgeschäftsbezogen noch betrags- und fristenkongruent erfolgt[1419], liefern diese Kriterien in der praktischen Anwendung keine tragfähigen Ergebnisse.

[1417] Vgl. Teil 4, A. II. der Arbeit.

[1418] OECD, Betriebsstättenbericht 2010, Part II Tz. 195 f.

[1419] Siehe die Nachweise in Fn. 1413.

Der OECD-Steuerausschuss akzeptiert zwei methodisch gegensätzliche Ansätze für die Abgrenzung der tatsächlich entstandenen Refinanzierungskosten[1420]: die Rückverfolgungsmethode („*tracing approach*") und die Fungibilitätsmethode („*fungibility approach*")[1421]. Der sogenannte „*tracing approach*" gerät in Konflikt mit der voranstehend skizzierten praktischen Ausgestaltung der Liquiditätssteuerung multinationaler Kreditinstitute. Die institutsweit gebündelte Steuerung der internen Geldströme durch spezialisierte Zentralstellen schließt es grundsätzlich aus, den tatsächlich entstandenen Zinsaufwand in direkten Bezug zu einzelnen Kreditwirtschaftsgütern zu setzen[1422]. Aus diesem Grunde erlangt die indirekte Aufteilung des gesamten Refinanzierungsvolumens des Einheitsunternehmens nach der Fungibilitätsmethode besondere praktische Bedeutung. Dieser Ansatz blendet die vielfältigen internen Geldströme aus und stellt eine Ausnahme von dem transaktionsbezogenen „*functionally separate entity approach*" dar. Der OECD-Steuerausschuss erkennt die Fungibilitätsmethode dennoch als autorisierten OECD-Ansatz und setzt sich insoweit in Widerspruch zu der Ablehnung der indirekten Methode in dem neugefassten Art. 7 OECD-MA 2010.

Insgesamt wird deutlich, dass das bankbetriebliche Liquiditätsmanagement eine konsequente Verwirklichung der umfassenden Steuerselbständigkeit der Betriebsstätte im Sinne des AOA ausschließt[1423]. Eine transaktionsbezogene Zurechnung der Refinanzierungskosten durch Rückverfolgung scheidet aufgrund der Zusammenfassung der Finanzmittel auf Ebene des Gesamtinstituts aus. Etwas anderes kann ausnahmsweise bei Refinanzierung einzelner Großkreditforderungen gelten[1424].

1420 OECD, Betriebsstättenbericht 2010, Part I Tz. 154, 156.

1421 OECD, Betriebsstättenbericht 2010, Part I Tz. 154; vgl. bereits OECD, Bericht 1984, Teil 2 Tz. 54. Vgl. auch Teil 3, B. I. 5. und Teil 3, A. II. 1. b) der Arbeit.

1422 Deutliche Kritik übt *Kobetsky*, BIFD 2005, 48 (56): „*Tracing funds in an international bank is as meaningless as attempting to trace the flow of water into a pound...*".

1423 Ebenso *International Banks and Securities Association of Australia*, Public Comments 2001, Tz. 1.4.

1424 So auch OECD, Betriebsstättenbericht 2010, Part I Tz. 156.

Letztlich tritt die Fungibilitätsmethode als – ergänzende – Regelmethode für die Aufteilung des externen Refinanzierungsaufwandes hervor[1425].

III. Ergebnis

Die Einrichtung zentraler Einheiten für die kapitalmarktorientierte Risikobewältigung und die Koordinierung der Refinanzierung offenbart die Defizite des AOA und letztlich auch der direkten Methode. Das Zusammenspiel dezentraler und zentraler Einheiten führt zu vielfältigen internen Leistungsbeziehungen. Deren fremdübliche Vergütung läuft mangels aussagekräftiger Referenzwerte weithin ins Leere. Die einheitliche Kreditwürdigkeit des Bankunternehmens hindert die Bemessung echter Marktpreise und illustriert die Grenzen des *„functionally separate entity approachs"* bei Bankbetriebsstätten. Letztlich ist die risikoorientierte Gewinnabgrenzung mit erheblichen Unsicherheiten behaftet und bietet multinationalen Kreditinstituten weiten Gestaltungsspielraum für die Verlagerung von Gewinnen.

D. Die indirekte Methode als bereichsspezifische Ergänzung der direkten Gewinnabgrenzung bei Bankbetriebsstätten

Je weiter die fiktive Verselbständigung der Betriebsstätte im Rahmen der direkten Gewinnabgrenzung gefasst wird, desto mehr beruht die Verwirklichung der abkommensrechtlichen Ziele auf der Bemessung marktüblicher Entgelte für den unternehmensinternen Leistungsverkehr. Bei der Gewinnabgrenzung im grenzüberschreitenden Kreditinstitut treten die Defizite der umfassenden Selbständigkeitsfiktion deutlich hervor. Multinationale Banken verknüpfen die Tätigkeits-

1425 Mit Blick auf die abkommensrechtlich angestrebte Vermeidung der Doppelbesteuerung bedarf es eines international abgestimmten Aufteilungsschlüssels (siehe nur *Digeronimo/Danon*, Comments on the new Article 7, Paragraph 3 and some paragraphs of the new Commentary, S. 2 f. [abrufbar unter: http://www.oecd.org/tax/transfer-pricing/42036663.pdf]). Da der OECD-Steuerausschuss keinen bestimmten Aufteilungsschlüssel benennt, eröffnet (auch) die Fungibilitätsmethode Möglichkeiten der Einflussnahme auf die Gewinnabgrenzung (siehe nur *Buchner*, IStR 2013, 228 [234]).

beiträge der einzelnen Unternehmensteile zu einer „nahtlosen“[1426] Wertschöpfungskette. Dabei passen sie die Teilleistungen den institutsspezifischen Anforderungen an und bündeln bestimmte Tätigkeiten bei zentral angesiedelten „Teilprozessspezialisten“[1427]. Für die überwiegende Zahl der internen (Teil-)Leistungen fehlt es deshalb an Referenztransaktionen am offenen Markt, die als Grundlage für die Bestimmung fremdüblicher Entgelte dienen können[1428]. Insgesamt zeigt sich, dass die Abhängigkeit der Gewinnabgrenzung von der Bemessung hypothetischer Marktpreise nicht zu dem auf OECD-Ebene avisierten Zugewinn an Rechtssicherheit führt und zudem erheblichen Spielraum für die manipulative Verlagerung von Gewinnen über Staatsgrenzen hinweg bietet.

Dieser Befund steht in Widerspruch zu dem einseitigen Bekenntnis des OECD-Steuerausschusses zu der direkten Methode. Der neugefasste Art. 7 OECD-MA 2010 verzichtet auf die früher in Absatz 4 geregelte „Aufteilung der Gesamtgewinne“[1429] und verwehrt den subsidiären Rückgriff auf die indirekte Methode. Die ausschließliche Anwendung der direkten Methode verdient für die Gewinnabgrenzung im grenzüberschreitenden Kreditgeschäft multinationaler Banken keine Zustimmung. Deren integrierte Organisationsstruktur erfordert es, die direkte und indirekte Methode – partiell – zu verbinden. Das transaktionsbezogene „Dealing at arm's length“-Prinzip und die formelmäßige Gewinnzerlegung (*„formulary apportionment“*) stehen nicht in einem Alternativverhältnis, sondern sind der wechselseitigen Verknüpfung zugänglich[1430]. Eine solche Methodenkombination ist angesichts der Vielgestaltigkeit länderübergreifender Lebenssachverhalte praktische Notwendigkeit und Realität[1431].

Für die Verknüpfung von direkter und indirekter Methode stehen im Wesentlichen zwei Ansätze zur Verfügung. Die formelmäßige Gewinnzerlegung kann sich auf

---

1426 *Sadiq*, JOIT 2011, 46 (48).

1427 So *Ehlerding*, Relevanz der Kreditorganisation, S. 274.

1428 So auch *Sadiq*, JOIT 2011, 46 (53); vgl. bereits Teil 3, E. II. der Arbeit.

1429 In der englischen Originalfassung des Art. 7 Abs. 4 OECD-MA „vor 2010“ heißt es *„apportionment of the total profits of the enterprise“*.

1430 Vgl. *Sadiq*, JOIT 2011, 46 (54) unter Hinweis auf eine Untersuchung von *Stanley C. Langbein* aus dem Jahre 1992; *Avi-Yonah/Benshalom*, WTJ 2011, 371 (381).

1431 Siehe Teil 1, B. III. der Arbeit. Deutlich *Kraft*, StbJb 2000/2001, 205 (215).

die nach Anwendung der direkten Methode verbleibenden Posten beschränken („Residual-Lösung")[1432]. In diesem Sinne beschreibt schon *Mitchell B. Carroll* den „limitierten" Einsatz der indirekten Methode auf bestimmte Aktivitäten nach Auswertung der buchmäßigen Aufzeichnungen des Unternehmens (*„limited fractional apportionment"*)[1433]. Darüber hinaus besteht die Möglichkeit, beide Methoden nebeneinander anzuwenden und ihnen jeweils einen genau bestimmten Anwendungsbereich zuzuweisen. Eine solche bereichsspezifische Ergänzung der direkten durch die indirekte Methode kommt besonders für die Gewinnabgrenzung bei Bankbetriebsstätten in Betracht.

Bei der Gewinnabgrenzung im Kreditgeschäft grenzüberschreitender Kreditinstitute ist zwischen der Zurechnung der wirtschaftsgutbezogenen Erfolgsposten und der Abgrenzung der durch zentrale Steuerungseinheiten generierten Ergebniswirkungen zu unterscheiden. Die Zurechnung von wirtschaftsgutbezogenem Zinsertrag und Wertberichtigungsaufwand wird durch die – gegebenenfalls anteilige[1434] – Zuordnung der Kreditaktiva vorgezeichnet. Demgegenüber gerät die direkte Gewinnabgrenzung im Hinblick auf die von einer zentralen Stelle durchgeführten Maßnahmen der Risikosteuerung an Grenzen. Die spezialisierten Zentraleinheiten übernehmen die von den dezentralen (Markt-)Einheiten eingegangenen Risiken und Risikopositionen und leiten die erforderlichen Schritte der Risikobewältigung im Außenverkehr ein, indem sie Risiken absichern (*„hedging"*) oder Risikopositionen als solche veräußern oder verbriefen (*„true sale"*). Da sich diese Aktivitäten üblicherweise nicht auf Einzelgeschäfte, sondern auf individuell aggregierte Forderungsportfolios beziehen, ist es nicht möglich, die resultierenden Ergebniswirkungen nach Maßgabe der transaktionsorientierten direkten Methode abschließend zuzurechnen. Aus diesem Grunde bedarf es des ergänzenden Einsatzes der indirekten Gewinnaufteilung. Diese ermöglicht nicht nur die Aufteilung der laufenden Erfolgswirkungen der Zentraleinheit, sondern auch der Kosten der technologischen Infrastruktur und des Fachpersonals. Ein ähnliches Bild zeigt sich bei der Zurechnung des externen Refinanzierungsaufwandes der Betriebsstätte. Angesichts der zentralen Liquiditätssteuerung ist auch insoweit die indirekte

---

1432 In diesem Sinne *Avi-Yonah*, WTJ 2010, 3 (16).

1433 *Carroll*, Methods of Allocating Taxable Income, Tz. 173, 243.

1434 Dazu Teil 3, D. I. 3. der Arbeit.

Aufteilung der direkten Zurechnung überlegen[1435]. Die praktische Bedeutung der indirekten Fungibilitätsmethode erkennt auch der OECD-Steuerausschuss an[1436].

Der Erfolg einer bereichsspezifischen Kombination von direkter und indirekter Methode beruht auf zwei Voraussetzungen. Zum einen ist der Anwendungsbereich der indirekten Methode möglichst genau zu bestimmen. Zum anderen ist ein Aufteilungsschlüssel zu konzipieren, der die Zustimmung möglichst vieler Fisci findet. Bei der Formulierung des Zerlegungsschlüssels für die Ergebniswirkungen einer zentralen Risikosteuerungseinheit können die – im Schrifttum entwickelten – Lösungsansätze für die Gewinnallokation im sogenannten Global Trading durch international zusammengeschlossene Handelseinheiten fruchtbar gemacht werden[1437]. Dafür spricht auch, dass die kapitalmarktorientierten Aktivitäten der Risikosteuerung in engem Bezug zu dem Handelssegment des Instituts stehen[1438].

Mit *Mitchell B. Carroll* ist festzustellen, dass keine theoretisch perfekte Abgrenzungsmethode existiert[1439]. Solange es an einem internationalen Konsens für eine uneingeschränkte Anwendung der indirekten Methode durch formelmäßige Aufteilung des Nettoergebnisses des Einheitsunternehmens fehlt[1440], bietet die skizzierte Kombinationsmethode die zu bevorzugende zweitbeste Lösung. Sie kann als Vorstufe einer uneingeschränkten Anwendung der indirekten Gewinnaufteilung bei multinationalen Kreditinstituten dienen[1441]. Bei – partieller – Anwendung

---

1435 Siehe Teil 5, C. II. 2. der Arbeit.

1436 Vgl. OECD, Betriebsstättenbericht 2010, Part I Tz. 156.

1437 Im Schrifttum werden unterschiedliche Lösungsansätze einer Restgewinnaufteilung diskutiert: siehe nur *Reinhardt*, Erfolgsabgrenzung im Global Trading, S. 253 ff.; *Stocker*, Global Trading, S. 190 ff., 217 ff.; vgl. auch *Hemmelrath*, in Vogel/Lehner, DBA[5], Art. 7 Rz. 109.

1438 Siehe *Gehrmann*, Gesamtrisikosteuerung, S. 10.

1439 *„There is apparently no theoretically perfect rule for determining exactly how much of the income is attributable to each establishment…"* (*Carroll*, Methods of Allocating Taxable Income, Tz. 676).

1440 Zweifel an einer Einigung auf einen einheitlichen Aufteilungsschlüssel auf OECD-Ebene wecken schon die schiere Zahl von 34 OECD-Mitgliedstaaten. Skeptisch auch *Jacobs*, Internationale Unternehmensbesteuerung[7], S. 661.

1441 Für eine uneingeschränkte Anwendung des *„formulary apportionments"* bei multinationalen Kreditinstituten *Sadiq*, JOIT 2011, 46 (47, 51); *Kobetsky*, BIFD 2005, 48 (62); *ders.*, Taxation of Permanent Establishments, S. 403 f.; branchenübergreifend *Avi-Yonah/*

der indirekten Methode rücken die Entwicklung und kontinuierliche Präzisierung des Aufteilungsschlüssels in den Fokus der internationalen Allokation des Steuersubstrats. Die fortlaufende Optimierung der formelmäßigen Gewinnaufteilung bildet das vorzugswürdige Gegenstück zu der punktuellen Korrektur der Defizite der direkten Gewinnabgrenzung durch Gegenberichtigung (Art. 7 Abs. 3 OECD-MA 2010) und Verständigungsverfahren (Art. 25 OECD-MA).

Clausing/Durst, Florida Tax Review 2009, 497 (507 f.); *Vincent,* CTJ 2/2005, 409 (414 ff.). „Vorbildfunktion" könnte insoweit das von der Europäischen Kommission vorangetriebene Projekt einer Gemeinsamen konsolidierten Körperschaftsteuer-Bemessungsgrundlage (GKKB) entfalten (Richtlinienvorschlag der Kommission vom 16.3.2011, KOM[2011] 121/4).

Teil 6: Zusammenfassung der Ergebnisse

I. Die internationale Koordination der Steuerhoheiten durch DBA folgt zwei wechselseitig miteinander verknüpften Zielen. Zu der gerechten Zuteilung der Lasten auf die Steuerpflichtigen („*individual equity*") tritt die gerechte Aufteilung der Steuerquellen zwischen den Staaten („*inter-nation equity*"). Das Desiderat der Verteilungsgerechtigkeit zwischen den Staaten erlangt besondere Bedeutung, weil die koordinierende Wirkung der DBA nur soweit reicht, wie sich die Vertragsstaaten an die getroffenen Absprachen halten. Bezogen auf die Gewinnabgrenzung im Einheitsunternehmen wird die faktische Selbstbindung dadurch bestimmt, ob der Abgrenzungsmechanismus eine gerechte Beteiligung der Vertragsstaaten an dem grenzüberschreitend erzielten Steueraufkommen gewährleistet.

II. Die divisionale Organisationsstruktur (multinationaler) Kreditinstitute stellt die steuerliche Gewinnabgrenzung vor besondere Schwierigkeiten. Banken richten auf bestimmte Produkt- und Kundengruppen zielende Geschäftssparten ein. In diese sogenannten Marktsegmente werden die verschiedenen operativen Auslandseinheiten eingebunden. Innerhalb der grenzüberschreitenden Geschäftssparten stehen den dezentral verorteten Geschäftskompetenzen spezialisierte Zentraleinheiten gegenüber. Ein Anschauungsbeispiel für diese „Dezentral-zentral-Struktur" bietet das Risikomanagement im Kreditgeschäft. Die dezentral durchgeführte Risikoidentifikation und Risikobemessung durch Bonitätsprüfung und Bemessung der Risikoprämie wird durch die bei zentraler Stelle gebündelten Kompetenzen der (aktiven) Risikosteuerung ergänzt. Die Auslandseinheiten sind – ungeachtet ihrer operativen Verselbständigung nach dem Profit-Center-Konzept – eng mit dem Stammhaus verzahnt und in die institutsinternen Entscheidungshierarchien eingebunden. Dies veranschaulicht unter anderem die Bündelung von Kreditgenehmigungskompetenzen bei einem zentral angesiedelten Gremium (sog. Kreditkomitee).

III. Das im OECD-Betriebsstättenbericht 2010 für die Allokation von Kreditwirtschaftsgütern entworfene Konzept der *„key entrepreneurial risk-taking* *functions*" weist erhebliche Schwächen auf. Dies zeigt schon die Identifikation der KERT-Funktionen im grenzüberschreitenden Einheitsunternehmen. Das Personal ist arbeitsvertraglich an das Gesamtunternehmen gebunden und innerhalb des Unternehmens mobil. Überdies sind die vielfältigen (Risiko-)Entscheidungen als kognitive Vorgänge nach außen nicht wahrnehmbar, sondern nur in der unternehmenseigenen Dokumentation nachzuvollziehen. Weiteres Defizit ist der unbestimmte Begriff der KERT-Funktion. Der Betriebsstättenbericht unterscheidet – zutreffend – zwischen initialer und subsequenter Leistungserstellung („*creating a loan*" versus „*managing a loan*"). Schwierigkeiten entstehen jedoch, weil beide Tätigkeitsbereiche nicht notwendig einem Unternehmensteil zugewiesen sind, sondern sich auf mehrere Teile erstrecken können. Der OECD-Bericht greift dieses Problem unter dem Stichwort „*split functions*" auf, beschränkt sich allerdings auf den Hinweis, dass es sich dabei um eine Frage der Abrechnung der jeweiligen Innenleistungsbeziehungen („*dealings*") handelt. Problematisch sind die Unschärfen des KERT-Konzeptes vor allem deshalb, weil die wirtschaftsgutbezogenen Ergebniswirkungen einheitlich dem die KERT-Funktion(en) ausübenden Unternehmensteil als „wirtschaftlichem Eigentümer" zuzurechnen sind. Da wesentliche Risikoaufgaben in praxi typischerweise dem Stammhaus zugewiesen werden, birgt das KERT-Konzept die Gefahr einer einseitigen Begünstigung des Ansässigkeitsstaates.

IV. Bei direkter Gewinnabgrenzung im grenzüberschreitenden Kreditinstitut nach Maßgabe des „Dealing at arm's length"-Prinzips ist der institutsinterne Transfer von Risiken steuerlich zu berücksichtigen. Bei Anwendung des „*functionally separate entity approachs*" resultiert die Anerkennung der unternehmensinternen Trennung von Kreditaktivum und Kreditrisiko aus der uneingeschränkten Steuerselbständigkeit der Betriebsstätte. Entsprechendes gilt grundsätzlich auch bei eingeschränkter Selbständigkeitsfiktion. Hier führt die konsequente Umsetzung des Argumentationstopos der gewöhnlichen Geschäftstätigkeit („*ordinary business*") ebenfalls zu der steuerlichen Berücksichtigung institutsinterner Risikoabsprachen. Risiken sind originärer Geschäftsgegenstand von Kreditinstituten. In ihrer Funktion als Risikointermediär nehmen sie Risiken in ihre Bücher, strukturieren diese um und externalisieren sie mittels kapitalmarktorientierter Steuerungsinstrumente.

Die bankbetriebliche Realität zeigt, dass der Anwendungsbereich der „Haupttätigkeitsregelung“ nicht auf „Innendarlehen“ beschränkt werden kann. Die objektivierende Wirkung des Fremdvergleichs verlagert sich hin zu der Prüfung, ob der das Risiko empfangende Unternehmensteil über die erforderliche personelle und sachliche Infrastruktur verfügt, um die Risiken zu beherrschen. Infolge der unternehmerischen Einschätzungsprärogative ist der Binnenrisikotransfer nur in Ausnahmefällen als missbräuchlich einzustufen. Die Prüfung am Maßstab des Fremdvergleichs konzentriert sich auf die Frage, ob die Risikoübernahme zu marktüblichen Konditionen erfolgt.

V. Der deutungsoffene Begriff der Funktion bietet keinen tragfähigen Anhaltspunkt für die inhaltliche Präzisierung des Prinzips der wirtschaftlichen Zugehörigkeit. Die Zuordnung der Kreditwirtschaftsgüter ist unter Bezugnahme auf die betrieblichen Einzeltätigkeiten zu konkretisieren. Maßgeblich sind drei erfolgskritische Haupttätigkeiten: die Bonitätsanalyse und Kreditbepreisung, die Liquiditätssteuerung und die Risikosteuerung. Das Tragen des Kreditrisikos stellt demgegenüber keine erfolgsbestimmende Tätigkeit dar. Banken übernehmen Risiken nur gegen Entgelt. Die Zuordnung des Risikos folgt der Zuordnung des Kreditaktivums. Eine geänderte Risikoübernahme kommt lediglich durch Abschluss interner Kreditausfall-Swaps („Quasi-CDS“) in Betracht. Abhängig davon, ob es sich bei dem Kreditnehmer um einen ausländischen Neukunden oder einen Bestandskunden der Zentrale handelt, kann die Bedeutung der drei erfolgskritischen Tätigkeiten im Einzelfall variieren.

VI. Die Zuordnung eines Kreditwirtschaftsgutes kann über die Laufzeit des Darlehens hinweg geändert werden. Dies setzt voraus, dass der die Forderung übernehmende Unternehmensteil über die nötige Infrastruktur verfügt, um das Kreditaktivum und die anhaftenden Risiken zu beherrschen. Kauf und Verkauf notleidender Kreditaktiva stellen einen gewöhnlichen Geschäftsvorgang zwischen Unternehmen der Kredit- und Finanzwirtschaft dar. Nach Maßgabe des „Dealing at arm's length“-Prinzips kommt ein gewillkürter Forderungstransfer im Einheitsunternehmen deshalb nicht nur – wie in dem OECD-Betriebsstättenbericht 2010 und zuvor bereits in den

BS-VwG 1999 angenommen – bei Änderung wesentlicher Funktionsbeiträge in Betracht. Da die Frage der personellen und sachlichen Befähigung zur Risikobewältigung im unternehmerischen Ermessen steht, dient der Fremdvergleich nur eingeschränkt als Prüfmaßstab der geänderten Zuordnung. Entscheidend ist vielmehr, ob der Forderungstransfer zu fremdüblichen Konditionen erfolgt ist.

VII. Eine anteilige Zuordnung der Kreditwirtschaftsgüter ist unabhängig von der Reichweite der Selbständigkeitsfiktion der Betriebsstätte zulässig. „Vorbild" der innerbetrieblichen Aufteilung von Kreditaktiva ist das Konsortialgeschäft, in dem sich selbständige und unabhängige Banken zum Zwecke der Vergabe großvolumiger Kredite zusammenschließen. Im Hinblick auf die abkommensrechtlich avisierte Vermeidung der Doppelbesteuerung ist die buchmäßige Aufteilung von Kreditaktiva im Einheitsunternehmen an bestimmte Voraussetzungen zu knüpfen. Zu erwägen ist neben einem bestimmten Mindestkreditvolumen auch eine Mindestlaufzeit des Darlehens. Weiterhin kann die Aufteilung an die Voraussetzung geknüpft werden, dass es sich um eine Forderung des Anlagebuchs handelt, die nicht in absehbarer Zeit – im Wege der Verbriefung – in das Handelsbuch überführt werden soll. Sind diese Voraussetzungen erfüllt, bietet die anteilige Vermögensabgrenzung ein objektivierendes Moment für die Zurechnung der wirtschaftsgutbezogenen Ergebniswirkungen.

VIII. Der Fremdvergleichsgrundsatz dient mangels hinreichend objektivierbarer Bezugspunkte nicht als sachgerechter Prüfmaßstab der Angemessenheit des Dotationskapitals von Bankbetriebsstätten. Abzulehnen ist insbesondere die Anknüpfung an die Vorschriften des quantitativen Bankaufsichtsrechts. Das Aufsichtsrecht ist auf das Gesamtinstitut respektive den gesamten Konsolidierungskreis zugeschnitten. Die Regelungen der Bemessung der regulatorischen Eigenmittel sind nicht sachgerecht auf die Ebene der Gewinnabgrenzung zwischen den „steuertechnischen Einheiten" eines grenzüberschreitenden Unternehmens zu übertragen. Dies gilt beispielhaft für portfoliobezogene Kapitalerleichterungen und -zuschläge sowie die Kapitalunterlegung operationeller Risiken. Gegen die aufsichtsrechtlich fundierte Bemessung des steuerlichen Dotationskapitals spricht überdies die verstärkt prinzipienorientierte Aufsicht nach Basel II. Ermessensspielräume der nationalen Aufsichtsbehörden und Handlungsspielräume der beaufsichtigten Institute gefährden die kongruente Anwendung des steuerlichen Fremdvergleichs durch die beteiligten Fisci.

IX. Eine Nichtbeanstandungslösung bildet die vorzugswürdige zweitbeste Lösung der Dotation von Bankbetriebsstätten. Bemessungsgrundlage des *„safe haven"* ist die Bilanzsumme der Betriebsstätte. Als Referenzgröße für die anzusetzende Nichtbeanstandungsquote kann die aufsichtsrechtliche (harte) Kernkapitalquote dienen. Dem Grundsatz der Finanzierungsfreiheit ist durch eine degressive Dotationsquote bei großen Bilanzvolumina und den Nachweis eines geringeren Dotationskapitals (Öffnungsklausel) Rechnung zu tragen. Vorteil der Nichtbeanstandungslösung ist neben dem Vereinfachungsaspekt die Gleichbehandlung der Betriebsstätten unabhängig von der geografischen Ansässigkeit des Kreditinstituts.

X. Der AOA beruht auf der Idee eines „Gebens und Nehmens" zwischen den selbständig fingierten Unternehmensteilen. Dem die KERT-Funktion(en) ausübenden Unternehmensteil sind als „wirtschaftlichem Eigentümer" eines Kreditaktivums die diesem korrespondierenden Ergebniswirkungen einheitlich zuzurechnen. Als Ausgleich dafür sind die im Rahmen des Produktionsprozesses in Anspruch genommenen internen (Teil-)Leistungen fremdüblich zu vergüten. Das angestrebte Gleichgewicht basiert auf der Fiktion von Marktpreisen für die vielfältigen *„dealings"*. Dies ist angesichts der maßgeschneiderten Innenleistungen innerhalb des Kreditinstituts weithin verwehrt. Für die überwiegende Zahl der institutsinternen Leistungsbeziehungen fehlt es an den für einen tatsächlichen Fremdvergleich erforderlichen belastbaren Referenzwerten. Dies gilt sowohl für den internen Risikotransfer durch „Quasi-CDS" als auch für sonstige risikobezogene Leistungen des Risikomanagements und den Transfer von Kreditaktiva. Die daraus resultierende Manipulationsanfälligkeit des AOA gefährdet nicht nur die abkommensrechtlich angestrebte Vermeidung der Doppelbesteuerung, sondern insbesondere auch das Desiderat der Gerechtigkeit zwischen den Staaten (*„inter-nation equity"*).

XI. Gegen die Anwendung des *„functionally separate entity approachs"* auf Bankbetriebsstätten spricht, dass es der Betriebsstätte an einer originären Kreditwürdigkeit fehlt. Ein Bonitätsurteil besteht nur für das Einheitsunternehmen, nicht aber für dessen operative Teile. Aus diesem Grunde sind für interne Darlehen keine echten Marktpreise zu bestimmen. Der Ansatz der Interbankenzinssätze erweist sich als bloße Hilfslösung.

XII. Der *„functionally separate entity approach"* erweist sich als unvereinbar mit der bankbetrieblichen Organisation und Steuerung der Refinanzierung der Betriebsstätte. Multinationale Banken koordinieren den Finanzbedarf der operativen Betriebseinheiten durch institutsweit agierende Stellen. Die Zentralisierung der Liquiditätssteuerung durch sogenanntes *„cash pooling"* verhindert eine einzelgeschäftsbezogene Rückverfolgung der tatsächlichen Refinanzierungskosten der Auslandseinheiten. In der Konsequenz tritt die indirekte Fungibilitätsmethode als Regelmethode der Abgrenzung der Refinanzierungskosten hervor. Auch der OECD-Steuerausschuss legt dieser Methode den Status eines autorisierten Ansatzes bei und gesteht so die Grenzen des AOA ein.

XIII. Bei Bankbetriebsstätten wird weder die eingeschränkte noch die uneingeschränkte Selbständigkeitsfiktion konsequent verwirklicht. Auf der einen Seite durchbricht der OECD-Steuerausschuss die eingeschränkte Steuerselbständigkeit der Betriebsstätte nach Art. 7 OECD-MA „vor 2010" unter Hinweis auf die „gewöhnliche Geschäftstätigkeit" von Kreditinstituten. Dieser Argumentationstopos beschränkt sich nicht auf interne „Darlehen", sondern umfasst – folgerichtig zu Ende gedacht – ebenso das Risikogeschäft als übliche Geschäftsaktivität von Banken und führt damit zu einer weitreichenden Durchbrechung der eingeschränkten Selbständigkeitsfiktion. Auf der anderen Seite kommt die umfassende Selbständigkeitsfiktion des AOA nicht ohne die Restriktion aus, dass die Bankbetriebsstätte die Kreditwürdigkeit des Einheitsunternehmens teilt. Die Defizite der inhaltlichen Ausgestaltung der direkten Methode lenken den Blick auf die indirekte Gewinnaufteilung nach Schlüsselgrößen.

XIV. Die Einrichtung zentraler Risikosteuerungseinheiten und die zentral koordinierte Liquiditätssteuerung erfordern es, die direkte Gewinnabgrenzung partiell mit der indirekten Gewinnaufteilung zu kombinieren. Die bereichsspezifische Anwendung der indirekten Methode umfasst neben der Zurechnung der (Infrastruktur-)Kosten für die Einrichtung der Zentraleinheiten auch die laufenden Erfolgswirkungen der Steuerungsaktivitäten. Die formelmäßige Gewinnaufteilung trägt der Tatsache Rechnung, dass multinationale Unternehmen durch betriebliche Integration Synergieeffekte erzielen, die durch transaktionsbezogene Abgrenzung nicht sachgerecht abzubilden sind. Die umfassende Steuerselbständigkeit der Betriebsstätte nach dem AOA widerspricht insoweit der ökonomischen Realität grenzüberschreitender (Bank-)Unternehmen.

Teil 7: Jüngste Entwicklungen

A. Umsetzung des „Authorised OECD Approachs“ in das nationale Steuerrecht

I. Änderung des Außensteuergesetzes

Mit dem „Gesetz zur Umsetzung der Amtshilferichtlinie sowie zur Änderung steuerlicher Vorschriften (Amtshilferichtlinie-Umsetzungsgesetz – AmtshilfeRL-UmsG)“ vom 26. Juni 2013[1442] setzt der deutsche Gesetzgeber die auf OECD-Ebene im Jahre 2010 beschlossenen neuen Grundsätze der Gewinnabgrenzung bei Betriebsstätten in innerstaatliches Recht um[1443].

Die abkommensrechtliche Verankerung des *„functionally separate entity approachs“* in Art. 7 Abs. 2 OECD-MA 2010 kann eine inländische Steuerpflicht nicht begründen[1444]. Da DBA lediglich Schrankenwirkung entfalten[1445], obliegt es dem nationalen Gesetzgeber, den völkervertraglich abgesteckten Erlaubnisrahmen durch innerstaatliches Recht auszufüllen[1446]. Der deutsche Gesetzgeber hat sich insoweit selbst zum Handeln gezwungen, als er die Verteilungsnorm für Unternehmensgewinne (Artikel 7) in den neu verhandelten DBA mit Liechtenstein, Luxemburg und den Niederlanden sowie im Änderungsprotokoll zum DBA-Norwegen am *„authorised OECD approach“* in der Fassung des OECD-Abkommensmusters 2010 ausgerichtet hat[1447]. Um die der Bundesrepublik Deutschland abkommensrechtlich zugestandenen Besteuerungsmöglichkeiten – insbesondere im Hinblick auf unternehmens-

---

1442 BGBl. I 2013, 1809.

1443 Siehe Gesetzesbegründung zu dem Entwurf eines Jahressteuergesetzes 2013 vom 10.4.2013, BT-Drs. 17/13033, S. 82. *Naumann*, DStJG 36 (2013), S. 253 (255) beschreibt die OECD-Grundsätze als „eine Art Blaupause“ an der sich die Bundesrepublik Deutschland orientieren muss.

1444 Ebenso *Hemmelrath/Kepper*, IStR 2013, 37 (41).

1445 Grundlegend *Debatin*, Beihefter zu DStR Heft 23/1992, 1 (2); siehe auch Teil 1, C. II. 3. der Arbeit.

1446 Vgl. nur *Wassermeyer*, in Debatin/Wassermeyer, Art. 7 MA Rz. 171 (Jan. 2009).

1447 Siehe die Nachweise in Fn. 183.

interne Lieferungs- und Leistungsbeziehungen – auszuschöpfen[1448], hat der Gesetzgeber die entsprechenden innerstaatlichen Rechtsgrundlagen geschaffen und diese in das Außensteuergesetz verortet.

Das AmtshilfeRLUmsG modifiziert und ergänzt die bislang allein auf die Gewinnkorrektur bei verbundenen Unternehmen zielende Regelung des § 1 AStG. Ausgangspunkt der Änderungen ist das seitens des OECD-Steuerausschusses ausgerufene Ziel, die Gewinnabgrenzung bei Betriebsstätten in wesentlichen Teilen an die Gewinnkorrektur bei verbundenen Unternehmen heranzuführen[1449]. Die Weichenstellung dafür erfolgt durch Ausweitung des Begriffes der Geschäftsbeziehung in § 1 Abs. 4 Satz 1 AStG[1450]. Abweichend von dem ursprünglichen Zuschnitt auf den Konzernsachverhalt knüpft das Tatbestandsmerkmal der Geschäftsbeziehung nicht mehr an das Vorliegen einer schuldrechtlichen Beziehung an, sondern erfasst nunmehr rechtsformübergreifend grundsätzlich jeden wirtschaftlichen Vorgang. Tatbestandsmäßig sind sowohl Geschäftsvorfälle zwischen einem Steuerpflichtigen und einer nahestehenden Person (§ 1 Abs. 4 Satz 1 Nr. 1 AStG) als auch Geschäftsvorfälle zwischen einem Unternehmen eines Steuerpflichtigen und seiner in einem anderen Staat gelegenen Betriebsstätte (§ 1 Abs. 4 Satz 1 Nr. 2 AStG). Solche Geschäftsvorfälle[1451] innerhalb des Einheitsunternehmens bezeichnet der Gesetzgeber als „anzunehmende schuldrechtliche Beziehungen". Er überträgt damit den im OECD-Betriebsstättenbericht geprägten Begriff des „*dealings*" in nationales Recht und schafft die Grundlage für die Umsetzung des AOA.

Der neugefasste § 1 Abs. 5 AStG bildet das im OECD-Betriebsstättenbericht 2010 entwickelte zweistufige AOA-Konzept ab. Im Ausgangspunkt ist die Betriebsstätte

---

1448 *Naumann*, in DStJG 36 (2013), S. 253 (258); *Ditz*, ISR 2012, 48 (52); *Hemmelrath/Kepper*, IStR 2013, 37 (41).

1449 Gesetzesbegründung zu dem Entwurf eines Jahressteuergesetzes 2013 vom 10.4.2013, BT-Drs. 17/1303, S. 82; *Naumann*, in DStJG 36 (2013), S. 253 (254); *Strunk*, in Mössner, Besteuerung international tätiger Unternehmen[4], Rz. 4.4.; für weitere Nachweise siehe Fn. 184.

1450 *Schnitger*, IStR 2012, 633 (637) bezeichnet die Regelung treffend als „Herzstück" der Umsetzung des AOA.

1451 *Andresen*, ISR 2013, 320 (322) weist auf die handelsrechtliche Fundierung des Begriffes „Geschäftsvorfall" in § 238 Abs. 1 HGB hin.

zur Anwendung des Fremdvergleichsgrundsatzes „wie ein eigenständiges und unabhängiges Unternehmen zu behandeln“ (§ 1 Abs. 5 Satz 2 AStG). Davon ausgehend setzt Satz 3 den ersten Schritt des AOA um[1452]. Der Betriebsstätte sind die ausgeübten Personalfunktionen, die dazu benötigten Vermögenswerte, die übernommenen Chancen und Risiken sowie ein angemessenes Dotationskapital zuzuordnen. Auf dieser Grundlage sind in einem zweiten Schritt Verrechnungspreise für die relevanten unternehmensinternen Geschäftsbeziehungen zu bestimmen (§ 1 Abs. 5 Satz 4 AStG). Das AmtshilfeRLUmsG folgt damit im Grundsatz der auf OECD-Ebene entwickelten Abgrenzungstechnik, lässt einzelne Details der Empfehlungen jedoch unberücksichtigt. Der OECD-Steuerausschuss modifiziert die in Art. 9 OECD-MA etablierte – und auch in § 1 Abs. 3 AStG geregelte – Funktionsanalyse (*„functional analysis“*) für den ersten Schritt des AOA in eine *„functional and factual analysis“*[1453]. Diese bildet das zentrale Instrument für die Untersuchung der im Unternehmen und in der Betriebsstätte ausgeübten Personalfunktionen. Der OECD-Bericht fragt danach, welche Bedeutung die einzelnen Personalfunktionen für die Ertragserzielung des Einheitsunternehmens haben[1454]. Abgrenzungserheblich sollen nur sogenannte *„significant people functions“* sein[1455]. Ein entsprechendes Kriterium der „Bedeutsamkeit“ einer Funktion enthält § 1 Abs. 5 Satz 3 AStG nicht[1456].

Die Umsetzung des AOA in das nationale Recht durch das AmtshilfeRLUmsG wirft zahlreiche Fragen auf. Mehrere Autoren weisen treffend darauf hin, dass die Verankerung des AOA in § 1 AStG bereits systematisch verfehlt ist, weil die Vorschrift die „Berichtigung von Einkünften“ regelt[1457]. Demgegenüber bedarf es im Betriebsstättensachverhalt zunächst der Einkünfte- respektive Gewinnermitt-

---

1452 OECD-Betriebsstättenbericht 2010, Part I Tz. 13.

1453 OECD-Betriebsstättenbericht 2010, Part I Tz. 10, 13.

1454 OECD-Betriebsstättenbericht 2010, Part I Tz. 62: *„The functional and factual analysis takes account of the functions performed by the personnel of the enterprise as a whole including the PE – "people functions" – and assesses what significance if any they have in generating the profits of the business“.*

1455 OECD-Betriebsstättenbericht 2010, Part I Tz. 17.

1456 Der Entwurf einer Betriebsstättengewinnaufteilungsverordnung prägt den Begriff „maßgebliche Personalfunktion“ (siehe § 1 Abs. 2 und § 2 Abs. 4 BsGaV-E).

1457 Zu Recht kritisch *Schnitger*, IStR 2012, 633 (634); *Kußmaul/Ruiner*, BB 2012, 2025 (2027 f.); *Schaumburg*, ISR 2013, 197 (198); *Ditz*, ISR 2013, 261 (262 f.).

lung. Erst nach Anwendung des zweistufigen AOA kann eine Überprüfung und – soweit erforderlich – eine Korrektur der angesetzten Verrechnungspreise erfolgen[1458]. Die Regelungstechnik des AmtshilfeRLUmsG „verwischt" die Unterscheidung zwischen Ermittlungs- und Korrekturnorm[1459].

Der gesetzgeberische Vorstoß im AmtshilfeRLUmsG erweist sich auch deshalb als problematisch, weil der *„authorised OECD approach"* bislang nur in den bereits nach Vorbild des Art. 7 OECD-MA 2010 neu verhandelten DBA Niederschlag gefunden hat. Der Bestand von über 80 Alt-Abkommen führt zu der Frage nach den Folgen der innerstaatlichen Verankerung des AOA als neuem gesetzlichen Leitbild. Der Gesetzgeber löst den Konflikt zwischen § 1 AStG i.d.F. des AmtshilfeRLUmsG und dem Abkommensrecht dahingehend auf, dass die Regelung eines bestehenden DBA grundsätzlich Vorrang vor der Anwendung des § 1 Abs. 5 AStG hat (§ 1 Abs. 5 Satz 8 AStG). Basiert ein Abkommen auf den OECD-Empfehlungen „vor 2010" bleiben Innenbeziehungen (*„dealings"*) steuerlich irrelevant[1460]. Den Vorrang des Alt-Abkommens schränkt das AmtshilfeRLUmsG jedoch insoweit ein, als der Steuerpflichtige nachzuweisen hat, dass der andere Staat sein Besteuerungsrecht entsprechend diesem Abkommen ausübt und deshalb die Anwendung der Sätze 1 bis 7 zu einer Doppelbesteuerung führen würde. Diese Beweislastumkehr erfordert eine Vergleichsrechnung auf Grundlage des AOA und ist mit erheblichem administrativem Aufwand für den Steuerpflichtigen verbunden[1461]. Einer solchen Nachweispflicht ist überdies entgegenzuhalten, dass der Steuerpflichtige nicht Partei des völkerrechtlichen Vertrages ist. Er kann zwar (mittelbar) in den Wirkungskreis des DBA einbezogen sein[1462]. Es obliegt jedoch den Vertragsstaaten,

---

[1458] Eingehend und m.w.N. *Schaumburg*, ISR 2013, 197 (198 f.).

[1459] Siehe nur die Gesetzesbegründung zu dem Entwurf eines Jahressteuergesetzes 2013 vom 10.4.2013, BT-Drs. 17/13033, S. 85: „Diese Fiktion bedeutet, dass die (…) Betriebsstätte für die *Aufteilung bzw. Ermittlung* (Hervorhebung des Verfassers) der Einkünfte wie ein selbständiger Rechtsträger behandelt wird…".

[1460] Aus Sicht des österreichischen Rechts (§ 6 Z 6 öEStG) *Staringer*, DStJG 36 (2013), S. 261 (264).

[1461] Zu Recht kritisch *Kußmaul/Ruiner*, BB 2012, 2025 (2028). Nach der Gesetzesbegründung zu dem Entwurf eines Jahressteuergesetzes 2013 vom 10.4.2013 (BT-Drs. 17/13033, S. 86) soll „der Nachweis (…) im Regelfall durch Vorlage des entsprechenden ausländischen Steuerbescheids und ergänzender Unterlagen geführt werden" können.

[1462] Zu der Verletzung subjektiver öffentlicher Rechte des Steuerpflichtigen im Falle eines „treaty overrides" *Frotscher*, IStR 2009, 593 (598 f.).

die Einhaltung des Abkommens zu überwachen und zu gewährleisten. Die kontinuierlich effektuierten Mechanismen des internationalen Informationsaustausches wecken Zweifel an der Erforderlichkeit einer Abwälzung der völkervertraglichen Pflichten auf den Steuerpflichtigen[1463].

Besonderes Augenmerk gilt schließlich den in § 1 Abs. 4 und 5 AStG verwendeten unbestimmten Rechtsbegriffen der Funktion, der Personalfunktion und der „anzunehmenden schuldrechtlichen Beziehung“. Der Begriff der Funktion ist im Kontext der Betriebsstättenbesteuerung weitgehend inhaltsoffen und aufgrund des abweichenden Gesetzeszwecks nur eingeschränkt unter Rückgriff auf das Institut der Funktionsverlagerung (§ 1 Abs. 3 Satz 9 ff. AStG) zu konkretisieren[1464]. Die daraus resultierende Rechtsunsicherheit setzt sich in dem ebenso unbestimmten Begriff der Personalfunktion fort. In grenzüberschreitend gestuften Entscheidungsstrukturen multinationaler Unternehmen beschränken sich „Personalfunktionen“ nicht notwendig auf einen Unternehmensstandort[1465]. Dies erschwert eine eindeutige steuerliche Zuordnungsentscheidung. Schwierigkeiten bereitet auch die in § 1 Abs. 4 Satz 1 Nr. 2 AStG getroffene Regelung der „anzunehmenden schuldrechtlichen Beziehung“. Umfasst ist grundsätzlich jeder unternehmensinterne „wirtschaftliche Vorgang“ – neben rechtlichen Beziehungen auch tatsächliche Handlungen[1466]. Im Gegensatz zu § 1 Abs. 4 Satz 1 Nr. 1 AStG unterbleibt im Betriebsstättensachverhalt eine tatbestandliche Einschränkung. Das weite Verständnis der „anzunehmenden schuldrechtlichen Beziehung“ steht im Gegensatz zu der besonderen Bedeutung der *„dealings“* innerhalb des AOA-Konzeptes. Innenleistungsbeziehungen bilden den Kern des Denkmodells. In ihnen artikuliert sich die Selbständigkeitsfiktion der Betriebsstätte. Der OECD-Bericht trägt diesem Umstand dadurch Rechnung, dass er für die steuerliche Anerkennung eines

---

1463 Unter Hinweis auf den Untersuchungsgrundsatz (§ 88 AO) *Schnitger*, IStR 2012, 633 (641); *Kußmaul/Ruiner*, BB 2012, 2025 (2028); *Hemmelrath/Kepper*, IStR 2013, 37 (41).

1464 Siehe zu dem Begriff der Funktion Teil 3, D. I. 1. der Arbeit. Interessanterweise spricht Art. 7 Abs. 2 DBA-Niederlande vom 12.4.2012 nicht von „ausgeübten Funktionen“, sondern von „wahrgenommenen Aufgaben“.

1465 Siehe Teil 2, B. III. und Teil 3, C. IV. 1. dieser Arbeit; vgl. auch *Niehaves*, in Haase, AStG/DBA², Art. 7 MA Rn. 213.

1466 Gesetzesbegründung zu dem Entwurf eines Jahressteuergesetzes 2013 vom 10.4.2013, BT-Drs. 17/13033, S. 84.

„dealings" eine Beachtlichkeitsschwelle (*„threshold test"*) vorsieht[1467]. Diese Vorgabe bleibt in § 1 Abs. 4 Satz 1 Nr. 2 AStG unberücksichtigt[1468].

Die unbestimmten Rechtsbegriffe in § 1 Abs. 4 und 5 AStG lenken den Blick auf die Verordnungsermächtigung in § 1 Abs. 6 AStG[1469].

II. Der Entwurf einer Betriebsstättengewinnaufteilungsverordnung (BsGaV-E)

Am 5. August 2013 hat das BMF den Entwurf einer „Verordnung zur Anwendung des Fremdvergleichsgrundsatzes auf Betriebsstätten nach § 1 Absatz 5 des Außensteuergesetzes (Betriebsstättengewinnaufteilungsverordnung – BsGaV)" veröffentlicht. In Anlehnung an die BS-VwG 1999 gliedert sich der Entwurf in einen Allgemeinen Teil sowie in besondere Abschnitte für Betriebsstätten von Banken und Versicherungsunternehmen sowie für Bau-, Montage- und Explorationsbetriebsstätten.

Im Allgemeinen Teil nimmt der Entwurf einzelne Begriffsbestimmungen vor. Personalfunktion ist danach eine „Geschäftstätigkeit, die von eigenem Personal des Unternehmens für das Unternehmen ausgeübt wird" (§ 2 Abs. 3 BsGaV-E). Der BsGaV-E fokussiert die Personalfunktion und blendet den zugrunde liegenden – und in § 1 Abs. 5 Satz 3 Nr. 1 AStG niedergelegten – Begriff der Funktion aus. Der Begriffsbestimmung ist insoweit beizupflichten, als der Verordnungsentwurf an einzelne Geschäftstätigkeiten anknüpft. Eine tätigkeitsbezogene Betrachtungsweise gewährleistet – wie gezeigt – die praktische Anwendung des unbestimmten Kriteriums des wirtschaftlich-funktionalen Zusammenhangs[1470]. Dieser im Ausgangspunkt sachgerechte Ansatz wird jedoch durch die Ausführungen in § 2 Abs. 4 BsGaV-E relativiert. Der Verordnungsentwurf erachtet eine Personalfunktion einer Betriebsstätte nur dann als maßgeblich für die Zuordnung von Vermögenswerten,

---

[1467] Siehe dazu m.w.N. Teil 3, B. I. 4. der Arbeit.

[1468] Kritisch auch *Schnitger*, IStR 2012, 633 (637).

[1469] Die Verordnungsermächtigung nimmt explizit keinen direkten Bezug auf § 1 Abs. 4 AStG. Angesichts der besonderen Bedeutung der *„dealings"* setzt sich die Ermächtigung in § 1 Abs. 6 AStG insoweit dem Vorwurf unzureichender inhaltlicher Bestimmtheit aus. Zweifelnd auch *Schnitger*, IStR 2012, 633 (634); *Ditz*, ISR 2013, 261 (266 f.).

[1470] Siehe Teil 1, C. II. 1. a) cc) und Teil 3, D. I. 1. c) der Arbeit.

Chancen und Risiken sowie von Geschäftsvorfällen, wenn ihrer Ausübung im Verhältnis zu den Personalfunktionen in anderen Betriebsstätten des Unternehmens die größte Bedeutung für den jeweiligen Zuordnungsgegenstand zukommt (§ 2 Abs. 4 Satz 1 BsGaV-E). Das BMF weicht damit von der im OECD-Betriebsstättenbericht entwickelten Figur der *„significant people functions“* ab. Der OECD-Steuerausschuss betont, dass es mehrere „bedeutsame Personalfunktionen“ geben kann[1471]. Demgegenüber setzt die Qualifikation als „maßgebliche Personalfunktion“ im Sinne des BsGaV-E voraus, dass die Funktion die „größte Bedeutung“ für den Zuordnungsgegenstand hat. Dies kann schon begrifflich nur auf eine Funktion zutreffen. In diesem Sinne ist auch der Begründung des Verordnungsentwurfs zu entnehmen, dass „eine Personalfunktion einer Betriebsstätte als maßgeblich zu bestimmen“ ist[1472].

Der BsGaV-E berücksichtigt an diesem Punkt nicht hinreichend die Realität multinationaler Unternehmen. In vielgliedrigen transnationalen Wertschöpfungsketten ist eine einzige Tätigkeit, die den „größten“ Wertschöpfungsbeitrag leistet, regelmäßig nicht zweifelsfrei auszumachen. Der OECD-Bericht ist an diesem Punkt zurückhaltender und erkennt die Existenz mehrerer *„significant people functions“* einer Betriebsstätte an[1473]. Dies eröffnet Wertungsmöglichkeiten im konkreten Einzelfall. Hintergrund der Akzentuierung einer maßgeblichen Personalfunktion in dem BsGaV-E ist der Umstand, dass die Finanzverwaltung – in Fortführung der BS-VwG 1999 – die anteilige Zuordnung von Wirtschaftsgütern ablehnt. Eine Ausnahme gilt nur für den Fall, dass „immaterielle Werte“ nicht eindeutig zugeordnet werden können (§ 6 Abs. 4 BsGaV-E). Der OECD-Bericht anerkennt hingegen die anteilige Zuordnung von Wirtschaftsgütern respektive des „wirtschaftlichen Eigentums“[1474].

1471 OECD-Betriebsstättenbericht 2010, Part I Tz. 16: *„It should be stressed that a particular enterprise may have one or more significant people functions relevant to the assumption of risk and to the economic ownership of assets“.*

1472 BsGaV-E vom 5.8.2013, S. 35 (Begründung Zu § 2 Abs. 4 Satz 1).

1473 Vgl. OECD-Betriebsstättenbericht 2010, Part I Tz. 10: *„...the functional and factual analysis must identify the economically significant activities and responsibilities undertaken by the PE.“.*

1474 Dazu m.w.N. Teil 3, D. I. 3. a) bb) der Arbeit.

Abweichend von den allgemeinen Grundsätzen (§§ 5 ff. BsGaV-E) gelten für die Zuordnung von Finanzwirtschaftsgütern – der BsGaV-E spricht von Vermögenswerten[1475] – bei Bankbetriebsstätten besondere Regeln. Die Zuordnung soll sich danach richten, ob die mit dem Vermögenswert verbundenen Chancen und Risiken aufgrund einer in der Bankbetriebsstätte ausgeübten Personalfunktion entstehen (§ 19 Abs. 1 BsGaV-E). Von entscheidender praktischer Bedeutung ist der in § 19 Abs. 2 BsGaV-E geregelte Fall, dass verschiedene Betriebsstätten gleichzeitig jeweils eine Personalfunktion ausüben. Denn prägendes Merkmal der Leistungserstellung im grenzüberschreitenden Kreditgeschäft ist gerade das Zusammenspiel mehrerer (Personal-)Funktionen an verschiedenen Orten[1476]. Nach dem Verordnungsentwurf richtet sich die Vermögensabgrenzung in einem solchen Fall danach, welcher Personalfunktion im Hinblick auf den Vermögenswert die „größte Bedeutung" zukommt (§ 19 Abs. 2 Satz 1 BsGaV-E). Schwierigkeiten bei der Identifikation eines „absolut" überwiegenden Wertschöpfungsbeitrages sind nur ein Kritikpunkt. Darüber hinaus verdient der BsGaV-E insoweit keine Zustimmung, als dieser für die Zuordnung allein auf die Personalfunktion mit der größten Bedeutung „bis zu dem Entstehen des Vermögenswertes" abstellt (§ 19 Abs. 2 Satz 2 BsGaV-E). In der Verordnungsbegründung heißt es, dass Personalfunktionen, die nach dem Entstehen des Vermögenswertes ausgeübt werden, im Regelfall keinen Einfluss auf eine einmal zutreffend erfolgte Zuordnung haben[1477]. Mit dieser Regelung scheint die Finanzverwaltung ihre in den BS-VwG 1999 geäußerte Sichtweise (noch) weiter einschränken zu wollen[1478]. Sie misst den Maßnahmen der aktiven Risikosteuerung durch Risikotransfer nur untergeordnete Bedeutung zu. Diese sollen sich nicht auf die Zuordnung des Wirtschaftsgutes auswirken, sondern als „unterstützende Personalfunktionen" durch den Ansatz von Verrechnungspreisen vergütet werden (§ 19 Abs. 5 Satz 1 BsGaV-E). Eine solche Sichtweise übergeht nicht nur die seit dem Jahre 1999 stetig wachsende Bedeutung des aktiven Kreditportfoliomanagements,

---

1475 Der Verordnungsgeber verwendet den Begriff Vermögenswert als Oberbegriff für Wirtschaftsgüter und Vorteile (§ 2 Abs. 5 BsGaV-E). Kritik an dem Ausweichen auf den Begriff „Vermögenswert" übt *Andresen*, ISR 2013, 320 (323).

1476 Siehe dazu die Darstellung erfolgskritischer Tätigkeiten im Kreditgeschäft in Teil 3, D. I. 2. c) aa) der Arbeit.

1477 BsGaV-E vom 5.8.2013, S. 61 (Begründung Zu § 19 Abs. 2 Satz 2).

1478 Vgl. BMF-Schreiben vom 24.12.1999, BStBl. I 1999, 1076 (1092 [Tz. 4.1.2]).

sondern weicht auch von den Empfehlungen des OECD-Berichts 2010 ab, der ausdrücklich auch die Marktfolge in den Blick nimmt[1479].

Wenig überzeugend ist auch der Vorstoß, die steuerliche Zuordnung hilfsweise an der Zuweisung der dem Vermögenswert zugrunde liegenden Kundenbeziehung auszurichten (§ 19 Abs. 3 Satz 1 BsGaV-E)[1480]. Das BMF erachtet diesen Schritt als sachlich nahe liegend, weil die Zuordnung der Kundenbeziehung im Regelfall eindeutig feststellbar sei[1481]. Die Verortung einer Kundenbeziehung ist indes eine rein bankbetriebliche Entscheidung und als solche nicht „statisch“. Dies steht im Widerspruch zu der angestrebten Vermeidung willkürlicher und zufälliger Zuordnungen für Zwecke der Besteuerung[1482].

Der BsGaV-E ist schließlich unter zwei weiteren Gesichtspunkten kritisch zu sehen. Der Verordnungsgeber wendet sich gegen eine Trennung von Vermögenswert und diesem anhaftenden Chancen und Risiken. Er begründet dies mit schwierigen Besteuerungsfragen und willkürlichen Ergebnissen[1483]. Dies widerspricht der Grundentscheidung, die Betriebsstätte steuerlich „wie ein eigenständiges und unabhängiges Unternehmen zu behandeln“ (§ 1 Abs. 5 Satz 2 AStG und § 1 Abs. 1 Satz 1 BsGaV-E). Bei konsequenter Ausgestaltung der Selbständigkeitsfiktion ist ein unternehmensinterner Risikotransfer bei Bankunternehmen steuerlich dem Grunde nach anzuerkennen[1484]. Nicht „fiktionsfolgerichtig“ ist auch die Einschränkung der absoluten Steuerselbständigkeit im Hinblick auf die nachträgliche Änderung der Zuordnung von Finanzwirtschaftsgütern. Eine Veränderung soll nur ausnahmsweise unter engen Voraussetzungen in Betracht kommen (§ 19 Abs. 4 BsGaV-E). Die Verordnungsbegründung verweist auch an dieser Stelle lediglich allgemein auf willkürliche Ergebnisse und Besteuerungskonflikte[1485].

1479 OECD-Betriebsstättenbericht 2010, Part II Tz. 7 f.

1480 Zweifel an diesem Hilfs-Zuordnungskriterium äußert auch *Andresen*, ISR 2013, 320 (327).

1481 BsGaV-E vom 5.8.2013, S. 62 (Begründung Zu § 19 Abs. 3 Satz 1).

1482 *Raab/Wolf*, in Löwenstein/Looks, Betriebsstättenbesteuerung[1], Rz. 1150 skizzieren das sogenannte Leitfilialensystem, das jeden „Key Client“ einer bestimmten Filiale zuordnet. Fällt der Kreditnehmer mit der Rückzahlung des Darlehens aus oder wird der Ausfall erkennbar, überträgt die Filiale die betroffenen Kreditforderungen an das Stammhaus.

1483 BsGaV-E vom 5.8.2013, S. 61 (Begründung Zu § 19 Abs. 2 Satz 3).

1484 Dazu Teil 3, C. VI. 1 der Arbeit.

1485 BsGaV-E vom 5.8.2013, S. 62 (Begründung Zu § 19 Abs. 4).

Der BsGaV-E regelt in den §§ 12 ff. des Allgemeinen Teils die Ausstattung der Betriebsstätte mit einem angemessenen Dotationskapital[1486] sowie die Zuordnung der übrigen Passiva und von Finanzierungsaufwendungen. Da die deutsche Finanzverwaltung in den Verwaltungsgrundsätzen-Dotationskapital aus dem Jahre 2004[1487] für Betriebsstätten international tätiger Kreditinstitute bereits frühzeitig die Empfehlungen des OECD-Betriebsstättenberichts rezipierte[1488], weisen die bankenspezifischen Regelungen in §§ 20, 21 BsGaV-E keine grundlegenden inhaltlichen Neuerungen auf. Die anzuwendenden Methoden und deren Reihenfolge bleiben bestehen. Einzig die Unterscheidung zwischen EWR- und Nicht-EWR-Instituten entfällt. Der BsGaV-E spricht allgemein von inländischen Bankbetriebsstätten ausländischer Kreditinstitute (§ 20 BsGaV-E).

III. Fazit

Die inhaltliche Offenheit des OECD-Betriebsstättenberichts 2010 setzt sich auf innerstaatlicher Ebene in dem neugefassten § 1 Abs. 4 und 5 AStG und dem Entwurf einer Betriebsstättengewinnaufteilungsverordnung fort[1489]. § 1 AStG wie auch der BsGaV-E bleiben an mehreren Punkten inhaltlich unbestimmt und weichen von den Empfehlungen des OECD-Berichts 2010. Insgesamt wird deutlich, dass die Finanzverwaltung bestrebt ist, den Status quo eines Unternehmens einschließlich dessen Betriebsstätte(n) herauszuarbeiten und steuerlich „einzufrieren"[1490]. Ein solches Verständnis tritt in Konflikt mit dem steten Wandel multinationaler Unternehmen und der Natur des Steuerrechts als Teilhaberecht[1491].

1486 Vgl. § 1 Abs. 5 Satz 3 Nr. 4 AStG.

1487 BMF-Schreiben vom 29.9.2004, BStBl. I 2004, 917.

1488 Siehe Teil 4, B. II. 2. der Arbeit.

1489 Ebenso *Ditz*, ISR 2012, 48 (53).

1490 Siehe *Naumann*, DStJG 36 (2013), S. 252 (257): „…ich tue so, als ob die Betriebsstätte ein selbständiges Unternehmen wäre und ordne ihr das zu was ein selbständiges Unternehmen gleicher Funktionalität hätte. (…) Soweit da für Klarheit gesorgt wird, wer für was zuständig gewesen ist, *steht das fest* (Hervorhebung des Verfassers).".

1491 Dazu Teil 3, D. I. 1. c) der Arbeit.

B. Entwicklungen im Bankaufsichtsrecht

Gegenstand der vorliegenden Untersuchung sind multinationale Kreditinstitute im Sinne des kontinentaleuropäisch tradierten Universalbanksystems. In Deutschland dominiert der Typ des Universalbankbetriebes, der sowohl das Einlagen- und Kreditgeschäft als auch das gesamte Wertpapier-, Depot und Emissionsgeschäft betreibt[1492]. Im Gegensatz dazu beschränken sich Spezialbanken auf einzelne Teilbereiche des Gesamtspektrums bankbetrieblicher Leistungen[1493]. Die Zweiteilung des Bankensektors in Spezialbanken für das Einlagen- und Kreditgeschäft („*commercial banking*") und für das Wertpapiergeschäft („*investment banking*") ist prägendes Merkmal des angelsächsischen Trennbankensystems[1494].

Im Kreditgeschäft reicht der Aktionsradius grenzüberschreitend agierender Universalbanken von der Ausreichung eines Darlehens durch eine Auslandsfiliale bis hin zu den Strategien und Mechanismen der nachgelagerten aktiven Risikosteuerung durch (Kredit-)Risikotransfer mittels moderner kapitalmarktorientierter Instrumente[1495]. Die Tätigkeiten der aktiven Risikobewältigung stehen in direktem Bezug zu dem Handelssegment des Kreditinstituts[1496].

In Reaktion auf die Finanz- und Bankenkrise des Jahres 2008 hat der Bundestag am 17. Mai 2013 das „Gesetz zur Abschirmung von Risiken und Planung der Sanierung und Abwicklung von Kreditinstituten und Finanzgruppen" beschlossen[1497]. Dieses am 13. August 2013 in Kraft getretene sogenannte Trennbankengesetz regelt neben Fragen der Sanierung und Abwicklung in Schieflage geratener Kreditinstitute die Abschirmung von „Eigengeschäftsaktivitäten und anderer riskanter Geschäfte"

1492 *Eilenberger*, Bankbetriebswirtschaftslehre[8], S. 32; *Rümker/Winterfeld*, in Schimansky/Bunte/Lwowski, Bankrechts-Hdb, Bd. II[4], § 124 Rn. 80.

1493 Dies gilt beispielhaft für Realkreditinstitute, Bausparkassen und Direktbanken; siehe *Schaus*, in Löwenstein/Looks/Heinsen, Betriebsstättenbesteuerung[2], Rz. 1198; *Rümker/Winterfeld*, in Schimansky/Bunte/Lwowski, Bankrechts-Hdb, Bd. II[4], § 124 Rn. 85.

1494 *Eilenberger*, Bankbetriebswirtschaftslehre[8], S. 32; *Schaus*, in Löwenstein/Looks/Heinsen, Betriebsstättenbesteuerung[2], Rz. 1197; *Rümker/Winterfeld*, in Schimansky/Bunte/Lwowski, Bankrechts-Hdb, Bd. II[4], § 124 Rn. 81 f.

1495 Die Gestaltungsprinzipien der Aufbauorganisation beschreibt Teil 2, B. I. der Arbeit.

1496 Siehe Teil 2, B. II. 1. b) der Arbeit.

1497 BGBl. I 2013, 3090.

vom Kunden- und Einlagengeschäft[1498]. Erklärtes Ziel ist es, den „eindeutigen Eigenhandel" abzuspalten[1499]. Regelungstechnisch erfolgt die Abschirmung durch ein Verbot mit Erlaubnisvorbehalt. Der Gesetzgeber verbietet bestimmte Geschäfte (§ 3 Abs. 2 Satz 2 KWG) und knüpft deren aufsichtsrechtliche Gestattung an die Bedingung, dass die Geschäfte durch ein wirtschaftlich, organisatorisch und rechtlich selbständiges Unternehmen (Finanzhandelsinstitut) betrieben werden (§ 25f Abs. 1 KWG).

Im Bild des Dualismus von Universalbank- und Trennbankensystem stellt das deutsche „Trennbankengesetz" eine Zwischenlösung dar, weil von dem Verbot des § 3 Abs. 2 Satz 2 KWG bestimmte Geschäfte ausgenommen werden. Privilegiert sind Geschäfte, die im Zusammenhang mit Kundentransaktionen stehen oder die notwendig sind, um strategische Maßnahmen des Liquiditäts- und Risikomanagements umzusetzen (§ 3 Abs. 2 Satz 3 KWG)[1500]. Bezogen auf die vorliegende Untersuchung kommt den gesetzlichen Rückausnahmen besondere Bedeutung zu. Denn soweit ein Kreditinstitut Geschäfte zur Absicherung von Kundengeschäften tätigt, werden diese nicht von der Verbotsregelung erfasst. Gerade solche Absicherungsmaßnahmen in bestehenden Kundenbeziehungen stehen im Fokus der Untersuchung auf Ebene der steuerlichen Gewinnabgrenzung. Da für die Absicherung „guter" Kundengeschäfte die – in der Finanzkrise bewährte[1501] – Universalbankidee fortbesteht, führt das „Trennbankengesetz" mit seinem Fokus auf den Eigenhandel nicht zu grundlegenden Änderungen für die abkommensrechtliche Gewinnabgrenzung im (Bank-)Einheitsunternehmen. Virulent wird der Gesetzesvorstoß vor allem bei der Frage, ob Absicherungsaktivitäten als *„key entrepreneurial risk-taking function(s)"* im Sinne des OECD-Betriebsstättenberichts 2010 zu qualifizieren sind[1502]. Wird dies bejaht, ist zu prüfen, ob die betreffenden Geschäfte aufsichtsrechtlich von einem rechtlich selbständigen Finanzhandels-

---

1498 Gesetzentwurf eines „Trennbankengesetzes" vom 4.3.2013, BT-Drs. 17/12601, S. 2.

1499 So *Wolfgang Schäuble* anlässlich der 1. Lesung des Trennbankengesetzes im Bundestag am 15.3.2013 (Redigierte Transkription der Rede abrufbar unter: http://www.bundes finanzministerium.de/Content/DE/Reden/2013/2013-03-15-bundestag-finanzmarktpolitik -textfassung.html).

1500 Eingehend *Schelo/Steck*, ZBB 2013, 227 (240 f.).

1501 *Rümker/Winterfeld*, in Schimansky/Bunte/Lwowski, Bankrechts-Hdb, Bd. II[4], § 124 Rn. 80; *Eilenberger*, Bankbetriebswirtschaftslehre[8], S. 33.

1502 OECD-Betriebsstättenbericht 2010, Part II Tz. 7c, 8.

institut zu betreiben sind und steuerlich damit aus dem Anwendungsbereich des Art. 7 OECD-MA herausfallen.

Die Frage, welche kundenbezogenen Transaktionen in praxi als privilegierte Geschäfte einzustufen sind, bereitet erhebliche Schwierigkeiten[1503]. Die betroffenen Kreditinstitute[1504] haben bis spätestens zum 1. Juli 2014 anhand einer Risikoanalyse zu ermitteln, welche ihrer Geschäfte im Sinne des § 3 Abs. 2 Satz 1 KWG verboten sind[1505]. Anzuwenden ist § 3 Abs. 2 und 3 KWG erst ab dem 1. Juli 2015[1506]. Es bleibt abzuwarten, ob bis dahin die auf EU-Ebene verfolgten Gesetzgebungsmaßnahmen auf Grundlage der im Oktober 2012 vorgelegten Empfehlungen der High-Level Expert Group („*Liikanen report*") Wirklichkeit werden[1507].

1503 Treffend die Kritik bei *Schelo/Steck*, ZBB 2013, 227 (240 f.). Unter Hinweis auf den Liikanen-Report konstatiert auch *Wolfgang Schäuble*, dass das eigentliche Problem darin besteht, „dass man nicht wirklich abgrenzen kann, was Eigenhandel und was Kundenhandel ist" (Nachweis in Fn. 1499).

1504 Vgl. § 3 Abs. 2 Satz 1 KWG; *Schelo/Steck*, ZBB 2013, 227 (237 f.).

1505 § 64q Abs. 2 KWG.

1506 § 64q Abs. 4 KWG.

1507 Siehe dazu http://ec.europa.eu/internal_market/bank/group_of_experts.

Rechtsprechungsübersicht

A. Entscheidungen des Bundesverfassungsgerichts

Datum	Aktenzeichen	Fundstelle
Urteil vom 29.7.1959	1 BvR 394/58	BVerfGE 10, 89
Urteil vom 24.7.1962	2 BvF 4, 5/61, 1, 2/62	BVerfGE 14, 197
Beschluss vom 19.12.1967	2 BvL 4/65	BVerfGE 23, 12
Urteil vom 1.3.1979	1 BvR 532, 533/77, 1 BvR 419/78, 1 BvL 21/78	BVerfGE 50, 290
Urteil vom 12.10.1994	1 BvL 19/90	BVerfGE 91, 207

B. Entscheidungen des Reichsfinanzhofs

Datum	Aktenzeichen	Fundstelle
Urteil vom 25.4.1933	I A 123/31	RStBl. 1933, 1017
Urteil vom 3.10.1935	III A 267/34	RStBl. 1935, 1399
Urteil vom 19.12.1935	I A 236/35	RStBl. 1936, 590
Urteil vom 1.10.1936	III A 398/34	RStBl. 1936, 1209
Urteil vom 22.11.1938	I 236/38	RStBl. 1939, 312
Urteil vom 29.2.1940	III 206/39	RStBl. 1940, 532

C. Entscheidungen des Bundesfinanzhofs

Datum	Aktenzeichen	Fundstelle
Urteil vom 27.7.1965	I 110/63 S	BStBl. III 1966, 24
Urteil vom 16.3.1967	I R 261/63	BStBl. III 1967, 626

Urteil vom 7.7.1967	III R 210/61	BStBl. III 1967, 588
Urteil vom 11.9.1969	IV R 160/67	BStBl. II 1970, 317
Urteil vom 21.1.1972	III R 57/71	BStBl. II 1972, 374
Urteil vom 12.3.1980	I R 186/76	BStBl. II 1980, 531
Urteil vom 25.6.1986	II R 213/83	BStBl. II 1986, 785
Urteil vom 1.4.1987	II R 186/80	BStBl. II 1987, 550
Urteil vom 24.2.1988	I R 95/84	BStBl. II 1988, 663
Urteil vom 20.7.1988	I R 49/84	BStBl. II 1989, 140
Urteil vom 9.11.1988	I R 335/83	BStBl. II 1989, 510
Urteil vom 14.12.1988	I R 148/87	BStBl. II 1989, 319
Beschluss vom 4.7.1990	GrS 2-3/88	BStBl. II 1990, 817
Urteil vom 27.2.1991	I R 15/89	BStBl. II 1991, 444
Urteil vom 26.2.1992	I R 85/91	BStBl. II 1992, 937
Urteil vom 29.7.1992	II R 39/89	BStBl. II 1993, 63
Urteil vom 17.2.1993	I R 3/92	BStBl. II 1993, 457
Urteil vom 19.5.1993	I R 64/92	BFH/NV 1994, 11
Urteil vom 12.1.1994	II R 95/89	BFH/NV 1994, 690
Urteil vom 17.5.1995	I R 147/93	BStBl. II 1996, 204
Urteil vom 30.8.1995	I R 112/94	BStBl. II 1996, 563
Urteil vom 16.2.1996	I R 43/95	BStBl. II 1997, 128
Urteil vom 18.9.1996	I R 59/95	IStR 1997, 145
Urteil vom 24.4.1997	VIII R 23/93	BStBl. II 1999, 342
Beschluss vom 8.12.1997	GrS 1-2/95	BStBl. II 1998, 193
Urteil vom 17.12.1997	I R 95/96	BStBl. II 1998, 260

Urteil vom 24.3.1999	I R 114/97	BStBl. II 2000, 399
Urteil vom 21.7.1999	I R 110/98	BStBl. II 1999, 812
Urteil vom 9.11.1999	II R 107/97	BFH/NV 2000, 688
Urteil vom 23.8.2000	I R 98/96	BStBl. II 2002, 207
Urteil vom 20.3.2002	II R 84/99	BFH/NV 2002, 1017
Urteil vom 18.12.2002	I R 92/01	BFH/NV 2003, 964
Urteil vom 17.10.2007	I R 5/06	BStBl. II 2009, 356
Urteil vom 19.12.2007	I R 19/06	BStBl. II 2010, 398
Beschluss vom 19.12.2007	I R 66/06	BStBl. II 2008, 510
Urteil vom 13.2.2008	I R 63/06	BStBl. II 2009, 414
Urteil vom 17.7.2008	I R 77/06	BStBl. II 2009, 464
Urteil vom 26.8.2010	I R 17/09	BFH/NV 2011, 143
Beschluss vom 22.8.2011	I B 169/10	BFH/NV 2011, 2119
Beschluss vom 12.1.2012	I R 66/09	BFH/NV 2012, 1056

D. Entscheidungen der Finanzgerichte

Finanzgericht	Datum	Aktenzeichen	Fundstelle
FG Freiburg	Urteil vom 30.5.1962	II 310/57	EFG 1963, 28
Hessisches FG	Urteil vom 27.1.1983	IV 355/79	EFG 1983, 440
Hessisches FG	Urteil vom 16.9.1983	IV 381/78 (rkr)	EFG 1984, 270
FG Düsseldorf	Urteil vom 20.3.1984	XV 736/78 BB (rkr)	EFG 1985, 105
Nds. FG	Urteil vom 10.11.1987	I 265/82	EFG 1988, 221
FG München	Urteil vom 11.10.1995	7 K 3474/93	EFG 1996, 244
Hessisches FG	Urteil vom 10.12.2002	4 K 3994/00 (rkr)	EFG 2003, 1191

Literaturverzeichnis

Ackerman, Robert E. / Danziger, Elizabeth / Faiferlick, Christopher / Lim, Lisa C. / Wood, Kenneth: Ernst & Young's Comments Regarding the OECD Discussion Draft on PEs and E-Commerce, TNI September 24, 2001, S. 1465-1484;

Althoff, Frank / Theileis, Ulrich: Anforderungen an die Organisation, in Everling, Oliver / Theodore, Samuel S. (Hrsg.), Bankrisikomanagement – Mindestanforderungen, Instrumente und Strategien für Banken, Wiesbaden 2008, S. 27-47 (zitiert: *Althoff/Theileis*, in Everling/Theodore, Bankrisikomanagement);

Ammelung, Ulrich: Steueraspekte der Rechtsformwahl operativer Auslandseinheiten von Banken, IStR 1998, S. 713-719;

– Besteuerungsprobleme bei internationaler Geschäftstätigkeit deutscher Banken (einschl. der Nutzung von offshore-Zentren), in Grotherr, Siegfried (Hrsg.), Handbuch der internationalen Steuerplanung, 2. Auflage, Herne/Berlin 2003, S. 851-876 (zitiert: *Ammelung*, in Grotherr, Hdb Steuerplanung[2]);

Andresen, Ulf: Banken: Einkünfteabgrenzung für das Einlagengeschäft inländischer Bankbetriebsstätten unter Berücksichtigung des AOA, ISR 2013, S. 320-328;

Arndt, Andreas: Die Besteuerung internationaler Geschäftstätigkeit deutscher Banken, Diss. Universität Hamburg, Baden-Baden 1986 (zitiert: *Arndt*, Geschäftstätigkeit deutscher Banken);

Assef, Sherif / Morris, Dean: Transfer Pricing Implications of the Basel II Capital Accord, DFI 2005, S. 147-151;

Athanas, Peter: Grundsätze der Einkunfts- und Vermögensermittlung bei Betriebsstätten sowie ihre Anwendung auf Banken, Versicherungen und andere Finanzinstitutionen – Generalbericht, in International Fiscal Association (Hrsg.), Grundsätze der Einkunfts- und Vermögensermittlung bei Betriebsstätten sowie ihre Anwendung auf Banken und Versicherungen und andere Finanzinstitutionen, CDFI Band LXXXIa, The Hague (u.a.) 1996, S. 21-67 (zitiert: *Athanas*, CDFI 81a [1996]);

Avi-Yonah, Reuven S.: The Structure of International Taxation: A Proposal for Simplification, Texas Law Review 1996, S. 1301-1359;

– Between Formulary Apportionment and the OECD Guidelines: A Proposal for Reconciliation, WTJ 2010, S. 3-18;

Avi-Yonah, Reuven S. / Benshalom, Ilan: Formulary Apportionment – Myths and Prospects, WTJ 2011, S. 371-398;

Avi-Yonah, Reuven S. / Clausing, Kimberly A.: Business Profits (Article 7 OECD Model Convention), in Lang, Michael (Hrsg.), Source versus Residence: Problems Arising from the Allocation of Taxing Rights in Tax Treaty Law and Possible Alternatives, Alphen aan den Rijn 2008, S. 9-20 (zitiert: *Avi-Yonah/Clausing*, in Lang, Source versus Residence);

Avi-Yonah, Reuven S. / Clausing, Kimberly A. / Durst, Michael C.: Allocating Business Profits for Tax Purposes: A Proposal to Adopt a Formulary Profit Split, Florida Tax Review 2009, S. 497-553;

Bähr, Gottfried: Gewinnermittlung ausländischer Zweigbetriebe, Diss. Universität Nürnberg-Erlangen, München 1973 (zitiert: *Bähr*, Gewinnermittlung);

Baker, Philip / Collier, Richard S.: The Attribution of Profits to Permanent Establishments – General Report, in International Fiscal Association (Hrsg.), The attribution of profits to permanent establishments, CDFI Band 91b, Amersfoort 2006, S. 21-67 (zitiert: *Baker/Collier*, CDFI 91b [2006]);

Bakker, Anuschka J. / van Hoey Smith, Arthur: Recent Developments Regarding Allocation of Profit to Permanent Establishments of Banks, ITPJ 2004, S. 20-25;

Baecker, Dirk: Womit handeln Banken? – Eine Untersuchung zur Risikoverarbeitung in der Wirtschaft, Frankfurt am Main 2008 (zitiert: *Baecker*, Womit handeln Banken?);

Bänziger, Hugo / Kampmann, Tobias: Neue Wege in der Risikosteuerung, Die Bank 2005, S. 50-55;

von Bar, Christian / Mankowski, Peter: Internationales Privatrecht, Band I – Allgemeine Lehren, 2. Auflage, München 2003 (zitiert: *v. Bar/Mankowski*, IPR, Bd. I²);

Baranowski, Karl-Heinz: Besteuerung von Auslandsbeziehungen, 2. Auflage, Herne/Berlin 1996 (zitiert: *Baranowski*, Auslandsbeziehungen);

Baßler, Johannes: Steuerliche Gewinnabgrenzung im Europäischen Binnenmarkt, Diss. Universität Bonn, Baden-Baden 2011 (zitiert: *Baßler*, Gewinnabgrenzung);

Bauer, Dan: Neuausrichtung der internationalen Einkunftsabgrenzung im Steuerrecht, Diss. Universität der Bundewehr Hamburg, Berlin 2004 (zitiert: *Bauer*, Neuausrichtung);

Beck, Heinz / Samm, Carl-Theodor / Kokemoor, Axel: Gesetz über das Kreditwesen, Kommentar, Loseblatt, Heidelberg (zitiert: *Beck/Samm/Kokemoor*, KWG);

Becker, Helmut: Konzernumlagen und Konzernpreise bei Betriebsstätten, EuStZ 1971, S. 95-103;

- Die Besteuerung von Betriebsstätten, DB 1989, S. 10-16;
- Funktionsnutzen oder Erwirtschaftungsgrundsatz – Wege zur Ermittlung des zutreffenden Betriebsstättenergebnisses, DB 1990, S. 392-395;
- Die Gewinnermittlung bei Betriebsstätten, in Burmester, Gabriele / Endres, Dieter (Hrsg.), Außensteuerrecht, Doppelbesteuerungsankommen und EU-Recht im Spannungsverhältnis, Festschrift für Helmut Debatin zum 70. Geburtstag, München 1997, S. 25-33 (zitiert: *Becker*, Festschrift Debatin);

Beiser, Reinhold: Die grenzüberschreitende Finanzierung von Betriebsstätten aus der Sicht des Arm's length Prinzips, IStR 1992, S. 7-11;

Bennett, Mary: The Attribution of Profits to Permanent Establishments: The 2008 Commentary on Art. 7 of the OECD Model Convention, ET 2008, S. 467-471;

Bennett, Mary C. / Dunahoo, Carol A.: The Attribution of Profits to a Permanent Establishment: Issues and Recommendations, Intertax 2005, S. 51-67;

Bennett, Mary / Russo, Raffaele: Discussion Draft on a New Art. 7 of the OECD Model Convention, ITPJ 2009, S. 73-80;

Berg, Stefan: Kreditderivate im deutschen Privatrecht, Diss. Universität Frankfurt am Main, Frankfurt am Main (u.a.) 2008 (zitiert: *Berg*, Kreditderivate);

Berger, Klaus Peter: Der Aufrechnungsvertrag – Aufrechnung durch Vertrag, Vertrag durch Aufrechnung, Habil. Universität zu Köln, Tübingen 1996 (zitiert: *Berger*, Aufrechnungsvertrag);

Bieg, Hartmut: Bankbilanzierung nach HGB und IFRS, 2. Auflage, München 2010 (zitiert: *Bieg*, Bankbilanzierung[2]);

Birla, Arun: The Attribution of Profits – Fact or Fiction, BTR 2005, S. 207-221;

Black, Andrea: Attribution of Profits to PEs – Implications of the "Authorized" OECD Approach, JOIT February 2010, S. 19-29 (Part 1), JOIT June 2010, S. 53-62 (Part 2);

Blumers, Wolfgang: Die Europarechtswidrigkeit der Betriebsstättenzurechnung im Betriebsstättenerlass, DB 2006, S. 856-860;

– DBA-Betriebsstätten-Zurechnungen in der jüngsten BFH-Rechtsprechung, DB 2008, S. 1765-1771;

– Funktionsverlagerung und ihre Grenzen, DStR 2010, 17-21;

Blümich, Walter: Kommentar zum Einkommensteuergesetz, Körperschaftsteuergesetz, Gewerbesteuergesetz, Loseblatt, München (zitiert: Blümich/*Bearbeiter*);

Bohl, Werner / Riese, Joachim / Schlüter, Jörg: Beck'sches IFRS-Handbuch – Kommentierung der IFRS/IAS, 3. Auflage, München 2009, (zitiert: *Bearbeiter*, in Bohl/Riese/Schlüter, Beck'sches-IFRS-Hdb[3]);

Boos, Karl-Heinz / Fischer, Reinfrid / Schulte-Mattler, Hermann: Kreditwesengesetz, Kommentar zu KWG und Ausführungsvorschriften, 2. Auflage München 2004, 4. Auflage München 2012 (zitiert: *Bearbeiter*, in Boos/Fischer/Schulte-Mattler, KWG[2/4]);

Borstell, Thomas / Schäperclaus, Jens: Was ist eigentlich eine Funktion?, IStR 2008, S. 275-284;

Bösch, Martin: Derivate – Verstehen, anwenden und bewerten, 2. Auflage, München 2012 (zitiert: *Bösch*, Derivate[2]);

Brasch, Hans-Jürgen / Nonnenmacher, Dirk Jens F.: Credit Risk Management & Trading: Motivation und Zielsetzung mit Blick auf die Bewertung von Kreditrisiken aus Handelsgeschäften, in Johanning, Lutz / Rudolph, Bernd (Hrsg.), Handbuch Risikomanagement, Band 1 – Risikomanagement für Markt-, Kredit- und operative Risiken, Bad Soden/Ts. 2000, S. 407-432 (zitiert: *Brasch/ Nonnenmacher*, in Johanning/Rudolph, Hdb Risikomanagement);

Bröder, Thorsten M.: Risikomanagement im internationalen Bankgeschäft – Eine holistische Analyse unter besonderer Berücksichtigung der Steuerung und Kontrolle, Diss. Universität Zürich, Bern (u.a.) 2006 (zitiert: *Bröder*, Risikomanagement im internationalen Bankgeschäft);

Brülisauer, Peter: Gewinnabgrenzung zwischen Stammhaus und Betriebsstätte im internationalen Steuerrecht der Schweiz, Diss. Universität St. Gallen, Bern (u.a.) 2006 (zitiert: *Brülisauer*, Gewinnabgrenzung);

Buchmüller, Patrick: Basel II – Hinwendung zu einer prinzipienorientierten Bankenaufsicht, Diss. Universität Tübingen, Baden-Baden 2008 (zitiert: *Buchmüller*, Basel II);

Buchner, Markus: Die Ansicht der OECD zur Zurechnung von Kapital und Zinsaufwendungen zu einer Betriebsstätte: Vergleichende Gegenüberstellung vor und nach Inkrafttreten des AOA und steuerliche Gestaltungsmöglichkeiten, IStR 2013, S. 228-235;

Bühler, Ottmar: Prinzipien des internationalen Steuerrechts – Ein systematischer Versuch, Amsterdam 1964 (zitiert: *Bühler*, Prinzipien);

Burgers, Irene J. J.: Taxation and Supervision of Branches of International Banks: A Comparative Study of Banks and other Enterprises, Haren 1992 (zitiert: *Burgers*, Branches of International Banks);

Burghof, Hans-Peter: Bankkredit und Kreditrisikotransfer, Frankfurt am Main 2004 (zitiert: *Burghof*, Bankkredit und Kreditrisikotransfer);

Burghof, Hans-Peter / Henke, Sabine: Perspektiven des Einsatzes von Produkten des Kreditrisikomanagements auf Bankkredite, in Johanning, Lutz / Rudolph, Bernd (Hrsg.), Handbuch Risikomanagement, Band 1 – Risikomanagement für Markt-, Kredit- und operative Risiken, Bad Soden/Ts. 2000 (zitiert: *Burghof/Henke*, in Johanning/Rudolph, Hdb Risikomanagement);

Burghof, Hans-Peter / Henke, Sabine / Rudolph, Bernd / Schönbucher, Philipp J. / Sommer, Daniel: Kreditderivate – Handbuch für die Bank- und Anlagepraxis, 2. Auflage, Stuttgart 2005 (zitiert: *Bearbeiter*, in Burghof/Henke/Rudolph/Schönbucher/Sommer, Kreditderivate[2]);

Burmester, Gabriele: Probleme der Gewinn- und Verlustrealisierung – insbesondere bei grenzüberschreitenden Transaktionen zwischen inländischem Stammhaus und ausländischer Betriebsstätte, Diss. Universität Hamburg, Baden-Baden 1986 (zitiert: *Burmester*, Gewinn- und Verlustrealisierung);

– Zur Systematik internationaler Minderbesteuerung und ihrer Vermeidung, in Burmester, Gabriele / Endres, Dieter (Hrsg.), Außensteuerrecht, Doppelbesteuerungsankommen und EU-Recht im Spannungsverhältnis, Festschrift für Helmut Debatin zum 70. Geburtstag, München 1997, S. 55-79 (zitiert: *Burmester*, Festschrift Debatin);

– Steuerliche Aspekte der Finanzierung international tätiger Unternehmen, in Klein, Franz / Stihl, Hans-Peter / Wassermeyer, Franz (Hrsg.), Unternehmen Steuern, Festschrift für Hans Flick zum 70. Geburtstag, Köln 1997, S. 659-678 (zitiert: *Burmester*, Festschrift Flick);

Büschgen, Hans E.: Bankbetriebslehre – Bankgeschäfte und Bankmanagement, 5. Auflage, Wiesbaden 1998 (zitiert: *Büschgen*, Bankbetriebslehre);

Büschgen, Hans E. / Börner, Christoph J.: Bankbetriebslehre, 4. Auflage, Stuttgart 2003 (zitiert: *Büschgen/Börner*, Bankbetriebslehre);

Carstens, Christoph H. / Schmidt, Jörg-Ulrich: Aktive Steuerung des Kreditportfolios – bessere Resistenz und neue Ertragschancen, ZfgK 2010, S. 74-77;

Carr, John L. / Moetell, Michael C.: Capital Issues in the Attribution of Profits to Branches of International Banks, TMIJ 2004, S. 291-302;

Carroll, Mitchell Benedict: Methods of Allocating Taxable Income, in League of Nations (Hrsg.), Taxation of Foreign and National Enterprises, Volume IV, Völkerbund-Dokument C. 425(b). M. 217(b). 1933. II. A., Geneva 1933 (zitiert: *Carroll*, Methods of Allocating Taxable Income);

Chandler, Alfred Dupont: The Visible Hand – The Managerial Revolution in American Business, Cambridge, Mass. (u.a.) 1977 (zitiert: *Alfred D. Chandler*, The Visible Hand);

Debatin, Helmut: Die Vermeidung der internationalen Doppelbesteuerung durch zwischenstaatliche Abkommen unter besonderer Berücksichtigung der deutschen Vertragspraxis, DStZ/A 1962, S. 5-15;

- Die Besteuerung der Betriebstätten, der Tochtergesellschaften und der Arbeitsausübung in der deutschen Judikatur zum internationalen Steuerrecht, DStZ/A 1966, S. 209-216;

- Konzeptionen zur Steuerpflicht, FR 1969, S. 277-284;

- Zur Auslegung von Doppelbesteuerungsabkommen, in Fischer, Lutz (Hrsg.), Unternehmung und Steuer, Festschrift zur Vollendung des 80. Lebensjahres von Peter Scherpf, Wiesbaden 1983, S. 305-317 (zitiert: *Debatin*, Festschrift Scherpf);

- Das Betriebsstättenprinzip der deutschen Doppelbesteuerungsabkommen, DB 1989, S. 1692-1697 (Teil I), S. 1739-1744 (Teil II);

- Doppelbesteuerungsabkommen und innerstaatliches Recht, Beihefter zu DStR Heft 23/1992, S. 1-8;

- Zur Behandlung von Beteiligungen an Personengesellschaften unter den Doppelbesteuerungsabkommen im Lichte der neueren Rechtsprechung des Bundesfinanzhofs, BB 1992, S. 1181-1188;

Debatin, Helmut / Wassermeyer, Franz: Doppelbesteuerung, Kommentar zu allen deutschen Doppelbesteuerungsabkommen, Loseblatt, München (zitiert: *Bearbeiter*, in Debatin/Wassermeyer);

Dehnen, Peter H.: Grundsätze der Einkunfts- und Vermögensermittlung bei Betriebsstätten sowie ihre Anwendung auf Banken, Versicherungen und andere Finanzinstitutionen – Länderbericht, in International Fiscal Association (Hrsg.), Grundsätze der Einkunfts- und Vermögensermittlung bei Betriebsstätten sowie ihre Anwendung auf Banken und Versicherungen und andere Finanzinstitutionen, CDFI Band LXXXIa, The Hague (u.a.) 1996, S. 401-426 (zitiert: *Dehnen*, CDFI 81a [1996]);

– Betriebsstättenbesteuerung – Forderungen an den Erlaßgeber, DB 1997, S. 1431-1433;

Derleder, Peter / Bamberger, Kai-Oliver / Knops, Heinz Georg: Handbuch zum deutschen und europäischen Bankrecht, 2. Auflage, Berlin/Heidelberg 2009 (zitiert: *Bearbeiter*, in Derleder/Bamberger/Knops, Hdb Bankrecht[2]);

Di Fabio, Udo: Die Stabilisierung des Finanzmarktes als Verfassungsproblem, Wpg 2012, S. 583-586;

Diederichs, Marc: Risikomanagement und Risikocontrolling, Risikocontrolling – ein integrierter Bestandteil einer modernen Risikomanagement-Konzeption, Diss. Universität Dortmund, München 2004 (zitiert: *Diederichs*, Risikomanagement);

Diehl, Wolfram: Zweigniederlassungen ausländischer Banken – Rechtsfragen und Besteuerung, Frankfurt am Main 1978 (zitiert: *Diehl*, Zweigniederlassungen ausländischer Banken);

Ditz, Xaver: Gewinnabgrenzung zwischen Stammhaus und Betriebsstätte – Neue Entwicklungen auf Ebene der OECD unter besonderer Berücksichtigung des E-Commerce, IStR 2002, S. 210-216;

– Internationale Gewinnabgrenzung bei Betriebsstätten – Ableitung einer rechtsformneutralen Auslegung des Fremdvergleichsgrundsatzes im internationalen Steuerrecht, Diss. Universität der Bundeswehr Hamburg, Berlin 2004 (zitiert: *Ditz*, Gewinnabgrenzung);

– Internationale Gewinnabgrenzung bei Betriebsstätten und nationale Gewinnermittlungsvorschriften im Lichte aktueller Entwicklungen bei der OECD, IStR 2005, S. 37-43;

– Betriebsstättengewinnabgrenzung nach dem „Authorised OECD Approach" – Eine kritische Analyse, ISR 2013, S. 48-55;

– Der „Authorised OECD Approach" wird Wirklichkeit – Kritische Analyse des § 1 Abs. 5 AStG i.d.F. AmtshilfeRLUmsG, ISR 2013, S. 261-267;

Döhring, Jens: Gesamtrisiko-Management von Banken, Diss. Universität zu Köln, München/Wien 1996 (zitiert: *Döhring*, Gesamtrisiko-Management von Banken);

Dombret, Andreas R.: Die Verbriefung als innovative Finanzierungstechnik – Strategien der Securitization am Geld- und Kapitalmarkt aus der Sicht internationaler Großbanken, 2. Auflage, Frankfurt am Main 1988 (zitiert: *Dombret*, Verbriefung als Finanzierungstechnik);

Dresel, Tanja: Allokation von Risikokapital in Banken – Value-at-Risk, asymmetrische Information und rationales Herdenverhalten, Diss. Universität München, Bad Soden/Ts. 2003 (zitiert: *Dresel*, Allokation von Risikokapital);

Drüen, Klaus-Dieter: Zur Rechtsnatur des Steuerrechts und ihrem Einfluß auf die Rechtsanwendung, in Drenseck, Walter / Seer, Roman (Hrsg.), Festschrift für Heinrich Wilhelm Kruse zum 70. Geburtstag, Köln 2001, S. 191-212 (zitiert: *Drüen*, Festschrift Kruse);

– Unternehmerfreiheit und Steuerumgehung, StuW 2008, S. 154-166;

Dürselen, Karl / Schulte-Mattler, Hermann: Stabilisierung des Finanzsystems – Zweite Novellierung der MaRisk, Die Bank 10/2009, S. 48-55;

Ebenroth, Carsten: Zu den Grenzen der Besteuerung von Banken im Eurokreditgeschäft, JZ 1984, S. 905-912;

Edgar, Tim / Holland, David: Source Taxation and the OECD Project on Attribution of Profits to Permanent Establishments, TNI February 7, 2005, S. 525-539;

Ehlerding, André: Die Relevanz der Kreditorganisation für das Kreditrisiko – Eine theoretische und empirische Untersuchung am Beispiel von Sparkassen und Genossenschaftsbanken, Diss. Universität Duisburg-Essen, Frankfurt am Main 2006 (zitiert: *Ehlerding*, Relevanz der Kreditorganisation);

Eilenberger, Guido: Bankbetriebswirtschaftslehre, Grundlagen – Internationale Bankleistungen – Bank-Management, 7. Auflage München/Wien 1997, 8. Auflage München 2012 (zitiert: *Eilenberger*, Bankbetriebswirtschaftslehre[7/8]);

Eisele, Florian: Grenzüberschreitende Funktionsverlagerung, Recht und Besteuerung im Einheitsunternehmen und im Konzern, Diss. Universität München, Herne/Berlin 2003 (zitiert: *Eisele*, Funktionsverlagerung);

Elicker, Michael: Die Zukunft des deutschen internationalen Steuerrechts – Systemkritik am Welteinkommensprinzip – Vorrang des Abkommensrechts, IFSt-Schrift Nr. 438, Bonn 2006 (zitiert: *Elicker*, IFSt-Schrift Nr. 438);

Elschen, Rainer: Entscheidungsneutralität, Allokationseffizienz und Besteuerung nach der Leistungsfähigkeit – Gibt es ein gemeinsames Fundament der Steuerwissenschaften, StuW 1991, S. 99-115;

Endriss, Horst Walter: Wohnsitz- oder Ursprungsprinzip? – Die Vermeidung der internationalen Doppelbesteuerung sowie der internationalen Steuerflucht durch Wohnsitzverlagerung bei ausschließlicher Anwendung des Ursprungsprinzips, Diss. Universität zu Köln, Köln 1967 (zitiert: *Endriss*, Wohnsitz- oder Ursprungsprinzip);

Erb, Markus: Das steuerliche Dotationskapital inländischer Betriebsstätten international tätiger Kreditinstitute – die neuen BMF-Grundsätze, IStR 2005, S. 328-337;

– Das Dotationskapital von Betriebsstätten international tätiger Kreditinstitute: Offene Fragen bei der Anwendung der Verwaltungsgrundsätze in der Praxis, IStR 2008, S. 608-615;

Erlebach, Jörg / Grasshoff, Gerold / Berg, Tobias: Die Effekte von Basel III – Gleiche Bedingungen im Bank- und Handelsbuch?, Die Bank 10/2010, S. 54-58;

Esser, Clemens: Pluralistisch-demokratische Steuerpolitik in der globalisierten Welt – Die Rolle der Unternehmens- und Einkommensbesteuerung, Diss. Deutsche Hochschule für Verwaltungswissenschaften Speyer, Baden-Baden 2008 (zitiert: *Esser*, Steuerpolitik in der globalisierten Welt);

Fest, Alexander: Zwecke, Ansätze und Effizienz der Regulierung von Banken, Diss. Freie Universität Berlin, Berlin 2008 (zitiert: *Fest*, Regulierung von Banken);

Fink, Jörn Ulrich: Gewinnzurechnungsmethoden im Verhältnis zwischen inländischem Stammhaus und ausländischer Betriebsstätte, RIW 1998, S. 43-51;

Fischer, Thomas R.: Organisation der Risikoüberwachung im Deutsche Bank Konzern, in Schierenbeck, Henner / Moser, Hubertus / Schüller, Stephan (Hrsg.), Handbuch Bankcontrolling, 2. Auflage, Wiesbaden 2001, S. 53-67 (zitiert: *Fischer*, in Schierenbeck/ Moser/Schüller, Hdb Bankcontrolling[2]);

Flick, Hans: Recht und Gerechtigkeit im internationalen Steuerrecht – Zur Entwicklung der Staatenpraxis, FR 1961, S. 171-174;

– Methoden zur Ausschaltung der internationalen Doppelbesteuerung bei den direkten Steuern, FinanzArchiv 21 (1961), S. 86-116;

Flick, Hans / Wassermeyer, Franz / Kempermann, Michael: Doppelbesteuerungsabkommen Deutschland-Schweiz, Kommentar, Loseblatt, Köln (zitiert: *Bearbeiter*, in F/W/K, DBA-CH);

Flick, Hans / Wassermeyer, Franz / Baumhoff, Hubertus: Außensteuerrecht, Kommentar, Loseblatt, Köln (zitiert: *Bearbeiter*, in F/W/B, AStR);

Flume, Werner: Der gesetzliche Steuertatbestand und die Grenztatbestände in Steuerrecht und Steuerpraxis, StbJb 1967/1968, S. 63-94;

Förster, Hartmut: Der OECD-Bericht zur Ermittlung des Betriebsstättengewinns, IWB v. 14.2.2007, F. 10 Gr. 2, S. 1929-1938 (Teil I), S. 1939-1946 (Teil II), S. 1947-1956 (Teil III);

– Veröffentlichung der OECD zur Revision des Kommentars zu Artikel 7 OECD-Musterabkommen, IStR 2007, S. 398-401;

Förster, Hartmut / Naumann, Manfred: Der neue OECD-Vorschlag zur Änderung der Betriebsstättengewinnermittlung nach Art. 7 OECD-MA im Vergleich zur bisherigen Auffassung, IWB v. 22.9.2004, F. 10 Gr. 2, S. 1777-1790;

– Erlass zur Dotation von Bankbetriebsstätten – Regulatorischer Hochseilakt im steuerlichen Randgebiet oder Auftakt zu weit reichenden Änderungen der allgemeinen Betriebsstättenbesteuerung – Anmerkungen zu dem BMF-Schreiben vom 29.9.2004, DB 2004, S. 2337-2340;

Förster, Hartmut / Naumann, Manfred / Rosenberg, Oliver: Generalthema II des IFA-Kongresses 2006 in Amsterdam: Gewinnabgrenzung bei Betriebsstätten, IStR 2005, S. 617-624;

Frese, Erich / Graumann, Matthias / Theuvsen, Ludwig: Grundlagen der Organisation – Entscheidungsorientiertes Konzept der Organisation, 10. Auflage, Wiesbaden 2012 (zitiert: *Frese/Graumann/Theuvsen*, Organisation[10]);

Friauf, Karl Heinrich: Verfassungsrechtliche Anforderungen an die Gesetzgebung über die Steuern vom Einkommen und vom Ertrag, DStJG 12 (1989), S. 3-32;

Friese, Arne: Rechtsformwahlfreiheit im Europäischen Steuerrecht, Diss. Universität München, Köln 2010 (zitiert: *Friese*, Rechtsformwahlfreiheit);

Frotscher, Gerrit: Gedanken zur Zentralfunktion der Geschäftsleitungs-Betriebsstätte, in Strunk, Günther / Wassermeyer, Franz / Kaminski, Bert (Hrsg.), Unternehmensteuerrecht und internationales Steuerrecht, Gedächtnisschrift für Dirk Krüger, Bonn/Berlin 2006, S. 95-112 (zitiert: *Frotscher*, Gedächtnisschrift Krüger);

– Internationales Steuerrecht, 3. Auflage, München 2009 (zitiert: *Frotscher*, Internationales Steuerrecht[3]);

– Treaty Override und § 50d Abs. 10 EStG, IStR 2009, S. 593-600;

– Dealings, KERT und Significant people – der neue Ansatz der Betriebsstätten-Gewinnabgrenzung auf der Ebene der OECD, in Oestreicher, Andreas (Hrsg.), Unternehmen im Umbruch – Krisenbewältigung, Mobilität, Unternehmenstransaktionen und Steuern, Herne 2010, S. 95-111 (zitiert: *Frotscher*, in Oestreicher, Unternehmen im Umbruch);

Füser, Karsten / Rödel, Kristian: Basel II – Internes Rating mittels (quantitativer und) qualitativer Kriterien, DStR 2002, S. 275-281;

Gandenberger, Otto: Der Einfluss der Einkommen- und Körperschaftsteuer auf die internationalen Wirtschaftsströme, DStJG 8 (1985), S. 33-48;

Gassner, Wolfgang: Die Zukunft der österreichischen Abkommenspolitik, in Lang, Michael (Hrsg.), Die Zukunft des internationalen Steuerrechts, Wien 1999 (zitiert: *Gassner*, in Lang, Zukunft des internationalen Steuerrechts);

Gazzo, Massimiliano: Attribution of Free Capital to Permanent Establishment of a Bank: A Vexed Issue, A General Overview and the Italian "State of the Art", Intertax 2009, S. 647-653;

Gebhardt, Günther / Reichardt, Rolf: Markt- und risikoorientierte Transferpreise für Banken, in Schäfer, Klaus / Burghof, Hans-Peter / Johanning, Lutz / Wagner, Hannes F. / Rodt, Sabine (Hrsg.), Risikomanagement und kapitalmarktorientierte Finanzierung, Festschrift zum 65. Geburtstag von Bernd Rudolph, Frankfurt am Main 2009, S. 421-437 (zitiert: *Gebhardt/Reichardt,* Festschrift Rudolph);

Gerhardt, Sybille E.: Basel II im Wettstreit internationaler Regulierungsinteressen – Auswirkungen auf Transmission und Wettbewerb, Diss. Universität Düsseldorf, Wiesbaden 2005 (zitiert: *Gerhardt,* Basel II im Wettstreit);

Gehrmann, Volker: Gesamtrisikosteuerung – der Beitrag von Kreditderivaten zur Risikooptimierung von Banken, Diss. Universität Marburg, Hamburg 2009 (zitiert: *Gehrmann,* Gesamtrisikosteuerung);

Gerke, Wolfgang / Steiner, Manfred: Handwörterbuch des Bank- und Finanzwesens, 3. Auflage, Stuttgart 2001 (zitiert: *Bearbeiter,* in Gerke/Steiner, HWF);

Gleißner, Werner: Grundlagen des Risikomanagements im Unternehmen – Controlling, Unternehmensstrategie und wertorientiertes Management, 2. Auflage, München 2011 (zitiert: *Gleißner,* Grundlagen des Risikomanagements[2]);

Gosch, Dietmar / Kroppen, Heinz-Klaus / Grotherr, Siegfried: DBA-Kommentar, Doppelbesteuerungsabkommen, Loseblatt, Herne/Berlin (zitiert: *Bearbeiter,* in G/K/G, DBA);

Gramlich, Dieter: Operatives Auslandsgeschäft deutscher Kreditinstitute und Besteuerung – Ein ertragsorientierter Bezugsrahmen zur Gestaltung des internationalen Bankgeschäfts, Diss. Universität Mannheim, Wiesbaden 1990 (zitiert: *Gramlich,* Operatives Auslandsgeschäft);

Greil, Stefan: Die Funktion im Sinne der Funktionsverlagerung des deutschen AStG, SWI 2011, S. 209-217;

Groß, Carsten / Küster, Madlen: Bankaufsichtlich anerkanntes Eigenkapital, in Hofmann, Gerhard (Hrsg.), Basel III und MaRisk – Regulatorische Vorgaben, bankinterne Verfahren, Risikomanagement, Frankfurt am Main 2011, S. 343-366 (zitiert: *Groß/Küster*, in Hofmann, Basel III und MaRisk);

Groß, Hermann / Knippschild, Martin: Risikocontrolling in der Deutsche Bank AG, in Rolfes, Bernd / Schierenbeck, Henner / Schüller, Stephan (Hrsg.), Risikomanagement in Kreditinstituten, Frankfurt am Main 1997, S. 69-107 (zitiert: *Groß/Knippschild*, in Rolfes/Schierenbeck/Schüller, Risikomanagement in Kreditinstituten);

Groß, Thomas / Lohfing, Anja: Herausforderungen an das Risikocontrolling einer „Truly European Bank" – das Beispiel der UniCredit Group, in Neupel, Joachim / Rudolph, Bernd / Hahnenstein, Lutz (Hrsg.), Gesamtbanksteuerung und Bank-controlling: Portfoliomanagement, Verbriefungen und MaRisk, zfbf Sonderheft 57/07, Düsseldorf 2007, S. 143-157 (zitiert: *Groß/Lohfing*, zfbf Sonderheft 57/07);

Grotherr, Siegfried: Grundlagen der internationalen Steuerplanung, in Grotherr, Siegfried (Hrsg.), Handbuch der internationalen Steuerplanung, 3. Auflage, Herne/Berlin 2011, S. 3-28 (zitiert: *Grotherr*, in Grotherr, Hdb Steuerplanung[3]);

Gündisch, Stephan Guido: Personengesellschaften im DBA-Recht – eine Analyse des OECD-Partnership-Reports, Diss. Universität München, München 2004 (zitiert: *Gündisch*, Personengesellschaften im DBA-Recht);

Haarmann, Wilhelm: Die Gewinnermittlung der Geschäftsführungsbetriebsstätte, in Gocke, Rudolf / Gosch, Dietmar / Lang, Michael (Hrsg.), Körperschaftsteuer, Internationales Steuerrecht, Doppelbesteuerung, Festschrift für Franz Wassermeyer zum 65. Geburtstag, München 2005, S. 723-746 (zitiert: *Haarmann*, Festschrift Wassermeyer);

Haase, Florian: Außensteuergesetz, Doppelbesteuerungsabkommen, Heidelberg 2009 (zitiert: *Bearbeiter*, in Haase, AStG/DBA);

Haiß, Uta: Gewinnabgrenzung bei Betriebsstätten im Internationalen Steuerrecht – Vermögens-, Aufwands- und Ertragszuordnung nach OECD-Musterabkommen und neuem Betriebsstättenerlass, Neuwied/Kriftel 2000 (zitiert: *Haiß*, Gewinnabgrenzung);

– Steuerliche Abgrenzungsfragen bei der Begründung einer Betriebsstätte im Ausland, in Grotherr, Siegfried (Hrsg.), Handbuch der internationalen Steuerplanung, 3. Auflage, Herne/Berlin 2011, S. 31- 49 (zitiert: *Haiß*, in Grotherr, Hdb Steuerplanung[3]);

Halfar, Bernd: Betriebsstättenbesteuerung, IWB v. 11.10.1993, F. 3 Gr. 1, S. 1393-1420;

Hannemann, Ralf / Schneider, Andreas: Mindestanforderungen an das Risikomanagement (MaRisk) – Kommentar unter Berücksichtigung der Instituts-Vergütungsverordnung (InstitutsVergV), 3. Auflage, Stuttgart 2011 (zitiert: *Hannemann/Schneider/Hanenberg*, MaRisk[3]);

Hansjürgens, Bernd: Äquivalenzprinzip und Staatsfinanzierung, Habil. Universität Marburg, Berlin 2001 (zitiert: *Hansjürgens*, Äquivalenzprinzip);

Hartmann-Wendels, Thomas / Hellwig, Martin / Jäger-Ambrozewicz, Manfred: Arbeitsweise der Bankenaufsicht vor dem Hintergrund der Finanzmarktkrise, Forschungsberichte aus dem Institut der deutschen Wirtschaft Köln, Band 63, Köln 2010 (zitiert: *Hartmann-Wendels/Hellwig/Jäger-Ambrozewicz*, Arbeitsweise der Bankenaufsicht);

Hartschuh, Thomas / Grimm, Simon / Haider, Andreas: Kreditportfoliosteuerung mittels Verbriefungen und Kreditderivaten, in Schierenbeck, Henner/Kirmße, Stefan (Hrsg.), Aktuelle Entwicklungen und Fragestellungen in der Banksteuerung, Frankfurt am Main 2007, S. 245-258 (zitiert: *Hartschuh/Grimm/Haider*, in Schierenbeck/Kirmße, Banksteuerung);

Haumüller, Stefan: Restrukturierung des Kreditgeschäfts – Moderne Ansätze und Entwicklungstendenzen im Kreditgeschäft der Banken, Diss. Universität Zürich, Bern (u.a.) 1997 (zitiert: *Haumüller*, Restrukturierung des Kreditgeschäfts);

Häuselmann, Holger: Die handelsrechtlichen Rahmenbedingungen für inländische Zweigstellen von EG-Kreditinstituten und ihre Auswirkungen auf das Rechnungswesen, WM 1994, S. 1693-1705;

– Grenzüberschreitender Wertpapierhandel unter Einschaltung von Auslandsniederlassungen und Tochtergesellschaften, IStR 2003, S. 139-144;

Hauser, Joachim: Kreditderivate – Grundlagen, Risiken, Aufsichtsrechtliche Behandlung, Diss. Universität des Saarlandes 2012, Berlin 2013 (zitiert: *Hauser*, Kreditderivate);

Heidorn, Thomas / Schmaltz, Christian: Interne Transferpreise für Liquidität, ZfgK 2010, S. 140-144;

Hemmelrath, Alexander: Die Ermittlung des Betriebsstättengewinns im internationalen Steuerrecht – Eine Untersuchung zur „Selbständigkeit" der Betriebsstätte gemäß Art. 7 Abs. 2 OECD-Musterabkommen, Diss. Universität München, München 1982 (zitiert: *Hemmelrath*, Ermittlung des Betriebsstättengewinns);

Hemmelrath, Alexander / Kepper, Philipp: Die Bedeutung des „Authorized OECD Approach" (AOA) für die deutsche Abkommenspraxis, IStR 2013, S. 37-72;

Henkes-Wabro, Rike Claudia: Gewinnabgrenzung bei Bankbetriebstätten im Internationalen Steuerrecht, Diss. Universität Trier, Frankfurt am Main (u.a.) 2009 (zitiert: *Henkes-Wabro*, Gewinnabgrenzung bei Bankbetriebstätten);

Herfurth, Sebastian: Die Regulierung von Ratingagenturen unter Basel II, Diss. Universität Bonn, Lohmar/Köln 2010 (zitiert: *Herfurth*, Basel II);

Herrmann, Carl / Heuer, Gerhard / Raupach, Arndt: Einkommensteuer- und Körperschaftsteuergesetz, Kommentar, Loseblatt, Köln (zitiert: *Bearbeiter*, in H/H/R);

Hey, Johanna: Kommunale Einkommen- und Körperschaftsteuer – Zugleich ein Beitrag zur Bedeutung des Äquivalenzprinzips für die Ausgestaltung kommunaler Steuern, StuW 2002, S. 314-325;

– Die beschränkte Steuerpflicht im Licht von Territorialitätsprinzip, Isolationstheorie und Objektsteuercharakter, in Gassner, Wolfgang / Lang, Michael / Lechner, Eduard / Schuch, Josef / Staringer, Claus (Hrsg.), Die beschränkte Steuerpflicht im Einkommen- und Körperschaftsteuerrecht, Wien 2004, S. 15-35 (zitiert: *Hey*, in Gassner/Lang/Lechner/ Schuch/Staringer, Beschränkte Steuerpflicht);

– Verfassungsrechtliche Maßstäbe der Unternehmensbesteuerung, in Kessler, Wolfgang / Förster, Guido / Watrin, Christoph (Hrsg.), Unternehmensbesteuerung, Festschrift für Norbert Herzig zum 65. Geburtstag, München 2010, S. 7-23 (zitiert: *Hey*, Festschrift Herzig);

– Vom Nutzen des Nutzenprinzips für die Gestaltung der Steuerrechtsordnung, in Tipke, Klaus / Seer, Roman / Hey, Johanna / Englisch, Joachim (Hrsg.), Gestaltung der Rechtsordnung, Festschrift für Joachim Lang zum 70. Geburtstag, Köln 2010, S. 133-165 (zitiert: *Hey*, Festschrift Lang);

Hofmann, Bernd / Pluto, Katja: Zentrale Aspekte der neuen aufsichtlichen Eigenmittelempfehlungen (Basel II), in Neupel, Joachim / Rudolph, Bernd / Hahnenstein, Lutz (Hrsg.), Aktuelle Entwicklungen im Bankcontrolling: Rating, Gesamtbanksteuerung und Basel II, zfbf Sonderheft 52/05, Düsseldorf 2005, S. 241-270 (zitiert: *Hofmann/Pluto*, zfbf Sonderheft 52/05);

Hofmann, Bernd / Rudolph, Kai: The Future of Securitizations – An Exemplified Analysis, in Schäfer, Klaus / Burghof, Hans-Peter / Johanning, Lutz / Wagner, Hannes F. / Rodt, Sabine (Hrsg.), Risikomanagement und kapitalmarktorientierte Finanzierung, Festschrift zum 65. Geburtstag von Bernd Rudolph, Frankfurt am Main 2009, S. 439-453 (zitiert: *Hofmann/Rudolph*, Festschrift Rudolph);

Hofmann, Heinz: Grundlagen der steuerlichen Gewinnabgrenzung bei Auslandsfilialen deutscher Banken in DBA-Ländern, IWB v. 10.03.1984, F. 3 Gr. 1, S. 867-886;

– Der OECD-Bericht über die Besteuerung multinationaler Banken – aus Bankensicht, IWB v. 10.10.1986, F. 10 Gr. 2, S. 581-594;

Hölzer, Klaus / Schnarr, Thomas: Neue Spielregeln im Firmenkundengeschäft, Die Bank 8/2010, S. 55-57;

Homburg, Stefan: Allgemeine Steuerlehre, 6. Auflage, München 2010 (zitiert: *Homburg*, Allgemeine Steuerlehre[6]);

Hruschka, Franz: Offene Fragen beim Rücktransport von Währungsverlusten, IStR 2008, S. 499-503;

– Rückwirkende Funktionsverlagerungsbesteuerung?, in Schaumburg, Harald / Piltz, Detlev J. (Hrsg.), Besteuerung von Funktionsverlagerungen – Neuausrichtung?, Forum der Internationalen Besteuerung, Band 37, Köln 2010, S. 1-21 (zitiert: *Hruschka*, in Schaumburg/Piltz, Funktionsverlagerungen);

Hruschka, Franz / Lüdemann, Peter: Das Veranlassungsprinzip als Maßstab zur innerstaatlichen Betriebsstättengewinnermittlung, IStR 2005, S. 76-84;

Hull, John C.: Risikomanagement – Banken, Versicherungen und andere Finanzinstitutionen, 2. Auflage, München 2011 (zitiert: *Hull*, Risikomanagement[2]);

Institut der Wirtschaftsprüfer: IDW-Stellungnahme zur Ermittlung des Betriebsstättengewinns, DB 1988, S. 309-312;

Institut Finanzen und Steuern: Gewinnermittlung und Besteuerung deutscher Unternehmen mit ausländischen Betriebsstätten, Grüner Brief Nr. 250, Bonn 1985 (zitiert: *Institut Finanzen und Steuern*, Grüner Brief Nr. 250);

Institute of International Bankers: Comments on the OECD Discussion Draft on the Attribution of Profits to Permanent Establishments, TNI July 23, 2001, S. 477-507;

Isensee, Josef / Kirchhof, Paul: Handbuch des Staatsrechts der Bundesrepublik Deutschland, Band V: Rechtsquellen, Organisation, Finanzen, 3. Auflage, Heidelberg 2007 (zitiert: *Bearbeiter*, in Isensee/Kirchhof, HStR, Bd. V[3]);

Jachmann, Monika: Grundlagen einer Steuervereinfachung, in Kirchhof, Paul / Jakob, Wolfgang / Beermann, Albert (Hrsg.), Steuerrechtsprechung, Steuergesetz, Steuerreform, Festschrift für Klaus Offerhaus zum 65. Geburtstag, Köln 1999, S. 1071-1090 (zitiert: *Jachmann*, Festschrift Offerhaus);

Jacobs, Otto H.: Internationale Unternehmensbesteuerung – Deutsche Investitionen im Ausland, Ausländische Investitionen im Inland, 7. Auflage 2011 (zitiert: *Jacobs*, Internationale Unternehmensbesteuerung[7]);

Jankowiak, Ingo: Doppelte Nichtbesteuerung im Internationalen Steuerrecht, Diss. Universität Bayreuth, Baden-Baden 2009 (zitiert: *Jankowiak*, Doppelte Nichtbesteuerung);

Jung, Hans: Allgemeine Betriebswirtschaftslehre, 11. Auflage, München 2009 (zitiert: *Jung*, Betriebswirtschftslehre[11]);

Kahle, Holger: Internationale Verrechnungspreise aus steuerlicher Sicht, ZfCM 2007, S. 96-101;

Kahle, Holger / Franke, Verona: Überführung von Wirtschaftsgütern in ausländische Betriebsstätten, IStR 2009, S. 406-411;

Kahle, Holger / Mödinger, Jörg: Die Neufassung des Art. 7 OECD-MA im Rahmen der Aktualisierung des OECD-MA 2010, IStR 2010, S. 757-763;

– Vermeidung von Doppelbesteuerung im Bereich der Unternehmensgewinne nach Art. 7 Abs. 3 OECD-MA 2010, IStR 2011, S. 821-828;

Kaminski, Bert: Anmerkungen zur Dotation von Betriebsstätten, RIW 1997, S. 970-973;

Kane, Mitchell A.: Risk and Redistribution in Open and Closed Economies, Virginia Law Review 92 (2006), S. 867-928;

Kessler, Wolfgang / Huck, Friederike: Grenzüberschreitender Transfer von Betriebsvermögen – Die Verlagerung von Einzelwirtschaftsgütern, Betriebsstätten und Betrieben ins Ausland, StuW 2005, S. 193-215;

Kessler, Wolfgang / Jehl, Melanie: Kritische Analyse der Zentralfunktion des Stammhauses, IWB v. 8.8.2007, F. 10 Gr. 2, S. 1977-1988;

Kessler, Wolfgang / Kröner, Michael / Köhler, Stefan: Konzernsteuerrecht, National – International, 2. Auflage, München 2008 (zitiert: *Bearbeiter*, in Kessler/Kröner/Köhler, Konzernsteuerrecht²);

Keuthen, Markus: Die Vermeidung der juristischen Doppelbesteuerung im EG-Binnenmarkt – Die Vereinbarkeit der Anrechnungs- und Freistellungsmethode mit den EG-Grundfreiheiten, Diss. Universität zu Köln, Berlin 2009 (zitiert: *Keuthen*, Vermeidung der juristischen Doppelbesteuerung);

Kiesewetter, Dirk: Theoretische Leitbilder einer Reform der Unternehmensbesteuerung, StuW 1991, S. 24-34;

Kirchhof, Paul: Einkommensteuergesetz, Kommentar, 12. Auflage, Köln 2013 (zitiert: *Bearbeiter*, in Kirchhof, EStG^{12});

Kirchhof, Paul / Söhn, Hartmut / Mellinghoff, Rudolf: Einkommensteuergesetz, Kommentar, Loseblatt, Heidelberg (zitiert: *Bearbeiter*, in K/S/M, EStG);

Kirmße, Stefan: Die Mobilisierung von Kreditgeschäften als Instrument bankpolitischer Entscheidungen, Habil. Universität Münster, Frankfurt am Main 2002 (zitiert: *Kirmße*, Mobilisierung von Kreditgeschäften);

Kirmße, Stefan / Schierenbeck, Henner / Tegeder, Patrick: Struktur und Prozesse einer Gesamtbanksteuerungsarchitektur, in Schierenbeck, Henner / Kirmße, Stefan (Hrsg.), Aktuelle Entwicklungen und Fragestellungen in der Banksteuerung, Frankfurt am Main 2007, S. 3-33 (zitiert: *Kirmße/Schierenbeck/Tegeder*, in Schierenbeck/Kirmße, Banksteuerung);

Kleineidam, Hans-Jochen: Gewinnermittlung bei Auslandsbetriebsstätten, IStR 1993, S. 349-352 (Teil I), S. 395-400 (Teil II);

– Perspektiven der internationalen Einkunftsabgrenzung im Lichte globaler Unternehmensstrategien, in Klein, Franz / Stihl, Hans-Peter / Wassermeyer, Franz (Hrsg.), Unternehmen Steuern, Festschrift für Hans Flick zum 70. Geburtstag, Köln 1997, S. 857-872 (zitiert: *Kleineidam*, Festschrift Flick);

– Gerechtigkeits- und Kausalitätsgesichtspunkte bei der internationalen Einkünftezurechnung auf Betriebsstätten. Ein Plädoyer für eine modifizierte globale Einkünftezurechnungsmethode, in Kleineidam, Hans-Jochen (Hrsg.), Festschrift für Lutz Fischer zum 60. Geburtstag, Berlin 1999, S. 691-712 (zitiert: *Kleineidam*, Festschrift Fischer);

Kluge, Volker: Zur unmittelbaren Anwendung von DBA-Vorschriften bei der Gewinnermittlung, StuW 1975, S. 294-305;

– Das Internationale Steuerrecht – Gemeinschaftsrecht, Außensteuerrecht, Abkommensrecht, 4. Auflage, München 2000 (zitiert: *Kluge*, Internationales Steuerrecht[4]);

Kobetsky, Michael: Intra-Bank Loans: Determining a Branch's Business Profits under Article 7 of the OECD Model, BIFD 2005, S. 48-62;

– Article 7 of the OECD Model: Defining the Personality of Permanent Establishments, BIFD 2006, S. 411-425;

– International Taxation of Permanent Establishments – Principles and Policy, Cambridge 2011 (zitiert: *Kobetsky*, Taxation of Permanent Establishments);

Koch, Jens: Die Wertschöpfungstiefe im deutschen Bankensektor – Eine theoretische und empirische Analyse der Einflussfaktoren und der Auswirkungen auf die finanzielle Erfolgssituation, Diss. Universität Duisburg/Essen, Frankfurt am Main 2009 (zitiert: *Koch*, Wertschöpfungstiefe im Bankensektor);

Köhler, Franz: Das Betriebsstättenprinzip im Recht der deutschen Doppelbesteuerungsabkommen bei Mitunternehmerschaftsgebilden – Zugleich eine kritische Anmerkung zum BFH-Urteil vom 27.2.1991 – I R 15/89, RIW 1991, S. 1024-1038;

Kollar, Axel: Internationale Niederlassungspolitik der Universalbanken, in Büschgen, Hans E. / Richolt, Kurt (Hrsg.), Handbuch des internationalen Bankgeschäfts, Wiesbaden 1989, S. 429-450 (zitiert: *Kollar*, in Büschgen/Richolt, Hdb des internationalen Bankgeschäfts);

Konrad, Maren: Erfolgs- und Vermögensabgrenzung zwischen Stammhaus und Betriebsstätte nach dem Functionally Separate Entity-Ansatz, IStR 2003, S. 786-792;

Körnert, Jan: Paradigmenwechsel in der deutschen Bankenregulierung – Zur Evolution eigenkapitalorientierter Solvabilitätsnormen in Theorie und Praxis seit 1850, ZHR 176 (2012), S. 96-127;

Kosch, Florian: Der OECD-Betriebsstättenbericht 2008 im Vergleich zum deutschen Recht, IStR 2010, S. 42-45;

Köth, Vanessa: Die Besteuerung von Unternehmen vor dem Hintergrund nationaler und internationaler Reformvorschläge, Diss. Universität Mannheim, Lohmar/ Köln 2006 (zitiert: *Köth*, Besteuerung von Unternehmen);

Kraft, Gerhard: Erfolgsabgrenzung bei Betriebsstätten nach den Betriebsstätten-Verwaltungsgrundsätzen, StbJb 2000/2001, S. 205-236;

– Außensteuergesetz, Kommentar, München 2009 (zitiert: *Bearbeiter*, in Kraft, AStG);

Kroppen, Heinz-Klaus: Betriebsstättengewinnermittlung, IStR 2005, S. 74-75;

Krüger, Ralf: Die Bedeutung des internationalen Bankgeschäfts für die Rentabilität einer Geschäftsbank, in Büschgen, Hans E. / Richolt, Kurt (Hrsg.), Handbuch des internationalen Bankgeschäfts, Wiesbaden 1989, S. 313-341 (zitiert: *Krüger*, in Büschgen/Richolt, Hdb des internationalen Bankgeschäfts);

Kruse, Heinrich Wilhelm: Steuerrecht – I. Allgemeiner Teil, 3. Auflage, München 1973 (zitiert: *Kruse*, Steuerrecht I.[3]);

– Über die Gleichmäßigkeit der Besteuerung, StuW 1990, S. 322-330;

– Lehrbuch des Steuerrechts, Band I, Allgemeiner Teil, München 1991 (zitiert: *Kruse*, Lehrbuch des Steuerrechts, Bd. I);

Kumpf, Wolfgang: Besteuerung inländischer Betriebsstätten von Steuerausländern, Köln 1982 (zitiert: *Kumpf*, Besteuerung inländischer Betriebsstätten);

– Ergebnis- und Vermögenszuordnung bei Betriebsstätten, StbJb 1988/1989, S. 399-422;

Kumpf, Wolfgang / Roth, Andreas: Grundsätze der Ergebniszuordnung nach den neuen Betriebsstätten-Verwaltungsgrundsätzen, DB 2000, S. 741-747;

– Einzelfragen der Ergebniszuordnung nach den neuen Betriebsstätten-Verwaltungsgrundsätzen, DB 2000, S. 787-793;

– Behandelte und nicht behandelte „Sonderfälle" im neuen Betriebsstättenerlass, FR 2000, S. 500-507;

– Gewinnabgrenzung bei internen Leistungen zwischen deutschen und ausländischen Betriebsstätten, in Kirchhof, Paul / Schmidt, Karsten / Schön, Wolfgang / Vogel, Klaus (Hrsg.), Steuer- und Gesellschaftsrecht zwischen Unternehmerfreiheit und Gemeinwohl, Festschrift für Arndt Raupach zum 70. Geburtstag, Köln 2006, S. 579-600 (zitiert: *Kumpf/Roth*, Festschrift Raupach);

Kußmaul, Heinz / Ruiner, Christoph: Die sog. Standardmethoden zur Ermittlung fremdvergleichskonformer Verrechnungspreise – Einordnung und Arten der Vergleichbarkeit unter besonderer Berücksichtigung der Unternehmensteuerreform 2008, IStR 2010, S. 497-500;

– Zur Umsetzung des OECD functionally separate entity approach in nationales Recht – Anmerkungen zu Art. 5 des Regierungsentwurfes eines Jahressteuergesetzes (JStG) 2013, BB 2012, S. 2025-2029;

Lampert, Steffen: Doppelbesteuerungsrecht und Lastenausgleich – Qualifikations- und Zurechnungskonflikte bei der Besteuerung von Personengesellschaften, Diss. Universität Saarbrücken, Baden-Baden 2010 (zitiert: *Lampert*, Doppelbesteuerungsrecht);

Lang, Joachim: Steuergerechtigkeit und Globalisierung, in Spindler, Wolfgang / Tipke, Klaus / Rödder, Thomas (Hrsg.), Steuerzentrierte Rechtsberatung, Festschrift für Harald Schaumburg zum 65. Geburtstag, Köln 2009, S. 45-64 (zitiert: *Lang*, Festschrift Schaumburg);

– Unternehmensbesteuerung im internationalen Wettbewerb, StuW 2011, S. 144-158;

– Das Anliegen der Kölner Schule: Prinzipientreue des Steuerrechts, StuW 2013, S. 53-60;

Lang, Michael: Einführung in das Recht der Doppelbesteuerungsabkommen, 2. Auflage, Wien 2003 (zitiert: *Lang*, Doppelbesteuerungsabkommen[2]);

– Die Vermeidung der Doppelbesteuerung und der doppelten Nicht-Besteuerung als DBA-Auslegungsmaxime?, IStR 2002, S. 609-613;

– Art. 3 Abs. 2 OECD-MA und die Auslegung von Doppelbesteuerungsabkommen, IWB 2011, S. 281-294;

Lange, Knut Werner / Wall, Friederike: Risikomanagement nach dem KonTraG – Aufgaben und Chancen aus betriebswirtschaftlicher und juristischer Sicht, München 2001 (zitiert: *Bearbeiter*, in Lange/Wall, Risikomanagement nach dem KonTraG);

Lebowitz, Brian E.: Transfer Pricing and the End of International Taxation, TNI September 27, 1999, S. 1201-1209;

Lechner, Eduard: Das Dotationskapital von Betriebstätten, in Lang / Gassner, Wolfgang / Lang, Michael / Lechner, Eduard (Hrsg.), Die Betriebstätte im Recht der Doppelbesteuerungsabkommen – Voraussetzungen der Besteuerung von Unternehmensgewinnen im Quellenstaat, Wien 1998, S. 179-196 (zitiert: *Lechner*, in Gassner/Lang/ Lechner, Betriebstätte);

Ledure, David / Bertrand, Paul / van der Breggen, Michel / Hardy, Matthew: Financial Transactions in Today's World: Observations from a Transfer Pricing Perspective, Intertax 2010, S. 350-358;

Lehner, Moris: Vermeidung der Doppelbesteuerung und der doppelten Nichtbesteuerung als Auslegungsmaxime für Doppelbesteuerungsabkommen? – Podiumsdiskussion, in Haarmann, Wilhelm (Hrsg.), Auslegung und Anwendung von Doppelbesteuerungsabkommen, Forum der internationalen Besteuerung, Bd. 26, Köln 2004, S. 101-112 (zitiert: *Lehner*, in Haarmann, Doppelbesteuerungsabkommen [Diskussionsbeitrag]);

Lentz, Alexander: Vermeidung einer Minderbesteuerung von Unternehmenseinkünften – Maßnahmen nach dem Doppelbesteuerungsabkommen Deutschland – USA, Diss. Universität Trier, Hamburg 2005 (zitiert: *Lentz*, Minderbesteuerung von Unternehmenseinkünften);

Li, Jinyan: Improving Inter-nation Equity through Territorial Taxation and Tax Sparing, in Cockfield, Arthur J., Globalization and Its Tax Discontents: Tax Policy and International Investments – Essays in Honour of Alex Eason, Toronto 2010, S. 117-137 (zitiert: *Li*, Improving Inter-nation Equity);

Liedtke, Helmut: Zur steuerlichen Gewinn- und Vermögensermittlung der inländischen Zweigniederlassungen ausländischer Banken, DB 1968, S. 1727-1729;

Liesenfeld, Andrea: Das steuerfreie Existenzminimum und der progressive Tarif als Bausteine eines freiheitlichen Verständnisses des Leistungsfähigkeitsprinzips, Diss. Universität München, Berlin 2005 (zitiert: *Liesenfeld*, Freiheitliches Verständnis des Leistungsfähigkeitsprinzips);

Link, Simon P.: Konsolidierte Besteuerung im Abkommensrecht, Diss. Universität München, München 2009 (zitiert: *Link*, Konsolidierte Besteuerung);

Link, Thomas J. / Reudelhuber, Eva: Rückgewährpflicht einer Bank für Einlagen bei ihrer Auslandsfiliale, ZBB 1993, S. 153-163;

Litten, Rüdiger / Bell, Matthias: Kreditderivate – Neue Dokumentations-Standards als Reaktion auf die globale Finanzkrise, WM 2011, S. 1109-1117;

Löwenstein, Ulrich / Looks, Christian: Betriebsstättenbesteuerung – Inboundinvestitionen, Outboundinvestitionen, Steuergestaltungen, Branchenbesonderheiten, München 2003 (zitiert: *Bearbeiter,* in Löwenstein/Looks, Betriebsstättenbesteuerung[1]);

Löwenstein, Ulrich / Looks, Christian / Heinsen, Oliver: Betriebsstättenbesteuerung – Inboundinvestitionen, Outboundinvestitionen, Steuergestaltungen, Branchenbesonderheiten, 2. Auflage, München 2011 (zitiert: *Bearbeiter,* in Löwenstein/ Looks/Heinsen, Betriebsstättenbesteuerung[2]);

Lornsen, Birgitt: Unilaterale Maßnahmen der Bundesrepublik Deutschland zur Ausschaltung der internationalen Doppelbesteuerung bei der Einkommen- und Körperschaftsteuer, Frankfurt am Main 1987 (zitiert: *Lornsen,* Doppelbesteuerung);

Loukota, Helmut: Sensationelle Neuerung bei DBA-Auslandsverlusten, SWI 2001, S. 466-472;

Lüdicke, Jochen / Sistermann, Christian: Unternehmensteuerrecht – Gründung, Finanzierung, Umstrukturierung, Übertragung, Liquidation, München 2008 (zitiert: *Bearbeiter,* in Lüdicke/Sistermann, Unternehmensteuerrecht);

Lüdicke, Jürgen: Arbeitskreis IV – Die inländische Betriebsstätte eines ausländischen Unternehmens, StbKR 1994, S. 217-252;

– Aktuelle Besteuerungsfragen bei inländischen Betriebsstätten ausländischer Unternehmen – Unter besonderer Berücksichtigung von Banken und Versicherungen, in Fischer, Lutz (Hrsg.), Besteuerung wirtschaftlicher Aktivitäten von Ausländern in Deutschland, Forum der Internationalen Besteuerung, Band 8, Köln 1995, S. 35-57 (zitiert: *Lüdicke,* in Fischer, Besteuerung wirtschaftlicher Aktivitäten von Ausländern);

– Überlegungen zur deutschen DBA-Politik, Baden-Baden 2008 (zitiert: *Lüdicke,* DBA-Politik);

Luz, Günther / Neus, Werner / Schaber, Mathias / Scharpf, Paul / Schneider, Peter / Weber, Max: Kreditwesengesetz (KWG), Kommentar zum KWG inklusive SolvV, LiqV, GroMiKV, MaRisk, Stuttgart 2011 (zitiert: *Bearbeiter*, in Luz/Neus/Schaber/Scharpf/Schneider/Weber, KWG²);

Macharzina, Klaus / Welge, Martin K.: Handwörterbuch Export und Internationale Unternehmung, Stuttgart 1989 (zitiert: *Bearbeiter*, in Macharzina/Welge, HWInt);

Macht, Christian: Der Baseler Ausschuss für Bankenaufsicht und Basel II – Bankenregulierung auf einem internationalen level playing field, Diss. Universität Tübingen, Baden-Baden 2007 (zitiert: *Macht*, Der Baseler Ausschuss und Basel II);

Maleri, Rudolf / Frietzsche, Ursula: Grundlagen der Dienstleistungsproduktion, 5. Auflage, Berlin/Heidelberg (u.a.) 2008 (zitiert: *Maleri/Frietzsche*, Dienstleistungsproduktion);

Malherbe, Jacques / Daenen, Philip: Permanent Establishments Claim Their Share of Profits: Does the Taxman Agree?, BIT 2010, S. 359-366;

Martini, Jan Thomas: Verrechnungspreise zur Koordination und Erfolgsermittlung, Diss. Universität Bielefeld, Wiesbaden 2007 (zitiert: *Martini*, Verrechnungspreise);

Mascarello, Silvia: Attribution of Profits to Permanent Establishments of Banks, ITPJ 2006, S. 54-73;

Maunz, Theodor / Dürig, Günter: Grundgesetz, Kommentar, Loseblatt, München (zitiert: *Bearbeiter*, in Maunz/Dürig, Grundgesetz);

Mayer, Stefan: Formulary Apportionment for the Internal Market, Diss. Universität München, Amsterdam 2009 (zitiert: *Mayer*, Formulary Apportionment);

Mayer, Otto: Deutsches Verwaltungsrecht, I. Band, 3. Auflage, München/Leipzig 1924 (zitiert: *Otto Mayer*, Deutsches Verwaltungsrecht, Bd. I³);

Mayer-Theobald, Felicitas: Non-garden most favoured negotiating, Diss. Universität München, München 2011 (zitiert: *Mayer-Theobald*, Non-garden most favoured negotiating);

Menck, Thomas: Ein Jahrhundert Vermeidung der Doppelbesteuerung – Vom Gesetz gegen die Doppelbesteuerung von 1870 zum modernen Vertragssystem, DStZ/A 1970, S. 263-265;

– Internationale Steuerarbitrage – zu einem BFH-Urteil, IStR 2002, S. 807-809;

Menzel, Hans-Jürgen: Das Verrechnungspreissystem der Dresdner Bank AG, in Raupach, Arndt (Hrsg.), Verrechnungspreissysteme multinationaler Unternehmen – in betriebswirtschaftlicher, gesellschafts- und steuerrechtlicher Sicht, Herne/Berlin 1999, S. 175-200 (zitiert: *Menzel*, in Raupach, Verrechnungspreissysteme);

Merbecks, Andreas: Zur Organisation des Risikomanagements in Kreditinstituten, Diss. Universität Bochum, Wiesbaden 1996 (zitiert: *Merbecks*, Organisation des Risikomanagements in Kreditinstituten);

Moser, Hubertus / Quast, Wolfgang: Organisation des Risikomanagements in einem Bankkonzern, in Schierenbeck, Henner / Moser, Hubertus (Hrsg.), Handbuch Bankcontrolling, Wiesbaden 1995, S. 663-686 (zitiert: *Moser/Quast*, in Schierenbeck/Moser, Hdb Bankcontrolling);

Möschel, Wernhard: Bankenrecht im Wandel, Baden-Baden 2010 (zitiert: *Möschel*, Bankenrecht im Wandel);

Mössner, Jörg Manfred: Die Methoden zur Vermeidung der Doppelbesteuerung – Vorzüge, Nachteile, aktuelle Probleme, DStJG 8 (1985), S. 135-169;

– Steuerrecht international tätiger Unternehmen – Handbuch der Besteuerung von Auslandsaktivitäten inländischer Unternehmen und von Inlandsaktivitäten ausländischer Unternehmen, 3. Auflage Köln 2005, 4. Auflage Köln 2012 (zitiert: *Bearbeiter*, in Mössner, Steuerrecht international tätiger Unternehmen[3/4]);

Munaretto, Axel: Doppelbesteuerngsabkommen als Instrument der Entwicklungspolitik unter besonderer Berücksichtigung der Abkommenspraxis der Bundesrepublik Deutschland, Diss. Freie Universität Berlin, München 1983 (zitiert: *Munaretto*, Doppelbesteuerungsabkommen);

Musgrave, Richard A. / Musgrave, Peggy B.: Public Finance in Theory and Practice, 5. Auflage, New York (u.a.) 1989 (zitiert: *Musgrave/Musgrave*, Public Finance[5]);

Musil, Andreas: Die Ergänzung des Entstrickungstatbestandes durch § 4 Abs. 1 Satz 4 EStG – Herrscht nun endlich Klarheit?, FR 2011, S. 545-551;

Mutscher, Axel: Die Kapitalstruktur von Betriebstätten im Internationalen Steuerrecht – Methoden zur Bestimmung der Kapitalausstattung im Rahmen der internationalen Einkunftsabgrenzung unter Berücksichtigung der Regelungen in der Bundesrepublik Deutschland und in den USA, Diss. Universität der Bundeswehr Hamburg, Bielefeld 1997 (zitiert: *Mutscher*, Kapitalstruktur von Betriebstätten);

Naumann, Manfred: Sollen Betriebsstätten wie Tochtergesellschaften besteuert werden?, DStJG 36 (2013), S. 253-260;

Neubauer, Heinz: Grenzüberschreitende Gewinnabgrenzung bei Betriebsstätten – Ein systematischer Versuch, Korreferat zum Referat Ritter, JbFSt 1976/1977, S. 312-321;

Neumark, Fritz: Grundsätze gerechter und ökonomisch rationaler Steuerpolitik, Tübingen 1970 (zitiert: *Neumark*, Grundsätze);

Neus, Werner: Verrechnungspreise – Rekonstruktion des Marktes innerhalb von Unternehmen?, DBW 57 (1997), S. 38-47;

Neyer, Wolfgang: Steuerliches Dotationskapital deutscher Niederlassungen ausländischer Kreditinstitute, IStR 1994, S. 6-8;

Niethammer, Thomas: Die Ziele der Bankenaufsicht in der Bundesrepublik Deutschland – Das Verhältnis zwischen „Gläubigerschutz" und „Sicherung der Funktionsfähigkeit des Kreditwesens", Diss. Universität Tübingen, Berlin 1990 (zitiert: *Niethammer*, Ziele der Bankenaufsicht);

Nobbe, Gerd: Der Verkauf von Krediten, ZIP 2008, S. 97-106;

Nowotny, Clemens: Betriebstättengewinnermittlung – Die Zuordnung von Wirtschaftsgütern im Recht der Doppelbesteuerungsabkommen, Diss. Universität Linz, Wien 2004 (zitiert: *Nowotny*, Betriebstättengewinnermittlung);

Obst, Georg / Hintner, Otto: Geld-, Bank- und Börsenwesen – Handbuch des Finanzsystems, 40. Auflage, Stuttgart 2000 (zitiert: *Bearbeiter* in Obst/Hintner, Geld-, Bank- und Börsenwesen);

Oosterhoff, Danny: The True Importance of Significant People Functions, ITPJ 2008, S. 68-75;

Osterloh, Margit / Frost, Jetta: Zusammenhang zwischen Organisation und Verrechnungspreisen, in Raupach, Arndt (Hrsg.), Verrechnungspreissysteme multinationaler Unternehmen – in betriebswirtschaftlicher, gesellschafts- und steuerrechtlicher Sicht, Herne/Berlin 1999, S. 62-75 (zitiert: *Osterloh/Frost,* in Raupach, Verrechnungspreissysteme);

Osterloh, Lerke: Besteuerungsneutralität – ökonomische und verfassungsrechtliche Aspekts, in Osterloh, Lerke / Schmidt, Karsten / Weber, Hermann (Hrsg.), Staat, Wirtschaft, Finanzverfassung, Festschrift für Peter Selmer zum 70. Geburtstag, Berlin 2004, S. 875-887 (zitiert: *Osterloh,* Festschrift Selmer);

Overwiening, Birgit: Die Optimale fiskalische Souveränität eines Staates im Spiegel des Internationalen Steuerrechts: eine Soll-Ist-Analyse, Diss. Universität Münster, Münster 1996 (zitiert: *Overwiening,* Die Optimale fiskalische Souveränität);

Pachmann, Thomas / Pilny, Karin L.: Das steuerliche Dotationskapital von Auslandsbanken in Deutschland, DB 1997, S. 546-549;

Pahl-Schönbein, Julia: Konzerninterne Dienstleister – Wettbewerbsfähigkeit zwischen Markt und Hierarchie, Diss. Handelshochschule Leipzig, Wiesbaden 2010 (zitiert: *Pahl-Schönbein,* Konzerninterne Dienstleister);

Paschen, Uwe: Steuerumgehung im nationalen und internationalen Steuerrecht, Diss. Universität Hamburg, Wiesbaden 2001 (zitiert: *Paschen,* Steuerumgehung);

Peiß, Stefan: Management kumulierter Risiken bei Banken – Eine empirische Untersuchung im Immobilienfinanzierungsgeschäft, Diss. Universität München, Wiesbaden 1998 (zitiert: *Peiß,* Management kumulierter Risiken);

Peter, Alexander F.: Characterization of Credit Default Swaps for Tax Purposes, DFI 2006, S. 3-12;

Picot, Arnold / Dietl, Helmut / Franck, Egon / Fiedler, Marina / Royer, Susanne: Organisation, Theorie und Praxis aus ökonomischer Sicht, 6. Auflage, Stuttgart 2012 (zitiert: *Picot/Dietl/Franck/Fiedler/Royer,* Organisation[5]);

Pijl, Hans: The Zero-Sum Game, the Emperor's Beard and the Authorized OECD Approach, ET 2006, S. 29-35;

Pijl, Hans: *Morgan Stanley*: Issues regarding Permanent Establishments and Profit Attribution in Light of the OECD View, BIT 2008, S. 174-182;

– Interpretation of Article 7 of the OECD Model, Permanent Establishment Financing and Other Dealings, BIT 2011, S. 294-306;

Plansky, Patrick: Die Gewinnzurechnung zu Betriebsstätten im Recht der Doppelbesteuerungsabkommen, Diss. Wirtschaftsuniversität Wien, Wien 2011 (zitiert: *Plansky*, Gewinnzurechnung zu Betriebsstätten);

Preuninger, Reinhard: Rechtsprobleme des Funktionswandels deutscher Doppelbesteuerungsabkommen – dargestellt an Abkommen mit Industriestaaten, Entwicklungs- und Staatshandelsländern, Diss. Universität Mannheim, Mannheim 1980 (zitiert: *Preuninger*, Doppelbesteuerungsabkommen);

Prinz, Ulrich: Grundfragen und Anwendungsbereiche des Veranlassungsprinzips im Ertragssteuerrecht, StuW 1996, S. 267-274;

– Finanzierungsfreiheit im Steuerrecht – Plädoyer für einen wichtigen Systemgrundsatz, FR 2009, S. 593-599;

Puls, Michael R.: Die Betriebsstätte im Abgaben- und Abkommensrecht, Diss. Universität Bonn, Köln (u.a.) 2005 (zitiert: *Puls*, Betriebsstätte);

Puzanova, Natalia: Kreditrisiken der Banken, Neue Portfoliomodelle zur konservativen Bemessung des Eigenkapitalbedarfs, Hamburg 2010 (zitiert: *Puzanova*, Kreditrisiken der Banken);

van Raad, Kees: Deemed Expenses of a Permanent Establishment under Article 7 of the OECD Model, Intertax 2000, S. 162-167;

Raupach, Arndt: Einfluß der Unternehmensorganisation auf die Besteuerung, in Knobbe-Keuk, Brigitte / Klein, Franz / Moxter, Adolf (Hrsg.), Handelsrecht und Steuerrecht, Festschrift für Georg Döllerer, Düsseldorf 1988, S. 495-513 (zitiert: *Raupach*, Festschrift Döllerer);

Raupach, Arndt / Pohl, Dirk / Töben, Thomas / Sieker, Klaus: Praxis des Internationalen Steuerrechts, Herne 2009 (zitiert: *Raupach/Pohl/Töben/Sieker*, Praxis des Internationalen Steuerrechts);

Reckers, Hans: Umsetzung der neuen Eigenkapitalvorschriften „Basel II" in Deutschland, in Schäfer, Klaus / Burghof, Hans-Peter / Johanning, Lutz / Wagner, Hannes F. / Rodt, Sabine (Hrsg.), Risikomanagement und kapitalmarktorientierte Finanzierung, Festschrift zum 65. Geburtstag von Bernd Rudolph, Frankfurt am Main 2009, S. 67-80 (zitiert: *Reckers*, Festschrift Rudolph);

Reimer, Ekkehart: Der Ort des Unterlassens – Die ursprungsbezogene Behandlung von Entgelten für Untätigkeit im Internationalen Steuerrecht, Diss. Universität München, München 2004 (zitiert: *Reimer*, Ort des Unterlassens);

Reimpell, Peter: Filialen, Tochterbanken, Beteiligungen? – Wege der Bankexpansion im Ausland, zfbf 32 (1980), S. 905-921;

Reiner, Günter / Schacht, Johann A.: Credit Default Swaps und verbriefte Kreditforderungen in der Finanzmarktkrise – Bemerkungen zum Wesen verbindlicher und unverbindlicher Risikoverträge, Teil II, WM 2010, S. 385-395;

Reinhardt, Frank: Erfolgsabgrenzung im Global Trading – Ein Beispiel für die Gewinnabgrenzung in unvollkommenen Märkten, Diss. Universität Erlangen-Nürnberg, Hamburg 2003 (zitiert: *Reinhardt*, Global Trading);

Reischauer, Friedrich / Kleinhans, Joachim: Kreditwesengesetz (KWG), Kommentar, Loseblatt, Berlin (zitiert: *Bearbeiter*, in Reischauer/Kleinhans, KWG);

Reiter, Julius F. / Geerlings, Jörg: Die Reform der Bankenaufsicht – Eine Chance für den Verbraucherschutz?, DÖV 2002, S. 562-569;

Ricken, Stephan: Kreditrisikotransfer europäischer Banken – Theoretische Begründungsansätze und ihre kapitalmarktempirische Überprüfung anhand von Verbriefungstransaktionen, Diss. Universität Bochum, Frankfurt am Main 2007 (zitiert: *Ricken*, Kreditrisikotransfer);

Rieger, Horst: Prinzipien des internationalen Steuerrechts als Problem der Steuerplanung in der multinationalen Unternehmung, Berlin 1978 (zitiert: *Rieger*, Prinzipien);

Rinker, Andreas / Schweizer, Stefan: Aufbau und Struktur eines Credit Treasury, in Schierenbeck, Henner / Kirmße, Stefan (Hrsg.), Aktuelle Entwicklungen und Fragestellungen in der Banksteuerung, Frankfurt am Main 2007, S. 231-243 (zitiert: *Rinker/Schweizer*, in Schierenbeck/Kirmße, Banksteuerung);

Ritter, Wolfgang: Grenzüberschreitende Gewinnabgrenzung bei Betriebsstätten – Ein systematischer Versuch, JbFSt 1976/1977, S. 288-311;

Rödder, Thomas: Globalisierung und Unternehmenssteuerrecht: Wie ist das ertragsteuerliche Besteuerungssubstrat multinationaler Unternehmen sachgerecht auf die betroffenen Fisci aufzuteilen?, in Tipke, Klaus / Seer, Roman / Hey, Johanna / Englisch, Joachim (Hrsg.), Gestaltung der Rechtsordnung, Festschrift für Joachim Lang zum 70. Geburtstag, Köln 2010, S. 1147-1166 (zitiert: *Rödder*, Festschrift Lang);

Rolfes, Bernd: Gesamtbanksteuerung – Risiken ertragsorientiert steuern, 2. Auflage, Stuttgart 2008 (zitiert: *Rolfes*, Gesamtbanksteuerung);

Rolfes, Bernd / Schierenbeck, Henner / Schüller, Stephan: Das Firmenkundengeschäft – ein Wertvernichter?, Frankfurt am Main 2001 (zitiert: *Rolfes/Schierenbeck/Schüller*, Das Firmenkundengeschäft – ein Wertvernichter?);

Rose, Gerd: Grundzüge des Internationalen Steuerrechts, 5. Auflage, Wiesbaden 2000 (zitiert: *Rose*, Grundzüge[5]);

Rösler, Peter / Mackenthun, Thomas / Pohl, Rudolf: Handbuch Kreditgeschäft, 6. Auflage, Wiesbaden 2002 (zitiert: *Rösler/Mackenthun/Pohl*, Hdb Kreditgeschäft);

Roth, Andreas: Aktuelle Fragen der Betriebsstättenbesteuerung unter Berücksichtigung des Entwurfs eines Betriebsstättenerlasses, StbJb 1997/1998, S. 427-447;

– Zurechnung von Wirtschaftsgütern bei Betriebsstätten und Personengesellschaften, in Lüdicke, Jürgen (Hrsg.), Zurechnung von Wirtschaftsgütern im Internationalen Steuerrecht, Forum der Internationalen Besteuerung, Band 19, Köln 2000, S. 87-128 (zitiert: *Roth*, in Lüdicke, Zurechnung von Wirtschaftsgütern);

– Gewinnabgrenzung zwischen Stammhaus und Betriebsstätte eines internationalen Einheitsunternehmens, in Oestreicher, Andreas (Hrsg.), Internationale

Verrechnungspreise, Herne/Berlin 2003, S. 163-206 (zitiert: *Roth*, in Oestreicher, Internationale Verrechnungspreise);

Rudolph, Bernd: Zum Problem der Kapitalallokation in Banken, in Rolfes, Bernd (Hrsg.), Herausforderung Bankmanagement – Entwicklungslinien und Steuerungsansätze, Festschrift zum 60. Geburtstag von Henner Schierenbeck, Frankfurt am Main 2006, S. 545-567 (zitiert: *Rudolph*, Festschrift Schierenbeck);

– Eigenkapitalanforderungen in der Bankenregulierung, ZHR 175 (2011), S. 284-318;

Rudolph, Bernd / Hofmann, Bernd / Schaber, Albert / Schäfer, Klaus: Kreditrisikotransfer – Moderne Instrumente und Methoden, 1. Auflage Berlin Heidelberg 2007, 2. Auflage Berlin Heidelberg 2012 (zitiert: *Rudolph/Hofmann/Schäfer/Schaber*, Kreditrisikotransfer[1/2]);

Rudolph, Bernd / Schäfer, Klaus: Derivative Finanzmarktinstrumente – Eine anwendungsbezogene Einführung in Märkte, Strategien und Bewertung, 2. Auflage, Berlin Heidelberg 2010 (zitiert: *Rudolph/Schäfer*, Derivative Finanzmarktinstrumente[2]);

Runge, Berndt: Der OECD-Bericht über die Besteuerung multinationaler Banken, IWB v. 10.7.1986, F. 10 Gr. 2, S. 567-576;

– Der neue Betriebsstättenerlaß – Geregelte und nicht geregelte Fälle, in Piltz, Detlev J. / Schaumburg, Harald (Hrsg.), Internationale Betriebsstättenbesteuerung, Forum der Internationalen Besteuerung, Band 20, Köln 2001, S. 131-146 (zitiert: *Runge*, in Piltz/Schaumburg, Betriebsstättenbesteuerung);

Russ, Andreas: Kapitalmarktorientiertes Kreditrisikomanagement in der prozessbezogenen Kreditorganisation, Diss. Universität Hohenheim, Sternenfels 2004 (zitiert: *Russ*, Kapitalmarktorientiertes Kreditrisikomanagement);

Russo, Raffaele: Tax Treatment of "Dealings" Between Different Parts of the Same Enterprise under Article 7 of the OECD Model: Almost a Century of Uncertainty, BIFD 2004, S. 472-485;

Sadiq, Kerrie: The Fundamental Failing of the Traditional Transfer Pricing Regime – Applying the Arm's Length Standard to Multinational Banks based on a Comparability Analysis, BIFD 2004, S. 67-81;

– Taxation of Multinational Banks: Using Formulary Apportionment to Reflect Economic Reality (Part 1), JOIT 2011, S. 46-58;

Sanio, Jochen: Basel II: Ein neuer Ansatz in der Bankenaufsicht, in Hadding, Walther / Hopt, Klaus J. / Schimansky, Herbert (Hrsg.), Basel II: Folgen für Kreditinstitute und ihre Kunden, Bankgeheimnis und Bekämpfung von Geld, Bankrechtstag 2003, Berlin 2004, S. 3-18 (zitiert: *Sanio*, in Hadding/Hopt/ Schimansky, Basel II);

Schaumburg, Harald: Internationales Steuerrecht, 3. Auflage Köln 2010 (zitiert: *Schaumburg*, Internationales Steuerrecht[3]);

– Das Leistungsfähigkeitsprinzip im internationalen Steuerrecht, in Lang, Joachim (Hrsg.), Die Steuerrechtsordnung in der Diskussion, Festschrift für Klaus Tipke zum 70. Geburtstag, Köln 1995, S. 125-151 (zitiert: *Schaumburg*, Festschrift Tipke);

– Zurechnung von Wirtschaftsgütern im nationalen sowie im Abkommensrecht, in Lüdicke, Jürgen (Hrsg.), Zurechnung von Wirtschaftsgütern im Internationalen Steuerrecht, Forum der Internationalen Besteuerung, Band 19, Köln 2000, S. 53-86 (zitiert: *Schaumburg*, in Lüdicke, Zurechnung von Wirtschaftsgütern);

– Grenzüberschreitende Einkünftekorrektur bei Betriebsstätten, ISR 2013, S. 197-202;

Scheffler, Wolfram: Internationale betriebswirtschaftliche Steuerlehre, 3. Auflage, München 2009 (zitiert: *Scheffler*, Internationale Steuerlehre[3]);

Schelo, Sven / Steck, Andreas: Das Trennbankengesetz: Prävention durch Bankentestamente und Risikoabschirmung, ZBB 2013, S. 227-244;

Scherer, Peter: Credit Default Swaps in Krisensituationen, CFL 2010, S. 93-101;

Schierenbeck, Henner: Ertragsorientiertes Bankmanagement, Band 1: Grundlagen, Marktzinsmethode und Rentabilitäts-Controlling, 8. Auflage, Wiesbaden 2003 (zitiert: *Schierenbeck*, Bankmanagement, Bd. I[8]);

Schierenbeck, Henner / Hölscher, Reinhold: BankAssurance, 4. Auflage, Stuttgart 1998 (zitiert: *Schierenbeck/Hölscher*, BankAssurance);

Schiller, Bettina / Boer, Elke / Fahrmeyer, Christian: Der unverbriefte Kredithandel – Eine mögliche Antwort auf die aktuelle Vertrauenskrise?, FB 2009, S. 575-580;

Schimansky, Herbert / Bunte, Hermann-Josef / Lwowski, Hans-Jürgen, Bankrechts-Handbuch, Band II, 3. Auflage München 2007, 4. Auflage München 2011 (zitiert: *Bearbeiter*, in Schimansky/Bunte/ Lwowski, Bankrechts-Hdb, Bd. II[3/4]);

Schmalenbach, Eugen: Über Verrechnungspreise, ZfhF (3) 1908/1909, S. 165-184;

Schmid, Hubert: Das wirtschaftliche Eigentum an Forderungen – Überlegungen zum Urteil des FG Münster vom 2.12.2008, 9 K 2344/07 G (DStR 2010, 106), DStR 2010, S. 145-149;

Schmidt, Karsten / Ebke, Werner F.: Münchener Kommentar zum Handelsgesetzbuch, Band 4, Drittes Buch. Handelsbücher, §§ 238-342e HGB, 3. Auflage, München 2013 (zitiert: *Bearbeiter*, in MünchKommHGB, Bd. 4[3]);

Schmidt, Jürgen: Aufwandszuordnung bei ausländischen Betriebsstätten, in Piltz, Detlev J. / Schaumburg, Harald (Hrsg.), Aufwand und Verluste bei internationalen Steuersachverhalten, Forum der Internationalen Besteuerung, Band 16, Köln 1999, S. 53-77 (zitiert: *Schmidt*, in Piltz/Schaumburg, Aufwand und Verluste);

Schmidt, Ludwig: Einkommensteuergesetz, 32. Auflage, München 2013 (zitiert: Schmidt/*Bearbeiter*, EStG[32]);

Schmitz, Benedikt: Die Intention der Steuerpflichtigen als Tatbestandsmerkmal bei der Anwendung von DBA-Normen, Diss. Universität Trier, Marburg 2009 (zitiert: *Schmitz*, Intention der Steuerpflichtigen);

Schmoll, Anton: Analyse und Steuerung des Kreditportefeuilles, in Schierenbeck, Henner / Moser, Hubertus / Schüller, Stephan (Hrsg.), Handbuch Bankcontrolling, 2. Auflage, Wiesbaden 2001, S. 873-897 (zitiert: *Schmoll*, in Schierenbeck/Moser/Schüller, Hdb Bankcontrolling[2]);

Schneck, Ottmar: Risikomanagement, Weinheim 2010 (zitiert: *Schneck*, Risikomanagement);

Schneider, Dieter: Wider Marktpreise als Verrechnungspreise in der Besteuerung internationaler Konzerne, DB 2003, S. 53-58;

Schnitger, Arne: Änderungen des § 1 AStG und Umsetzung des AOA durch das JStG 2013, IStR 2012, S. 633-645;

Schnitger, Arne / Bildstein, Christoph: Praxisfragen der Betriebsstättenbesteuerung, Ubg 2008, S. 444-451;

Schön, Wolfgang: Schlussfolgerungen aus juristischer Sicht, in Kirchhof, Paul / Neumann, Manfred J. M. (Hrsg.), Freiheit, Gleichheit, Effizienz – Ökonomische und verfassungsrechtliche Grundlagen der Steuergesetzgebung, Bad Homburg 2001, S. 121-127 (zitiert: *Schön*, in Kirchhof/Neumann, Freiheit, Gleichheit, Effizienz);

- Attribution of Profits to PEs and the OECD 2006 Report, TNI June 4, 2007, S. 1059-1072;
- Gewinnabgrenzung bei Betriebsstätten, in Lüdicke, Jürgen (Hrsg.), Besteuerung von Unternehmen im Wandel, Forum der Internationalen Besteuerung, Band 32, Köln 2007, S. 71-113 (zitiert: *Schön*, in Lüdicke, Besteuerung im Wandel);
- International Tax Coordination for a Second-Best World, WTJ 2009, S. 67-114 (Part I), WTJ 2010, S. 65-94 (Part II), WTJ 2010, S. 227-261 (Part III);
- Persons and Territories: on the International Allocation of Taxing Rights, BTR 2010, S. 554-562;
- Der Fremdvergleich, der Europäische Gerichtshof und die „Theory of the Firm", IStR 2011, S. 777-782;
- Zur Zukunft des Internationalen Steuerrechts, StuW 2012, S. 213-224;

Schreiber, Ulrich: Besteuerung der Unternehmen – Eine Einführung in Steuerrecht und Steuerwirkung, 3. Auflage, Berlin/Heidelberg 2012 (zitiert: *Schreiber*, Besteuerung der Unternehmen[3]);

Schuch, Josef: Das Zusammenspiel von Aufsichtsrecht und Steuerrecht bei der Betriebsstättenbesteuerung im Financial-Services-Sektor, in Lang, Michael / Jirousek, Heinz (Hrsg.), Praxis des Internationalen Steuerrechts, Festschrift für Helmut Loukota zum 65. Geburtstag, Wien 2005, S. 465-479 (zitiert: *Schuch*, Festschrift Loukota);

Schüler, Marcus: Kreditderivate – die treibende Kraft im Kreditmarkt, Die Bank 4/2003, S. 250-253;

Schulte, Michael: Integration der Betriebskosten in das Risikomanagement von Kreditinstituten, Diss. Universität Bochum, Wiesbaden 1994 (zitiert: *Schulte*, Risikomanagement von Kreditinstituten);

Schulte-Mattler, Hermann: 50 Jahre Modern Finance, Die Bank 7/2008, S. 18-21;

– Risiko-Controlling und Governance stehen im Mittelpunkt, Vierte Novellierung der MaRisk, Die Bank 3/2013, S. 31-35;

Schulte-Mattler, Hermann / Gaumert, Uwe: Regulatorisches und ökonomisches Eigenkapital, in Becker, Axel / Gehrmann, Volker / Schulte-Mattler, Hermann (Hrsg.) Handbuch ökonomisches Kapital, Frankfurt am Main 2008, S. 25-61 (zitiert: *Schulte-Mattler/Gaumert*, in Becker/Gehrmann/Schulte-Mattler, Hdb ökonomisches Kapital);

Schulte-Zurhausen, Manfred: Organisation, 5. Auflage, München 2010 (zitiert: *Schulte-Zurhausen*, Organisation);

Schwarze, Torsten: Reform der CDS Abwicklung durch Big Bang and Small Bang in 2009, BKR 2010, S. 42-44;

Schwennicke, Andreas / Auerbach, Dirk: Kreditwesengesetz (KWG) mit Zahlungsdiensteaufsichtsgesetz (ZAG), Kommentar, 2. Auflage, München 2013 (zitiert: *Bearbeiter*, in Schwennicke/Auerbach, KWG^2);

Selling, Heinz-Jürgen: Global Trading, IStR 1998, S. 417-423;

Sieker, Klaus: Betriebsstättengewinn und Fremdvergleichsgrundsatz, DB 1996, S. 110-113;

Skaar, Arvid A.: Permanent Establishment: Erosion of a Tax Treaty Principle, Deventer 1991 (zitiert: *Skaar*, Permanent Establishment);

Spitaler, Armin: Prolegomena zur Wiedereingliederung in die internationale Ausgleichung der Steuersysteme, StbJb 1951, S. 321-361;

Sprague, Gary D. / Hersey, Rachel: Attribution of Profits to Permanent Establishments, TNI February 11, 2002, S. 629-645;

Staringer, Claus: Sollen Betriebsstätten wie Tochtergesellschaften besteuert werden?, DStJG 36 (2013), S. 261-273;

Stocker, Georg: Prämiendifferenzierung bei der Versicherung kommerzieller Bankkredite anhand von Risikoklassen, Diss. Universität Regensburg, Frankfurt am Main (u.a.) 1997 (zitiert: *Stocker*, Versicherung kommerzieller Bankkredite);

Stocker, Raoul: Internationale Erfolgsabgrenzung beim Global Trading mit Finanzinstrumenten, Diss. Universität St. Gallen, Bamberg 2006 (zitiert: *Stocker*, Global Trading);

Storck, Alfred: Ausländische Betriebsstätten im Ertrag- und Vermögensteuerrecht, Diss. Universität Mannheim, Frankfurt am Main/Deventer 1980 (zitiert: *Storck*, Ausländische Betriebsstätten);

Struffert, Ralf: Asset Backed Securities-Transaktionen und Kreditderivate nach IFRS und HGB, Diss. Universität Münster, Wiesbaden 2006 (zitiert: *Struffert*, Asset Backed Securities-Transaktionen und Kreditderivate);

Strunk, Günther / Kaminski, Bert: Anmerkungen zum Betriebsstättenerlaß, IStR 2000, S. 33-42;

Strunk, Günther / Kaminski, Bert / Köhler, Stefan: Außensteuergesetz, Doppelbesteuerungsabkommen, Kommentar, Loseblatt, Bonn (zitiert: *Bearbeiter*, in Strunk/Kaminski/Köhler, AStG/DBA);

Süchting, Joachim / Paul, Stephan: Bankmanagement, 4. Auflage, Stuttgart 1998 (zitiert: *Süchting/Paul*, Bankmanagement[4]);

Suyter, Alexander: Antizyklische Kapitalpuffer: Ein realistisches Konzept in Basel III?, Die Bank 3/2011, S. 46-48;

Theurl, Theresia / Meyer, Eric Christian: Kooperationscontrolling und Verrechnungspreise, in Bensberg, Frank / vom Brocke, Jan / Schultz, Martin B. (Hrsg.), Trendberichte zum Controlling, Festschrift für Heinz Lothar Grob, Heidelberg 2004, S. 147-180 (zitiert: *Theurl/Meyer*, Festschrift Grob);

Thimmel, Klaus: Steuerliche Behandlung des Dotationskapitals inländischer Niederlassungen ausländischer Unternehmen – insbesondere bei Banken – (I), DB 1980, S. 2058-2060;

Tipke, Klaus: Steuergerechtigkeit in Theorie und Praxis – Vom politischen Schlagwort zum Rechtsbegriff und zur praktischen Anwendung, Köln 1981 (zitiert: *Tipke*, Steuergerechtigkeit);

– Die Steuerrechtsordnung, Band I, 2. Auflage, Köln 2000 (zitiert: *Tipke*, Steuerrechtsordnung, Bd. I[2]);

Tipke, Klaus / Kruse, Heinrich Wilhelm: Abgabenordnung, Finanzgerichtsordnung, Kommentar zur AO 1977 und FGO (ohne Steuerstrafrecht), Loseblatt, Köln (zitiert: *Bearbeiter*, in Tipke/Kruse, AO/FGO);

Tipke, Klaus / Lang, Joachim: Steuerrecht, 21. Auflage, Köln 2013 (zitiert: *Bearbeiter*, in Tipke/Lang[21]);

Uhlig, Joerg: Funktionen, Aufbau, und Prozesse eines integrierten Limitsystems, in Schierenbeck, Henner / Kirmße, Stefan (Hrsg.), Aktuelle Entwicklungen und Fragestellungen in der Banksteuerung, Frankfurt am Main 2007, S. 35-48 (zitiert: *Uhlig*, in Schierenbeck/Kirmße, Banksteuerung);

Uhrmann, Karl: Die Rechtnatur der Währungskursergebnisse und ihre Zuordnung zum Inland, DB 1990, S. 2037-2041;

Vahs, Dietmar: Organisation – Ein Lehr- und Managementbuch, 8. Auflage, Stuttgart 2012 (zitiert: *Vahs*, Organisation[8]);

Valta, Matthias: Doppelbesteuerungsabkommen als Instrument zur Förderung internationaler Steuergerechtigkeit, in Hartung, Gerald / Schäde, Stephan, Internationale Gerechtigkeit – Theorie und Praxis, Darmstadt 2009, S. 261-277 (zitiert: *Valta*, in Hartung/Schäde, Internationale Gerechtigkeit);

Vann, Richard J.: Reflections on Business Profits and the Arm's-Length Principle, in Arnold, Brian J. / Sasseville, Jacques / Zolt, Eric M. (Hrsg.), The Taxation of Business Profits Under Tax Treaties, Toronto/Ontario 2003, S. 133-169 (zitiert: *Vann*, in Arnold/Sasseville/Zolt, Taxation of Business Profits);

Vincent, François: Transfer Pricing and Attribution of Income to Permanent Establishments: The Case for Systematic Global Profit Splits (Just Don't Say Formulary Apportionment), CTJ 2/2005, S. 409-416;

Vogel, Klaus: Die Besteuerung von Auslandseinkünften – Prinzipien und Praxis, DStJG 8 (1985), S. 3-31;

– Worldwide vs. source taxation of income – A review and re-evaluation of arguments, Intertax 1988, S. 216-229 (Part I), S. 310-320 (Part II), S. 393-402 (Part III);

– Der Verlust des Rechtsgedankens im Steuerrecht als Herausforderung an das Verfassungsrecht, DStJG 12 (1989), S. 123-144;

– Über „Besteuerungsrechte" und über das Leistungsfähigkeitsprinzip im Internationalen Steuerrecht, in Kirchhof, Paul / Offerhaus, Klaus / Schöberle, Horst (Hrsg.), Steuerrecht, Verfassungsrecht, Finanzpolitik, Festschrift für Franz Klein, Köln 1994, S. 361-376 (zitiert: *Vogel*, Festschrift Klein);

– Abkommensbindung und Missbrauchsabwehr, in Cagianut, Francis / Vallender, Klaus A. (Hrsg.), Steuerrecht – Ausgewählte Probleme am Ende des 20. Jahrhunderts, Festschrift zum 65. Geburtstag von Ernst Höhn, Bern (u.a) 1995, S. 461-481 (zitiert: *Vogel*, Festschrift Höhn);

– Transnationale Auslegung von Doppelbesteuerungsabkommen, IStR 2003, S. 523-529;

Vogel, Klaus / Lehner, Moris: Doppelbesteuerungsabkommen, 5. Auflage, München 2008 (zitiert: *Bearbeiter*, in Vogel/Lehner, DBA[5]);

Vögele, Alexander / Borck, Rainald: Quantifizierung von Risiken zur Verrechnungspreisbestimmung, IStR 2002, S. 176-180;

Vögele, Alexander / Freytag, Ulf: Umlageverträge zwischen international verbundenen Unternehmen – Abgrenzung von Hilfs- und Hauptfunktionen, RIW 2001, S. 172-175;

Vögele, Alexander / Borstell, Thomas / Engler, Gerhard: Handbuch der Verrechnungspreise - Betriebswirtschaft, Steuerrecht, OECD- und US-Verrechnungspreisrichtlinien, 2. Auflage, München 2004 (zitiert: *Bearbeiter,* in Vögele/Borstell/ Engler, Hdb Verrechnungspreise[2]);

– Verrechnungspreise – Betriebswirtschaft, Steuerrecht, 3. Auflage, München 2011 (zitiert: *Bearbeiter,* in Vögele/Borstell/Engler, Verrechnungspreise[3]);

Wacker, Wilhelm H. / Seibold, Sabine: Vorbehalte im Steuerabkommen, in Kleineidam, Hans-Jochen (Hrsg.), Unternehmenspolitik und internationale Besteuerung, Festschrift für Lutz Fischer zum 60. Geburtstag, Berlin 1999, S. 285-298 (zitiert: *Wacker/Seibold,* Festschrift Fischer);

Wagner, Franz W.: Neutralität und Gleichmäßigkeit als ökonomische und rechtliche Kriterien steuerlicher Normkritik, StuW 1992, S. 2-13;

Wagner, Siegfried: Steuerliche Abgrenzungsprobleme der Banken im Eurogeschäft, IWB v. 11.10.1982, F. 3 Gr. 1, S. 737-742;

– Auflösung von ausländischen Betriebsstätten: Steuerfolgen nach Doppelbesteuerungsabkommen und „Betriebsstätten-Verwaltungsgrundsätzen" unter Berücksichtigung von Bankstrukturen, IStR 2001, S. 570-578;

– Die Anwendung des Methodenartikels eines DBA auf Dividenden-, Zins- und Lizenzeinkünfte einer ausländischen Betriebsstätte, IWB v. 13.8.2003, F. 3 Gr. 2, S. 1067-1078;

van Wanrooij, Josine S. A.: Comments on the Proposed Article 7 of the OECD Model Convention, Intertax 2009, S. 298-306;

Waschbusch, Gerd: Bankenaufsicht – Die Überwachung der Kreditinstitute und Finanzdienstleistungsinstitute nach dem Gesetz über das Kreditwesen, Habil. Universität Saarbrücken, München 2000 (zitiert: *Waschbusch,* Bankenaufsicht);

Waschbusch, Gerd / Staub, Nadine / Knoll, Jessica / Loewens, Jonathan: Kredithandel in Deutschland – Rechtliche und marketingpolitische Aspekte des Kreditverkaufs, FB 2009, S. 15-25;

Wassermeyer, Franz: Dealing-at-arm's-length Prinzip, in Piltz, Detlev J. / Schaumburg, Harald (Hrsg.), Internationale Betriebsstättenbesteuerung, Forum der Internationalen Besteuerung, Band 20, Köln 2001, S. 25-42 (zitiert: *Wassermeyer,* in Piltz/Schaumburg, Betriebsstättenbesteuerung);

– Das Veranlassungsprinzip als Maßstab zur innerstaatlichen Betriebsstättengewinnermittlung, IStR 2004, S. 84-88;

– Diskriminierungsfreie Betriebsstättengewinnermittlung, IStR 2005, S. 733-735;

– Dealing at arm's length bei der Betriebsstättengewinnermittlung, in Lang, Michael / Jirousek, Heinz (Hrsg.), Praxis des Internationalen Steuerrechts, Festschrift für Helmut Loukota zum 65. Geburtstag, Wien 2005, S. 651-669 (zitiert: *Wassermeyer*, Festschrift Loukota);

– Verliert Deutschland im Fall der Überführung von Wirtschaftsgütern in eine ausländische Betriebsstätte das Besteuerungsrecht?, DB 2006, S. 1176-1180;

– Grundsatzprobleme der Betriebsstättengewinnermittlung, SWI 2006, S. 254-261;

Wassermeyer, Franz / Andresen, Ulf / Ditz, Xaver: Betriebsstätten-Handbuch, Köln 2006 (zitiert: *Bearbeiter*, in W/A/D, Betriebsstätten-Hdb);

Weber, Alfred / Werra, Matthias: „Auf den Spuren eines unbekannten Wesens" – Zum Stand der Diskussion über die Betriebsstättenbesteuerung, in Kley, Max Dietrich / Sünner, Eckhardt / Willemsen, Arnold (Hrsg.), Steuerrecht, Steuer- und Rechtspolitik, Wirtschaftsrecht und Unternehmensverfassung, Umweltrecht, Festschrift für Wolfgang Ritter zum 70. Geburtstag, Köln 1997, S. 285-303 (zitiert: *Weber/Werra*, Festschrift Ritter);

Weber-Fas, Rudolf: Staatsverträge im Internationalen Steuerrecht – Zur Rechtsnatur, Geschichte und Funktion der deutschen Doppelbesteuerungsabkommen, Tübingen 1982 (zitiert: *Weber-Fas*, Staatsverträge);

Weichsler, Christoph: Die Kreditbörse RMX – Funktionsweise und Relevanz für Wirtschaftsprüfer und Steuerberater, DStR 2008, S. 1938-1943;

Weitbrecht, Götz: Zuordnung von Gewinnen zu Betriebsstätten: Ausgewählte Themen für Finanzinstitute, IStR 2006, S. 548-550;

Wernsmann, Rainer: Verhaltenslenkung in einem rationalen System, Habil. Universität Münster, Tübingen 2005 (zitiert: *Wernsmann*, Verhaltenslenkung);

West, Philip R. / Janukowicz, Robert / Jie, W. Anne: Attributing profits to a PE: a US perspective, ITR July/August 2001, S. 31-38;

Widmayer, Gerhard: Risikomanagement mit Derivaten im Internationalen Steuerrecht, Diss. Universität München, Lohmar/Köln 2002 (zitiert: *Widmayer*, Risikomanagement mit Derivaten);

Wieandt, Paul: Risiko als Faktor für den Ressourcen-Einsatz, ZfgK 1993, S. 603-612;

Wieben, Hans-Jürgen: Credit Rating und Risikomanagement – Vergleich und Weiterentwicklung der Analysekonzepte, Diss. Universität Münster, Wiesbaden 2004 (zitiert: *Wieben*, Risikomanagement);

de Wilde, Maarten F.: Some Thoughts on a Fair Allocation of Corporate Tax in a Globalizing Economy, Intertax 2010, S. 281-305;

Wohlmannstetter, Gottfried / Eckert, Susanne / Maifarth, Michael / Wolfgarten, Wilhelm: Rechnungslegung für Kreditrisiken, WPg. 2009, S. 531-536;

Wolff, Ulrich: Generalthema I: Doppelte Nicht-Besteuerung, IStR 2004, S. 542-549;

– Negative Zurechnungskonflikte im Abkommensrecht, in Lang, Michael / Jirousek, Heinz (Hrsg.), Praxis des Internationalen Steuerrechts, Festschrift für Helmut Loukota zum 65. Geburtstag, Wien 2005, S. 691-705 (zitiert: *Wolff*, Festschrift Loukota);

Wolke, Thomas: Risikomanagement, 2. Auflage, München 2008 (zitiert: *Wolke*, Risikomanagement[2]);

Zerey, Jean-Claude: Finanzderivate – Rechtshandbuch, 3. Auflage, Baden-Baden 2013 (zitiert: *Bearbeiter*, in Zerey, Hdb Finanzderivate[3]);

Ziehr, Ulrich: Einkünftezurechnung im internationalen Einheitsunternehmen – Veranlassungsprinzip und Selbständigkeitsfiktion als Maßstäbe der Einkünftezurechnung zu Stammhaus und Betriebsstätte, Diss. Universität Bamberg, Lohmar/Köln 2008 (zitiert: *Ziehr*, Einkünftezurechnung);

Zuber, Barbara: Anknüpfungsmerkmale und Reichweite der internationalen Besteuerung – Eine normative Analyse unter Berücksichtigung der Personensteuern in der BRD und in den USA, Diss. Universität Mannheim, Hamburg 1991 (zitiert: *Zuber*, Anknüpfungsmerkmale).

Sonstige Quellennachweise

A. Verwaltungsanweisungen

I. Bundesanstalt für Finanzdienstleistungsaufsicht (BaFin)

BaFin, Rundschreiben 10/2012 (BA) vom 14.12.2012, Mindestanforderungen an das Risikomanagement – MaRisk [abrufbar unter: http://www.bafin.de/SharedDocs/Downloads/DE/Rundschreiben/dl_rs1210_marisk_pdf_ba.pdf] (zitiert: BaFin, MaRisk);

BaFin, Rundschreiben 10/2012 (BA) vom 14.12.2012, Anlage 1: Erläuterungen zu den MaRisk in der Fassung vom 14.12.2012 [abrufbar unter: http://www.bafin.de/SharedDocs/Downloads/DE/Rundschreiben/dl_rs1210_erlaeuterungen_ba.pdf?__blob=publicationFile&v=3] (zitiert: BaFin, MaRisk, Erläuterungen).

II. Bundesministerium der Finanzen

BMF-Schreiben vom 29.11.1996 – IV C 7 – S 1300 – 176/96, BStBl. I 1997, 136;
BMF-Schreiben vom 24.12.1999 – IV B 4 – S 1300 – 111/99, BStBl. I 1999, 1076;
BMF-Schreiben vom 29.9.2004 – IV B 4 – S 1300 – 296/04, BStBl. I 2004, 917;
BMF-Schreiben vom 25.8.2009 – IV B 5 – S 1341/07/10004, BStBl. I 2009, 888;
BMF-Schreiben vom 13.10.2010 – IV B 5 – S 1341/08/10003, BStBl. I 2010, 774;
BMF-Schreiben vom 22.1.2013 – IV B 2 – S 1301/07/10017-04, BStBl. I 2013, 162.

B. Veröffentlichungen der OECD

I. Berichte des OECD-Steuerausschusses

OECD, Verrechnungspreise und Multinationale Unternehmen, Bericht des Steuerausschusses der OECD 1979, Deutsche Fassung, Bonn 1981 (zitiert: OECD, Bericht 1979);

OECD, Die Besteuerung multinational tätiger Banken, in Verrechnungspreise und multinationale Unternehmen – Drei steuerliche Sonderprobleme, Berichte des OECD-Steuerausschusses, Paris 1984, Deutsche Fassung, Köln 1987 (zitiert: OECD, Bericht 1984, Teil 2);

OECD, The Taxation of Multinational Banking Enterprises, in Transfer Pricing and Multinational Enterprises – Three Taxation Issues, Paris 1984 (zitiert: OECD, Report 1984, Part 2);

OECD, The Application of the OECD Model Tax Convention to Partnerships, Issues in International Taxation No. 6, Paris 1999 (zitiert: OECD, Partnership-Report 1999);

OECD, Discussion Draft on the Attribution of Profits to Permanent Establishments (DAFFE/CFA[2001]28/CONF), Paris 2001 [http://www.oecd-ilibrary.org/content/book/9789264184527-en] (zitiert: OECD, Discussion Draft 2001);

OECD, Discussion draft on a new Article 7 (Business Profits) of the OECD Model Tax Convention, July 2008 [abrufbar unter: http://www.oecd.org/tax/transfer-pricing/40974117.pdf] (zitiert: OECD, Discussion draft on a new Article 7);

OECD, Report on the Attribution of Profits to Permanent Establishments, Paris 2008 [abrufbar unter: http://www.oecd.org/tax/transfer-pricing/41031455.pdf] (zitiert: OECD, Betriebsstättenbericht 2008);

OECD, Report on the Attribution of Profits to Permanent Establishments, Paris 2010 [abrufbar unter: http://www.oecd.org/tax/transfer-pricing/45689524.pdf] (zitiert: OECD, Betriebsstättenbericht 2010).

II. Öffentliche Kommentare zu dem Diskussionsentwurf des OECD-Betriebsstättenberichts - Teil II (Bankbetriebsstätten) vom 8. Februar 2001

Australian Bankers' Association [abrufbar unter: http://www.oecd.org/tax/transfer-pricing/2672980.pdf] (zitiert: *Australian Bankers' Association*, Public Comments 2001);

Canadian Bankers Association [abrufbar unter: http://www.oecd.org/tax/transfer-pricing/2672996.pdf] (zitiert: *Canadian Bankers Association*, Public Comments 2001);

European Banking Federation [abrufbar unter: http://www.oecd.org/tax/transfer-pricing/2673024.pdf] (zitiert: *European Banking Federation*, Public Comments 2001);

Institute of International Bankers [abrufbar unter: http://www.oecd.org/tax/transfer-pricing/2673199.pdf] (zitiert: *Institute of International Bankers*, Public Comments 2001);

International Banks and Securities Association of Australia [abrufbar unter: http://www.oecd.org/tax/transfer-pricing/2673199.pdf] (zitiert: International Banks and Securities Association of Australia, Public Comments 2001);

Japanese Bankers Association [abrufbar unter: http://www.oecd.org/tax/transfer-pricing/2673207.pdf] (zitiert: *Japanese Bankers Association*, Public Comments 2001).

C. Veröffentlichungen des Baseler Ausschusses für Bankenaufsicht (BCBS)

BCBS, Juli 1988: Internationale Konvergenz der Eigenkapitalmessung und Eigenkapitalanforderungen [abrufbar unter: http://www.bis.org/publ/bcbs04ade.pdf] (zitiert: BCBS, Basel I);

BCBS, Januar 1996: Überblick über die Änderung der Eigenkapitalvereinbarung zur Einbeziehung der Marktrisiken [abrufbar unter: http://www.bis.org/publ/bcbs23de.pdf] (zitiert: BCBS, Basel I Überblick über die Änderung 1996);

BCBS, August 2003: Leitsätze für die grenzüberschreitende Umsetzung der Neuen Eigenkapitalvereinbarung [abrufbar unter: http://www.bis.org/publ/bcbs100de.pdf] (zitiert: BCBS, Leitsätze Basel II);

BCBS, Juni 2004: Internationale Konvergenz der Eigenkapitalmessung und der Eigenkapitalanforderungen – Überarbeitete Rahmenvereinbarung [abrufbar unter: http://www.bis.org/publ/bcbs107ger.pdf] (zitiert: BCBS, Basel II);

BCBS, Juni 2006: Internationale Konvergenz der Eigenkapitalmessung und Eigenkapitalanforderungen – Überarbeitete Rahmenvereinbarung, Umfassende Version [abrufbar unter: http://www.bis.org/publ/bcbs128ger.pdf] (zitiert: BCBS, Basel II [2006]);

BCBS, July 2009: Enhancements to the Basel II framework [abrufbar unter www.bis.org/publ/bcbs157.pdf] (zitiert: BCBS, Enhancements to the Basel II framework);

BCBS, December 2010: Basel III: A global regulatory framework for more resilient banks and banking systems [abrufbar unter: http://www.bis.org/publ/bcbs189_dec2010.pdf] (zitiert: BCBS, Basel III);

BCBS, Dezember 2010 (rev. Juni 2011): Basel III: Ein globaler Regulierungsrahmen für widerstandsfähigere Banken und Bankensysteme [abrufbar unter: http://www.bis.org/publ/bcbs189_de.pdf] (zitiert: BCBS, Basel III [rev. Juni 2011]);

BCBS, Oktober 2013: Bericht über die Fortschritte bei der Umsetzung der Basler Rahmenregelungen" [abrufbar unter: http://www.bis.org/publ/bcbs263_de.pdf] (zitiert: BCBS, Umsetzung Basel III).

D. Veröffentlichungen der Deutschen Bundesbank

Deutsche Bundesbank, Statistik der Banken und sonstigen Finanzinstitute, Richtlinien, Statistische Sonderveröffentlichung 1, Juli 2013 [abrufbar unter: http://www.bundesbank.de/Redaktion/DE/Downloads/Veroeffentlichungen/Statistische_Sonderveroeffentlichungen/Statso_1/statso_1_02_monatliche_bilanzstatistik.pdf] (zitiert: Deutsche Bundesbank, Statistik der Banken und sonstigen Finanzinstitute, Richtlinien);

Deutsche Bundesbank, Auslandsstatus der Banken (MFIs), Richtlinien, Gültig ab Berichtsmonat Dezember 2013, Stand: Juli 2013 [abrufbar unter: http://www.bundesbank.de/Redaktion/DE/Downloads/Service/Meldewesen/Bankenstatistik/Auslandsstatus/richtlinien_dez2013.pdf] (zitiert: Deutsche Bundesbank, Auslandsstatus der Banken (MFIs), Richtlinien [Stand: Juli 2013]);

Deutsche Bundesbank, Basel III – Leitfaden zu den neuen Eigenkapital- und Liquiditätsregeln für Banken (24.8.2011) [abrufbar unter: http://www.bundesbank.de/Redaktion/DE/Downloads/Veroeffentlichungen/Buch_Broschuere_Flyer/bankenaufsicht_basel3_leitfaden.html] (zitiert: Deutsche Bundesbank, Basel III – Leitfaden);

Deutsche Bundesbank, Monatsbericht April 2001 (53. Jahrgang), Die neue Baseler Eigenkapitalvereinbarung (Basel II), S. 15-44 [abrufbar unter: http://www.bundesbank.de/Redaktion/DE/Downloads/Veroeffentlichungen/Monatsberichtsaufsaetze/2001/2001_04_basel.pdf] (zitiert: Deutsche Bundesbank, Monatsbericht April 2001);

Deutsche Bundesbank, Monatsbericht Januar 2002 (54. Jahrgang), Das Eigenkapital der Kreditinstitute aus bankinterner und regulatorischer Sicht, S. 41-60 [abrufbar unter: http://www.bundesbank.de/Redaktion/DE/Downloads/Veroeffentlichungen/Monatsberichtsaufsaetze/2002/2002_01_eigenkapital.pdf] (zitiert: Deutsche Bundesbank, Monatsbericht Januar 2002);

Deutsche Bundesbank, Monatsbericht September 2004 (56. Jahrgang), Neue Eigenkapitalanforderungen für Kreditinstitute (Basel II), S. 75-100 [abrufbar unter: http://www.bundesbank.de/Redaktion/DE/Downloads/Veroeffentlichungen/Monatsberichtsaufsaetze/2004/2004_09_eigenkapitalanforderungen.pdf] (zitiert: Deutsche Bundesbank, Monatsbericht September 2004);

Deutsche Bundesbank, Monatsbericht September 2009 (61. Jahrgang), Änderungen der neu gefassten EU-Bankenrichtlinie und der EU-Kapitaladäquanzrichtlinie sowie Anpassung der Mindestanforderungen an das Risikomanagement, S. 67-83 [abrufbar unter: http://www.bundesbank.de/Redaktion/DE/Downloads/Veroeffentlichungen/Monatsberichtsaufsaetze/2009/2009_09_kapitaladaequanzrichtlinie.pdf] (zitiert: Deutsche Bundesbank, Monatsbericht September 2009);

Deutsche Bundesbank, Monatsbericht Dezember 2010 (62. Jahrgang), Entwicklung, Aussagekraft und Regulierung des Marktes für Kreditausfall-Swaps, S. 47-64 [abrufbar unter: http://www.bundesbank.de/Redaktion/DE/Downloads/ Veroeffentlichungen/Monatsberichtsaufsaetze/2010/2010_12_kreditausfall_swaps.pdf] (zitiert: Deutsche Bundesbank, Monatsbericht Dezember 2010);

Deutsche Bundesbank, Monatsbericht Juni 2013 (65. Jahrgang), Die Umsetzung von Basel III in europäisches und nationales Recht, S. 57-73 [abrufbar unter: http://www.bundesbank.de/Redaktion/DE/Downloads/Veroeffentlichungen/Monatsberichtsaufsaetze/2013/2013_06_umsetzung_basel_3.pdf] (zitiert: Deutsche Bundesbank, Monatsbericht Juni 2013);

Deutsche Bundesbank, Monatsbericht Juli 2013 (65. Jahrgang), Gemeinsame europäische Bankenaufsicht – Erster Schritt auf dem Weg zur Bankenunion [abrufbar unter: http://www.bundesbank.de/Redaktion/DE/Downloads/Veroeffentlichungen/Monatsberichtsaufsaetze/2013/2013_07_bankenunion.pdf] (zitiert: Deutsche Bundesbank, Monatsbericht Juli 2013);

Deutsche Bundesbank, Monatsbericht September 2013 (65. Jahrgang), Die Ertragslage der deutschen Kreditinstitute im Jahr 2012, S. 13-55 [abrufbar unter: http://www.bundesbank.de/Redaktion/DE/Downloads/Veroeffentlichungen/Monatsberichtsaufsaetze/2013/2013_09_ertragslage_kreditinstitute.pdf] (zitiert: Deutsche Bundesbank, Monatsbericht September 2013).